일제하 불교계의 항일운동

임 혜 봉

민족사

일제하 불교계의 항일운동

머 리 말

  불교계의 일제하 항일운동에 관해서는 다소의 논문과 단편적인 글들이 있으나 단행본으로 정리할 만큼의 분량은 되지 않는다고 보는 것이 통설이었다. 그러나 필자는 이에 동의할 수 없었다. 그래서 1995년 《순국(殉國)》지에 1년 가량 〈항일불교론(抗日佛敎論)〉이라는 제목으로 연재한 것을 바탕으로 그간 모아 온 자료를 재정리하여 이번에 《일제하 불교계의 항일운동》을 상재하게 되었다.
  이는 1993년에 쓴 《친일불교론》의 정반대편 기축을 이루는 분야에 대한 천착이다. 《친일불교론》이 일제하 한국불교사의 어두운 부분을 다룬 것이라면 본서는 우리 불교사의 긍정적이고 투쟁적인, 그리고 독립을 열망하는 불교계의 역동적인 활동상을 연구한 것이다. 이로써 한국불교의 근현대사 중 항일과 친일 분야 연구에 있어서 양 축이 균형을 이루게 되었다.
  이 책은 3부로 구성되어 있다. 제1부는 의병항쟁기에서 1940년대까지 불교계의 항일운동을 시기 및 주제별로 정리한 것이고, 제2부는 불교계의 항일인물에 대한 고찰이며, 제3부는 광복 후 정부로부터 항일 공적을 인정받아 건국훈장이나 표창을 받은 불교계의 독립유공자 현황과 공적서를 수록하였다.
  제1부의 의병항쟁기의 불교계 항일운동은 의병활동을 한 스님과 의병전쟁시 관련된 사찰이나 피해를 당한 절에 관해 살펴보았고, 아울러 '국채보상운동'에 불교계가 동참한 사실을 기록하였다. 비록 자료의 부족으로 미흡하긴 하나 이 부분에 관한 연구는 이번이 처음이

라고 해도 과언이 아닐 것이다.

　원종(圓宗)과 일본 조동종의 연합 문제는 이미 여러 연구자들이 다룬 부분인데 여기서는 임제종의 자주화운동에 초점을 맞추어 서술하였다. 1918년에 일어난 제주도 법정사의 항일무장투쟁은 3·1운동 이전에 불교계 승려가 주동이 되어 전개한 항일운동이라는 점에서 그 의의가 매우 크다.

　3·1운동에 관해서는 이미 많은 연구물이 나와 있으나 불교계 전반의 3·1운동과 각 지역의 사찰과 스님들을 중심으로 한 독립만세운동을 꼼꼼히 다시 살펴 집성하였으며, 3·1운동 직후 임정·대동단·청년외교단·연통제 등의 조직에서 항일투쟁을 펼친 불교계의 활동도 비교적 자세히 고찰해 보았다.

　그런데 불교계 초기 사회주의계열의 항일운동에 관한 부분은 전국불교운동연합 사무국장 김남수 씨가 쓴 〈일제시대 불교계 초기 사회주의운동〉(《선우도량》 제13호, 1998. 8)을 필자의 허락을 얻어 약간의 가감, 보완하여 게재하였다. 수록을 승낙해 준 김남수 씨께 감사를 드린다.

　1920년대 이후와 항일비밀결사 만당(卍黨), 조선어학회사건과 최범술, 왜정 말기의 해인사사건에 대해서도 나름대로 자세히 살펴보고자 노력했다.

　제2부는 불교계의 항일투사 가운데 그 업적에 비해 지금까지 잘 알려지지 않은 인물 네 사람을 집중적으로 다루었다. 승려출신의 투철한 항일투사로 임정 내무차관을 역임한 김성숙(金星淑)과 3·1운동, 박열대역사건, 만당, 조선어학회사건 등에 관여한 최범술스님, 그리고 훗날 환속하지만 승려로서 3·1운동, 만당, 조선어학회사건 등에서 항일에 앞장 선 김법린과 의병, 3·1운동, 만주 군관학교, 만당 등에서 항일운동을 한 응송 박영희스님, 이 네 인물에 관한 전기가

제2부의 내용이다.

제3부는 불교계 인사로 대한민국 정부로부터 항일 공적을 공인 받아 건국훈장이나 표창을 받은 독립유공자 36명의 현황과 그 공적서를 수록하였다. 이들 36명의 독립유공자 공적서는 국가보훈처에서 발간한 《대한민국 독립유공자공훈록》(1999년 10월 현재 전 13권 발행)에서 발췌하였고, 미처 공훈록에 게재되지 않은 분은 필자가 수차 국가보훈처를 방문하여 공적서를 구하여 수록하였다.

본서의 집필에 있어서 독립기념관의 김순석 연구원과 김광식 책임연구원(현재는 대각사상연구회 연구부장) 그리고 국가보훈처의 관계자 여러분의 적극적인 협조에 깊이 감사드린다. 그리고 선우도량에서 발간한 한국불교근현대사자료집 《신문으로 본 한국불교 근현대사》 4권은 기본 사료의 정리·제공이라는 측면에서 본서 집필에 다대한 도움이 되었다. 현재 선우도량에서 진행하고 있는 일제시대 불교 관련 《관보》의 정리도 조속히 실현되어 한국불교사를 연구하는 밑거름이 되길 기대한다.

필자의 제안을 기꺼이 수용하여 본서의 출판을 맡아 주신 민족사 윤창화 사장님과 수고해 주신 편집진에게 진정 감사를 드린다.

불기 2544년(2000) 10월
설봉산 지족암에서
우곡 혜봉

차 례

제1부 의병항쟁기에서 일제하 불교계의 항일운동

제1장 의병항쟁기의 불교계 항일운동 ·············· 19

제1절 을미의병과 불교계 ··· 19
제2절 정미의병과 불교계 ··· 21
  1. 정미의병의 개요 ·· 21
  2. 승려출신의 의병장 박순근 ···································· 23
  3. 의병 경봉 김재홍 ·· 24
  4. 운허 용하스님의 항일운동 ···································· 26
  5. 이만직스님의 의병활동 ·· 30
  6. 각지의 의병활동과 사찰 ·· 31
제3절 국채보상운동과 불교계 ··· 47
  1. 개 요 ·· 47
  2. 불교계의 국채보상운동 ·· 48

제2장 임제종의 자주화운동과 법정사의 항일무장투쟁 56

제1절 친일매불음모와 임제종의 자주화운동 ·············· 56
  1. 친일승려 이회광의 망동 ·· 56
  2. 원종과 일본 조동종의 병합 ·································· 57
  3. 임제종의 불교자주화운동 ······································ 60
  4. 임제종의 주요 승려들 ·· 63

제2절 제주도 법정사 승려들의 항일무장투쟁 ························ 67
  1. 항일투쟁의 획기적 사건 ································· 67
  2. 1910년대의 항일독립운동 ····························· 68
  3. 스님들이 주도한 항일투쟁 ··························· 69
  4. '보천교의 난'이라 부르는 것은 역사의 왜곡 ················ 73
  5. 옥사 5명 등 관련자의 수형량 ······························ 75
  6. 독립유공 포상현황 ·· 81

제3장 불교계의 3·1운동 ··· 83

제1절 3·1운동의 배경 ··· 83
제2절 3·1운동의 과정 ··· 85
제3절 역사적인 독립의거 1919년 3월 1일 ···················· 91
제4절 지역별 불교계의 3·1운동 ···································· 93
  1. 해인사 스님들의 독립만세투쟁 ································ 93
  2. 해인사 지방학림 스님들에 의한 다른 지역의 3·1운동 ····· 103
  3. 범어사의 3·1운동 ··· 106
  4. 통도사의 3·1운동 ··· 110
  5. 동화사의 3·1운동 ··· 111
  6. 봉선사의 3·1운동 ··· 113
  7. 신륵사의 3·1운동 ··· 117
  8. 표충사와 석왕사 등지의 3·1운동 ····························· 119
제5절 3·1운동과 불교계의 항일인물들 ························ 124
  1. 민족주의 항일투쟁의 표상 만해 한용운 ····················· 125
  2. 민족대표 백용성스님 ·· 133
  3. 독립운동 앞장 선 포월당 봉률스님 ·························· 142
  4. 항일 여승 상근스님 ·· 147
  5. 18세에 항일운동을 한 묵암스님 ······························ 148

6. 항일거사 백봉 김기추 ·· 152
　　7. 불자 황의돈의 항일운동 ······································ 156
　　8. 임정에서 활동한 백성욱 ······································ 157
　　9. 환경스님의 항일운동 ·· 162
　　10. 항일과 친일을 오락가락한 구하스님 ···················· 164
　　11. 담해스님의 항일행적 ··· 170

제4장 3·1운동 후 불교계의 항일투쟁 ···················· 173

제1절 불교계 인사들의 임정활동 ···································· 173
제2절 대동단과 정남용스님 ·· 181
제3절 청년외교단과 송세호스님 ······································ 190
제4절 임정의 연통제와 이종욱스님 ·································· 194
제5절 박무스님 등의 항일투쟁 ·· 198
제6절 불교계 초기 사회주의계열의 항일운동 ····················· 207
　　1. 서 론 ·· 207
　　2. 불교계 초기 사회주의운동의 출발 ······················· 207
　　3. 중국에서의 사회주의운동 ···································· 217
　　4. 결 론 ·· 219
제7절 스님들의 항일투쟁 경력 ·· 220
　　1. 비타협적 열렬한 독립투사 백초월스님 ················· 220
　　2. 신상완스님의 항일운동 ······································ 226
　　3. 김상헌스님의 항일운동 ······································ 229
　　4. 불청운동의 주역 김상호스님 ······························· 230

제5장 1920년대에서 40년대의 항일투쟁 ···················· 237

제1절 1920년대 이후 불교계 항일운동 ····························· 237
제2절 항일비밀결사 만당 ··· 239

1. 불교청년운동과 만당의 결성 ················· 239
　　2. 만당의 결성과 그 성격 ······················· 239
　　3. 만당의 활동과 당원의 성향 ··················· 243
　　4. 만당의 침체 및 해체 ························· 249
　　5. 만당 당원들의 검거선풍 ······················ 253
　제3절 조선어학회사건과 최범술 ··················· 254
　제4절 왜정말기 해인사사건 ······················· 261

제2부 불교계의 항일인물

제1장 승려출신의 항일투사 김성숙 ················· 277
　　1. 중국땅을 누빈 항일투사·혁신계 정치가 ······· 277
　　2. 항일 결심과 출가 그리고 3·1운동 ············ 279
　　3. 중국 유학 망명과 급진활동 ··················· 282
　　4. 광동과 상해시절의 활약 ······················ 284
　　5. 조선의용대를 조직하다 ······················· 286
　　6. 임정 통합운동 ······························· 288
　　7. 민족해방에 대비하여 ························· 289
　　8. 해방과 더불어 귀국하다 ······················ 290
　　9. 좌·우 편향의 극복을 위하여 ················· 293
　　10. 정부수립 이후의 혁신활동 ··················· 294
　　11. 가난과 병고속의 만년 ······················· 297

제2장 열렬한 민족주의자 최범술 ··················· 300
　　1. 다양한 경력의 기승 ························· 300
　　2. 유년시절과 출가 ····························· 303
　　3. 16세에 3·1운동 참가 ························ 305

4. 굳은 서원과 기도 후 일본유학 ·················· 309
5. 박열과 운명적인 해후 ·························· 312
6. 도쿄시절의 일화와 편력 ························ 315
7. 박열의 대역사건과 최범술 ······················ 320
8. 학업과 불교청년회 활동 ························ 329
9. 귀국 후의 눈부신 활동 ·························· 332
10. 단 하나의 오점 : 북지황군위문사 ··············· 337
11. 황군위문 이후 최범술의 활동 ··················· 341
12. 결혼과 조선어학회사건 ························ 345
13. 해방과 만년의 최범술 ·························· 347

제3장 승려로 항일에 앞장선 김법린 ·············· 358
1. 득도와 독립운동 ································ 358
2. 고심 끝에 프랑스유학 ··························· 364
3. 제1회 반제국주의동맹대회 참가 ················· 367
4. 귀국, 그리고 조선불교계 활동 ··················· 369
5. 만당과 조선불교청년총동맹 ····················· 371
6. 조선어학회사건 ································· 374
7. 광복 후의 눈부신 활동 ··························· 376

제4장 박영희스님의 항일투쟁 ···················· 381
1. 운명적인 해후, 황준성과의 만남 ················· 381
2. 대한제국군의 해산과 황준성 ···················· 382
3. 소년의병이 되다 ································ 383
4. 대흥사에서 입산출가 ···························· 386
5. 3·1운동에 앞장 서다 ···························· 390
6. 만주 신흥무관학교 입학 ························· 392
7. 귀국과 그 후의 행적 ····························· 397

8. 완도에서 10여년 간 교직생활 ································· 399
9. 만당과 응송스님 ······································· 401
10. 해방과 만년 ··· 408

제3부 건국훈장을 받은 불교계 독립유공자

제1장 불교계 독립유공자 현황 ································· 413

제2장 불교계 독립유공자 공적서 ······························· 417
  1. 한용운(韓龍雲 : 1879~1944) ···························· 418
  2. 백용성(白龍城 : 1864~1940) ···························· 419
  3. 송세호(宋世浩 : 1893~1970) ···························· 420
  4. 이시열(李時說 : 1892~1980) ···························· 421
  5. 정남용(鄭南用 : 1896~1921) ···························· 423
  6. 김상헌(金祥憲 : 1893~1945) ···························· 424
  7. 김영규(金永奎 : 1898~1952) ···························· 425
  8. 박영희(朴暎熙 : 1893~1990) ···························· 426
  9. 이종욱(李鍾郁 : 1884~1969) ···························· 427
10. 차상명(車相明 : 1895~1945) ···························· 428
11. 김명규(金明奎 : 1895~1977) ···························· 429
12. 김성숙(金星淑 : 1898~1969) ···························· 430
13. 김상기(金相琦 : 1894~1953) ···························· 432
14. 김용식(金用植 : 1885~1981) ···························· 434
15. 김한기(金漢琦 : 1897~1982) ···························· 434
16. 백초월(白初月 : 1878~1944) ···························· 435
17. 최범술(崔凡述 : 1904~1979) ···························· 436
18. 이순재(李淳載 : 1894~1944) ···························· 437
19. 오택언(吳澤彦 : 1897~1970) ···························· 437

20. 허영호(許永鎬 : 1900~납북) 438
21. 김문옥(金文玉 : 1898~1955) 438
22. 박달준(朴達俊 : 1894~1965) 439
23. 박정국(朴楨國 : 1897~1972) 440
24. 지용준(池龍俊 : 1894~1971) 440
25. 이기윤(李起胤 : 1898~1938) 441
26. 김연일(金連日 : 1871~1940) 441
27. 김봉화(金奉和 : 1882~1919) 442
28. 방동화(房東華 : 1887~1970) 442
29. 김기수(金基洙 : 1888~1975) 443
30. 김상언(金商彦 : 1873~1965) 443
31. 김법린(金法麟 : 1899~1964) 443
32. 강완수(姜完洙 : 1919년 당시 24세) 444
33. 박 무(朴無 : ?~1921) 444
34. 이만직(李晩稙 : ?~?) 444
35. 신상완(申尙玩 : 1891~1951) 445
36. 김봉률(金奉律 : 1897~1949) 446

제1부

의병항쟁기에서 일제하 불교계의 항일운동

제1장
의병항쟁기의 불교계 항일운동

제1절 을미의병과 불교계

 우리 역사에서 19세기 후반은 격렬한 변혁기였다. 한국의 전통 사회는 급격하게 몰락하면서 제국주의적 외세의 침략이라는 역사적 위기 상황에 내몰렸다. 특히 호시탐탐 조선 침략을 노리고 있던 일본은 1895년 8월 20일 일본 낭인들이 경복궁에 난입하여 민비(閔妃)를 시해하고 친일내각을 성립하였다.
 이 사건을 통상 을미사변이라고 지칭하는데 친일내각은 이어 그해 11월 15일 단발령을 단행하였다. 이 을미사변과 단발령에 대한 반발로 1896년 1월 전국 각지에서 의병이 봉기하였다. 경기도 이천에서는 김하락(金河洛)·구연영(具然英)이 의병을 결성하여 남한산성에서 항전하였고,[1] 안성에서는 민승천(閔承天)이, 민비의 고향인 여주에서는 심상희(沈相禧)가 거병하였으며 이러한 의병들은 양평군 지평, 제천 등지로 확산되었다.[2]
 이 의병운동을 1895년의 을미사변에서 촉발된 의병이라 하여 을미의병이라 불렀다. 지금껏 불교계에서는 을미의병에는 참여하지 않은

---
1) 경기도사편찬위원회, 《경기도항일독립운동사》, p.4. 1995, 경기도.
2) 위와 같음.

것으로 간주되었으나 《독립신문》 1896년 8월 18일자의 다음과 같은 보도기사에 의하면 불교계 승려도 을미의병에 참가했던 것이 확실하다. 당시의 신문 기사는 이러하다.

강원도 건봉사 중 창기가 여주 의병 괴수 민룡호의 비밀한 편지를 가지고 운현궁으로 오다가 순검 김순오에게 붙잡혀 팔월 십일 한성재판소에서 재판을 하는데 편지 사연은 원산 항구에 일인들과 각처 일병들을 쫓아내자는 편지더라.[3]

을미의병 봉기시 여주의병은 사과(司果) 심상희(沈相禧)를 대장으로 하여 1896년 2월 5일 여주장날에 수백 명이 일어나 전선을 끊고 일본인들을 살해하는 등의 직접적인 행동을 하였다.[4] 여주의병은 여주에서 활동한 후 충청도 지역으로 진출하였고 또 광주·이천·제천 등지의 의병들과 연락해 가며 크게 기세를 올렸다.

그런데 여주의병에 관해 서술한 《여주군지》와 《경기도 항일독립운동사》에는 여주의병의 대장으로 심상희만을 거론해 놓았을 뿐 《독립신문》에서 '여주의병 괴수 민룡호'라고 표현한 인물에 관한 기록은 찾을 수 없었다. 《독립신문》의 위 기사로 보건대 민룡호는 민비의 여주지역 친척으로 여주의병의 중요 지도자 가운데 한 사람이었던 것으로 추측된다.

건봉사의 창기스님이 어떤 인연으로 여주의병 지도자 민룡호의 서신을 전달하게 되었는지 그 자세한 내막은 알 수 없으나 승려 신분이 편지 전달에 유리하므로 그러한 임무를 맡았을 것이다. 불행히도

---

3) 《독립신문》 2면. 1896. 8. 18. (한국불교근현대사자료집 II. 《신문으로 본 한국불교근현대사》上, p.62. 1999, 선우도량 한국불교근현대사 연구회. 이하 신문 인용은 이 자료집에서 재인용한 것임을 밝혀둔다).
4) 《여주군지》 p.172. 1989, 여주군.

창기스님은 김순오라는 순검에게 체포되어 그 족적을 신문지상에 남기게 되었는데 만일 붙잡히지 않았다면 을미의병에 승려가 가담한 행적조차 남지 않았을 것이다.

1895년 을미사변 후 이소응·유중악 등이 용문사에서 의병봉기에 관해 논의를 하기도 하였다(《강원도항일독립운동사》[1], p.244. 1991, 광복회강원도지부).

제2절 정미의병과 불교계

1. 정미의병의 개요

흔히 을사보호조약이라고 일컫는 한일신협약을 체결한 1905년, 간신히 명맥을 유지해 오던 대한제국은 외교권을 박탈당하고 일본의 보호국으로 전락하였다. 실질적으로 일본의 통감과 일본 관료들이 전 조선을 지배하기 시작한 것이다.

을사조약에 앞장 선 이완용·박제순·권중현·이지용·이근택은 '을사오적'으로 규탄되었고, 장지연(張志淵)은 《황성신문》에 그 유명한 〈시일야방성대곡(是日也放聲大哭)〉을 게재하여 나라의 주권을 빼앗긴 것을 목놓아 슬퍼하였다.

나라를 잃음에 종로상가는 철시하였고 각급 학교는 동맹휴학을 하였다. 이상설(李相卨)·조병세(趙秉世)·이근명(李根命) 등의 대신들은 조약폐기와 매국적신(賣國賊臣)의 처단을 요구하는 상소를 올렸으며 고종의 시종무관장 민영환과 전직 고위 신하들인 조병세, 이명재(李命宰)가 자결하였다.

일본 제국주의자들은 우리 겨레의 이러한 격렬한 저항에도 불구하고 일본군을 앞세워 이토 히로부미(伊藤博文)를 초대 통감(統監)으로

부임시켰다. 일제가 이렇게 통감정치를 강행하자 그 이듬해부터 우리나라 전역에서 의병이 봉기하였다. 이 의병운동을 후기의병 또는 그 해(1907)의 간지(干支)에 따라 정미의병이라 칭한다.

정미의병봉기시 안병찬(安炳瓚) 등이 충청도에서, 정용기(鄭鏞基) 등은 경상도 지역에서, 신돌석(申乭石)이 경북 영해에서(이상은 1906. 3) 그리고 전참판 민종식(閔宗植)은 충청도 홍산(鴻山)에서(1906. 5), 최익현(崔益鉉)·임병찬(林炳瓚) 등은 전북 태인(泰仁)에서 기병하여 의병활동을 전개하였다.

이들 외에도 전국 각지에서 많은 의병들이 봉기하였는데 1907년 12월에는 조선 각지의 의병 1만여 명이 양주(楊州)에 집결하여 13도의병 총대장에 이인영(李麟榮), 군사장에 허위(許蔿)를 추대하였다. 을사륵약으로 촉발된 의병활동에 불교계에서는 승려출신 의병장 박순근(朴順根), 의병 경봉 김재홍(鏡峰 金在弘), 운허 용하(耘虛 龍夏), 응송 박영희(應松 朴暎熙) 등이 참가하였다. 그리고 산간에 있는 사찰들은 의병들의 활동 거점으로 활용되었는데《황성신문》의 다음 기사가 이러한 사실을 확인시켜 준다.

봉화의병(奉化義兵)

봉화군수 金寅欽氏가 內部에 報告하되 六月 二十一日에 匪徒 一百二十名이 屯聚於本郡 太白山 覺華寺하고 各郡 義兵 七百餘名이 都會于安東 春陽 等地云 故로 安東隊 參校 金鳳浩氏가 병졸 9명을 率하고 前往該地하야 3명을 生擒하고 鳥銃 十五柄及 環刀, 藥丸 等物을 獲取하며 且 該徒 五六十名이 留屯於順興郡 浮石寺하야 本郡駐在 병졸이 與大邱隊 병졸 6명으로 前往該地하야 匪徒 4명 및 조총 十一柄을 捕獲하얏다더라.[5]

---

5)《皇城新聞》2면. 1906. 7. 10.

이 기사에 의하면 경북 봉화군 지역의 의병은 각화사에 주둔하였으며, 또 이들 중 50~60명은 부석사에 주둔하였음을 알 수 있다. 정미의병시 산간에 있는 불교 사찰은 이들의 주요한 근거지가 되었고 이 때문에 많은 사찰이 관군과 일본군에 의해 불태워지는 피해를 당하기도 하였다.

정미의병은 합병 전해인 1909년까지 계속되었는데 1907년 8월에서 1909년 사이 일본군과의 전투에서 전사한 의병수는 16,700명, 부상자는 36,770명에 달하였다. 정미의병시 불교계에서 항일투쟁에 참여한 불교계 인사들의 활동 상황을 살펴보면 다음과 같다.

2. 승려출신의 의병장 박순근[6]

박순근(朴順根 : 1872~?)은 바로 이 시기에 양주(楊州)를 중심으로 활약한 승려출신 의병장이다.

박순근은 1907년 10월 18일 김용이(金用伊)·허평순(許平順) 등 2백여 명의 부하를 이끌고 기병하여 가평·고양·파주·양주 등지에서 의병투쟁을 전개하다가 정세가 불리해지자 1908년 8월 경성 일본 헌병부대에 자진 출두하였다. 그러나 그는 그 해 음력 9월 양주군 상도면 지둔리 보광사(普光寺)에서 제2의 이은찬(李殷讚, 1878~1909, 의병장)이라 표방하고 다시 동지를 규합하여 기병하였다.

그는 양주군 금촌면 조운리 평구영좌 이성오 및 양주군 미금면 면장 이한경 등을 위협하여 그해 가을 양주에서 일본군과의 교전중 전사한 의병장(朴來秉)의 장례비를 조달하였다. 12월 5일에는 김덕현(金德鉉)·구낙서(具洛書) 등과 함께 동소문 밖 화계사(華溪寺)에 가서 군자금을 요구하였다.

---

6) 이철교,〈항일독립운동 불교인 열전〉《대중불교》, pp.43~44. 1993년 8월호.

이듬해 음력 1월에는 김석화(金錫華) 등 18명의 부하와 같이 가평군 외서면 비금리에 침입하여 군자금 및 피복확보투쟁을 전개하였다. 그 후 일본군에게 체포되어, 1909년 12월 3일 경성지방재판소 형사부에서 강도죄를 적용, 징역 5년형을 선고받고 복역하였다.

승려출신의 의병장 박순근의 의병활동은 을사륵약 이후 불교계 최초의 강력한 무력투쟁이었고 일본군에게 붙잡혀 5년 옥고를 치르는 등의 치열한 항일운동을 했으나 그에 관한 기록은 찾을 수 없고 출옥 후의 생애에 대해서도 알려져 있지 않다.

3. 의병 경봉 김재홍[7]

을사륵약 후의 의병봉기시 의병으로 활동한 사람으로 경봉 김재홍(鏡峰 金在弘 : 1885~1969)이 있다. 당시 그는 24세로 승려가 아니라 일반인이었다.

그는 어려서 가세가 몰락하여 전북 익산군 웅포면 친척집에서 살았으며 사서삼경을 배운 뒤 충남 논산군 양촌면의 배양(培養)학교에 입학하여 신학문을 공부했다.

을사조약이 체결되자 1908년 전북 무주 적성산에서 의병장 노원섭(盧元燮)의 부하가 되어 70여 명의 의병을 이끌고 덕유산 등지에서 의병지도자로서 여러 번 일본군과 교전했다. 그러나 그 해 결국 인천에서 체포되었다. 그는 곧 탈주하여 금강산으로 들어가 2년 동안 은거하다가 국권이 상실되자 1911년 27세에 건봉사에서 연호(蓮湖)에게 출가하였다.

김재홍은 경봉(鏡峰)스님으로 불렸는데, 통도사 극락암에 주석하였고 1982년 입적한 경봉(鏡峰)선사와는 승명이 같은 동명이인(同名異

---

7) 李政,《한국불교인명사전》, pp.17~18. 1993, 불교시대사.

人)이다.

 김재홍은 출가 후 건봉사 불교강원에 입학하여 당시 조실로 있던 설파(雪坡)의 자극을 받고 하루 세 시간만 자면서 3년 만에 대교과(大敎科)와 수의과(隨意科)를 모두 마치는 치열한 구도의식을 보여 주었다. 세속에 있을 때 사서삼경과 신학문을 배우긴 했으나 3년 만에 화엄경·경덕전등록·선문염송집(禪門拈頌集)을 배워야 하는 대교과와 법화경·범망경·선가귀감을 배워야 하는 수의과(隨意科)를 모두 마쳤다는 것은 그가 얼마나 치열하게 공부했는가를 알 수 있다.

 그는 능허(凌虛)의 법을 이어받은 뒤 금강산 마하연사(摩訶衍寺)에서 선에 몰두했다. 이어 유점사·건봉사 등지에서 경을 연구하다가 1922년 강백(講佰)이 되어 유점사 불교전문강원과 건봉사 강원에서 5년 동안 후학들을 지도했다. 1939년 4월에는 일본의 불교계를 시찰하고 돌아왔으며, 1939년 10월 건봉사 주지로 취임하였다. 당시 총독부에서 열린 31본산주지회의에서 총독 미나미(南次郞)의 면전에서 큰 소리로 그의 오만한 태도를 꾸짖었고, 혜화전문학교(동국대 전신)가 운영난으로 매도 직전에 처했을 때는 그 부당성과 인재의 양성을 역설하여 학교의 유지에 힘을 기울였다.

 1945년 광복 후 건봉사 주지로 다시 선출되었으나 북한의 불교탄압으로 월남하여 계룡산 신도안에 은거하던 중 동학사 주지 송덕윤(宋德潤)의 청에 따라 1953년 동학사에 비구니강원을 설립하고 많은 인재를 지도하였다. 1953년 8월 25일 문화훈장 국민장을 받았으며, 1969년 7월 25일 세수 85세, 법랍 58년으로 입적했다.

 김재홍은 1908년 항일의병투쟁을 할 때는 승려가 아니었으나 독립운동으로 쫓기는 몸이 되자 김구(金九) 선생처럼 절에 의탁하여 승려가 되었다. 그러나 그는 중일전쟁 후인 1939년 10월, 31본사의 하나인 강원도의 대본산 건봉사의 주지가 되었고 또 1941년에는 김광지

해(金光智海)로 창씨개명을 하였다. 중일전쟁 후 본사 주지들은 적극적인 친일행위를 하지 않을 수 없는 입장이었지만 창씨개명까지 한 것으로 보아 선항일 후친일의 혐의가 짙다. 그러나 이런 훼절에도 불구하고 을사륵약 후 의병으로서 덕유산 등지에서 일본군과 항일무장투쟁을 한 그의 독립운동은 높이 평가되어야 할 것으로 생각된다.

4. 운허 용하스님의 항일운동

한일합방 전 항일투쟁에 나선 불교계 인물로서 운허 용하(耘虛 龍夏 : 1892~1980)스님이 있다. 운허스님은 바로 앞에서 거론한 경봉 김재홍과 마찬가지로 승려가 되기 전부터 항일운동에 투신하였다.

국가보훈처에서 발행한 《독립유공자공훈록》(제1권, pp.196~197)에 의하면 이운허는 1909년 안희제(安熙濟)·이원식(李元植)·윤세복(尹世復)·남형우(南亨祐)·김동삼(金東三)·배천택(裵天澤) 등 80여 명의 동지들과 함께 신민회 계열의 국권회복을 위한 비밀청년단체인 대동청년당(大東靑年黨)을 조직하여 지하에서 독립운동을 했다. 이운허는 이후에도 만주에서 항일투쟁을 하였다.

운허스님의 독립운동 당시 이름은 이시열(李時說)이며 《독립유공자공훈록》에도 이 이름으로 등재되어 있다. 그는 평북 정주군 신안면 안홍리(平北 定州郡 新安面 安興里)에서 1892년 2월 15일 태어났다. 그의 본명은 이학수(李學洙)이고 운허는 법호, 법명은 용하(龍夏)이다. 우리나라 최초의 《불교사전》을 편찬한 스님으로 불교계에 널리 알려져 있다.

그는 7세부터 16세까지 한학을 배웠으며, 1910년 10월 평양 대성중학에 입학하여 1912년 3월에 수료했다. 그리고 1913년 1월부터 그 이듬해 10월까지는 중국 봉천 환인현 동창(東昌)학교 교사를 지냈다.

《운허선사어문집》에 의하면 그는 1909년이 아니라 동창학교 교사 시절인 1913년 6월에 환인현에서 비밀독립운동단체인 대동청년당에 가입한 것으로 되어 있다. 따라서 이 기록이 《독립유공자공훈록》이 시열조(條)보다 더 정확한 것으로 보인다. 왜냐하면 운허가 대동청년당에 가입한 1909년은 평양 대성중학 2학년에 재학중이었고 나이도 기껏해야 18세 정도였을 뿐 아니라 대동청년당이 만주에 없었기 때문에 동창학교 교사 때인 1913년 22세의 청년교사로서 항일단체에 가입했음이 더욱 확실한 사실로 규명된다.

이운허는 1915년 2월 만주 봉천성 신빈현 홍묘자에 흥동(興東)학교를 설립하고 1918년 3월까지 만주로 이주한 교포 아동교육에 전념했다. 또 1918년 4월에는 봉천성 통화현 반라배에 배달학교를 설립하여 1919년 3월까지 우리 민족의 아동교육에 힘을 쏟았다. '나라를 흥하게 하는(興東) 학교' 또는 '우리 겨레(培達)의 학교'라는 학교명에서 볼 수 있듯이 항일운동의 일환으로 학교를 설립하여 아동교육에 노력했음을 알 수 있다.

그 뒤 우리나라 방방곡곡에서 3·1운동이 전개되자 그는 1919년 4월 봉천성 유하현 삼원보에서 서로군정서(西路軍政署) 기관지인 《한족신보(韓族新報)》의 사장을 맡아 본격적인 항일운동에 투신하였다. 그리고 1920년 2월 봉천성 관전현 향로구에서 독립운동 기관인 광한단(光韓團)을 조직했다. 광한단은 국내에 들어와서 군자금을 모집하고 일제 식민지 통치기관을 파괴하는 등 무장투쟁을 전개했다.

1921년 4월 광한단의 단원으로 들어와 군자금을 모집한 사람은 이시열(李時說＝李耘虛)·현병근(玄炳根)·현익철(玄益哲)·정극화(鄭克和)·백성무(白聖武)·김준경(金俊京)·백근성(白根星)·이신근(李信根) 등 모두 8명이었다. 그러나 이들 중 김준경·백근성·이신근은 일본 경찰에 체포되고 이운허를 비롯한 다른 5명은 체포를 면하였다.[8]

이운허는 광한단 사건으로 일경에 쫓기는 몸이 되자 피신하였다가 그해(1921) 5월 강원도 유점사에서 30세라는 비교적 늦은 나이에 경송은천(慶松銀千)을 은사로 하여 출가하였다. 그는 유점사에서 수행자로서의 면모를 갖추어 나갔다. 행자생활을 마친 그는 1924년 범어사 강원에서 사교(四敎 : 능엄경・기신론・금강경・원각경을 배우는 과정)를 공부했다.

또 1926년 2월 청담(靑潭淳浩)스님과 함께 전국불교학인대회를 서울 안암동 개운사(開運寺)에서 개최하여 학인동맹을 조직했다. 그 후 만주로 건너가 승려의 몸으로 젊은 날 못다 이룬 독립운동에 재차 투신했다.

1929년 3월 만주의 3대 독립군 단체인 정의부(正義府)・참의부(參議府)・신민부(新民府)가 통합하여 국민부(國民府)를 조직할 때, 이운허는 국민부에 간부로 참여하였으며, 1931년에 국민부의 정치조직으로 조선혁명당이 조직되자 그 중앙집행위원 겸 교육부장을 맡아 봉천성 통화현 반라배에서 보성학교 교장을 역임하였다(1929. 7~1932. 2).

그리고 그는 조선혁명당의 군사조직인 조선혁명군의 간부로서도 활동했다. 일제가 만주를 침략한 1932년 2월에는 조선혁명군이 양세봉(梁世奉)의 지휘하에 만주인 의용군 이춘윤(李春潤) 등과 합작해 한중연합군을 편성하고 작전한 3월의 신빈(新賓) 전투에 참전하였다.

국가보훈처에서 편찬한 《독립유공자공훈록》(제1권, p.197)에는 항일무장투쟁에 참가한 이운허에 대하여 이렇게 기록하고 있다.

1933년 3월 11일 조선혁명군 사령관이 지휘하는 한・중연합군의 흥경성(興京城) 점령에 참전하고 저항하는 일본군을 대파했다. 1933년 8월

---

8) 김정명, 《조선독립운동》 1권 분책 ; 국가보훈처, 《독립운동사자료집》 14권, p.953 재인용.

에는 조선혁명군이 일본군 대부대와 조우하여 대혈전을 벌인 동창대(東昌臺) 전투에 참전하여 싸우다가 전사했다.[9]

그러나 이운허를 '전사했다'고 서술한 《독립유공자공훈록》의 기록은 완전한 오류이다. 이운허가 동창대전투에 참가한 것은 사실이나 당시 전사하지 않고 귀국하여 1936년 경기도 남양주군 진접면 부평리에 소재한 봉선사에서 불교강원을 설립하고 강사에 취임하여 학승들을 가르쳤다. 1936년 봉선사 홍법강원의 강사가 된 이래 동학사 강원·해인사 강원의 강사를 역임하면서 학인교육과 수행에만 전념하였다.

일정 말기 그는 일제의 창씨개명 강요에 꿋꿋이 버티어 이씨 성을 개명하지 아니한 채 '스모모'로 호칭하게 하니, 스모모는 자두(李)라는 뜻이다.

그는 해방 후 잠시 조선혁명당 재건사업에 관여하였으나 광동중학교 교장(1946~50)과 이사장(1959~65), 동국역경원 원장(1964) 등을 역임하면서 오로지 강의와 역경의 외길을 걸었다. 1961년에는 국내 최초로 《불교사전》을 편찬하였고 한글대장경 번역·간행에 힘을 기울였으며, 1962년에는 교육과 역경에 기여한 공로로 문화훈장을 받았다. 그리고 다음 해(1963)에는 독립에 기여한 공적으로 대통령표창이 수여되었으며, 1991년에는 독립유공자로서 애국장(愛國章)이 추서되었다. 또한 1974년에는 한글 보급과 국어 발전에 이바지한 공으로 한글학회로부터 감사패를 받았다.

그는 1980년 11월 17일(음 10월 10일) 세수 89세, 법랍 59년으로 봉선사에서 입적하였다. 제자로는 동국대 총장을 역임한 지관(智冠)스님과 현재 봉선사 주지이자 대강백인 월운(月雲)스님 등이 있다.

운허스님의 주요 저서와 역서로는 《대교지문》《무량수경》《범망

---

9) 국가보훈처, 《독립유공자공훈록》 제1권, p.197.

경》《사미니의요략》《사분계본》《한글범망경》《조계종 요강》《수능엄경》《사분비구니계본》《보현행원품》《유마힐경》《불교사전》《부모은중경》《화엄경》《열반경》《무구정광대다라니》《문수사리발원경》《묘법연화경》《수능엄경 주해》 등이 있다.

지금까지 살펴본 바와 같이 운허스님은 출가 전에는 대동청년당과 광한단(光韓團) 등의 독립운동단체에서 항일운동에 열성을 바쳤으며 만주 동창학교·홍동학교·배달학교의 교사와 설립자로서 청소년들에게 민족혼을 일깨우는 교육에 헌신하였다. 그는 승려로서 강원교육을 마치고는 38세의 장년기에 다시 만주로 건너가 조선혁명군의 무장항일투쟁에 참가하여 41세 때에는 '전사했다'는 기록을 남길 만큼 치열하게 항일독립전투에 온몸을 불사르기도 했다.

뿐만 아니라 재차 귀국해서는 학승으로서 후진양성에 주력했고 광복 후에도 역시 교육과 역경사업에 전념하여 독립운동과 교육·역경사업 등의 여러 분야에서 빛나는 금자탑을 쌓았다.

운허스님은 출가 전과 출가 후의 독립운동만을 개관해 살피더라도 불교계 항일투쟁운동에서 뛰어난 업적을 남긴 항일승려임이 분명하다. 그의 이러한 민족정신은 후세에 길이 귀감이 될 것이다.

5. 이만직스님의 의병활동

정미의병 기간인 1906년 4월 16일 이만직스님(異名 : 李晩植)은 충남 홍산(鴻山)에서 민종식(閔宗植) 의진(義陣)의 초모관(召募官)으로 활동하던 중 홍주성(洪州城)이 함락되자 같은 해 9월에 민종식, 곽한일(郭漢一), 박윤식(朴潤植), 김덕진(金德鎭), 황영수(黃英秀), 정회규(鄭會圭), 박창로(朴昌魯) 등과 함께 다시 거사하기로 하였으나 일진회원에게 정보가 알려져 뜻을 이루지 못하였다(국가보훈처, 《독립운동사자료집》제2집, p.317, 319, 327, 義士 李容珪傳 ; 국가보훈처, 《독립운동사》제1집, p.357, 363 ; 宋相燾, 《騎驢隨筆》, p.89).

이만직스님은 1916년 7월에 이용규(李容珪), 윤병일(尹炳日)과 함께 다시 거사하기로 논의하고 군자금을 모금하던 중 박동신(朴東臣)에게 군자금을 요청했으나 함께 참여하기로 한 박동신이 조선총독부에 고발하여 1917년 4월 9일에 일경에게 체포된 후 전남 지도(智島)로 1년 간 유배되었다(국가보훈처, 《독립운동사자료집》제2집, pp.347~351, 義士 李容珪傳 참조).

6. 각지의 의병활동과 사찰

정미의병기(1906~1909)의 의병활동은 전국 각지에서 활발하게 전개되었는데 당시의 신문보도에 의하면 사찰 인근이나 그 부근에서 일군과 교전하는 예가 많았다.

경기도 포천군 현등사 인근에 의병이 나타나 일군수비대와 충돌하였다. 현등사 부근의 의병에 관해서는 《대한매일신보》에 3회나 기사가 게재되어 있는데 그 내용은 다음과 같다.

> 抱川 日守備隊가 懸燈寺 부근에 정탐하기 위하야 하사 척후를 파견하였는데 該寺 산록 북측에 우회할 際에 梧答 北方 약 4백미터 지점에서 의병과 40분을 對戰하였는데 의병은 山腹을 攀登하여 該寺 방면으로 退却허매 의병 수효는 不明허다 허고.[10]

> 5일 未明에 현등사 부근에서 의병 50명이 互相 충돌하다가 의병은 북방으로 퇴각하고 該日兵은 宮崎小隊를 合하야 현등사로 前往하야 승려의 言을 聞한즉 의병이 去月 28일에 일군 정탐대와 相戰하다가 29일에 白雲山 芝浦洞 동남방 약 40리 산중으로 퇴각하얏다 하고.[11]

---

10) 《대한매일신보》2면. 1907. 10. 3.

현등사 부근의 義徒를 소탕차로 파송한 포천의 일병은 10월 5일 曉頭에 江口南里 방면에서 현등사를 공격하야 오전 9시에 該地를 점령하고 淸平川에서 出한 일병은 동일 오전 2시에 大峰洞(현등사 남방 10여리) 부근에서 義徒 五十명과 격돌하야 의도를 북방으로 격퇴하였다 하고.[12]

위의 기사를 종합하면 1907년 10월 5일 현등사 부근에서 의병 50명과 포천 주둔 일군 수비대가 40분간 교전하였고 의병은 현등사 방면으로 퇴각하였다. 이에 일군은 현등사를 점령하였고 의병은 북쪽으로 물러났다.

의병의 활동은 점차 활기를 띠면서 서울 근교에까지 진출하였다. 다음의 기사에 의하면 서울 혜화문 밖 약사사(藥師寺)에 의병이 출현하여 일군이 출동해 양측이 교전하였다. 《대한매일신보》와 《황성신문》의 기사는 다음과 같다.

(1907년 10월) 7일 오후 10시에 韓巡 1명이 급보하되 惠化門 外 15리 藥寺에서 총을 獲한 자가 二오 刀를 帶한 자가 三名이 來하야 夕飯을 催食한다는 報를 依하야 즉시 일 헌병 및 日兵 각 2명 및 巡査 巡檢 각 1명이 偵探次로 8일 오후 零時에 該寺로 前往한즉 의병 약 20명이 民屋에 잠복하얏다가 일병 및 순사를 見하고 저격을 始하였는데 일순사 1명이 下腿를 中丸하고 일병은 가옥이 밀집하고 지형이 不明함으로 暗夜에 위험을 脫하야 도주하였는데 是時에 日少尉 司令 이하 4명이 領率한 토벌대가 該地에 도착하야 의병의 존재를 知하고 일제 사격한 즉 의병은 퇴각하얏다더라.[13]

十月 七日에 巡檢 一名이 急來하야 惠化門을 距한 북방 약 십여리 되는 藥師寺에 총검을 攫한 자 5명이 來하야 目下 喫飯한다난 報가 有함

---

11) 《대한매일신보》 2면. 1907. 10. 9.
12) 《皇城新聞》 2면. 1907. 10. 9.
13) 《대한매일신보》 2면. 1907. 10. 10.

으로 즉시 당직 헌병 및 순사 순검으로 정찰차 發向케 하였난대 그 보고한 바를 據한즉 藥師寺에 到한즉 義徒 약 20명이 민가에 잠복하였다가 일병 척후가 來到함을 見하고 저격하야 순사 1명이 하퇴부에 관통 총상을 被하고 척후는 즉시 응전하였으나 가옥이 集會하야 地形이 未詳하며 又暗夜인 故로 위험하야 撤還하기로 결정하고 傷者를 掩護 歸來한지라. 於是에 和田小尉가 討伐次 該地에 到하야 義徒가 존재함을 知하고 즉시 일제 사격한즉 義徒가 倉皇 逃走한 故로 該家屋을 점령하얏다더라.[14]

서울 혜화문 밖 10여 리에 위치한 약사사에 의병이 출현하자 한국인 순사의 보고로 일본 헌병과 일본군 4명 및 일경 2명이 약사사에 갔다가 의병의 저격으로 일본 순사 1명이 하퇴부에 총상을 입었다. 이들은 상황이 불리해져 도주하고 이어 일군 토벌대가 도착하여 의병들에게 일제 사격을 가하자 의병들이 퇴각하였다.

충북 괴산 음암사(陰岩寺)에 의병이 주둔하고 있었는데 이들은 동지를 모집하고자 하였다. 그러나 이 정보를 들은 토벌대에 의해 의병 1명이 죽고 5명이 생포되었으며 3명은 도주하였다.

이에 관한 《황성신문》의 기사는 다음과 같다.

　　十月 四日 陰岩寺에 집합한 義徒가 該地에 居住하야 부근 土民을 위협하고 且 同志者를 募集한다는 정보를 접수하고 警務 顧問 支部 槐山 分遣所와 협의한 후에 義徒로 扮裝한 순검 3명, 別捕 4명, 使喚 1명에 卒 5명을 加하야 병졸은 隱置하고 기타는 義徒의 소재지로 發送하야 의도를 誘引함을 命한지라 然하나 의도는 僅 不過 9명인 고로 該巡檢 이하 8명으로 의도 捕縛에 從事하야 3명은 失捕하얏스나 1명은 살해하고 5명은 生擒하얏다 하고.[15]

괴산 음암사에 주둔하고 있던 의병은 동지모집을 획책하다가 오히

---

14) 《황성신문》 3면. 1907. 10. 10.
15) 《황성신문》 2면. 1907. 10. 13.

려 일제측 토벌대에 의해 희생자를 내고 5명이 체포되는 비운을 당하였다.

진주의 칠불사(七佛寺)와 청곡사(靑谷寺) 부근에도 의병 백여 명과 일군이 교전하였고 그 여파로 청곡사가 불타는 피해를 입었다. 《황성신문》과 《대한매일신보》의 보도내용은 다음과 같다.

> 晋州에서 派送한 日兵은 本月(1907. 10) 17일에 七佛寺 靑谷寺 부근을 공격하얏난대 오전 6시에 新峙(靑谷寺 東南 畧 千五百米突)에서 靑谷寺에 向하야 포격하야 오전 10시에 義徒가 黃柳津 방면으로 퇴각하였다 하고.[16]

> 十七日 진주 七佛寺 及 靑谷寺 부근의 의병 백여 명이 일병과 교전하다가 의병은 黃柳津 방면으로 퇴각하얏난대 의병의 死傷이 二拾二名이라 하고 일병은 청곡사를 소각하얏다 하고.[17]

진주 칠불사와 청곡사 부근의 의병은 일병의 공격으로 22명의 사상자를 내고 퇴각하였고 일본군은 청곡사를 불태우는 만행까지 저질렀다.

팔만대장경이 소장되어 있는 합천 해인사에도 의병이 나타나 안의군(安義郡)의 수비대가 진압을 위해 출동하였다고 관찰사가 내부(內部)에 전보로 보고하였다.

> 陜川郡 海印寺에 義兵 三百名이 屯聚하얏다 하야 安義郡에 守備隊兵으로 진압하기 위하야 該處로 發向하얏다고 該道 觀察使가 內部에 電報하얏더라.[18]

전남 구례의 칠장사(七場寺)와 난곡사(鸞谷寺)에 주둔한 의병은 남

---

16) 《황성신문》 2면. 1907. 10. 22.
17) 《대한매일신보》 2면. 1907. 10. 22.
18) 《대한매일신보》 2면. 1907. 10. 22.

원수비대의 습격을 받아 대장 이하 17명이 죽었고 20여 명은 부상을 당하고 패주하였다.

 本月(1907. 10) 十八日 전남 구례에서 남원수비대에 도착한 本野大尉의 報告를 據한즉 本月 十六日 夜에 진해만 重砲 一小隊와 相合하야 其翌日 曉頭에 七場寺 鷲谷寺에 會集한 義徒를 습격하야 首魁 高光順 이하 17명은 致斃하고 20여 명은 被傷하고 其餘는 潰走하얏다 하고.[19]

 의병들은 여건상 산사에 의지하여 주둔한 예가 많았는데 일본군 토벌대는 의병들이 머물렀던 사찰을 불태운 경우가 비일비재하였다. 당시의 신문보도에 의하면 일본군은 강원도 철원 보개산 심원사(深源寺)를 의병의 거소(據所)였다는 이유로 불태웠고,[20] 흥해군(興海郡) 안국사(安國寺)도 의병이 유숙하고 다른 곳으로 이동하였는데 역시 안국사에 불을 질러 전소되었다.[21]

 일본군은 상주군 화서면 산성리(尙州郡 化西面 山城里)의 인가 20호와 청계사(淸溪寺)를 의병의 주접소(住接所)라 하여 충화몰소(衝火沒燒)하였으며,[22] 정산군(定山郡) 정혜사(定惠寺)도 의병이 오래 유숙하였다 하여 절을 전부 불질러 전소시켰다.[23]

 양평 용문산 용문사도 의병이 머물렀던 절이라 하여 모두 불태웠는데 이 화재로 황귀비전하(皇貴妃殿下)가 거액을 하사해 지은 정일관(正一觀)도 이때 불타고 말았다.[24]

 정미의병시 양평지역에서는 여러 곳에서 전투가 벌어졌는데 불교

---

19) 《황성신문》 2면. 1907. 10. 26.
20) 《대한매일신보》 2면. 1907. 10. 26.
21) 《황성신문》 2면. 1907. 11. 3 ; 《대한매일신보》 2면. 1907. 11. 3.
22) 《황성신문》 2면. 1907. 11. 21.
23) 《황성신문》 2면. 1907. 12. 10.
24) 《대한매일신보》 3면. 1907. 12. 14.

와 관련된 곳은 사나사(舍那寺), 용문사, 상원사 등지를 거론할 수 있다. 이 가운데 용문사는 의병의 은거지라 하여 일본군이 불을 질러 대웅전과 요사 일부 및 석탑만 남고 불타버렸던 것이다(《양평의병운동사》 p.15. 1996, 양평문화원).

1907년 9월 11일 수원 용주사에 의병 수십 명이 와서 점심식사를 강요하자 스님 1명이 양식을 구해온다는 핑계를 대고 절을 빠져나와 수원읍 일병참소(日兵站所)에 고하였다. 이에 일본군 50명이 용주사에 즉각 달려와 의병을 다수 포박하고 절에 불을 질러 전소시켰다(《대한매일신보》 2면. 1907. 9. 15).

정미의병 기간에 일본군의 방화에 의해 불타버린 사찰은 철원 심원사, 양평 용문사, 수원 용주사 등 6개소에 이르는데 당시 신문에 게재되지 않은 피해 사찰도 많았던 것으로 추산된다.

의병들의 산사 부근 주둔이며 일군과의 교전 상황은 다른 지역에도 연일 계속되었다. 정읍 부근 내장사(內藏寺)에도 의병이 주둔하였는데 이에 관해서 《대한매일신보》와 《황성신문》은 다음과 같이 보도하고 있다.

> 본월(1907. 11) 9일 내장사 의도토벌대가 長城에서 井邑에 도달하야 義徒 三百名이 군수에게 천막 및 양식을 討索한다는 事를 聞하고 내장사로 發向하얏는대 義徒가 日兵의 접근함을 聞하고 즉시 산중으로 도주하였다 하고.[25]

> 拾一月 九日 井邑 부근 내장사에 주둔한 의병이 同郡守에게 軍幕과 軍糧을 준비하기를 强請하난대 그 수효는 三百餘에 達한지라. 日兵과 교전하다가 該寺 북방 산중으로 퇴거하였다 하고.[26]

---

25) 《황성신문》 2면. 1907. 11. 19.
26) 《대한매일신보》 2면. 1907. 11. 19.

내장사 부근의 의병들은 3백여 명에 달하였고 군수에게 군막과 양식을 강청하다가 일병과 교전한 후 퇴각하였다. 의병들은 공주 부근의 사찰에도 출현하였다.

　　公州電을 擧한則 義徒 略 三百名이 定山郡 定山寺에 集合하야 扶餘分派所를 습격할 모양이 有한 故로 公州 警視가 巡査 五名을 領率 急行하얏고.[27]

휴전선 판문점 바로 아래의 장단군(長湍郡) 화장사(華藏寺)에도 의병들이 와서 음식을 요구하여 식사를 한 후 떠나기도 하였다.

　　去月(1907. 11) 三十日에 長湍郡(경기도) 華藏寺에 義徒 八名이 入來하야 飮食을 喫한 후에 他處로 發往하얏다더라.[28]

　　去 三十日 長湍郡 華藏寺 부근에 在하던 義兵 六十名이 火繩銃을 휴대하고 該寺에 來하야 午飯을 催食하고 他處로 轉向하얏다 하고.[29]

의병들은 고산군 서하면(高山郡 西下面)에 소재한 일본사찰 본원사(本願寺)를 습격하였다. 본원사는 전주(全州) 부근에 있었던 것으로 생각되며 일본인이 부재하자 일인의 물품을 소각하였다. 당시 신문 보도내용을 보면 다음과 같다.

　　(12월) 二日 高山郡 西下面 本願寺에서 布敎次로 出張한 日人이 不在中에 義兵 약 二拾餘名이 來襲하야 守直하난 韓人 二名은 捕縛하고 通譯 一名은 銃殺하고 日人에 物品은 一並 燒却하고 新傳面으로 發向하였난대 高山分派所에서 其行衛를 偵察中이라더라.[30]

---

27)《황성신문》2면. 1907. 11. 9.
28)《황성신문》2면. 1907. 12. 5.
29)《대한매일신보》2면. 1907. 12. 5.

38 제1부 의병항쟁기에서 일제하 불교계의 항일운동

> 本月 二日에 全州 本願寺 出張所 日人이 布敎次 出他한 中에 義徒 약 20명이 내습하야 韓人 三名을 縛打하고 其中 통역 1명을 砲殺하며 日人 所有物을 燒燬하얏다 하고.[31]

의병들은 서울 뚝섬에까지 진출하였으며 뚝섬 대성암(大成庵) 부근의 의병은 수명이 전사하기도 하였다.

> 去 六日의 뚝섬으로 發向한 日兵이 該島 大成庵에 도착하야 그 부근에 주둔한 의병을 공격하야 其幾名을 殺害하고 若干 物品을 掠奪하였다 하고.[32]

충북 청주에서는 의병과 일본군에 의한 피해가 속출하였는데 《황성신문》의 보도에 의하면 청주군수가 보고한 민가와 사찰의 피해 사항은 다음과 같다.

> 淸州郡守가 義徒及 日兵에게 被燒한 民家와 被害한 人命을 一一調査하야 內部에 보고하얏난대 靑川面 松面里에 六戶, 華陽洞 煥章寺가 九座, 桃源里에 二十六戶인대……(하략)[33]

《황성신문》의 피해 기사에 '화양동 환장사(煥章寺)가 9좌(座)'라는 구절이 있는데 그 피해 내용이 무엇인지에 대해서는 구체적으로 이해할 수 없었다.

의병들은 금강산에도 나타났는데 의병이 금강산으로 가게 된 사유를 먼저 살펴보자.

---

30) 《대한매일신보》 2면. 1907. 12. 6.
31) 《황성신문》 2면. 1907. 12. 7.
32) 《대한매일신보》 2면. 1907. 12. 8.
33) 《황성신문》 2면. 1907. 12. 12.

長幕店守備隊 斥候日兵이 本月 七日에 茅坪里 부근에서 義徒 三十名을 逢하야 공격퇴각케 하얏난대 該徒의 一部난 長安寺 一部난 淮陽方面으로 潰走하얏고.[34]

이렇게 일본군에 쫓겨 금강산으로 들어간 의병들은 사찰을 근거지로 하여 출입이 무상하므로 부근의 주민들이 걱정을 많이 하였다.

沒入金剛

東來人의 傳說을 聞한즉 강원도 각군에 佈滿하얏던 義徒가 金剛山中으로 沒入하야 사찰을 근거지로 認作하고 出沒無常함으로 부근 人民이 嗷嗷(여럿이 걱정하고 걱정함)한 中이라더라.[35]

금강산 주민들의 이러한 우려는 다음 해(1909)에 현실로 나타났다. 금강산 유점사의 승려들이 의병에게 구타당하고 금품을 빼앗기는 일이 일어났다. 의병으로 인한 금강산 유점사의 피해에 대해 당시의 신문들은 다음과 같이 보도하고 있다.

僧侶遭難

陰 八月 二十二日에 江原道 金剛山 楡店寺에 義兵 二十餘名이 乘夜突入하야 僧侶를 亂打하고 金貨 二百餘圓과 布本 等物을 收取하얏난대 寺樣이 極히 蕭索하야 保存之望이 無하다더라.[36]

楡店暴擾

金剛山 楡店寺에서 今月 九日 午后 二時頃에 暴徒 數 三十名이 突入하야 碧菴僧에게 金貨 一百五十圓과 主將僧에게 一百圓을 搶奪하얏난

---

34) 《황성신문》 2면. 1907. 12. 13.
35) 《황성신문》 2면. 1908. 1. 16.
36) 《대한매일신보》 2면. 1909. 10. 21.

대 猶爲不足하야 寺中으로 一千圜 手標를 受去한 故로 금강산 內外寺 僧徒가 擧皆 渙散할 境이라더라.[37]

의병은 일본제국주의자들의 침략으로부터 나라를 구하기 위해 봉기하였다. 이들은 정상적인 보급과 무장을 갖추지 못했으므로 자체적인 군량미 확보와 장비보급을 할 수밖에 없었는데 이 과정에서 종종 무리한 방법이 동원되기도 하였다. 이 과정에서 산중에 위치한 사찰은 의병들의 주요한 주둔지가 되면서 식사 제공을 강청받기 일쑤였고 위의 기사에서 보듯이 의병들은 유점사에 돌입하여 벽암승(碧菴僧)에게 1백50원, 주장승(主將僧 : 유점사 주지 스님으로 추정됨)에게 1백원을 강제로 내놓게 하였고 뿐만 아니라 1천원의 수표까지 받아갔다. 이 금품은 의병들의 군자금으로 사용하기 위해 거의 강제적으로 징수해 간 것으로 이해된다.

하지만 횡포에 가까운 의병들의 식사 확보와 군자금 강요로 금강산 내 모든 사찰들이 침체하여 승도(僧徒)는 흩어지고 절은 보존·유지가 어려울 정도의 역경에 처했다.

1911년 사찰령반포 당시 본사로 지정된 금강산 유점사에는 총 57개의 말사가 소속되어 있었다. 이 가운데 산내(금강산) 말사는 반야암·흥성암(興盛庵)·득도암·칠보대(七寶臺)·송림굴(松林窟)·중내원(中內院) 등 6개였고 외금강산에는 신계사 등 8개가, 내금강산에는 장안사 등 25개 사암이 있었다.[38] 이렇게 금강산에는 39개의 사암이 있었는데 이 모든 사찰의 스님들이 의병의 횡포에 흩어지고 사암은 극히 침체되어 '보존지망(保存之望)이 무(無)한 지경'에 처하기에 이르렀다.

이러한 예는 서울 신문(新門) 밖 정토사(淨土寺)에서도 있었다.

---

37) 《황성신문》 1면. 1909. 10. 22.
38) 사찰문화연구원, 《북한사찰연구》, pp.103~104. 1993, 한국불교종단협의회.

淨寺經擾

　　再昨日 午後에 義徒 三十餘名이 新門 外 淨土寺에 闖入하야 該寺僧을 結縛亂打하고 軍糧米 五十石을 出給하라 하난 故로 該僧이 其脅迫함을 不勝하야 手票를 成給한지라. 西部에서 其事實을 聞하고 偵察次로 巡査를 派送하얏다더라.[39]

　서울 신문(新門) 밖에 있는 정토사에는 의병 30여 명이 침입하여 스님이 결박난타당하고 군량미 50석을 내놓으라는 협박을 받고 위협에 못 이겨 수표를 끊어주었던 것이다.
　강원도 간성군(지금의 고성군) 건봉사에서도 의병으로 보이는 사람들에게 금화 40원을 빼앗겼다.

乾鳳黃巾

　　杆城郡 乾鳳寺內 鳳鳴學校에서 陰四月 十五日 정오에 何許人 三十九名이 黃巾黃衣로 各持銃刀하고 從後山 入來하야 僧徒에게 金貨 四十圓을 奪去하였다더라.[40]

　황색 두건과 옷을 걸친 이들은 의병 무리로 보이는데 이들 39명은 건봉사 안에 설치된 봉명학교에 총과 칼을 들고 내습하여 스님들의 돈 40원을 탈취하였다. 이와 유사한 예는 기장군(機張郡) 안적사(安寂寺)에서도 볼 수 있다.

安寂寺 暴擾

　　機張郡 陶面 安寂寺에는 去(1910. 5) 十五日 하오 7시에 暴徒 三十여 명이 내습하여 엽전 60兩을 奪去하얏다더라.[41]

---

39) 《황성신문》 2면. 1908. 3. 20.
40) 《황성신문》 2면. 1910. 5. 29.

의병들은 서울과 가까운 용인군 용덕암(龍德庵)에도 출현하였다.

> 本月(1908. 1) 14일에 龍仁郡 泉谷里에 義徒 十四名이 내습하야 李京化를 捉去하얏다는 報가 有한 故로 즉시 水原 分署에서 巡査 七名과 一進會員 數名이 泉谷洞에 至하야 該徒를 搜索하야 其所在處가 未詳한 故로 其翌 十五日에 更히 수색한즉 義徒가 聖路山에 留宿하고 泉谷面 龍德庵 寺院에 集會함을 探知하고 該徒를 포위 공격하랴 하얏더니 義徒가 山頂을 越하야 도주하얏다더라.[42]

지금은 서울 강남의 번화가로 변한 경기도 광주군 봉은사(奉恩寺)에도 의병들이 출현하였다.

派巡奉恩

> 廣州 奉恩寺에 義徒가 多數히 屯聚하얏다 함으로 上午 五時頃에 東部에서 巡査를 多數 派送하얏다더라.[43]

서울 근교인 양주군(楊州郡)의 보광사(普光寺)에도 의병들이 출몰하였다.

> 本月(1908. 2) 十四日에 高陽郡 普光寺에 義徒가 集合하얏다 함으로 該郡 憲兵隊長과 경찰대장이 출장하얏다 하고.[44]
>
> 去 拾四日에 楊州郡 大聖洞 普光寺에 義兵이 집합하얏다는 報를 接하고 헌병대장과 경찰대가 兩方面에 출장하야 수색한즉 十三日 오전 二時頃에 의병 약 백20명이 該地 부근에 숙박하고 十四日 오전 4시경에

---

41) 《황성신문》 2면. 1910. 5. 29.
42) 《황성신문》 2면. 1908. 1. 22.
43) 《황성신문》 2면. 1908. 1. 23.
44) 《황성신문》 2면. 1908. 2. 18.

京城으로 向한다 揚言하고 출발하야 高谷 방면으로 行하얏다 함으로 更 探한즉 종적이 不明한대 該 의병은 各其 총기를 持하얏고 義兵將은 邊 起羽라더라.[45]

《황성신문》의 고양군 보광사라는 기사는 '양주군 대성동 보광사' 의 오기(誤記)로 보인다.

의병장 변기우(邊起羽)가 지휘하는 이들 의병은 보광사에 주둔한 후 경성으로 향한다고 양언(揚言)하고 고곡방면으로 출발하였다. 일 제 헌병과 경찰이 이들의 행방을 찾아 수색에 나섰으나 종적이 불명 하였다.

원주 동수사(東洙寺)에서는 의병과 토벌대가 교전하였고 의병장 민 긍호(閔肯鎬)가 체포되었다.

忠州電을 據한즉 權警視의 所率巡査隊가 去月 二十七日에 原州 等 北方面으로 수색차 發行하야 二十九日에 該地 東南方 東洙寺에서 義徒 八十七名과 突擊하야 약 4시간 교전 후에 민가에 잠복한 義魁 閔肯鎬를 捕縛하고 光林에 留宿하다가 오후 10시에 의도의 습격을 受한 故로 不 得已하야 閔을 射殺하얏다 하고.[46]

고창 선운사와 장성군에서도 의병과 일병이 교전하였다.

(1908년) 一月 二拾日에 茂○ 선운사에서 日兵이 義兵과 교전하였난 대 兩陣에 死傷이 多하다 하고 또 長城君 梅남里에서 의병과 일병이 교 전하얏난대 死傷은 未詳이라 하고 該近人民은 一進會와 通詞의 行悖로 支保키 難하다 하고.[47]

---

45) 《대한매일신보》 2면. 1908. 2. 18.
46) 《황성신문》 2면. 1908. 3. 5.
47) 《대한매일신보》 2면. 1908. 3. 14.

울진군 불영사(佛靈寺)에도 의병이 주둔하였다가 일병과 교전하였다.

靈寺小塵

蔚珍郡 佛靈寺에서 의병이 留連하난대 日兵이 乘夜 습격하야 六十餘名이 被害하얏다는 說이 有하더라.[48]

충남 연산군(지금의 논산군) 석천사(石川寺)에도 의병이 출현하였다.

本月(1908. 5) 八日에 珍山 헌병분견소 일병과 순사가 連山郡 大屯山을 過하야 石川寺에서 義徒 약 10명이 후면 산중으로 도주하랴 함으로 追躡하얏스나 未及하얏다 하고.[49]

한편 의병과의 관련으로 경기도 여주 신륵사의 승려 9명이 경시청에 체포되었다.

僧俗被捉

경시청에 捉囚하얏던 僧徒 九名과 俗人 3명을 재작일에 監獄署로 移囚하얏난대 該僧徒난 呂州 碧寺僧인대 의병의 干連이 有하다는 說이 有하다더라.[50]

위 기사 중 '呂州 碧寺'는 '驪州 神勒寺'를 지칭한다. 벽사(碧寺)는 신륵사의 이칭이고 '呂州'는 '驪州'의 잘못된 표기이다. 의병에 관련된 신륵사의 스님 9명은 다음과 같은 후속 기사로 보건대 일본인 재판소로 이송되었던 것으로 보인다.

---

48) 《대한매일신보》 2면. 1908. 3. 29.
49) 《황성신문》 2면. 1908. 5. 14.
50) 《대한매일신보》 2면. 1908. 4. 23.

僧徒利交

義兵干連으로 多月 警視廳에 被囚하얏던 僧徒 數名을 日控訴院으로 移交하얏다더라.[51]

의병과 관련되어 스님이 일병에게 체포된 것은 동대문 밖 원흥사(元興寺) 승려 3명의 경우에도 목격할 수 있다.

僧何干連

東大門外 元興寺 僧 松雪 等 三人이 義兵의 干連이 有하다하야 再昨日 日憲兵 分隊에 被捉하였다더라.[52]

지리산이 있는 경남 산청 대원사 부근에서도 의병과 일병의 교전이 있었다.

本月(1908. 8) 二十九日에 山淸分遣隊 日兵이 大院寺 부근에서 暴徒 二十名과 교전하얏난대 該徒 十二名이 피살되고 日兵 一名이 重傷하고 我國 巡査 一名이 輕傷하얏다더라.[53]

대원사 부근의 교전으로 의병 12명이 죽고 일병 1명은 중상을 입었으며 한인 순사 1명은 경상을 입었다. 양측의 전투가 치열하였는데 여기서는 의병을 폭도로 표기하고 있다. 합방이 가까워 오면서 일제 측의 한국언론에 대한 압박이 심했던 것으로 짐작된다.

북한산 도봉암(道峯庵)에도 의병 수백명이 주둔하였다.

---

51) 《대한매일신보》 2면. 1908. 8. 11.
52) 《대한매일신보》 2면. 1910. 6. 3.
53) 《황성신문》 2면. 1908. 9. 2.

道峯義屯

北漢 道峯庵에 의병 수백명이 屯據하얏다는 聽聞이 狼藉함으로 日前에 경시청에서 한 日巡査를 비밀히 파송하얏다더라.[54]

당시 신문에 보도된 내용으로 이상의 사실을 요약하면 이러하다. 의병이 주둔하였거나 그 인근에서 일병과 교전한 사찰은 포천 현등사, 괴산 음암사, 진주 칠불암과 청곡사, 합천 해인사, 전남 구례의 칠장사(七場寺)와 난곡사, 정읍 내장사, 정산군 정산사(定山寺), 장단군 화장사(華藏寺), 전주 인근의 고산군(高山郡) 본원사 출장소, 화양동 환장사(煥章寺), 금강산 장안사와 유점사, 용인군 용덕암, 양주군 보광사, 원주 동수사(東洙寺), 고창 선운사, 울진 불영사, 연산군(連山郡) 석천사(石川寺), 경남 산청 대원사, 북한산 도봉암 등 전국 각지의 사찰들이다.

서울 인근의 사찰로 의병이 출몰한 곳은 혜화문 밖 약사사(藥師寺), 뚝섬 대성암, 광주군 봉은사 등지이고 당시 신문에 보도된 사찰로 의병이 주둔 내지 교전한 곳은 30여 곳이다. 이 중에 의병이 주둔하였다 하여 일본군이 불태워버린 사찰은 철원 심원사, 진주 청곡사, 홍해군 안국사, 상주 청계사, 정산군 정혜사, 양평 용문사, 수원 용주사 등 7곳이다. 그리고 의병들에게 금품을 강요받아 빼앗긴 곳은 금강산 유점사의 현금 250원과 1천원짜리 수표, 서울 신문(新門) 밖 정토사의 군량미 50석, 강원도 건봉사의 현금 40원, 기장군 안적사의 엽전 60냥 등이다.

또 의병과 관련되었다 하여 체포된 승려는 여주 신륵사 스님 9명, 서울 동대문 밖 원흥사 스님 3명이 있었다.

이렇듯 을미의병 이래 약 15년 간에 걸친 의병전쟁으로 전국 각지

---
54) 《대한매일신보》 2면. 1909. 3. 18.

의 불교사찰은 의병과 일본군 양측으로부터 많은 피해를 당하였다.

의병들은 사찰을 주요 근거지로 삼아 주둔하면서 음식이나 금품을 강청하기 일쑤였고, 사찰과 그 인근은 의병과 일본군의 교전 장소가 되는 예가 허다하였으며 심지어는 의병이 머물렀다 하여 일본군은 유서 깊은 용문사·심원사 등지에 불을 질러 절을 전소시키는 만행을 저지르기도 하였다. 또 승려들 가운데는 의병과 관련이 있다 하여 일본군에게 체포되어 곤욕을 치른 예도 3건이나 된다.

지금까지 살펴본 것은 당시 신문에 보도된 내용만을 간추린 것인데 언론에 알려지지 않은 사찰의 피해는 더욱 많았을 것으로 여겨지며 신문에 게재된 일 가운데도 단순히 사찰의 재물을 노린 도둑과 의병들의 활동을 분간하기 어려운 경우도 없지 않았다. 어쨌든 을미의병 이래 15년 간에 걸친 의병전쟁기에 불교계가 입은 손실은 매우 컸음을 인식하지 않을 수 없다.

제3절 국채보상운동과 불교계

1. 개   요

국채보상운동은 1907년 2월 일본에 대한 국채를 갚기 위해 민중들이 일으킨 운동이다. 1904년 고문정치를 실시한 이래 일제는 한국경제를 파탄에 빠뜨려 일본에 예속시키기 위한 방법으로 일본에서 거액의 차관을 들여왔다. 그리고 도입된 차관으로는 침략을 위한 경찰기구의 확장과 일본인 거류민을 위한 복지시설의 확충에 투입하는 등 통감부가 마음대로 사용하였다.

그 결과 외채가 엄청나게 불어나는 바람에 정부 재정으로는 도저히 갚을 길이 없게 되었고, 일본은 이를 빌미로 더욱 구한국의 정권을 농락하며 식민화에 박차를 가했다. 이에 국채를 갚지 않고는 나라의 주권을 지킬 수 없다는 자각이 민중 사이에 널리 퍼지게 되어, 마침내 1907년 2월 중순 무렵 대구 광문사(廣文社) 사장 김광제(金光濟)와 부사장 서상돈(徐相敦) 등의 16명 공동명의의 〈국채 1천3백만원 보상취지서〉를 발표하면서 시작되었다. 이들은 모금을 위한 국민대회를 여는 등의 활동을 시작으로《황성신문》《대한매일신보》《제국신문》《만세보》등 각종 신문의 호응하에 범국민운동을 전개하여 그해 4월말까지 보상금을 낸 사람이 4만 명, 보상금 총액은 5월까지 230만원에 달했다. 이 운동에는 여성들도 적극 참여하여 금은패물을 모아 보상금으로 바쳤으며, 당시 하류계층에 속했던 기생들도 애국부인회를 만들어 의연금을 모금했다. 불교계에서도 적극 호응해 많은 스님들이 참여했다.

이처럼 국채보상운동은 범국민적인 지지를 받아 성공적으로 추진되었으나, 일제 통감부의 집요한 탄압과 송병준 등이 이끄는 일진회의 방해공작으로 더 이상 진전을 보지 못한 채 좌절되고 말았다.[55]

2. 불교계의 국채보상운동

광문사의 대동광문회에서는 1907년 2월 21일 대구민의소, 즉 단연회(斷煙會)를 조직하고 3월 9일 국채지원금수합사무소를 설치하여 모금에 나섰다.

이에 불교계에서도 적극 호응하였는데 제일 먼저 간성군(杆城郡) 건봉사의 봉명(鳳鳴)학교의 교직원과 스님들이 국채보상의연금에 적극 동참하였다.《대한매일신보》1907년 4월 9일자에 게재된 건봉사 봉명학교의 교직원과 스님들의 의연금 참여 현황은 다음과 같다.

---
55)《한국근현대사사전》, pp.111~112. 1990, 가람기획.

간성군 건봉사 봉명학교 국채보상의연금

교장 秦學純 1원, 부교장 金鶴林, 교감 金寶雲, 學監 조靑隱, 評議長 정만화 각 1원. 幹事 金碧應 십전, 니(비구니)性海 오십전, 王鏡月 이십전, 金印許 崔雲담 각 오십전, 교사 김정태 2원, 니晦명 이십전, 서무 정混源 이십전, 金寶蓮 십전, 회계 朴日崙 50전, 卓凌處 20전, 김태운 50전, 김동운 30전, 評議長 崔西念 10전, 玄東林 50전, 金月松 20전, 유성潭 10전, 黃普應 50전, 朴明虛 1원, 金龍潭 10전, 리운坡 30전, 林淵月 50전, 황應化 십전, 변祥운 20전, 리應湖 10전, 한雪岩 30전, 김雪谷 15전, 박寧隱 10전, 丁南파 50전, 한봉谷 10전, 김龍성 50전, 조日波 40전, 정錦선 50전, 贊成員 金慧菴 1원, 윤碧담 40전, 朴雙月 1원, 조漢月 10전, 조부如 40전, 梁景담 20전, 니浦蓮 1원, 金靑庵 50전, 니湛海 張月庵 각 1원, 니錦菴, 金鶴嚴 朴玄應 니雪吼 각 50전, 정萬雨 30전, 金月虛 申三暉 각 20전, 니東源 10전, 최영숙 20전, 卓弘수 15전, 최普광 徐能孝 高知衍 각 20전, 김斗敏 김德蓮 니泰華 각 30전, 니智允 10전, 니凌雲 한應典 卞祥雲 吳蓉珠 각 20전, 김永根 50전, 申智月 니문協 박票菴 김相烈 김大榮 김復雲 각 10전, 申鼎熙 11전, 김봉紀 30전, 學徒 박光憲 10전, 니봉冠 洪東근 니桂祥 함寬永 김東元 鄭太恩 박宗문 함五峯 洪應敏 각 20전, 니東一 15전, 姜性完 全壽天 林致容 김錦完 黃錦근 김惺察 송侑간 金性甲 池大成 정普明 니侑宗 김병根 김桂弘 김壽찬 김善봉 장台섭 각 10전, 정在根 장봉覬 각 20전, 龍意珠 함建祚 김定禪 니奉玉 趙在順 니元明 최知宗 함玄覺 김在英 각 10전, 文應機 니應訓 각 5전, 尼僧 正心 廣喜 각 1원, 知順 三眞 恩必 富永 각 50전, 義謙 30전, 禮典 慈惠 南興 각 20전, 快得 三義 一三 昌福 法益 恩相 奉攝 각 10전, 박召史 1원, 박召史 50전, 김召史 10전, 함召史 리召史 각 20전, 사환 權敬念 黃成玉 함巨門 리興雲 全致學 김致燁 리澤善 安希天 具仕允 林雲集 安仕玄 리敬瑞 리景善 南重吉 박允祥 김正根 최應三 洪在洙 각 10전, 林春瑞 2전, 김松岳 成學賢 김黃龍 리相福 김守根 장台演 김太文 김成和 高先童 김龍伊 安聖三 김聖文 김병淳 각 5전, 梁占石 함命哲 각 3전, 리白源 2전, 김白源 50전, 萬日會 念佛契中 100원.

합 1백46원76전[56)]

봉명학교의 교장 진학순(秦學純)을 비롯한 교직원 10여 명과 건봉사 스님 및 봉명학교의 학생(스님학생 포함) 148명, 비구니 18명 등 모두 176명이 국채보상의연금에 동참하였고 건봉사의 만일염불회에서 100원을 포함하여 총액 1백46원76전을 나라빚(國債)을 갚는 의연금으로《대한매일신보》에 기탁하였다. 국채보상운동에 적극 호응하던《대한매일신보》는 건봉사와 봉명학교의 명단과 개인별 의연금 액수를 소상하게 게재하였다.

아산군(牙山郡) 서암사(西岩寺)에서는 1907년 4월 20일경 정경호(鄭景好)스님이 1원을 국채보상의연금으로 내놓았다.[57]

같은 해 4월 하순 경기도 장단군 화장사(華藏寺)에서도 국채보상의연금을《대한매일신보》에 기탁하였고 의연금 내역이 이 신문 4면에 자세히 게재되었다.

국채보상의연금 수입 광고 장단군 화장사 의연금

니鏡濟 15원, 김龍海 10원, 니영祚 홍抱蓮 김之淳 각 2원, 盧霽峰 孫眉山 윤印月 니德菴 黃楚菴 김水洽 安斗嚴 각 1원, 니竺山 林鏡潭 吳雲月 吳映月 김戒亨 한目? 최明珠 김子雲 김圓善 박東섭 김永식 김祐涉 김應규 박自寅 니大仁 權東暹 김景順 黃妙相 각 50전, 김無瑕 니性潭 박영준 孫圓虛 각 40전, 김今律 니竺典 黃棲岩 黃晴霞 한禮운 윤錦明 각 30전, 최大化 박녜隱 각 25전, 김文수 박影松 康용淵 최知宗 楊應봉 權信悟 許奉國 十歲 각 20전 리富興 十歲 10전.

고용(雇傭)

니萬甫 니性和 각 50전, 니順敏 30전, 니汝祚 윤順汝 김致玉 梁석汝 權景玉 최致行 楊元甫 니春섭 김昌權 장致化 각 20전, 황允西 10전.

---

56)《대한매일신보》 4면. 1907. 4. 9.
57)《대한매일신보》 4면. 1907. 4. 21.

니암(尼菴)

禹順錫 2원, 최福暹 50전, 김德眞 40전, 柳福念 김德奉 각 30전, 權大현 全智銀 니性寬 김富允 朱善宇 최廣業 全漢旭 禹海演 윤富成 니法律 각 20전, 柳法鏡 김永海 김一삼 니幸能 김自馨 黃勸修 각 10전.

合 61원90전[58]

장단군 화장사에서는 절의 대중 49명, 고용인 14명, 비구니 암자 21명 등 모두 84명이 참여해 총액 61원90전을《대한매일신보》에 기탁하여 그 명단과 의연금 액수가 신문에 자세히 밝혀져 있다.

수원 용주사에서는 스님 25명이 12원을 모아 국채보상의연금으로 《대한매일신보》에 보냈다.[59]

강원도 금강산 유점사와 사찰 부설학교인 유신(楡新)학교에서는 국채보상운동에 의연금을 거출하여 동참하였다. 그 내용이 《대한매일신보》에 다음과 같이 게재되어 있다.

국채보상의연금 수입 광고 금강산 유점사 유신(楡新)학교

寺中 20원, 김벽庵 이하 5원, 김錦潭 許蓬庵 柳布庵 金東宣 각 1원, 김定潭 최包虛 각 50전, 宋願庵 1원, 黃大菴 2원, 니麟谷 50전, 全錦溟 1원, 김應濟 吳竺山 박惠惺 각 50전, 박性암 寶海 朴?? ??? ??? 김一雲 각 1원, 張大愚 박先月 洪秀庵 각 50전, 高坦翁 김寶淵 각 1원, 嚴奉根 최學訥 김坦月 각 30전, 姜暢운 吳性日 각 50전, 普光 80전, 石奉祥 20전, 박震鍾 30전, 文惠山 1원, 김海恩 林廷호 각 30전, 최瑞蓮 니東一 니慧權 니振學 최泰元 각 20전, 尼僧 박四得 1원, 김處祥 50전, 최海天 20전, 寺傭 權注伯 15전, 申春化 10전, 김秉植 30전, 최致祥 20전, 니致玉 權華三 각 10전, 安奉植 20전, 김漢柱 10전, 김雲西 30전, 南聖七 10전, 姜聖化 20전, 安國西 權鍾禹 趙敬化 각 10전.[60]

---

58)《대한매일신보》4면. 1907. 4. 28.
59)《대한매일신보》4면. 1907. 5. 9.

금강산 유점사와 유신학교에서는 주지 이하 스님과 학생·고용인·비구니 등 58명과 사중(寺中) 금품을 포함하여 전부 56원 15전을 국채보상의연금으로 거출하였다.

경상남도 합천군 해인사에서도 국채보상운동에 참가하였다.

국채보상의연금 수입 광고 경상남도 합천군 해인사

김英海 二원, 리友松 김벽雲 김應月 류普文 김友雲 鄭義雲 리捷雲 김應虛 리擎식 김尙勳 각 1원, 裵海雲 郭禮순 文友蓮 각 60전, 姜靑蓮 洪瑞巖 盧海耕 裵鏡庵 각 40전, 김위山 金永霞 張濟月 崔日荷 宋義潭 趙창守 金性鶴 리文佑 鄭大鎬 金道玄 최景玩 리德元 宋贊宗 金明鎭 尹性演 金法海 李正佑 朴英峰 任晩聖 裵윤喜 宋成호 玄德希 全法演 金順호 白琪玄 림海源 徐斗윤 趙慈有 각 20전, 金景明 니霽운 車漢應 리學明 黃大應 林瑞谷 金應化 박寶潭 리海鵬 金晩應 白景霞 全鶴山 白在三 유守인 박敬崙 각 40전, 김敬松 鄭등庵 최應明 김正其 김道兼 김一化 김其云 김頓首 임윤全 박碩준 김재湖 崔묘性 車斗賢 김창문 白斗인 김道烱 김敬演 白尙欣 오재선 신道成 김寶生 리선其 최야雲 각 20전, 寺庵乞化中留在金 68원40전.

合 一百圜[61]

팔만대장경으로 유명한 합천 해인사에서는 84명의 사내(寺內) 대중과 사암시주금 중 남은 돈을 합한 1백원을 국채보상의연금으로 《대한매일신보》에 기탁하였다. 위의 기사는 이 신문의 국채보상수입금을 게재하기 위해 만든 《대한매일신보》 1907년 6월 18일 부록 1면에 게재된 내용이다.

경남 동래부(東萊府) 범어사에서도 국채보상운동에 참가하였다.

---

60) 《대한매일신보》 4면. 1907. 5. 24.
61) 《대한매일신보》 부록 1면. 1907. 6. 18.

국채보상의연금 수입 광고 경남 동래부 범어사

全友峰 6원, 徐鶴庵 5원, 조月影 金金溪 김松호 김龍谷 김擎山 각 2원, 韓混海 박晩霞 오海玄 박낭月 김瑞庵 홍晩산 徐春谷 徐九潭 金덕산 徐秋庵 김규彦 徐善화 박道贊 리주盆 정敬순 주昶珠 박圓善 金震玉 김致念 각 1원, 안義峰 림인月 김龍성 池春湖 김東雲 박孝雲 손湛月 배蓮湖 安寬海 金月虛 김祥眞 리문수 최應攝 김闊盆 김法信 최淳英 박應植 徐海雲 오允골 오法성 손法三 崔尙奎 金性敬 리致船 許秀敬 김주洽 安晉洽 박秀洽 리수성 각 50전, 박影河 박太隱 김道庵 김斗원 각 40전, 리晉암 金珠煥 각 30전, 리義암 박草암 박性海 리藤峰 리鐵月 崔一海 김東준 강廣昕 김彰律 김奉근 손근湖 崔致佑 김성涓 리眞敬 박秀玄 리덕진 許선義 리晉연 김남石 오원悟 조秀暎 조奉진 김奉訓 김有實 박영寬 조今大 김성옥 高봉祥 조用贊 都代慶 김원도 각 20전, 鄭達翁 림원갑 각 10전.

合 六十三圓十전[62]

범어사에서는 94명의 절 대중들이 국채보상운동에 동참하여 63원 10전을 의연금으로 거출하였다.

충청남도 계룡산 신원사(新元寺)에서도 국채보상운동에 참가하였다.《대한매일신보》에 보도된 신원사의 동참 내용은 다음과 같다.

국채보상의연금 수입 광고 충남도 계룡산 신원사 사중(寺中)

中央義務社 收入 第一回 義山大師 湖한大師 덕海大師 得珠大師 각 30전, 懶學大師 印파大師 影月大師 각 20전, 水山大師 계山大師 大蓮大師 萬雄大師 덕源大師 德權대사 敬호대사 惠滿대사 영煥대사 仁道대사 明호대사 각 10전, 長孝대사 ?成대사 각 5전, 日峰대사 ??寺中 각 20전.

---

62)《대한매일신보》4면. 1907. 7. 3.

南庵堂中

　道植僧 宥寬僧 有俠僧 道喜僧 祝甘僧 각 10전, 良淑僧 20전, 倫五僧 희덕僧 道植僧 星雲僧 法益僧 太順僧 각 5전.

合 六圓[63]

　신원사의 경우 신원사 사중 스님들에게 '대사(大師)'란 호칭을, 산내 암자인 남암(南庵)의 동참 스님들은 '○○승(僧)'이란 호칭을 붙인 것이 이채롭다. 신원사에서는 11명, 남암에서는 12명 등 모두 23명의 스님들이 6원을 갹출하여 국채보상의연금으로 출연하였다.
　경남 고성군 대둔면 송계동에서는 그 곳에 소재한 와룡사(臥龍寺)와 동네 주민들이 합심하여 국채보상운동에 참가하였다.

국채보상의무금집송 인원 및 액수 고성군 대둔면 송계동과 와룡사

　臥龍寺 寺中 40전, 釋朴應化 80전, 孫惠松 沈普能 각 40전, 鄭海山 劉海成 각 60전, 尹文圭 金善周 金仁湖 朴泰修 李永善 安奉元 각 20전.[64]

　고성군 대둔면 송계동에 위치한 와룡사에서는 사중 돈과 스님 및 마을 주민 등 모두 12명이 국채보상의연금으로 4원40전을《황성신문》에 기탁하였다.
　증심사(證心寺)의 스님 한 분도 국채보상운동에 참가하였다.

국채보상지원금 총합소(總合所) 〈광고〉

　……(생략)…… 證心寺 僧 亨喆 一圓 ……(하략)……[65]

---

63)《대한매일신보》4면. 1907. 7. 25.
64)《황성신문》3면. 1907. 10. 20.
65)《대한매일신보》4면. 1907. 11. 6.

사명대사의 발자취가 어려 있는 호국사찰 밀양 표충사(表忠寺) 스님들도 국채보상운동에 동참하였다.

국채보상의연금 수입 광고 표충사 승인(僧人)

申寶河 4원, 趙慶逢 3원, 徐靈谷 朴枕荷 張普雲 각 80전, 金華岳 張普應 金寶鏡 李眞虛 具桂雲 南蓮翁 裵慧宣 金華山 金寶蓮 趙虎山 張蓮雨 廉映明 盧元佑 溫敬五 각 50전, 金慧月 金性月 金慧山 金松鶴 孫枕月 孫虎隱 金日峰 鄭九峰 朴敬燁 朴性謙 李應演 裵惺悟 鄭元柱 文守一 趙彰遠 金善宗 김秉好 池妙典 申祥典 金敬信 각 1~4전, 寺中 8원 8전.

合 30원[66]

표충사에서는 스님 39명과 사중 돈을 합하여 모두 30원의 국채보상의연금을 기탁하였다.

1907년 2월에 시작된 국채보상운동에 강원도 건봉사에서는 봉명학교의 교직원과 학생 및 건봉사 스님 그리고 비구니 18명 등 176명이, 아산군 서암사(西岩寺) 1명, 장단군 화장사 84명, 수원 용주사 25명, 금강산 유점사(부설 楡新학교 포함) 58명, 합천군 해인사 84명, 동래 범어사 94명, 계룡산 신원사 23명, 경남 고성군 와룡사 1명, 증심사 1명, 표충사 39명 등 신문(《대한매일신보》·《황성신문》)에 보도된 불교계 인원만 586명이다. 이들이 모금한 국채보상의연금은 총액 479원11전에 달하였다. 불교계의 국채보상운동 참여는 신문에 보도된 것이 위와 같고 그 이외 신문에 게재되지 않은 것도 상당히 많았을 것이다.

---

66) 《대한매일신보》 4면. 1908. 3. 6.

제 2 장

임제종의 자주화운동과 법정사의 항일무장투쟁

제1절 친일매불음모와 임제종의 자주화운동

1. 친일승려 이회광의 망동

전국 각지에서 의병이 봉기하고 온 겨레가 국채보상운동에 참여하였으나 1910년 8월 29일 마침내 우리나라는 일본에 강제로 합병되고 말았다.

합병 직후 일제가 서둘러 조선총독부를 설치하고 조선을 식민통치하기 위해 동분서주하고 있을 때 조선불교 원종(圓宗)의 종정 이회광은 우리나라 불교와 일본 조동종과의 연합을 추진하는 매종역조의 친일망동을 저질렀다. 종단을 팔고 조상을 바꾼 '매종역조(賣宗易祖)'를 행하였다 하여 격렬한 비판을 받게 된 조선의 원종과 일본 조동종(曹洞宗)과의 연합 획책은 1910년 8월 강제적인 한일합방조약의 먹물도 채 마르기 전인 그해 10월 6일이었다.

이회광(李晦光 : 1862~1933)이 저지른 매종역조의 망동(妄動)은 원종이 성립하면서 비롯되었는데, 이 원종의 뿌리는 1906년 2월에 설립된 친일 성향의 불교연구회에 그 바탕을 두고 있다.[1]

---

1) 임혜봉, 《친일불교론》上, pp.72~76. 1993, 민족사.

불교연구회는 화계사(華溪寺)의 승려 홍월초(洪月初)와 봉원사 승려 이보담(李寶潭)이 조직한 불교단체로서 초기에는 명진(明進)학교를 설립하는 등 불교계에 새 기운을 진작하려는 면도 있었으나, 일본 정토종(淨土宗)의 종지(宗旨)를 따르고 또한 일본 정토종 승려 이노우에(井上玄眞)와 결탁하여 일찍부터 친일화의 길을 걷고 있었다.

불교연구회는 창설인가를 얻자 일본 정토종을 표방하고 또한 일본 정토종의 '정토종교회장(淨土宗敎會章)'이란 배지를 회원에게 달게 하는 등의 친일행위를 벌여 말썽이 일어났다.

이렇게 되자 불교연구회 일파들은 1908년 3월 6일 전국 승려 대표자 52명을 원흥사(元興寺)에 소집하여 원종(圓宗)을 설립하고 종정으로는 당시 학인들 사이에서 명망이 높았던 이회광을 추대하였다. 원종의 종정이 된 이회광은 '조선불교의 장래를 위해 반드시 일본불교의 원조를 받을 필요가 있다'는 일진회 회장이자 친일파 거두인 이용구(李容九)에게 설득당해 그가 추천하는 일본 조동종(曹洞宗) 승려 다케다(武田範之)를 조선불교 원종의 고문(顧問)으로 앉혔다.

2. 원종과 일본 조동종의 병합

원종의 고문이 된 다케다는 일제가 대한제국을 병합했듯이 조선불교를 일본불교에 병합시키려는 야심을 가진 권승(權僧)이었다. 다케다는 자신이 소속된 일본 조동종과 조선불교 원종을 병합시키는 첫 단계 공작으로 이회광을 먼저 회유하였다. 그리고 이어서 일본불교 종파 가운데 이미 조선에 진출하여 많은 세력을 확장한 정토종과 진종(眞宗) 및 일련종(日蓮宗) 등과 조선불교 원종과의 사이를 이간시키는 공작을 벌였다. 원종의 종정인 이회광도 선(禪)을 종지(宗旨)로 하는 조선불교는 일본의 진종이나 정토종과는 도저히 융화될 수 없다고 생각했고 이를 눈치챈 다케다는 일본의 선종(禪宗)인 조동종과의 병합을 적극 추진했다.

그러던 차에 1910년 8월 한일합방이 이루어지자 다케다는 즉시 이회광 일파에게 일본 선종인 조동종과 원종의 연합을 설득하며 나섰다. 이리하여 이회광은 조선불교와 연합할 수 있는 일본종파는 조동종밖에 없다는 결론을 내리고 합방되던 그해 10월에 일본으로 건너갔다.

당시 일본 조동종 관장(管長 = 종정) 이사카와(石川素童)는 이회광의 제의를 듣고 종속적인 연합을 고집했으나 이회광 역시 완강하게 대응해 조선불교 원종과 일본불교 조동종은 마침내 10월 6일 약간 대등한 관계로 연합을 조인했다. 이는 같은 해 8월 22일 한일합방의 조인이 있은 지 꼭 45일 만이었다. 나라의 강제적 병합이 있은 지 45일만에 유구한 역사를 자랑하는 조선불교마저 일본에게 병합되고 말았던 것이다.

일본 조동종 종무대표자 홍진설삼(弘津說三)과 이회광이 조인한 연합맹약(聯合盟約) 6개조 전문(全文)은 다음과 같다.

연합맹약

1. 조선 전체의 원종 사원중(寺院衆)은 조동종과 완전 또는 영구히 연합맹약하여 불교를 확장한다.
2. 조동종 종무원은 조선 원종 종무원의 설립인가를 담임(擔任)한다.
3. 조선 원종 종무원은 조동종 종무원에서 고문을 초빙한다.
4. 조선 원종 종무원은 조동종 종무원에서 포교사 약간 명을 초빙하여 각 수사(首寺)에 배치하고 일본포교와 청년승려의 교육을 촉탁한다. 또 조동종 종무원이 필요에 따라 포교사를 파견할 때 조선 원종 종무원은 조동종 종무원이 지정한 지역의 수사(首寺)나 사원에 숙사

(宿舍)를 정하고 일반포교와 청년승려의 교육에 종사케 한다.
5. 본 연합(聯合)은 쌍방의 의견이 합할 때에는 폐지, 변경 또는 개정한다.
6. 우(右) 계약은 원종 종무원이 인가하는 날부터 실시한다.

명치(明治) 43년(1910) 10월 6일
조선 원종대표자 이회광 ㊞
조동종 종무대표자 홍진설삼 ㊞

이 조약의 주안점은 조선 원종과 조동종이 '완전 또는 영구히 연합'하는 것이지만 제2항부터 제4항까지 보면 대부분 일본 조동종 위주의 불평등한 내용으로 되어 있다.

첫째, 제2항에서 일본 조동종이 조선 원종의 설립인가를 담당한다는 것은 은연중에 원종이 조동종에 부속됨을 의미한다.

둘째, 제3항에서 조선 원종은 일본 조동종에서 고문을 초빙하지만 조선 원종에서 고문을 보낸다는 내용이 없는 것도 대등한 입장에서 이 조약이 체결되었다고 볼 수 없다.

셋째, 제4항 역시 불평등하다. 제4항에서 조선 원종은 조동종의 포교에 편리를 제공하고 각지의 사찰에서 숙사(宿舍)를 제공한다고 되어 있지만 조선 원종의 일본 포교에 대한 배려는 전혀 없기 때문이다.

조약을 체결하고 귀국한 이회광은 13도의 중요한 대사찰을 방문하여 연합을 찬성하는 날인을 받고자 했으나 조약 전문이 원종 종무원 서기의 손으로 통도사 승려에게 누설되자 강력한 저항에 부딪혔다. 이회광이 각처를 방문하면서 조약의 찬성을 얻고자 동분서주할 때 조동종은 소속 승려 와코(若生國榮)를 특파하여 조선총독부에 조선불교 원종의 설립인가를 청원했다.[2]

3. 임제종의 불교자주화운동

조약의 전문을 읽어본 조선승려들은 조선불교를 일본 조동종에 개종(改宗) 내지 매종(賣宗)한 행위라면서 이회광을 맹렬하게 규탄하였다. 원종의 종정 이회광의 이와 같은 매교적(賣敎的) 처사에 분격한 승려들 중에서 원종 자체를 부정하는 운동이 일어났다. 그 중에서도 가장 격렬하게 이회광을 반대하고 나선 전남 백양사의 석전 박한영(石顚 朴漢永: 1870~1948)・화엄사의 진진응(陳震應: 1873~1941)・김종래(金鍾來)・만해 한용운 등은 그 해(1910) 음력 10월 5일 광주 증심사에서 승려대회를 열었다. 그러나 참가자가 적어 한용운과 오성월(吳惺月) 등은 다시 유세를 하고 격문을 돌려 원종과 조동종의 병합반대운동을 크게 일으켰다. 이리하여 이듬해(1911) 1월 15일에는 영・호남의 승려를 모아 순천 송광사에서 총회를 열고 임제종(臨濟宗)을 세우기로 결정하였다. 임제종 임시종무소를 송광사에 두고, 임제종 관장(管長)으로 당대의 대강백인 선암사(仙岩寺)의 김경운(金擎雲)스님을 선정하였다. 그러나 경운스님이 연로(年老)하므로 한용운을 관장대리로 하여 종무를 맡게 하였다.

그들은 조선불교 선종(禪宗)이 태고 보우(太古 普愚: 1301~1382) 국사 이래로 임제종 계통이기 때문에 법맥상 임제종이 정당하다고 주장하며 임제종을 세웠다. 임제종에서는 광주 등지에 포교당을 설치하는 등 북쪽(서울)의 원종과 대치하면서 조선불교의 정통을 견지하려고 노력하였다. 이때 남쪽의 임제종을 남당(南黨), 친일 원종의 무리들을 북당(北黨)이라고 불렀다.

1912년 초에는 하동(河東) 쌍계사에서 제2회 총회를 열고 임제종지(臨濟宗旨)를 널리 알릴 것을 결의하였다. 그리고 임제종 종무소를

---

2) 위와 같음.

범어사로 옮겨 범어사 주지인 오성월(吳惺月, 1911년 12월 7일부터 1918년까지 범어사 주지 역임)스님·담해 덕기(湛海 德基 : 1860~1933, 1920년 3월 16일부터 1924년까지 범어사 주지 역임)스님·경산(擎山, 1926년 8월 11일부터 1935년 6월까지 범어사 주지 역임)스님, 김상호(金尙昊)·김법린(金法麟 : 1899~1964) 등의 범어사 스님들과 한용운스님 등이 친일파인 원종의 이회광 일파와 투쟁하였다.

  민족의 주체성과 정통 조선 선종을 표방한 임제종 승려들은 동래·초량(草梁)·대구 등지에 임제종 포교당을 세워 그 세력을 확장하였다. 그리고 남당의 본부인 임제종 사무소가 〈조선 임제종 중앙포교원〉이라는 명칭으로 서울 사동(寺洞 : 지금의 仁寺洞)으로 옮겨왔다.

  임제종의 서울 포교원이 개원할 수 있게 된 것은 당시 범어사 주지로 재임중이던 오성월스님의 공적이 컸다. 오성월스님은 범어사 소속 승려인 추일담(秋一談)스님을 시켜 서울 사동(寺洞)에 48칸짜리 가옥 1동을 2천2백 원에 매입, 1912년 5월 26일 〈조선 임제종 중앙포교원〉이라는 간판을 걸고 개원식을 거행할 수 있게 했다. 이 개원식에서 관장대리인 한용운스님은 임제종의 종지(宗旨)를 설명하고, 백용성(白龍城 : 1864~1940)스님은 설법을 했으며, 《조선불교통사》를 쓴 이능화(李能和 : 1869~1943) 거사와 정운복(鄭雲福) 씨는 축사를 하였다.

  한편 조선을 강제로 병합한 지 반 년도 되지 않아 일본 조동종이 개입된 조선불교계의 원종과 임제종의 대결상황을 지켜보던 조선총독부(총독 : 寺內正毅)는 조동종 승려(若生國榮)가 접수시킨 조선 원종의 설립인가에 대한 결정을 연기하고 있었다. 그리고 다음 해인 1911년 6월 조선총독부는 사찰령(寺刹令)을 공포하면서 '조선불교는 선교겸수(禪敎兼修)를 종지로 한다'는 공식적인 태도를 보였다. 결국 총독부는 조선 원종의 인가를 부결한 셈인데 이에 대해 서경수 교수는 그 이유를 이렇게 설명하였다.

조선총독부로서는 많은 종파가 활약하고 있는 일본불교 내부의 사정상 편파적으로 진종(眞宗)·정토종 같은 큰 종단을 제외시킨 채 조동종과의 단독 연합은 허가하지 않겠다는 것이 첫째 이유이고, 그 다음은 합방 이후 민족적 저항운동에 이 문제가 가세되는 것을 꺼렸기 때문이라고 했다. 그리고 세번째로는 원종과 조동종의 연합을 추진하던 조동종의 괴승(怪僧) 다케다(武田範之)가 합병 직후 신병으로 죽었기 때문이 아닌가 하고 말하고 있다. 총독부가 원종을 인가하지 않은 것은 위와 같은 이유 외에도 일본불교의 여러 종파간에 벌어지는 대립·분란·암투 등의 폐단이 조선불교계에 옮겨질까 해서라는 견해도 있다(高橋亨,《李朝佛敎》pp.888~839).

그러나 진정한 일제측의 의도는 조선불교를 단일종파인 채로 그들의 식민지 통치에 용이하게 써먹기 위해서였다. 이러한 일제의 의도가 법제화되어 나타난 것이 '사찰령'이다.

1911년 6월 3일 조선총독부에 의해 '사찰령'이 반포되자 원종과 임제종의 대립도 헛된 것이 되고 말았다. 일제는 총독과 전국 도지사 명의로 원종과 임제종이란 명칭을 사용하지 못하게 하였고, 마침내 1912년 6월 21일 원종과 임제종의 간판을 강제적으로 철거하였다. 서울 사동의 '조선임제종 중앙포교원'이라는 간판을 게시한 지 1개월도 못 되어 일제에 의해 강제로 철거되고 말았다.

임제종은 1910년 가을에 이회광의 친일매불행위를 타도하기 위하여 결성된 후, 광주 증심사·순천 송광사·동래 범어사·서울 사동의 조선 임제종 중앙포교원 등지에서 조선불교의 자주화와 종지 수호운동을 전개함으로써 민족의 자긍심을 되살리는 데 커다란 역할을 하였다. 비록 임제종은 설립된 지 3년만인 1912년 6월 21일로 종말을 고하였으나 한국불교가 몇 명의 반민족적인 친일승려들의 망동으로 결코 일본불교에 합병될 수 없음을 보여 주었다는 점에서 그 의미가 매우 크다. 그리고 이때의 임제종은 단순히 불교의 한 종파의 생성과 소멸에 관한 문제가 아니라 합방 초기 항일투쟁의 측면에서 높이 평가되어야 할 것이다.[3]

이런 견지에서 임제종에 참여한 승려들이 조선불교를 병합하고자 획책한 일본승려와 이회광 등의 친일승려들에 대항하였기에 이들을 합방 초기 항일독립운동을 실천한 독립운동가라는 입장에서 그들의 면모에 대해 간략하게 살펴보고자 한다. 이들 중 한용운스님은 너무나 잘 알려져 있을 뿐 아니라 3·1운동 항목에서 다시 거론해야 할 인물이므로 여기서는 제외한다.

4. 임제종의 주요 승려들[4]

임제종 종정 경운(擎雲)스님

1911년초 임제종이 설립될 당시 송광사에서 임제종의 종정으로 선출된 경운(擎雲:1852~1936)스님은 1868년 17세에 출가하여 구례군 연곡사 환월(幻月)의 제자가 되었다.

전남 승주군 선암사의 대승강원에서 경을 공부했으며, 뒤에는 직접 강의를 담당, 선암사를 당대 강학의 중심지로 만들었다. 순천의 환산정(喚山亭)을 매입하여 포교당을 설립하고 포교사업에도 힘을 기울였다.

그는 1911년에는 임제종의 종정(임시관장)으로 추대되었으며, 1917년 조선불교 선교양종 교무원이 창립되었을 때 교정(敎正)에 추대되었다. 한편 그는 근대의 대표적인 사경승(寫經僧)으로서 1880년 명성

---

3) 임혜봉, 〈친일매불음모와 임제종의 자주화운동〉《殉國》, pp.84~86. 1994년 9월호.
4) 임혜봉, 위의 논문, 같은 책, pp.89~92.

황후의 발원으로 《금자법화경(金字法華經)》을 서사(書寫)했다. 이때 쓴 《금자법화경》 한 질이 양산 통도사에 보관되어 있는데 필적이 매우 뛰어나다.

1896년에도 선암사에서 《화엄경》의 사경을 시작하여 6년 만에 완성했는데, 한자 한 행을 쓸 때마다 절을 한 번씩 하면서 서사했다. 평생 동안 후학을 양성하고 사경을 하다가 선암사에서 세수 85세, 법랍 68년으로 입적했다.

임제종 중앙포교원을 개원한 오성월스님

임제종이 범어사로 옮겼을 때부터 적극 참여하여 1912년 5월 26일 서울 인사동에 '조선 임제종 중앙포교원'을 개설하는 데 결정적인 역할을 한 오성월(吳惺月 : ?~1910·1922~?)은 1911년부터 1918년까지 범어사 주지를 역임하였다.

성월스님은 1919년의 3·1운동 후 중국 상해의 우리 임시정부가 경제적으로 몹시 어렵다는 것을 상완(尙玩) 등을 통해서 알고 경산(擎山)·담해(湛海)·이산(梨山)·상호(尙昊)·상헌(尙憲)·석두(石頭) 등과 밀의 끝에 상당한 금액을 사재(寺財)에서 출연하여 김상호로 하여금 임시정부에 헌납하게 하였다. 이리하여 임시정부는 담해·경산·오성월스님 등을 고문으로 추대하고 추대장을 상호를 통해 전달했다.

이때 대한승려연합회 대표자 12인 명의의 선언서가 상해에 살포되었는데, 오성월은 김구하(金九河)스님 등과 함께 일경의 눈을 피하기 위해 가명으로 서명했다.

1922년 1월 통도사·범어사 등 10개 본산 주지와 불교유신회 회원들이 조선불교총회를 개최하고 중앙기관으로 각황사에 총무원을 두었을 때 이무부장(理務部長)을 맡아보았다.

담해 덕기(湛海 德基 : 1860~1933)

임제종이 범어사로 옮겨올 때 참여한 담해스님은 경남 울산에서 탄생했다. 18세(1877)에 동래 범어사의 연운(蓮雲)에게 출가했으며, 1889년 우봉(友峰)의 법을 이었다. 그 뒤 총섭(摠攝)이 되었으며, 범어사의 전각을 수리하고 단청을 했다. 1905년 양산 내원선원·금강산 등지를 순례하면서 3년 동안 수도하다가 다시 내원선원에서 용맹정진하여 이사불이(理事不二)의 경지에 이르게 되자《선문촬요》와 《권왕문(勸往文)》수천 부를 만들어 배포했다.

그는 임제종에 참여한 후 오성월 등과 상해임정에 자금을 보내는 데 협조하여 그 역시 고문으로 추대되기도 했다. 그는 1920년대 초(1920. 3. 16~1924) 범어사 주지를 역임했다. 만년에는 적광토굴(寂光土窟)에 머물면서 선을 닦았으며, 1933년 7월 8일 세수 74세, 법랍 56년으로 입적했다.

진응 혜찬(震應 慧燦 : 1873~1941)

박한영·한용운스님과 함께 임제종에 적극 참여한 진응스님의 성은 진(陳)이며 전남 구례군 광의면 출신이다. 1887년 15세에 구례 화엄사에서 응암(應庵)에게 출가하여 화엄사와 선암사에서 수행한 뒤 1896년 응암의 법을 이었다.

천은사·대원사·화엄사 등에서 경론을 강의하고 임제종에 참여한 후 1924년 범어사·심원사(深源寺) 등에서 강의하며 학인들을 지도했다. 화엄사에서 세수 69세, 법랍 54년으로 입적했다.

경산(擎山 : ?~1946)스님

속성이 김씨인 경산스님은 1911년의 임제종 설립과 1919년경의 상해임정에 독립운동자금을 보내는 데 적극 참여하여 임정 고문으로 추대되었다. 1915년 12월에는 박회응(朴晦應)과 함께 은해사·범어사 연합경북포교당을 설립하기도 했다. 그는 1923년 천도교에서 설립한 보성(普成)고등보통학교가 경영난에 봉착하자 당시 총무원의 주축을 이루고 있던 김구하(통도사)·찬의(贊儀: 송광사)·만우(萬愚: 고운사)·하응(河應: 석왕사) 등의 본사 주지와 20개 사암 대표들과 대전에서 회동하여 이 학교를 인수하게 했다. 그는 조선불교 조계종 총본사인 태고사(지금의 조계사) 건설위원으로도 활약하였으며 1926년부터 1935년까지 범어사 주지를 역임하기도 하였다. 또 1941년 9월에는 조계종 종무고문으로 추대되었으며 1946년 입적했다.

근대 불교교육의 선구자 박한영스님

한용운과 더불어 이회광의 친일매불 타도에 앞장선 박한영(朴漢永: 1870~1948)스님의 이름은 정호(鼎鎬)이며 호는 영호(映湖)·석전(石顚) 등이다. 그는 1870년 전북 완주(전주)에서 출생했으며 19세(1888)에 전주 태조암(太祖庵)에서 금산에게 출가했다. 그는 백양사 운문암의 환응탄영(幻應坦永)에게 사교를(1890), 선암사 경운(擎雲)에게 대교를 수학했으며(1892), 순창 구암사에서 설유처명(雪乳處明)으로부터 법을 받았다. 1896년부터는 구암사·대흥사·법주사·화엄사·범어사 등지에서 불법을 강의했다.

39세에 불교유신의 뜻을 품고 서울에 올라와 한용운과 유신운동을 폈으며 1910년 임제종에 참여했고, 1913년 《해동불교》지를 창간하였다. 박한영은 1919년 3·1운동 직후 서울에서 조직된 한성임시정부에 월정사 승려 이종욱과 함께 불교계 대표로 참여하였다. 그 후 고등불교강숙·중앙학림·개운사 대원암의 불교강원 강사, 조선불교월보사 사장, 불교전문학교 교장 등을 역임하고, 1929년부터 1946년까지 조선불교 교정(敎正)을 지내며 우리나라 불교근대화에 힘쓰다가

정읍 내장사에서 1948년 2월 세수 79세, 법랍 60년으로 입적했다. 《석전시초》·《석림수필》·《정선 치문집화(緇門集話)》·《정선 염송 설화》·《계학약전(戒學約詮)》·《염송신편》 등의 저서가 있다.

제2절 제주도 법정사 승려들의 항일무장투쟁[5]

1. 항일투쟁의 획기적 사건

한일병합 후 우리 민족의 독립운동 가운데 1919년 일어난 3·1운동은 가장 커다란 항일투쟁이었다. 그런데 3·1운동 5개월 전인 1918년 10월초 제주도의 승려들이 봉기한 무장항일투쟁은 3·1운동의 전조로서 매우 주목할 만한 조직적 무장항쟁이었다.

이 항일운동의 주동인물은 불교계 승려였으며 거사 후 일본경찰에 체포된 관련자가 68명이나 되었다. 이들이 선고받은 형량도 주모자 김연일(金連日)스님의 10년 징역형을 비롯하여 수형자 33명의 총형량이 40년 6개월이었고, 벌금형(30원씩)을 받은 사람이 14명이었으며 옥사자가 5명이나 되었다.

따라서 1918년 제주도 법정사(法井寺) 승려들을 중심으로 봉기한 이 항일투쟁은 선고형량과 체포된 관련자 수에 비추어본다면 단일사건으로는 그 어떠한 항일투쟁에도 뒤지지 않는 사건이다.

그러나 이 사건은 바다로 둘러싸인 섬에서 일어나 그 파급효과가 제한되었고 또 일제가 유사종교라면서 탄압하던 보천교(普天敎), 즉 증산(甑山) 강일순(姜一淳 : 1871~1909)의 제자인 차경석(車京石 : 1880~1936) 계열의 '보천교의 난(亂)'으로 폄하되면서 그 실상이 왜곡되었

---

5) 임혜봉, 〈제주도 승려들의 항일투쟁〉《殉國》, pp.92~102. 1994년 11월. 이 글을 저본을 하고 필요한 부분은 새로이 보완하였다.

다. 또 이 사건은 학계에도 전혀 알려지지 않아 제주도의 향토사학자들조차 '반란군'으로 서술하는 등 학문적 조명을 전혀 받지 못했다.

제주도의 이 항일투쟁은 우리나라 독립운동사 연구에 획기적인 사건으로서 필히 다시 기술(記述)해야 할 중요한 대일항쟁임에 틀림없다. 역사의 어둠 속에 묻혀 있던 1918년의 제주도 법정사 승려들을 중심으로 일어난 이 사건의 전모를 추적해 보자.

2. 1910년대의 항일독립운동

한일합병에서 3·1운동까지의 10년 동안 일어난 우리 민족의 국내 항일독립운동의 대표적인 사건은 크게 두 가지를 들 수 있다. 그 첫 번째는 1911년의 105인사건(신민회사건 혹은 안악사건)이고, 그 다음은 경성고보 교원양성소 내의 비밀결사였던 조선농산장려계사건이다.

105인사건은 1910년 평북 선천(宣川)에서 안명근(安明根)이 데라우치(寺內正毅) 총독을 암살하려다가 실패하자 일본경찰이 이 사건을 날조하여 우리의 애국지사들을 대대적으로 탄압한 사건이다. 일제 경무총감부에서는 안명근사건을 신민회가 뒤에서 조종한 것처럼 조작하여 유동렬·이동휘·김구 등 6백여 명의 신민회 회원과 민족주의적 기독교인 등 피검자 7백여 명 중 123명을 기소하였다. 1심에서 105명에게 유죄판결을 내렸으나 2심에서 99명은 무죄 석방되고, 윤치호·양기탁·안태국·이승훈·임치정·옥관빈 등 6명만이 주모자로 몰려 4년형을 받고 복역했다.

조선농산장려계는 경성(서울)고등보통학교 교원양성소 내의 비밀결사로서 전국 중등학교 교사를 상대로 민족혼을 고취하는 방편으로 조선상품을 장려했는데 이 사건으로 최규익(崔奎翼)·김성수(金性洙)·안재홍(安在鴻)·이은상(李殷相) 등 130여 명이 체포되었다.

제2장 임제종의 자주화운동과 법정사의 항일무장투쟁 69

1918년 제주도 법정사에서 승려들이 주도한 항일투쟁은 규모면에서 위의 두 사건과 능히 비견할 만하며, 승려들이 조직적이고 계획적으로 무장항일투쟁을 했다는 점에서 위의 두 사건보다는 오히려 압록강·두만강 국경지대에서 빈발하게 일어났던 무장항일투쟁과 그 궤를 같이 한다.

3. 스님들이 주도한 항일투쟁

그 동안 관련 자료의 부족과 일부의 잘못된 왜곡으로 인해 불투명한 상태로 전해오던 이 사건은 최근 《고등경찰요사(高等警察要史)》 265면에 〈제주도소요사건〉이란 제목으로 기록되어 있는 것을 찾아냈고, 광주지방법원 목포지청검사분국(木浦支廳檢事分局)에서 작성한 1918년(원문은 '大正七年'으로 기록되어 있다) 《형사사건부》와 광주지방법원 제주지청에서 기재한 1918년도 《수형인명부(受刑人名簿)》를 정부기록보존소 부산지소에서 발견함으로써 사건 발생 76년 만에 비로소 조명을 받게 되었다.

위의 세 가지 자료를 비롯한 여러 기록과 관련자들의 증언에 의하면 '무오년 제주도 법정사 항일무장봉기'는 1918년 10월 5일 제주도 좌면(左面) 도순리(지금의 서귀포시 중문동) 소재의 법정사에서 여러 승려와 신도 및 주민들이 봉기하여 중문 경찰주재소와 일본인 관헌 및 상인들과 투쟁한 항일의거였다.

이 무장투쟁을 주도한 것은 불교 승려들이다. 김연일(당시 48세)·강창규(姜昌奎, 40세)·방동화(房東華, 32세)·김상언(金商彦, 48세) 등 스님 12명과 태을교(太乙敎 : 仙道敎라고도 한다. 普天敎의 전신)의 지도자 박주석(朴周錫, 56세, 일명 朴明洙) 등이 사전에 치밀하게 계획하여 봉기한 것이다.

일제 경찰이 수괴(首魁)로 표현한 김연일스님은 4년 전에 정구룡(鄭龜龍, 30세)·김인수(金仁秀, 21세, 김연일의 조카)·강민수(姜敏洙, 29세)·김용충(金用忠, 30세)스님 등과 함께 제주도에 들어와 법정사에 거주하면서 평소 교도들에게 반일사상을 고취하였다. 김연일 등 5명이 경북 영일군 출신의 육지인이라면, 제주도 출신으로 이 사건을 주도한 주요 승려는 강창규·방동화·김상언 등 7명을 열거할 수 있다.

현재 법정사에 주석하고 있는 법의(法義) 비구니의 증언에 의하면 김연일·강창규·방동화스님은 형제의 의(義)를 맺은 돈독한 사이였다고 한다. 김연일을 비롯한 영일군 출신의 스님들과 방동화스님은 경주 기림사에서 같이 공부한 도반들이었다. 방동화스님은 1913년 기림사에서 우전 도하(宇典 度河)스님을 은사(恩師)로 득도한 후 1918년 봄 제주도로 돌아와 법정사의 김연일스님 일행에 합류하였다. 김연일·강창규·방동화스님의 나이가 각각 48세, 40세, 32세인 것을 감안하면 이들은 결의형제하고 김연일의 지도에 의해 항일결사를 조직하였던 것으로 보인다.

이들은 처음에는 제주시 관음사 인근 산천단(山川壇)에서 결사하였으나 보안유지를 위해 산간벽지에 자리잡은 제주도 좌면 도순리에 있는 법정사로 들어가 항일거사 성취를 위한 백일기도를 했다고 한다. 그러나 보안유지라는 사유 외에도 김연일·방동화 등의 거사 주도자들을 비롯한 여러 인물들(김인수·정구룡·강민수·김용충·김삼만·한윤옥)이 법정사에 거주하고 있었다는 것이 커다란 이유였을 것이다.

《고등경찰요사》에 의하면 김연일스님 등은 1918년 9월 19일 우란분재(당시의 9월 19일은 음력 8월 15일로서 추석날이고 우란분재는 음력 7월 15일로서 양력 8월 21일이다. 따라서 우란분재에 법정사 신도들이 모였다면 그 날짜는 1919년 8월 21일이 되고, 9월 19일의 날짜가 맞는다면 그 날은 우란분재가 아니고 추석날이다) 때에 신도 30명을 향하여 "왜노(倭

奴)들이 우리 조선을 강제로 병합한 후 일제 관리는 물론 상인들까지 몰려와 우리 동포를 학대하고 있는데 근래에 불무황제(佛務皇帝)가 출현하여 국권을 회복할 것이다. 우선 첫번째로 제주도에 거주하는 일본인 관리를 죽이고 상인을 섬 밖으로 쫓아내야 한다."고 말하였다.

마침내 10월 5일, 김연일은 신도 33명을 소집하여 스스로 불무황제라 칭하고 박주석을 도대장(都大將)으로 임명한 후 나머지는 각각 반수(班首)의 책임을 맡겼다. 김연일은 도대장 이하 군직을 명하여 대오(隊伍)를 편성하고 각 면 이장에게 격문을 배포해 주민들을 동원하였다. 이때 모인 항일봉기군은 4백여 명이었는데, 김연일과 방동화 등 40여 명의 지도부는 봉기군을 지휘하여 전선을 절단하고 서귀포 호근리(好近里)로 진격하였다.

《제주백년》(姜龍三・李京洙 編著, 1984년, 태광문화사)에 의하면 봉기군 가운데는 엽총을 거머쥔 반수도 있었는데 그는 서귀포에서 친구의 엽총을 빌려 거사에 참가한 양남구(梁南求, 29세)라고 기록하고 있다. 그런데 당시의 《형사사건부》(1918년의 광주지방법원 목포지청 검사분국에서 작성한 기록임)에 의하면 소요 및 보안법 위반이란 죄명에 총포화약취체령 위반이 덧붙여진 사람은 이춘삼(李春三, 63세) 한 사람뿐이므로 엽총을 지녔던 사람은 양남구가 아니라 이춘삼인 것으로 보인다.

항일봉기군은 서귀포로 진격하였는데 서귀포 전방 1.5km 부근의 서호동에서 척후병이 달려와, 서귀포의 일본 군경이 대거 동원되어 무장을 갖추고 전투태세를 취하고 있다는 보고를 했다. 곧 이어 선발대로 보이는 10여 명의 무장경찰이 기마병을 앞세우고 이쪽으로 몰려오는 것이 보였다. 그러자 김연일은 재빨리 도대장 박주석에게 그곳에 포진하여 일본경찰과 대치하도록 하고 그 자신은 봉기군 일부를 데리고 중문주재소를 습격하였다.

주재소장 요시하라(吉原)는 깜짝 놀라 봉기군에 맞섰으나 1백여 명이 넘는 항일봉기군의 공격을 방어할 수는 없었다. 김연일부대는 순식간에 주재소를 파괴·소각하고 일제 경찰 3명을 포박하였으며 13명의 구금자를 석방했다. 평소 일제 관헌들의 횡포에 분노를 갖고 있던 봉기군들은 사로잡힌 일경들을 죽이려고 했으나 불교적 자비와 사후 보복을 우려한 스님들이 만류했다.

한편 일제의 진압군들은 도대장 박주석의 제1진을 별다른 유혈충돌 없이 물리치고 산과 바다로 나누어 퇴각하는 항일봉기군을 추격하였다. 이 와중에 봉기군에 붙잡힌 일본 상인들이 구타당하기도 하는 등 이 사건은 이틀에 걸쳐 진행되었다.

제주도 내의 기존 문헌에는 주모자 김연일스님은 천제연(天帝淵)폭포 부근에서 일경에게 체포된 것으로 서술되어 있다. 그러나 필자가 1920년 4월 12일자《매일신보》의 기사를 열람한 바에 의하면 김연일의 행적에 관해 다음과 같이 보도되어 있다.

佛務皇帝 逮捕 — 목포 감옥에서 복죄

　제주도에서 불무황제(濟州島佛務皇帝)라 하고 부하 칠백 명을 거나리고 소요한 김련일(金連日·五十一)은 목포지청에서 결석 재판을 밧고 징역 십년 대로 종적이 업섯던 바 3월 중에 제주도로 도라간 것을 체포하엿다난대 이번에 목포분감에서 복죄하엿다더라.〈光州〉[6]

법정사 스님들의 항일투쟁 사건이 일어난 지 6개월 뒤에 보도된《매일신보》의 이 기사에 의하면 김연일은 사건 후 제주도를 빠져나가 육지에서 피신을 하였다. 그는 피신 기간에 결석재판에서 10년 징역형을 받았는데 사건 이듬해인 1920년 3월 다시 제주도로 잠입하였

---

6)《每日申報》3면. 1920. 4. 12.

다가 체포되어 목포형무소(목포분감)에서 복역하였다.

방동화스님은 사건 직후에는 바닷가 나룻배에 피신하여 체포를 모면하였다. 그는 일경이 나타나면 바닷물 속에 들어가기도 하고, 밤에는 신도인 백인화 보살이 몰래 와서 주는 식사와 정보를 받으며 은신생활을 하였다. 결국 백인화 보살도 서귀포주재소에 체포돼 모진 고문을 당하였다. 더 이상 도피생활이 어렵다고 판단한 방동화스님은 일본 순사 중 독실한 불교신자의 자수권유에 따라 일경에게 체포되었다.

일본경찰은 이 사건의 원인을 선도교(仙道敎 : 보천교의 전신)에 대해 경찰의 취재가 엄중했기 때문에 김연일이 선도교 제주도 수령이었던 박주석과 통모(通謀)하여 일으켰다고 서술하나, 그보다는 민족적 의식을 지닌 김연일·방동화·강창규 등 승려들의 주도로 이루어진 항일투쟁이었다. 왜냐하면 이 봉기의 최고지도자였던 김연일스님이 '불무황제'를 칭하였고 평소부터 반일사상을 고취했다는 일제 고등경찰의 기록(《고등경찰요사》, p.265)을 보더라도 이 사건은 명백한 불교계의 항일의거이다. 단지 거사과정에서 당시 제주도에 들어와 있던 선도교의 지도자 박주석과 의논하여 그들 세력을 규합하였던 것이다.

4. '보천교의 난'이라 부르는 것은 역사의 왜곡

그런데 이 사건을 《남제주군지》나 서귀포시청에서 1982년에 간행한 《우리 고장의 전통과 얼》·《제주백년》(1984, 태광문화사) 등에서 '보천교난(普天敎亂)'이라고 하는 것은 잘못된 서술이다. 증산 강일순의 제자 차경석이 스승이 죽은 후 증산도문(甑山道門)을 장악한 것은 1916년(丙辰年) 가을 이후이다. 태을주(太乙呪)를 외우면서 개인적 신력(神力) 체험을 바탕으로 한 증산계의 이 신앙이 교단을 형성할 정도로 세력이 불어난 것은 1914년경이었고 당시 세간에서는 이들을 태을교 또는 선도교라 불렀다.[7]

선도교가 제주도에 유입된 것은 1914~1916년경으로 추정되나 법정사 항일봉기가 일어날 때(1918)에는 '보천교'라는 명칭조차 존재하지 않았다. 차경석의 교단이 일제의 강압으로 교단을 공개하고 '보천교'라는 교명을 정식으로 선포한 것은 1922년 2월이다.[8]

따라서 이 사건을 지금까지 제주도의 몇몇 향토지에서 '보천교의 난'으로 기록한 것은 일제 경찰의 역사 왜곡을 그대로 받아들인 것에 기인한다.

일제 경찰은 승려 김연일을 보천교 술사(術士)라고 지목하면서 "당시 48세인 그가 곧 불무황제가 출현해 양풍(洋風)과 왜색(倭色)이 멸망할 날이 멀지 않다고 예언하면서 보천교를 믿어야 화를 면할 수 있다고 허풍을 떨었다."고 잘못 기록하고 있으며, "법정사에는 많은 양의 시주가 들어가 이 때문에 가산을 탕진하는 사람이 늘어나고 주민의 원성이 고개를 들기 시작했다."는 등 마치 불교사찰에서 주민들을 혹세무민(惑世誣民)한 양 왜곡하고 있다.

이는 당시 주민들로부터 존경받는 스님들과 지역대표들이 이 사건을 주도했기 때문에 일본인들도 숭앙하는 전통적인 불교가 항일봉기를 주도했다는 사실이 몰고 올 파급효과를 차단하기 위해 보천교를 부각시켜 사이비종교계의 일시적인 민란(民亂) 정도로 격하시켰던 것으로 보인다.

당시 관련자 유가족 중 신흥종교인 보천교 신자는 일부에 지나지 않았고, 1918년 당시에는 '보천교'라는 명칭조차 존재하지 않았던 점

---

7) 安厚相,《普天敎運動硏究》, 1992, 성균관대학교 석사학위논문.
8) 李正立,《甑山敎史》, p.90. 1977, 증산교본부.

으로 볼 때, 일제가 사건 이후 계속하여 주민선전활동의 일환으로 1918년 제주도 스님들이 주도한 항일투쟁을 '보천교의 난'이라 왜곡 전파시키면서 그 의의와 진실을 의도적으로 축소 내지 평가절하했음을 명백하게 알 수 있다.

5. 옥사 5명 등 관련자의 수형량

이 사건 관련자는 모두 4백여 명이었는데 일제 경찰에 체포 구금된 사람은 68명이었다. 이들 중 소위 일제의 소요 및 보안법 위반으로 징역형을 받은 사람은 33명이고 벌금형을 받은 사람은 14명이며 나머지 18명은 검사의 불기소 처분으로 1918년 10월 28일, 11월 9일, 11월 11일, 11월 27일 등 네 차례에 걸쳐 석방되었다.

체포 구금된 관련자 중 강창규의 동생 강수오(姜壽五)와 제주면 오라리(吾羅里)의 강춘근(姜春根, 27세)은 재판 전인 1918년 12월 27일과 1919년 1월 6일에 각각 옥사하였다. 또 제주도 좌면 영남리(지금의 서귀포시 영남동)의 김두삼(金斗三, 25세)은 1919년 2월 4일 징역 1년형을 선고받고 복역하던 중 1919년 8월 21일 광주감옥 목포분감에서 옥사했으며, 제주도 좌면 대포리(서귀포시 대포동)의 김봉화(金奉和, 37세)도 징역 2년형을 선고받고 복역하던 중 1919년 12월 1일 대전감옥에서 옥사했다. 선도교의 제주도 내 지도자로서 무오년 항일봉기시 도대장을 맡았던 제주도 우면 금악리(한림읍 금악동)의 박주석은 징역 7년형을 선고받고 복역중 1921년 7월 24일 목포감옥에서 옥사했다.

제주도 불교계 항일의거의 최고 지도자였던 김연일(1871~1940)스님의 본적은 경북 영일군 동해면 도구동(都邱洞) 478번지이며 호적명은 김기인(金基寅)이다. 김연일스님은 법정사 주지직에 있으면서 속가 형의 아들인 조카 김인수를 비롯하여 같은 영일군 출신의 정구룡·강민수·김용충 등 4명을 데리고, 승려 11명과 신도 33명을 주요 인사(班首)로 하여 항일봉기를 계획하고 실천하였다. 그는 이 사건으로 징역 10년형을 선고받고 복역하다가 5년으로 감형되어 1923년 6월 6일 목포형무소 제주지소에서 가출옥하였다. 1993년 독립유공자로서 애족장에 서훈되었다.

친동생 강수오를 옥사로 잃은 제주도 중면 사계리(남제주군 안덕면 사계리)의 강창규는 징역 8년형을 선고받아 복역했으며 후일(1941) 대정읍에 서산사를 창건하여 1966년에 기념비를 세웠다.

법정사 항일투쟁의 주요 인물의 한 사람인 방동화(1887~1970)스님은 6년형을 받고 복역하다가 3년으로 감형되어 출소하였다. 방동화는 1910년 한일합방이 되자 세속에서의 삶을 회의하여 출가할 뜻을 품고 1909년에 창건한 제주도 관음사를 찾았다. 관음사에서 수행하던 그는 1913년 육지로 건너가 경주군 양북면 기림사(祇林寺)에서 그 해 4월 8일, 우전 도하스님을 은사로 득도하니 법명(法名)이 묵연(默然)이다. 계를 받은 후 그 해 5월 문경군 대승사 강원에 가서 김혜옹(金慧翁) 강백 밑에서 불교 내전(內典)을 수업하고 1918년 봄에 제주도로 귀향하여 법정사에 주석하면서 김연일·강창규스님 등 10여 명의 승려들과 항일의거를 계획하여 마침내 그 해 10월 5일 주민 4백여 명을 동원하는 대규모 항일투쟁을 전개하였다. 출옥 후에는 일본 순사들의 미행이 계속되는 등 일제 관헌의 탄압이 가해지자 육지로 건너가 39세 되던 1925년 범어사에서 박만하(朴萬下)스님에게 구족계를 받고 금강산 등지에서 수행하다가 다시 제주도로 돌아왔다. 이후 관음사 중건, 원만사 창건 등 불교홍포에 힘쓰다가 해방 직후 초대 제주교무원장을 역임(3대까지)하고 1970년 12월 28일 세수 84세, 법랍 57년으로 자신이 창건한 서귀포시 중문동 광명사에서 입적했다.

이상 세 분 외에 당시 항일의거에 참여했던 스님으로는 경북 영일군 출신의 정구룡과 김인수스님이 징역 3년형을, 그리고 강민수와 김용충스님이 각각 징역 1년6월형을 선고받아 복역했고, 함북 길주군 출신으로 당시에는 법정사 승려였던 장림호(張林虎, 64세)스님이 징역 4년형을, 당시 법정사에 처사(사찰의 고용직)로 있던 김삼만(金三萬)이 징역 4년형을, 제주도 좌면 하원리(서귀포시 하원동)의 김상언(1873~1965)스님이 징역 6년형을, 제주도 우면 서홍리(서귀포시 서홍동)의 최태유(崔泰裕, 46세)스님이 징역 4년형을, 제주도 중면 덕수리(안덕면 덕수리)의 김명돈(金明敦, 42세)이 징역 1년형을, 당시 법정사의 행자였던 한윤옥(韓允玉, 18세)은 그 해 11월 11일 불기소 처분되었다.

그리고 일반인은 대개 농업에 종사하는 주민이었는데 좌면 도순리의 양남구가 4년형을, 문남규(文南奎, 50세)는 3년형을, 좌면 중문리의 고용석(高用錫, 53세)이 3년형을, 그리고 우면 금악리(한림읍 금악동)의 강봉환(姜奉煥, 52세)·좌면 대포리의 김기화(金基和, 40세)·김봉화(金奉和, 37세)·좌면 월평리(서귀포시 월평동)의 김무석(金武錫, 32세)·조계성(趙桂成, 37세) 등 5명은 각기 징역 2년형을 선고받았다. 그 외 문남은(文南恩, 45세)·이승빈(李昇斌, 29세)·김성수(金成洙, 22세)·오동윤(吳東允, 23세)·이종창(李宗昌, 39세)·최신일(崔信日, 43세)·이달생(李達生, 32세)·이윤평(李允平, 33세)·김기수(金基洙, 31세)·오병구(吳秉九, 22세) 등이 징역 1년형을 선고받았고, 소요보안법 위반에 총포화약취체령 위반의 죄명까지 덧붙여진 좌면 하원리의 이춘삼은 징역 6개월형을 선고받고 복역하였다.

그 외 이봉규(42세)·이원영(45세)·송을생(45세)·강태하(23세)·강순봉(36세)·김창호(41세)·오인식(24세)·강두옥(63세)·김인송(42세)·지축생(43세)·김항률(30세)·지갑생(31세)·양봉(29세)·원인수(52세) 등 14명은 벌금 30원을 선고받았는데 이들은 당시 화폐가치로 쌀

3가마에 해당하는 이 벌금을 낼 수 없는 처지였기 때문에 14명 전원이 다시 일제 관헌들에게 구금되어 30일 동안 노역장 유치(留置)라는 옥고를 치렀다. 그리고 사건 당시 체포되었던 오인석(38세)은 1918년 10월 28일에, 강기추(35세)·현재천(46세)은 그 해 11월 9일에, 나머지 문남진을 포함한 8명은 역시 같은 해 11월 11일에, 박경흡 등 7명은 그 해 11월 27일에 불기소 처분되었다.

무오년 제주도 법정사 항일투쟁 관련자들은 주모자급인 김연일스님이 10년형을, 그 외 사람도 장기형을 선고받는 등 모두 33명이 실형을 판결받았고 14명이 벌금형을 받았다가 노역장에서 옥고를 치렀으며, 그 중 5명이 옥사하는 등 항일투쟁에 나섰던 47명이 일제측의 사법적 고통을 당하였고 불기소된 18명도 최하 22일에서 2개월 가량 일제의 경찰 유치장에 갇혀 심문과 고문의 압제를 당하였던 것이다.

지난 9월 중순(94. 9. 13) 필자가 법정사 옛 유지(遺址)를 답사하였을 때 그 곳엔 당시의 참상(1918년 항일의거시 일제 관헌들이 법정사를 불태웠다고 함)을 말해 주듯 제단과 주춧돌 기단석만이 덩그러니 남아 있고, 부근에는 비구니 스님이 세운 초라한 법당만이 다시 세워져 있어 1918년 당시 민족혼을 일깨운 항일봉기의 흔적은 아무 곳에도 남아 있지 않았다.

당시 법정사 항일투쟁 관련자는 도합 67명인데 이들 형량과 직업 및 포상여부를 표로 제시하면 다음과 같다.

이 름	당시 나이	주 소	형 량	비 고	직 업
김연일	48	제주 좌면 도순리	징역 10년	법정사 주지 '93년 애족장	승려(무직)
강창규	40	제주 중면 사계리	징역 8년		승려(무직)

제2장 임제종의 자주화운동과 법정사의 항일무장투쟁

이 름	당시 나이	주 소	형 량	비 고	직 업
박주석	56	제주 우면 금악리	징역 7년	1921. 7. 24. 목포형무소에서 옥사. '95년 애국장	보천교도 (농업)
방동화	32	제주 좌면 도순리	징역 6년	'95년 애족장	승려(농업)
김상언	46	제주 좌면 하원리	징역 6년	'95년 애족장	승려(농업)
최태유	46	제주 우면 서홍리	징역 4년		일용직
양남구	29	제주 좌면 도순리	징역 4년	'90년 애족장	농업
장림호	64	제주 좌면 도순리	징역 4년		승려(무직)
김삼만	56	제주 좌면 도순리	징역 4년	법정사 일용직	승려(무직)
정구룡	30	제주 좌면 도순리	징역 3년		승려(무직)
김인수	21	제주 좌면 도순리	징역 3년	김연일의 조카	승려(무직)
문남규	50	제주 좌면 도순리	징역 3년	'95년 애족장	농업
고용석	53	제주 좌면 중문리	징역 3년	'95년 애족장	농업
강봉환	52	제주 우면 금악리	징역 2년	'95년 애족장	농업
김기화	40	제주 좌면 대포리	징역 2년		농업
김무석	32	제주 좌면 월평리	징역 2년	'95년 애족장	농업
조계성	37	제주 좌면 월평리	징역 2년		농업
김용충	30	제주 좌면 도순리	징역 1년 6월		승려(무직)
강민수	29	제주 좌면 도순리	징역 1년 6월		승려(무직)
김봉화	37	제주 좌면 대포리	징역 2년	1919. 12. 1. 대전 감옥 옥사. '95년 애국장	승려(농업)
김두삼	25	제주 좌면 영남리	징역 1년	1919. 8. 21. 목포 형무소 옥사. '95년 애국장	농업
강수오		제주 중면 사계리		강창규의 동생, 재판 전 1918. 12. 27 옥사	승려(?)

80   제1부 의병항쟁기에서 일제하 불교계의 항일운동

이 름	당시 나이	주 소	형 량	비 고	직 업
강춘근	27	제주 제주면 오라리		재판전 1919. 1. 6 옥사	농업
김명돈	42	제주 중면 덕수리	징역 1년	'95년 애족장	농업
문남은	45	제주 좌면 도순리	징역 1년	'95년 애족장	농업
이승빈	29	제주 좌면 하원리	징역 1년	'95년 애족장	농업
김성수	22	제주 좌면 월평리	징역 1년		농업
오동윤	23	제주 좌면 도순리	징역 1년		농업
이종창	39	제주 좌면 도순리	징역 1년	'95년 애족장	농업
최신일	43	제주 좌면 월평리	징역 1년	'95년 애족장	농업
이달생	32	제주 좌면 하원리	징역 1년	'95년 애족장	농업
이윤평	33	제주 좌면 도순리	징역 1년	'95년 애족장	농업
김기수	31	제주 좌면 월평리	징역 1년	'95년 애족장	농업
오병구	22	제주 좌면 하원리	징역 1년		농업
이춘삼	42	제주 좌면 하원리	징역 6월	'95년 대통령표창	농업
이봉규	42	제주 좌면 월평리	벌금 30원	불납. 30일간 노역장 유치	농업
이원영	45	제주 좌면 월평리	벌금 30원	불납. 30일간 노역장 유치	농업
송을생	45	제주 좌면 월평리	벌금 30원	불납. 30일간 노역장 유치	농업
강태하	23	제주 좌면 하원리	벌금 30원	불납. 30일간 노역장 유치	농업
강순봉	36	제주 좌면 하원리	벌금 30원	불납. 30일간 노역장 유치	농업
김창호	41	제주 좌면 월평리	벌금 30원	불납. 30일간 노역장 유치	농업
오인식	24	제주 좌면 하원리	벌금 30원	불납. 30일간 노역장 유치	농업
강두옥	63	제주 좌면 월평리	벌금 30원	불납. 30일간 노역장 유치	농업
김인송	42	제주 좌면 하원리	벌금 30원	불납. 30일간 노역장 유치	농업
지축생	43	제주 좌면 하원리	벌금 30원	불납. 30일간 노역장 유치	농업
김항률	30	제주 좌면 영남리	벌금 30원	불납. 30일간 노역장 유치	농업
지갑생	31	제주 좌면 하원리	벌금 30원	불납. 30일간 노역장 유치	농업

이 름	당시 나이	주 소	형 량	비 고	직업
양 봉	29	제주 좌면 하원리	벌금 30원	불납. 30일간 노역장 유치	농업
원인수	52	제주 좌면 하원리	벌금 30원	불납. 30일간 노역장 유치	농업
강기추	35	제주 좌면 하원리		1918. 11. 9. 방면	농업
오인석	38	제주 좌면 상예리		1918. 10. 28. 방면	농업
현재천	46	제주 좌면 하원리		1918. 11. 9. 방면	농업
문남진	52	제주 좌면 도순리		1918. 11. 11. 불기소	농업
강영준	20	제주 좌면 월평리		1918. 11. 11. 불기소	농업
김봉석	58	제주 좌면 대포리		1918. 11. 11. 불기소	농업
강 익	42	제주 좌면 오동리		1918. 11. 11. 불기소	농업
이무현	21	제주 좌면 사계리		1918. 11. 11. 불기소	농업
이세인	52	제주 우면 법환리		1918. 11. 11. 불기소	농업
최문수	18	제주 좌면 도순리		1918. 11. 11. 불기소	농업
한윤옥	18	제주 좌면 영남리		1918. 11. 11 불기소	농업
이자춘	43	제주 좌면 하원리		1918. 11. 11. 불기소	농업
원성춘	24	제주 좌면 하원리		1918. 11. 11. 불기소	농업
김병일	33	제주 좌면 하원리		1918. 11. 11. 불기소	농업
김인호	38	제주 좌면 하원리		1918. 11. 11. 불기소	농업
고기동	22	제주 좌면 하원리		1918. 11. 11. 불기소	농업
조인혁	48	제주 좌면 도순리		1918. 11. 11. 불기소	농업
원술생	32	제주 좌면 하원리	벌금 30원	불납. 30일간 노역장 유치	농업

6. 독립유공 포상현황

조국 광복 후 이 사건 관련자 중 징역 4년형을 받은 양남구는 1977년 대통령표창, 1990년 애족장을, 불무황제라 자칭하며 이 사건 주모자로 징역 10년형을 받은 김연일은 1993년 애족장을 추서받았다.

　나머지 관련자의 후손은 수년간 항일운동에 투신 선조(先祖)의 독립유공에 대한 포상을 원하였으나 이루어지지 않다가 1994년 제주보훈지청에서 박주석, 김봉화, 김명돈, 김기수, 강봉환, 문남규, 이승빈, 김무석, 문남은, 이종창, 김상언, 김두삼, 이달생, 고용석, 최신일, 이춘삼, 방동화, 이윤평, 김인수, 김창률, 김인송, 오인석, 강태하 등 23명에 대해 독립유공자 포상 신청을 하였다.

　후손들과 제주보훈지청 및 제주인들의 노력으로 마침내 1995년 8월 15일 신청자 23명 가운데 18명이 독립유공자로 서훈되었다.

　박주석, 김봉화, 김두삼이 4등급인 애국장을, 방동화, 김상언, 문남규, 고용석, 강봉환, 김무석, 김명돈, 문남은, 이승빈, 이종창, 최신일, 이달생, 이윤평, 김기수가 5등급인 애족장을, 이춘삼이 대통령표창에 서훈되었다.

　법정사 항일투쟁자 가운데 스님은 김연일, 강창규, 방동화, 김봉화, 김상언, 장림호, 김삼만, 정구룡, 김인수, 김용충, 강민수, 강수오, 최문수 등 모두 13명인데 이 중 강창규, 장림호, 정구룡, 김인수, 김용충, 강민수, 강수오, 최문수 등 8명이 아직도 독립유공자로 서훈되지 못하고 있다.

제3장
불교계의 3·1운동

제1절 3·1운동의 배경

일본 식민지 지배하의 우리나라에서 1919년 3월 1일 일어난 거족적인 민족독립운동을 통상 3·1운동 또는 60간지(干支)로 기미년(己未年)에 일어났다 하여 기미독립운동이라고도 부른다.

일본은 한일병합을 전후하여 침략에 항거하는 의병투쟁과 애국계몽운동을 무자비하게 탄압하고 강력한 무단정치를 펴는 한편, 민족 고유문화의 말살, 경제적 침탈의 강화로 전체 조선민족의 생존에 심각한 위협을 가했다.

우리의 민족자본가들은 일제가 우리 민족자본의 성장을 억제할 목적으로 실시한 회사령(會社令, 1910년)으로 큰 타격을 받았으며, 농민은 토지조사사업(1912~1918)으로 조상 전래의 토지를 빼앗기고 빈농·소작농으로 전락, 극히 일부 지주층을 제외하고는 절박한 상황에 몰리게 되었다. 또한 농지를 빼앗기고 도시로 흘러들어 노동자가 된 사람들은 일본인 노동자에 비해 반에도 못 미치는 저임금과 장시간 노동, 비인간적 대우, 민족차별 등으로 극악한 환경 속에서 살지 않으면 안 되었다.

이처럼 일제의 식민통치 10년 동안 자본가·농민·노동자 등 모든 사회계층이 식민통치의 피해를 직접적·구체적으로 입음으로써 그들의 정치·사회의식이 급격히 높아졌고, 더욱이 미국 대통령 윌슨이 1차대전의 전후처리를 위해 〈14개조 평화원칙〉을 발표, 민족자결주의를 제창함에 따라 이 기회를 이용한 조선 지식인과 종교인들이 민족자주의식에 불을 당기자 항일민족운동은 삽시간에 거족적인 운동으로 번져나갔다.

한편 불교계에서는 의병항쟁기(1906~1909)에는 박순근(朴順根)·경봉(鏡峰) 김재홍(金在弘)·이운허(李耘虛)스님 등이 항일무장투쟁을 전개하였고, 1910년 한일병합 직후에는 이회광(李晦光)의 조선 원종(圓宗)과 일본 조동종(曹洞宗)의 병합에 한용운(韓龍雲)·박한영(朴漢永)·진진응(陳震應)스님 등이 임제종(臨濟宗)을 설립하여 불교자주화운동을 펼쳤다. 그러나 일제는 1911년 6월에 사찰령(寺刹令)을 공포하여 조선불교의 주지임명권과 재산처분권, 불교의식의 왜색화 등을 획책하였으므로 불교계는 일제의 강압으로 질식상태에 있었다.

이 무렵 우리 민족의 자주의식도 드높아져 1918년 1월 서재필·정한경(鄭翰景)·안창호·이승만 등이 워싱턴에서 신한협회(新韓協會)를 조직하였고, 같은 해 6월 26일에는 이동휘(李東輝)·김립(金立) 등이 하바로프스크에서 한인사회당(韓人社會黨, 다음 해 4월에 고려공산당으로 개칭, 후일의 上海派)을 조직하였다. 그리고 여운형(呂運亨)·장덕수(張德秀)·조동호(趙東祜)·김구(金九)·신석우(申錫雨) 등은 상해에서 신한청년당(新韓靑年黨)을 조직하였다.

한편 만주에서는 1918년 11월 13일 여준(呂準)·김동삼(金東三)·유동열(柳東說)·김좌진(金佐鎭)·신팔균(申八均)·서일(徐一)·김규식(金奎植)·이동녕(李東寧) 등의 중광단(重光團) 인사 39명이 대한독립선언서를 채택·발표하였는데, 이를 3·1운동 독립선언서와 구별하기 위해 무오독립선언서라고 부른다. 중국 상해에서 조직된 신한

청년당의 여운형은 1918년 11월 15일 상해를 방문한 미국대통령 특사 크레인과 회견하고 파리강화회의와 미대통령에게 보낼 한국독립건의서를 제출하였다. 또 미주교포단체는 미대통령 윌슨에게 독립요망진정서를 제출하였다.

제2절 3·1운동의 과정

이렇게 국외의 한인들이 줄기차게 독립운동을 전개하자 1918년 12월 15일 손병희(孫秉熙)·권동진(權東鎭)·오세창(吳世昌)·최린(崔麟) 등 천도교 인사들은 남대문 밖 상춘원(常春園)에서 독립운동을 협의하였다. 또한 일본에 유학하고 있던 동경유학생 500여 명은 동경에서 웅변대회를 열고 민족자결문제 등을 토론하다가 체포되었고, 간도(間島) 교포 김약연(金躍淵)·강봉우(姜鳳羽)·정재면(鄭載冕) 등은 전 간도 교포의 독립운동에 합의하였다.

1919년 1월 6일 동경유학생학우회가 신전구(神田區) 조선기독교청년회관에서 독립선언실행방침을 논의하였는데, 그 해 1월 21일에 고종(高宗)이 덕수궁에서 망국의 한을 품고 승하하였다. 이 무렵 동경유학생 송계백(宋繼白)이 조선독립청년당 명의의 독립선언서를 휴대하고 서울로 와서 현상윤(玄相允)에게 전하였다. 최린·송진우(宋鎭禹)·현상윤·최남선 등은 중앙학교에서 회합을 갖고 독립운동방책을 의논하였다.

이 무렵, 즉 1919년 1월 말경 만해 한용운은 1908년 4월에서 10월까지 일본을 방문하였을 때 알게 된 최린을 방문하여 시국담을 나누던 중 파리강화회의와 민족자결주의 등 우리 민족에게 유리하게 전개되던 국제정세와 해외동포의 독립투쟁 열기를 활용하여 국내에서도 독립운동을 전개하기로 결의하였다.

3·1운동시 불교계 총수는 만해

만해 한용운이 3·1운동시 불교계의 총수였던 것은 익히 일반인들에게 널리 알려진 사실이다. 최린과 만해가 만나 독립운동을 처음 의논할 당시의 상황은 이러하다.

1919년 1월 어느 날 한용운은 최린을 찾아가 이런 말을 하였다.

> 우리도 좀 잘 살아봐야지 이게 대체 무슨 꼴이란 말이오. 세계 정세도 변하고 하니 우리 한번 들고 일어나 큰소리쳐봅시다.

이때는 이미 최린과 손병희 등이 독립운동을 계획하고 있던 때라 최린 역시 반대할 이유가 조금도 없었다.

> 우리 천도교에서 마침 일을 진행중이니 같이 손잡고 힘써봅시다.

이렇게 해서 불교와 천도교는 함께 협력하여 독립운동을 하기로 한 것이다.[1]

이는 일본인 판사의 심문에 대한 최린의 답변에서도 알 수 있다. 최린은 만해와의 관계를 묻는 심문에 만해와의 상면시 천도교측에서 이미 진행중인 계획의 비밀누설을 우려하여 말하지 않았고, 만해가 참가하겠다고 하여 가입시켰을 뿐이라고 답하였다. 따라서 만해가 먼저 제안하여 손병희에게 강압적으로 참가케 하였다는 등의 서술은 왜곡된 것으로 보인다.

전후 상황으로 보아 만해가 최린으로부터 독립운동에 대한 계획을 듣고 참가한 것이 분명한 사실로 판단된다.

---

1) 국가보훈처, 《독립운동사》 8권, p.867.

그런데 3·1운동의 준비과정에서 최린 등의 천도교 인사들과 만해가 첫번째로 부딪친 난관은 민족대표를 선정하는 일이었다. 처음에는 손병희와 윤치호, 이상재, 박영효(朴泳孝) 이렇게 네 사람을 대표로 내정하고 선언서 기초는 최남선에게 맡기기로 하였다. 그러나 이상재·윤치호·박영효 세 사람이 참가를 거부하여 제2차 교섭대상으로 한규설(韓奎卨)과 윤용구(尹用求)를 지목하였다. 하지만 이들 역시 미지근한 태도를 보일 뿐 적극적인 언질을 꺼렸다.

민중의 신망으로 보나 대외적 영향을 고려하더라도 구한국요인들이 참여하는 것이 바람직했으나 이들이 모두 꽁무니를 뺀 것이다. 이때 교섭에 나섰던 사람은 최남선·송진우·현상윤 등 젊은 학자였다. 만해와 최린은 구한국요인 대신 종교계 인사들을 포섭하기로 계획을 바꾸었다. 그 해 2월 7일 기독교계 포섭차 김도태(金道泰)·정노식(鄭魯湜)을 정주(定州)의 이승훈(李昇薰)에게 보냈다.

국내에서 천도교측의 최린 등과 불교계의 한용운 등이 독립운동시위를 계획하고 있는 가운데 2월 8일에 일본 동경유학생 최팔용(崔八鏞)·서춘(徐椿)·백관수(白寬洙)·김도연(金度演) 등 600여 명이 조선기독교청년회관에 모여 독립선언서를 발표하였다(2·8독립선언).

이에 더욱 민족독립운동의 열기가 고조된 만해와 최린 등은 2월 중순 기독교측의 이승훈·박희도(朴熙道)·오기선(吳箕善) 등과 논의하여 천도교·불교·기독교가 합동으로 독립운동을 할 것을 논의하였다. 그리고 학생대표 김원벽(金元壁, 延專)·강기덕(康基德, 普專)·한위건(韓偉健, 京城醫專) 등은 박희도와 협의하여 학생운동을 33인 중심의 운동과 합류키로 결정하였다.

만세운동의 추진과정에서 만해는 유림(儒林)과 불교계의 포섭을 담당하였다. 그는 먼저 경남 거창(居昌)에 거주하던 영남의 거유(巨儒)인 면우(俛宇) 곽종석(郭鍾錫)을 만나 민족대표로 참가하겠다는 동의를 받아내고 2월 24일 서울로 올라왔다.

이 과정에 대해 만해는 공소공판에서 곽종석을 만나기 위해 거창에 내려갈 때 정탐이 미행하였기 때문에 못 만났다고 밝힌 바 있다. 그러나 이는 사정상 민족대표로 서명날인하지 못한 그를 보호하기 위함이었다. 실제로 곽종석은 민족대표로 참가하겠다고 쾌락하였으나 공교롭게도 3월 1일 직전 급환이 생겨 아들편에 인장을 주어 만해를 찾아가도록 하였다.

곽종석의 아들은 2월 말 상경하여 만해를 찾았으나 폭풍전야와도 같은 긴박한 일정과 상황 때문에 만나지 못하고 태화관에서 독립선언식이 끝나는 날 잠시 만났다. 결과적으로 곽종석은 33인의 민족대표로 서명하지 못하였으나 실제는 서명한 것이나 다름없다. 이는 곽종석이 후에 유림의 대표로서 파리장서(巴里長書)를 제출하였던 점으로 미루어보더라도 인정할 수 있는 부분이다.[2]

한편 만해는 불교계측 인사들과의 접촉을 통해 포섭을 시도하였다. 그는 1919년 2월 어느 날 갑자기 범어사로 내려가 그 곳의 전 주지 오성월(吳惺月)스님을 비롯하여 이담해(李湛海)·오리산(吳梨山)스님 등을 만나 3·1의거에 대하여 의논하고 서울로 돌아왔다. 그러나 워낙 시일이 촉박하고 사찰들이 심산궁곡에 위치하고 있어 미처 다른 사찰의 고승석덕들과는 제대로 연락을 취할 수 없었다. 그래서 불교계 인사들이 많이 참여하지는 못하고 해인사 출신 승려로서 당시 서울 종로구 봉익동에 대각사(大覺寺)를 창건하여 대중포교에 진력하고 있던 백용성(白龍城 : 1864~1940)스님만 가입할 수 있었다. 만해는 용성스님의 승락을 받고 민족대표로 서명할 인장을 위임받았다.

따라서 3·1운동에는 천도교측 15명, 기독교측 16명에 비해 불교

---

2) 박걸순,《한용운의 생애와 독립투쟁》, p.71. 1992, 독립기념관 한국독립운동사연구소.

계 대표가 2명뿐이어서 비록 수적으로는 소수였지만 당시 만해와 백용성이 불교계에서 차지했던 위상과 독립만세시위에 전국 각지의 많은 스님과 신도들이 동참한 것을 감안하면 불교계의 대표성은 충분히 인정된다.

만해는 2월 27일 밤 최린의 집에서 이승훈·이필주(李弼柱)·함태영(咸台永)·최남선(崔南善) 등과 회합하여 서명자의 배열을 정하고 만해 자신과 백용성으로부터 위임받은 도장으로 민족대표로 서명날인하였다. 거사 하루 전날인 2월 28일 밤에는 가회동(嘉會洞) 손병희의 집에서 다른 민족대표들과 최종적으로 만나 결의를 다짐하였다.

이 자리에 모인 25명의 민족대표들과 인사를 나눈 뒤, 박희도가 탑골공원에서 독립선언을 할 경우 많은 학생과 시민이 운집하게 되어 일본 군경과의 충돌로 불상사가 야기될 것을 우려하며 장소의 변경을 제안하자 모두 찬성하였다. 이어 손병희의 제안으로 명월관 지점인 태화관으로 결정하였다. 또한 독립선언 후 일경에 체포되더라도 피하지 말고 행동을 함께 할 것이며, 그 동안의 경과를 감추지 않고 정정당당하게 주장할 것을 결의하는 등 행동지침을 통일하였다.

만해는 이 날 독립선언서의 불교측 배포를 담당하였다. 독립선언서는 천도교에서 직영하던 보성사(普成社)에서 2월 20일부터 27일까지 비밀리에 35,000매가 인쇄되었다. 독립선언서 배포의 총책임자는 오세창이었고, 실무자는 보성사 사장 이종일(李鍾一)이었다. 이는 천도교·기독교·불교·학생측에서 분담 배포키로 하였고, 천도교는 인종익(印宗益) 등이, 기독교는 김창준(金昌俊) 등이, 학생은 이갑성(李甲成)이 각각 맡기로 하였고, 만해는 불교계측에 배포하기로 하였다.

만해는 2월 28일 이종일로부터 10,000매(일설에는 3,000여 매)의 독립선언서를 인수하였다. 이 날 밤 10시경 만해는 서울 계동(桂洞 : 현 서울 종로구) 자신의 집에 미리 대기하고 있던 중앙학림(中央學林) 학생 김법린(金法麟)·김상헌(金商憲)·백성욱(白性郁)·정병헌(鄭秉憲)·오택언(吳澤彦)·신상완(申商玩)·김규현(金圭鉉)·김봉신(金奉信)·김대용(金大鎔) 등과 중앙학교(中央高等學校의 前身)의 학생 박민오(朴玟悟) 등 10명에게 독립선언서를 건네 주며 3월 1일 오후 2시 이후에 시내 일원에 배포하도록 당부하였다.

만해는 1918년 9월부터 불교잡지 《유심(惟心)》을 간행하여 그 해 12월까지 통권 3호를 내는 등 당시 불교계 청년들의 절대적 지지와 존경을 받았다. 그의 계동 자택은 유심사(惟心社) 사무실도 겸하고 있었는데, 김법린·백성욱·신상완·김상헌 등이 이 곳의 일을 돕고 있었다. 유심사에는 불교청년학생들이 드나들며 한용운의 지도를 받고 있었던 것이다. 만해는 비장한 어조로 그 동안의 3·1운동 준비과정을 설명하고 다음과 같이 당부하였다.

　　내일 탑골공원의 독립만세운동시에 너희들은 여기에 있는 10,000매의 독립선언서를 가지고 서울 시내와 지방에 배부토록 하라. 이제 너희들과 헤어지면 언제 만날 지 알 수 없다. 임진왜란 때 구국의 명장 서산대사와 사명(四溟)대사의 후예임을 명심하여 불교청년의 기백을 과시하라.

김법린·백성욱 등의 청년승려들은 신명을 바쳐 조국독립투쟁에 앞장설 것을 맹세하고 곧 유심사를 물러나왔다. 이들은 사태가 시급함을 느끼고 인사동 범어사 불교중앙포교당에서 긴급회의를 가졌다. 3월 1일의 만세시위에 불교계의 승려와 신도들을 동원하고 또한 지방에도 각기 내려가 의거를 주도하기로 결정했다.

김법린과 김상헌은 동래 범어사를 책임지고, 오택언은 양산 통도사를, 김봉신은 합천 해인사를, 김대용은 대구 동화사를, 정병헌은 화엄사를 중심으로 전라도에서 만세운동을 주도키로 하였다.

제3절 역사적인 독립의거 1919년 3월 1일

마침내 3월 1일 독립의거의 날이 밝았다. 역사적인 3월 1일 오후 2시가 가까워지자 독립선언서에 서명날인한 민족대표들이 태화관에 속속 모여 들었다. 이 자리에는 늦게 도착한 길선주(吉善宙)·유여대(劉如大)·정춘수(鄭春洙) 및 상해로 탈출한 김병조(金秉祚)를 제외한 29명의 대표들이 참석하였다.

만해는 이 날 오후 1시경 태화관에 도착하였다. 회합한 민족대표들은 이종일이 가지고 온 독립선언서를 돌려보는 것으로 낭독을 대신하였고, 최린이 만해에게 간단한 식사(式辭)를 부탁하였다.

이에 만해는 "오늘 우리가 모인 것은 조선의 독립을 선언하기 위한 것으로 자못 영광스러운 날이며, 우리는 민족대표로서 이와 같은 선언을 하게 되어 그 책임이 중하니 금후 공동협심하여 조선독립을 기도하지 않으면 안 된다."는 내용의 연설을 하고 각자의 건강을 기원하는 축배를 들며 만세삼창을 선창하였다.

한편 손병희는 최린으로 하여금 미리 일경에게 민족대표들이 모인 목적과 장소를 전화로 통지하도록 하였다. 독립선언식이 거의 끝날 무렵 황급히 들이닥친 경시(警視)·경부(警部) 이하 수십 명의 일경은 민족대표 전원을 체포·연행하였다.

만해 역시 현장에서 피체되어 일경이 준비해 온 자동차에 실려 경찰서로 연행되었는데 그는 당시 연행당하며 목격한 감격스런 만세시위 장면을 훗날 이렇게 회고하였다.

……그때입니다. 열두서넛 되어 보이는 소학생 두 명이 내가 탄 자동차를 향하여 ××(만세)를 부르고 두 손을 들어 또 부르다가 ××(일경)의 제지로 개천에 떨어지면서도 부르다가 마침내는 잡히게 되는데, 한

학생이 잡히는 것을 보고는 옆의 학생이 그래도 또 부르는 것을 차창으로 보았습니다. 그때 그 학생들이 누구이며 왜 그같이 지극히 불렀는지는 알 수 없으나, 그것을 보고 그 소리를 듣던 나의 눈에서는 알지 못하는 사이에 눈물이 비 오듯 하였습니다. 나는 그때 소년들의 그림자와 소리, 맺힌 나의 눈물이 일생에 잊지 못하는 상처입니다.[3]

한편 김법린을 위시한 불교계의 청년학생들은 독립선언서 35,000매 중 불교측에 배당된 10,000매를 가지고 두 방향으로 나뉘어 우선 그 절반은 서울 북쪽에 해당하는 동북부 일대에, 나머지는 전국의 지방 각 사찰을 중심으로 배포키로 하였다. 만해를 비롯한 민족대표들이 일제에 피체되어 심문을 받는 과정에서도 독립선언서의 배포가 초점이 되었던 것을 보면 이는 중요한 사안의 하나였던 것이다.

우선 서울 시내를 담당한 불교측 학생들은 3월 1일 새벽 3시에 각각 회의장을 떠나 시내 포교당과 서울 근교의 사찰을 돌아다니며 독립선언서를 배포하여 절과 인근 주민들에게 3·1만세시위운동에 참가할 것을 권장하였다. 이들은 만세시위를 위해 군중 동원에 온 힘을 쏟았다.

마침내 3월 1일 탑골공원(파고다공원)에는 비밀지시를 받고 달려온 중등학교 이상 각급 학교 학생들 수천 명이 엄숙히 독립선언식을 기다리고 있었다.

오후 2시에 탑골공원 팔각정 중앙단상에 10여 년 만에 태극기가 모습을 나타내자 군중의 흥분은 절정에 달했다. 독립선언서가 낭독되고 '대한독립만세'의 우렁찬 함성이 하늘을 찔렀다. 이 자리에 참여한 많은 수의 승려와 불교신도들도 불교중앙학림 학생들과 더불어 독립선언 낭독식이 끝나자 공원 남문을 나와서 기독교청년회관 앞을 지나 종로경찰서를 거쳐 종각을 돌고 다시 남대문쪽으로 향하였

---

3) 《조선일보》 1932. 1. 8.

다. 그리고 지금의 한국은행 앞까지 와서 옆길로 대한문(大漢門)으로 빠져나와 서대문쪽으로 향하면서 미국영사관과 프랑스영사관이 들어서 있는 정동(貞洞) 거리를 거쳐 대한독립만세를 외쳤다.

또한 각 지방을 담당한 불교중앙학림 학생들은 3월 1일에 있은 서울시내의 만세시위운동에 참가한 후, 독립선언서를 간직하고 제각기 지방사찰로 향하여 지역별 만세시위운동을 지도하였다. 그리하여 범어사·해인사·통도사·동화사·마곡사·황해도 신광사(神光寺)·함남 석왕사·밀양 표충사·경북 청암사·전남 화엄사 등 전국 각지의 대찰을 중심으로 불교계의 3·1독립만세운동이 요원의 불길처럼 일어났다.

제4절 지역별 불교계의 3·1운동

서울에서의 3·1운동은 한용운의 지시를 받은 불교중앙학림 학생 스님들에 의해 각 지역에도 파급되었다.

규모가 가장 크고, 넓은 지역에 독립만세운동을 일으킨 곳은 해인사 지방학림에서 공부하던 스님들에 의한 만세운동이었다. 그 다음으로는 동래 범어사의 독립운동 규모가 컸고 그 외 양산 통도사·대구 동화사·구례 화엄사 등지의 스님들이 주도한 만세운동도 소기의 성과를 거두었다. 우선 가장 조직적이고, 전국 각지에 걸쳐 지방불교계의 3·1운동의 진원지 역할을 했던 해인사 지방학림 스님들에 의한 만세운동을 살펴보겠다.

1. 해인사 스님들의 독립만세투쟁

3·1운동 당시 해인사는 일제하 조선불교의 30본산 중의 하나로서

커다란 교세를 자랑하고 있었다.

그러나 당시의 주지 이회광은 친일승려로서 큰 세력을 누리고 있어서 해인사 대중 스님과 해인보통학교 및 지방학림 학생 등으로부터 암암리에 반감을 사고 있었다. 이들은 기회만 오면 언제나 구국투쟁에 나설 것을 모색하면서 수행과 학업에 정진하고 있었다.

한편 일제는 해인사의 비중을 고려하여 경찰주재소를 설치하고 경비전화까지 가설하였다. 그러나 3·1운동의 거센 물결은 가야산의 깊은 산골 해인사까지 파급되었다. 3·1운동이 일어나자 해인사 지방학림에서 공부하고 있던 학생스님들에게도 중앙의 불교계를 통하여 독립선언서가 여러 경로로 전해졌다.

해인사 승려로서 서울에 유학중이던 도진호(都鎭浩)로부터 송복만(宋福晩) 또는 봉우(奉瑀)에게, 한용운의 지시를 받은 불교중앙학림 학생으로서 해인사를 담당한 김봉신(金奉信)으로부터 김봉률(金奉律)에게, 그리고 김용기(金龍基)로부터 박근섭(朴根燮)에게, 또 최항형(崔恒亨)으로부터 최범술(崔凡述)에게 보내온 독립선언서 등 이렇게 몇 가지 경로를 통하여 독립선언서와 서울의 3·1운동 소식이 전해지자 해인사의 학생과 스님들도 독립만세운동을 일으킬 것을 계획하였다.

해인사 지방학림의 학생스님 23명은 비밀회합을 거듭하여 독립선언서 3천 벌을 준비하는 한편 각 지역별로 3인 1조씩 대(隊)를 조직하여 출신사찰을 중심으로 활동하기로 하였다.

해인사의 만세운동

해인사의 의거는 황해도 해주군 신광사 출신의 스님으로서 당시 해인사 지방학림에서 공부하던 23세의 홍태현(洪泰賢)과 역시 그 곳 학생인 백성원(白聖元)·김경환(金景煥)·김성구(金聖九) 등이 지방학림 기숙사에서 계획하였다. 처음에 이들은 학생들이 연극을 구경하고 돌아오는 기회를 틈타 군중과 더불어 봉기하려고 하였으나 이를 앞당겨 3월 31일에 봉기하였다.

1919년 3월 31일 오전 11시경 해인사 홍하문(紅霞門) 밖에 약 2백명의 학생들이 모여 먼저 독립만세를 불렀다. 이어 시위를 전개한 후 그 날 오후 1시경 해인사 경찰주재소로 몰려갔다가 일본경찰들이 총을 발사하여 일단 해산하였다. 그리고 그 날 밤 11시경 다시 2백여명의 군중이 봉기하여 해인사 앞 도로에서 만세시위를 전개하자 학생들은 이들과 합류하여 독립만세를 불렀다. 그러나 곧 포악한 일경들에 의해 강제해산을 당하였다.

홍태현은 다른 주동인물과 같이 검거되어 그 해 6월 11일 부산지방법원 진주지청에서 6개월형을 언도받았다. 그는 공소를 제기하였으나 대구복심법원에서 기각되어 대구형무소에서 옥고를 치렀다.[4]

해인사 지방학림 학생과 스님들을 중심으로 한 각 지역별 독립운동에 대해서는 당시 주요 참여인물이었던 최범술스님의 회고록 《청춘은 아름다와라》(국제신보, 1975. 1. 25~4. 5)에 자세히 기록되어 있으므로 이를 바탕으로 간추려 살펴본다.

최범술(崔凡述 : 1904~1979)스님은 1916년 13세에 사천 다솔사(多率寺)로 출가하여 1917년 4월 초 해인사 지방학림에 입학, 환경(幻鏡)스님을 은사로 하여 계를 받았다. 당시 해인사에는 해인보통학교가 있어 학생이 2백 명이 넘었고, 요즘의 중학교와 고등학교를 합친 것과 유사한 4년제의 지방학림에는 약 90명의 학생이 있었다. 그런데 지금의 초등학교에 해당하는 해인보통학교에는 신학문을 배우고자 경상남북도에서 모여든 소위 양반집 자제들이 많았고 대개가 20세를 넘었으며 나이 적은 학생들이 12~13세였다. 그리고 지방학림에는

---

4) 이용각, 《3·1운동실록》 pp.680~683 ; 홍태현 판결문, 1919. 6. 28. 대구복심법원 ; 국가보훈처, 《독립운동사》 3, pp.336~339.

해인사의 50여 말사에서 온 승려들이 대부분인데 이들 역시 20세가 넘은 사람들이 많았다. 당시 해인사에는 비구스님이 200여 명, 비구니스님도 150여 명 이상이 살고 있었다.

앞서 서술한 바와 같이 네 가지 경로로 독립선언서를 입수한 해인사 지방학림 학생들은 만세시위를 계획하면서 먼저 독립선언서의 준비를 의논한 끝에 최범술스님을 뽑아 대구로 보내 미농지 1만 5천 장을 사 모은 후 짐꾼에게 지워 도보로 180리나 되는 해인사로 운반하였다.

또 해인사 종무실·지방학림·보통학교에서 사용하는 등사판 각 1개씩을 모아 모두 3개의 등사판을 이용하여 독립선언서를 등사하였다. 원지의 글씨는 최범술이 썼으며 미농지 3장을 합쳐 선언서 한 벌이 되었다. 작업과정의 허실을 제외하고 약 3천1백 벌 가량의 독립선언서가 준비되었다. 등사를 마친 후 23명의 동지들은 장경각 뒤 숲 속에서 비밀회의를 하여 거사 방법을 결정하였다.

세 사람이 한 조가 되어 그 중 한 사람이 독립선언서 1백 벌을 지참하고 첫번째 조는 경남지방을 담당하되 대구·경주·양산·동래를 거쳐 통영읍(統營 : 지금의 충무)으로 오게 하였으며, 두번째 조는 합천·초계(草溪)·삼가(三嘉)·의령·진주·사천(泗川)·남해를 거쳐 통영으로 오게 했다. 세번째 조는 거창·함양·남원 등 전북으로 가게 했다. 네번째 조는 산청(山淸)·하동(河東)·순천 서남사·송광사를 거쳐 여수로 가서 통영으로 오게 했다.

다섯번째 조는 경북 동화사에서 온 권청학을 중심으로 한 3명인데 대구·달성·영천 은해사·동화사를 거쳐 예천 용문사며 안동(安東) 방면으로 가게 되었다. 여섯번째 조는 충북 보은 속리산 법주사에서 공부하러 왔던 박재성이 중심이 되어 충북 일대를 돌게 하였고, 일곱번째 조는 충남 마곡사에서 온 우경조·나경화 등이었는데 이들은 공주 마곡사·부여 인근 등 충남 일대를 돌면서 독립만세시위를 벌이게 했다. 또 한 조는 황해도 해주(海州) 신광사에서 온 홍태현이 중심이 되어 황해도·평안도 일대를 맡았으며, 안변(安邊) 석왕사(釋王寺)에서 온 박창두 등은 함경남도를 책임지게 되었다.

3월 15일 새벽, 23명은 은밀히 챙겨 놓은 독립선언서와 행장을 가지고 새벽 범종소리를 들으며 해인사를 출발하여 각 조별 목적지를 향해 길을 떠났다. 이들은 각 조별로 50~60미터의 거리를 유지하며 걸었다. 만약 발각될 경우를 대비하여 고추가루나 모래를 준비하여 이것을 일경의 눈에 뿌리고 때려눕힌 뒤 도주하는 등의 몇 가지 대비책을 강구하였고, 혹 탄로가 나더라도 자기 개인에게만 그치고 다른 동지들이나 모의 사실을 말하지 않도록 단단히 맹세하였다. 어떻게 보면 유치하기까지 한 대비책에도 불구하고 23명에 달하는 이들은 한 사람도 이탈하지 않았다. 이들은 목적지에 가서 그 지역의 인사를 물색하여 독립선언서를 전달하고 장날을 기하여 독립만세를 부르게 하는 것이 목적이었다.

최범술·김봉률 조의 활약

최범술은 그보다 다섯 살이나 위인 김봉률·송봉우(21세)와 합천읍에 도착하여 합천읍 내에 사는 강원조·박운표·강홍렬 등에게 독립선언서 50부를, 그리고 초계읍으로 가서 노소응 등의 동지에게 30부를 나누어 주고는 그 곳의 정세를 듣고 앞으로의 계획을 의논하였다.

최범술 조는 초계읍 노소응 등의 동지들과 협력하여 삼가(三嘉) 장날을 이용해 대규모의 격렬한 운동을 펼쳤다. 만세시위대는 우체국과 면사무소에 방화를 하고 주재소를 습격하였으며 진주와 합천 간에 가설된 전선과 전화선을 차단하고, 주요 길목의 교량을 끊어 일제의 관헌이 내왕을 못하게 하였으며, 일본인 집을 습격하였다.

이렇듯 만세시위가 격렬하게 진행되자 일제의 무장수비대는 거창으로부터 봉산 가화면으로 돌아 약 30명이 삼가읍에 도달하여 무자비하고 난폭하게 시위군중에게 총탄을 퍼부었다. 이때 수십 명의 사상자가 발생했는데 이 삼가사건은 그 당시로 보아 수원 이남에서는 큰 사건이라 불렸다.

최범술 조는 변장을 하여 간신히 삼가읍을 빠져나왔다. 특히 최범술은 나이가 열여섯 살이었으나 몸이 작고 어리게 보여 지금의 초등학교 4~5학년 학생 정도로 보였다. 게다가 불그스레한 두루마기를 입고 보통학교 학생모자를 썼기 때문에 일제 관헌들의 의심을 피할 수 있어 항상 조의 선두에 서서 길잡이 역할을 하였다. 최범술 조의 송봉우는 키가 6척에 가깝고 필력이 좋으며 연설에도 능하였다. 그리고 김봉률은 기민하고 재치가 뛰어나며 힘도 세어 웬만한 장년 두세 사람은 능히 이겨내었다.

이들 최범술·송봉우·김봉률 일행은 진주에 도착하여 친척과 친지들의 집에 묵으면서 독립운동에 뜻을 같이하는 분들을 만났는데 그 중에서도 강달영·조우재 등의 15~16세 정도 나이가 더 많은 선배들을 찾아가 독립선언서 1백 부를 전하고 최범술의 고향인 곤양읍(昆陽 : 지금의 경남 泗川郡)으로 갔다. 곤양읍에는 송봉우의 매형 임치준이 여관을 하고 있어 그는 김봉률과 함께 그 곳에 머물고 최범술은 출가 사찰인 다솔사로 갔다. 다솔사는 곤양읍 북쪽 10리 가량 떨어진 곳에 있는 사찰이었다. 최범술은 매일 절 근처의 사람들에게 연락하고 각 면 유지들에게 독립선언서를 나누어 주기도 했다.

이 무렵 김봉률과 송봉우는 남해의 용문사에 있는 박종규와 하방사에 있는 정재기·박재식을 만나 남해에서 독립만세시위를 벌일 계획으로 최범술과 헤어져 남해로 갔다.

최범술은 김봉률·송봉우와 헤어진 후 전에 다니던 서포 개진학교

동기였던 임응주·신영곤·송지환·송수완·송응수·송찬범 등을 만나 독립선언서를 나누어 주고 조국의 독립을 위해 함께 투쟁할 것을 맹서하였다.

최범술과 학교 동기생 등 7명은 개진학교에서 20리 떨어진 곤양면 장날을 기하여 태극기를 들고 독립만세시위를 벌이기로 결정하였다. 이들은 먼저 태극기를 만들기로 하고 제작장소는 서포보통학교로 정하였다. 물감을 구하고, 깃대로 쓸 산죽(山竹, 속칭 신우대)도 베어와 곤양장날의 거사를 위한 태극기를 만드는 데 열중했다. 그런데 느닷없이 일본군 수비대가 들이닥쳐 태극기를 만들던 7명이 체포되고 말았다. 이는 학교 부근에 살던 정준용(당시 50여 세)이라는 사람이 그들이 태극기를 만드는 것을 몰래 살펴보고는 그 사실을 일본인 교사에게 알렸고, 그 일본인 교사는 아내를 시켜 곤양에 주재하고 있던 헌병분견대에 알렸던 것이다. 당시 곤양분견대에는 일본인 수비대 10명과 헌병보조원인 한국인 천응섭 외 4명이 있었는데 이들은 연락을 받자 곧장 달려와 최범술 일행을 체포하였다.

이로써 곤양장날의 독립만세운동은 좌절되었다. 그러나 이들이 일본헌병대에 끌려갔다는 소문이 널리 퍼져 곤양장꾼들은 장에 왔다가 돌아가는 길에 독립만세를 외치고는 곤양마을에서도 조국독립운동에 참가한 것을 커다란 자랑으로 여겼다.

최범술을 비롯한 7명은 일본군인들에게 포박되어 곤양헌병분견대에 끌려갔다. 그런데 이미 곤명의 김윤곤(金潤坤)·이덕세(李德世)·김상호(金尙浩) 등이 붙잡혀와 유치장에 갇혀 있었다. 이들은 며칠 전에 최범술이 직접 독립선언서를 나누어 준 동지들이었고 그들 모두 최범술보다 연령도 십여 세가 많은 매우 신망 있고 활동력도 있는 사람들이었다.

최범술 일행은 곤양헌병대에 잡혀간 즉시 일병(日兵) 중 가장 포악하기로 소문난 와시다(鷲田)라는 헌병 특무조장에게 끌려가 7명 모두가 몽둥이와 총부리로 무자비하게 구타당하여 전신이 피투성이가 되었다.

일본헌병들은 독립선언서를 누구에게 받았으며 받은 장소와 시일을 자백하라고 윽박질렀다. 특히 독립선언서에 관련된 배경과 그 모의자 등 독립운동의 전모를 알기 위해 가장 나이가 어린 최범술에게 집중적으로 공갈·협박·폭력을 행사하며 고문했다.

그러나 최범술은 그들의 위협에도 불구하고 태연하게 다음과 같이 둘러댔다.

내가 해인사에서 공부하다가 3월 7일 합천읍을 거쳐 삼가까지 오는 도중 긴대밭골이라는 길고 외딴 길을 걸어올 때 약 삼십오륙 세 되어 보이는 한이라는 사람에게 독립선언서를 약 30장 가량 얻고 그 분에게 감사하다는 인사를 했다. 그 다음 이 선언서를 신실히 선포하고 이 운동에 적극 가담하여 실행하겠다는 말을 했다.

그리고 그 사람의 주소나 행방은 알지 못한다고 일본헌병에게 진술했다. 그러자 그들은 최범술에게 '조선독립에 대한 구체적인 의견을 말하라'고 하였다. 최범술은 '그대들은 일본 정부의 미미한 졸도로서 당신들에게 말해봤자 별 효과도 없고 그처럼 효과 없는 것을 말한다는 것은 도리어 헛된 시간만 보낼 뿐이요, 당신들도 무익한 결과 밖에 없지 않느냐'라고 말했다.

최범술은 이처럼 일제헌병의 무자비한 고문과 구타에도 끝까지 버티면서 해인사 지방학림의 동료들과 결정한 독립운동 계획을 누설하지 않았다.

최범술은 당시 족보의 항렬자에 따라 최영환이라는 이름을 사용하고 있었다. 그리하여 5일 후 최범술과 개진학교 동기생인 임응주·

신영곤·송지환·송수완·송응수·송찬범 등과 곤명의 김윤곤·이덕세·김상호 등은 포승줄로 꽁꽁 묶인 채 끌려갔다. 최범술은 일본헌병에게 심한 매질과 고문을 당해 걸어갈 수 없어 두 손목과 허리를 포승줄에 묶인 채 지게에 지워져 진주검사국까지 70리 길을 가게 되었다. 이들의 앞뒤에는 일본헌병이 두 사람씩 총을 들고 경계를 하였다. 최범술은 곤양헌병분대 안에서 일찍이 개진(開進)학교 시절 일본인 교사를 축출하려고 함께 동맹휴학을 모의하고 주도하던 동기생 빈기홍(賓琪興)을 만났는데 그는 헌병보조원이 되어 있었다. 빈기홍은 생활을 위하여 헌병보조원이 되어 있었으나 옛날 동기생들이 모진 고문을 당하는 걸 목격할 때마다 늘 마땅치 못한 얼굴로 외면하곤 했다. 그런데 최범술은 1919년 3·1운동 때 독립운동자들은 이런 악운을 다분히 경험했다고 회고하면서 그 역시 나라를 빼앗긴 망국의 한이라고 하였다.

　최범술을 비롯한 곤양의 열 사람이 호송되어 진주검사국에 들어섰을 때에는 진주를 위시한 경남 각지의 의거 인사들이 무수히 잡혀와 검사국 마당이 입추의 여지없이 가득하였다고 한다.

　진주검사국에서 일본인 검사는 최범술에게 '사람들을 선동하고 독립선언서를 가지고 다닌 행동으로 보아서는 무거운 죄를 받아야 하지만 만 15세가 못 되므로 석방할 테니 앞으로는 절대 불온한 생각을 하지 말라'고 하면서 그대로 석방하였다. 그러나 나머지 여섯 사람은 최소 6개월 내지 1년의 징역형을 받아 옥고를 치렀다.

　최범술은 비록 석방이 되긴 했으나 어리고 약한 몸에 과도한 폭행과 고문을 당하였으므로 승교에 담겨져 부모집으로 돌아왔다. 그는 고향에서 병든 몸을 치료하기 위해 똥물을 거른 황금탕까지 먹으면서 2개월 동안 요양하여 건강을 회복하였다. 그러나 어깻죽지와 주리를 틀이었던 다리뼈와 관절은 계절이 바뀌고 날씨가 나쁠 때면 쑤시고 결렸다.

어쨌든 그는 요양 후 그 해 7월 초에는 해인사 학림으로 다시 가서 학업을 계속하였다. 그리고 독립선언서를 가지고 각지로 떠났던 동지들을 다시 만나 그간의 소식을 듣기도 하였지만 더러는 재회는커녕 해방 후에도 만나지 못하기도 했다.

해인사 스님 박달준의 항일투쟁

박달준(朴達俊 : 1894~1965)은 경남 거창 사람으로 1919년 3·1운동 당시 해인사의 스님이었다. 박달준은 1919년 3월 31일, 불교중앙학림 학생승려로서 해인사를 담당한 김봉신(金奉信)과 함께 독립선언서를 살포하며 다수의 군중과 더불어 선언식을 거행한 후 만세시위를 하였다. 같은 해 4월 16일에는 결사대 제3대 책임자로서 해인사 입구에서 많은 군중과 함께 대대적인 독립만세 시위운동을 전개하고 간도(間島)로 망명하였다.

박달준은 1919년 11월부터 1920년 8월까지 서간도 유하현(柳河縣)에서 신흥무관학교(新興武官學校)를 수료하고 제1군정서지구(軍政署地區) 경비대에 편입되어 활동하였다. 그는 1920년 9월경 귀국해 해인사에서 동지들과 모임을 갖고 각지의 사찰에서 독립운동자금을 모집하여 간도의 한족회(韓族會)로 송부하며 독립운동 원조를 계속할 것을 협의하였다.

1921년 3월 4일, 그는 경북 문경군 김룡사(金龍寺)·대승사(大乘寺) 등지에서 김봉률(金奉律) 등과 함께 군자금을 모집하다가 일경에 피체되었다. 그리하여 박달준은 1921년 5월 25일 경성지방법원에서 소위 제령(制令) 제7호 위반으로 징역 1년형을 언도받고 옥고를 치렀다. 박달준은 이러한 독립운동 공적이 인정되어 1990년 건국훈장 애족장을 정부로부터 추서받았다.[5]

2. 해인사 지방학림 스님들에 의한 다른 지역의 3·1운동

최범술과 함께 의거를 계획하여 각기 백여 매의 독립선언서를 가지고 각 지방으로 간 해인사 지방학림 승려들의 독립만세운동 활약상은 참으로 장한 것이었다. 이들의 활동은 역시 최범술의 회고록(〈청춘은 아름다워라〉,《국제신보》1975. 2. 12~2. 13일자)을 바탕으로 간추려 기록한다.

3월 15일 새벽 3시 반 범종소리를 들으며 해인사를 떠난 20여 명 중 강재호(姜在浩) 일행은 다른 두 동지와 함께 대구·경주 등지로 갔다. 경주에서 일본 헌병의 눈에 띄었음에도 불구하고 구사일생으로 피신하여 양산·동래를 거쳐 통영에 도착하였다. 그러나 미리 그곳에서 만나기로 약속한 동지들을 한 사람도 만나지 못했다.

후일 진주에 거주하게 된 박근섭(1975년 당시 78세)은 해인사를 출발하여 거창·산청을 경유하여 지리산을 넘어 쌍계사를 방문하고 하동·광양·순천 등지를 다니며 많은 노력 끝에 각지에서 만세운동을 일으키는 데 성공하였다.

한편 박등륜·이덕진·손덕주 조는 거창 가조장터에서 거창읍으로 가던 중 일본 헌병을 만나 박등륜과 손덕주가 먼저 체포되었다. 일본 헌병은 붙잡은 두 사람을 지키고 있는데, 이덕진이 멀리서 그러한 광경을 보고 다가가자 자신이 지닌 총을 믿고 "야, 이리 와" 하고 불렀다. 이덕진은 그의 말에 순응하는 시늉을 하며 다가가 묻는 말에 대답하는 척하고, 준비하고 다니던 고춧가루를 그 자의 눈에 뿌렸다. 헌병이 눈을 뜨지 못하고 당황하는 순간 세 사람은 모두 산으로 도망쳐 위기를 모면하였다.

이덕진·박등륜·송덕주 일행은 함양·산청·전북 남원을 거쳐

---

5) 국가보훈처,《독립유공자공훈록》제9권, p.163.

서울로 갔다. 이들 중 박등륭(일명 박달준)과 손덕주는 곧장 만주로 가서 신흥의병학교에 입교하고 이덕진만 해인사로 다시 돌아왔다.

한편 충남으로 간 우경조(禹敬祚, 마곡사 승려) 일행은 공주 일대 사찰을 중심으로 투쟁하였고, 충북으로 간 박계성은 해방 후에도 최범술과는 만나지 못하였다.

한편 해인사에서 출발한 김장윤(金章允)은 도중에 체포되어 일본인 순사에게 잡혀 가다가 눈 덮인 산길에서 포승을 잡고 가던 일본인 순사를 발로 차 넘어뜨리고 포승에 묶인 채로 도망쳐 산 위에 이르렀다. 산꼭대기에서 바위를 굴리며 "동지들이여! 왜놈이 달려온다. 힘을 합쳐 이 놈을 때려잡자"고 고함을 쳤다. 이때 일경은 쫓던 자들의 은신처가 바로 그 곳에 있는 것으로 착각하고 혼비백산하여 달아났다. 김장윤은 이 사건 후 일본으로 밀항하여 일본 동경에서 김세우라는 가명으로 십 년 동안 지내다가 귀국하였다. 또한 후일 조계종의 감찰부장을 역임한 박문성스님은 통도사 방면과 고성 옥천사 등지에서 만세운동을 일으켰다.

경북 선산 도리사의 승려로서 해인사에서 공부하던 김경환은 선산·상주 방면에서 활동하던 중 일본 헌병에게 붙잡혀 몇 달 동안 문초를 받다가 간신히 풀려나 해인사로 다시 돌아와 계속 공부하였다. 법주사 승려 박윤성(朴允成) 역시 선산·상주 방면에서, 청암사 승려 김도운(金道運)과 이봉정(李奉政)·남성엽(南成葉) 등은 김천·성주 일대에서 활약하였고, 남광옥(南光玉)·신경재(愼慶宰)·김명수(金明洙) 등은 거창 등지에서 활동하였다.

또한 신철휴(申喆休)를 비롯해 신난휴(申蘭休)·이종직(李從直 혹은 秉直) 등은 고령(高靈)·현풍(玄風)·대구 등지에서 활동하였는데, 이 가운데 신철휴는 후일 의열단에 가입하여 밀양의거에 큰 역할을 하였다.

그리고 동화사의 승려 권청학(權淸學) 등은 달성·영천 등지에서, 박근섭(朴根燮)·박응천(朴應天)·신문수(申文守)·정봉윤(丁鳳允) 등은 쌍계사·화엄사·송광사·선암사 등을 중심으로 구례·강진(康津)·보성(寶城)·담양 등지에서 활약하였다.

이들은 대개 당시 삼엄한 일제의 경계 아래 서로가 긴밀한 연락을 취하지 못하고 각기 활약하다가 대부분 검거되어 옥고를 치렀다.

이렇듯 해인사 지방학림에 재학하던 승려로 3·1운동에 참여한 스님은 모두 23명이었는데, 그들 중 강재호·송복만·김봉률·손덕주·박덕윤·김장윤·이창욱·박달준(朴達俊) 등 10여 명은 만주 고산자로 가서 김좌진(金佐鎭)·지청천(池靑天) 장군 막하의 신흥군관학교(新興軍官學校)에 입교하여 군사훈련을 받은 후 독립군에 편성되어 항일무장투쟁을 전개하였다.

그 가운데 김봉률·박덕윤·김장윤 등은 군자금 조달차 귀국하여 여러 절을 다니다가 문경 김룡사(金龍寺)로 잠입하였을 때 주지의 배반으로 검거되어 2년형을 받아 서대문 형무소에서 옥고를 치렀다.[6]

이 해인사 지방학림에 재학하던 스님들을 중심으로 한 3·1운동은 해방 후 최범술이 강재호의 요청으로 〈해인사와 3·1운동〉이라는 제목으로 80매 원고를 써서 독립운동기록을 모은 《독립비화》라는 책에 수록하였고, 그 내용은 《대한불교신문》에 재수록되기도 하였다. 한편 사천군 서포면 개진학교에 있었던 최범술 등 7명의 독립운동 사적비가 1970년 광복절에 지금의 사천군 서포면 서포초등학교 교정에 세워졌다.

최범술스님은 3·1운동과 그 후의 만당사건 등의 독립운동 공적으로 1986년 독립유공자로서 대통령표창을 받았고 1990년에는 애족장

---

6) 국가보훈처, 《독립운동사》 3권, p.338 ; 최범술, 《청춘은 아름다와라》 〈국제신보〉, 1975. 2. 13.

(愛族章)에 서훈되었다.[7]

3. 범어사의 3·1운동

3·1운동 무렵 동래 범어사에는 초등학교 과정의 명정학교(明正學校)와 중등학교 과정(3년)의 지방학림(地方學林)이 있었다.

서울에서 민족적인 3·1의거가 무르익어 가던 2월 어느 날 불교계를 대표하는 한용운스님이 갑자기 범어사로 내려와 그 절의 주지 오성월(吳性月)스님을 비롯한 담해(湛海)·이산(梨山) 등의 중진 스님을 만나 중대사를 의논하고 서울로 올라갔다.

성월·담해·이산스님은 곧 범어사의 중견 승려 김영규(金永奎)·차상명(車相明)과 지방학림의 대표 김상기(金相琦)·명정학교의 대표 김한기(金漢琦) 등을 모아 앞으로 있을 서울의 3·1거사에 대하여 이야기하였다. 이렇듯 범어사에서는 한용운의 사전협의로 3·1운동 거사 전에 독립만세운동을 인지하고는 사전에 준비를 하였다.

한편 불교중앙학림의 학생 승려로서 3·1운동시 범어사의 의거를 책임진 사람은 김법린과 김상헌스님이었다. 김법린과 김상헌은 3월 1일의 독립선언식과 만세시위에 참가한 후 그 다음 날도 경성시내 곳곳에 독립선언서를 살포하고 그날 밤에는 농민과 노동자로 변장하여 경부선 열차를 탔다. 이들은 일경의 삼엄한 경계를 벗어나 3월 3일 오후에 경남 양산군 물금역에서 내렸다.

두 사람은 일경의 감시를 피하기 위해 일부러 부산까지 가지 않고 도중에서 내려 양산군과 동래군의 경계인 고달재를 넘어 3월 4일 범어사의 산내 암자인 청련암(靑蓮庵)에 도착하였다.

김법린은 영천 은해사에서 출가·득도하였으나, 범어사 명정(明正)

---

7) 국가보훈처,《독립유공자공훈록》8권, p.534.

학교 보습과에서 1년 과정을 마치고 범어사 강원에서 4교과를 수료한 후 서울의 휘문고보에 들어갔다가 1918년 불교계의 권유로 불교중앙학림에 편입하였다. 따라서 범어사는 김법린에게는 소년시절 사미승으로 오랫동안 살아온 고향과 같은 곳이었다. 김법린과 김상헌은 범어사에 도착하자마자 곧장 오성월·이담해·김경산(金擎山, 1926년부터 4회에 걸쳐 범어사 주지 역임) 등 그 곳의 지도적인 스님들에게 경성에서 있었던 3·1운동을 상세히 설명해 주었다. 김법린이 범어사에 잠입했을 때는 한용운과의 사전협의도 있었고 또한 동래고보 학생들의 만세시위가 있은 후였기 때문에 범어사의 스님과 명정학교 및 지방학림의 학생들도 3·1운동에 대해 이미 알고 있었다.

김법린과 김상헌은 불교 전문강원의 차상명(車相明)·김영규(金永奎)·김봉환(金奉煥)스님과 범어사 지방학림의 학생인 김상기(金相琦) 및 명정학교 학생 김한기(金漢琦) 등 5명과 협의하여 범어사 소속의 강원 스님과 지방학림, 명정학교의 학생들을 주체로 하여 3월 18일 동래읍 장날에 독립만세시위를 하기로 결정하였다.

3월 17일 저녁에는 범어사 경내에서 명정학교와 지방학림 졸업생을 위한 송별회가 열렸다. 그 자리에서 주동학생들인 김영규·차상명·김봉환·김상기·김한기 등이 차례로 일어나 조선독립의 필요성과 이를 위한 거사 내용을 설명하자 그 자리에 모였던 40여 명의 학생들은 즉석에서 절대적인 지지와 호응하겠다는 뜻을 표명하였다. 독립선언서의 준비는 역시 범어사 출신의 스님인 허영호(許永鎬: 1900~6·25때 납북)가 담당하여 1천 매를 준비하였고, 대형 태극기 한 개와 작은 태극기 1천 장이 주동 학생들에 의해 준비되었다. 당시 허용호의 집은 동래 장터에 있었기 때문에 범어사 학생들이 준비한 독립선언서를 미리 가지고 가 허영호의 집에 대기하고 있었다. 3월 17일 밤의 송별회가 끝난 후 40여 명의 학생들은 어둠을 이용하여 선리(仙

里) 뒷산과 향교(鄕校) 뒷산 길로 동래읍 북천동이 있던 불교포교당으로 몰려갔다. 이들은 거기에서 대열을 다시 정비하여 거사한다는 계획을 세웠다.

　3월 18일 새벽 1시경 포교당에 도착한 학생들이 곶감 5접으로 간식을 하고 있는데 일제 군경 20여 명이 들이닥쳐 김영규・차상명・김상기・김봉환 등을 체포・연행하였고 나머지 학생들을 강제로 해산시켰다. 이같이 비밀이 누설된 것은 명정학교 학생 오계운(吳啓運)이 자기의 선생인 중촌(中村)이라는 일본인 교사에게 일러바쳤기 때문이다. 비밀이 누설되어 강제로 해산당한 이들은 일단 그 곳을 물러나와 다시 의거할 것을 계획하였다.

　3월 18일 밤, 이근우(李根雨)・김해관(金海管)・김재호(金在浩)・박재삼(朴在森)・신종기(申鍾驥)・윤상은(尹相殷)・박영환(朴永煥) 외 40명의 명정학교와 지방학림 학생들은 동래읍 서문(西門) 부근에서부터 시위를 전개하여 '대한독립만세'를 고창(高唱)하면서 동래시장을 거쳐 남문에 이르기까지 운동을 전개하고 해산하였다. 그날 밤 다시 이들은 비밀모임을 갖고 19일에는 보다 더 큰 의거를 단행할 것을 맹약하였다.

　19일 아침, 윤상은・허영호・이영우(李永雨)・황학동(黃鶴東) 등은 먼저 허영호가 작성한 '한번 죽음은 자유를 얻는 것만 같지 못하다(一死莫如得自由)'라는 독립사상을 고취하는 격문을 수백 매 작성하여 동래시장통에서 군중들에게 미리 배부하고, 이 날 저녁에 있을 시위에 대비해 놓았다.

　19일 오후 5시경 이근우・양수근(梁壽根)・김영식(金永植)・오시권(吳時勸)・황만우(黃滿宇)를 비롯한 수십 명의 양교 학생들은 동래시장 남문 부근으로부터 시위를 전개하여 '대한독립만세'를 연호, 고창하면서 동래경찰서 앞으로 돌진하였다. 오후 6시경에는 김해관(金海

管)·김재호(金在浩)·최응권(崔應勸)을 비롯한 수십 명의 다른 학생들이 위의 시위에 이어 별도로 동래읍 시장에 집합하여 '대한독립만세'를 소리높이 외치면서 시위를 전개하였다.

당시 범어사 학생들의 독립만세시위에 직접 참가하였던 윤상은(부산시 동래구 거주) 씨는 19일의 시위에 대하여 다음과 같이 후일 회고하였다.

　19일 아침 나(윤상은)와 이영우·황학동은 허영호의 집에 모였습니다. 우리들은 주민들과 함께 동래시장에서 만세를 부른 뒤 동래경찰서에 들어갔어요. 일본 헌병대가 총을 쏘는 바람에 주동자들은 모두 체포됐습니다.

1919년 3월 18일~19일 이틀 동안 전개된 범어사 명정학교와 지방학림 학생들의 독립만세운동은 서울에서 내려온 김법린과 김상헌의 사전 계획하에 범어사 소속 청년승려와 학생들에 의해 실천되었다. 일제 경찰은 이들의 만세시위를 총칼로 무자비하게 탄압하였고 주동인물들을 검거하기 시작하였다.

범어사 3·1독립만세운동에 관련되어 연행된 100여 명의 시위자 가운데 부산지방법원에서 재판을 받은 사람은 차상명(車相明)을 비롯해 김한기(金漢琦)·김상기(金相琦)·정성언(鄭聖彦)·김해관(金海管)·양수근(梁壽根)·이근우(李根雨)·박재삼(朴在森)·허영호(許永鎬)·최응권(崔應勸)·김태준(金泰俊)·박창두(朴昌斗)·이달실(李達實)·박정국(朴楨國)·윤상은(尹相殷)·김상헌(金祥憲)·손태연(孫泰淵)·김충념(金忠念)·황학동(黃鶴東)·신종기(申鍾驥)·오병준(吳炳俊)·오점술(吳點述)·김영규(金永奎)·이영우(李永雨)·박영주(朴永珠)·지용준(池龍俊)·양춘도(楊春到)·손군호(孫君浩)·황만우(黃滿宇)·김영식(金永植)·오긍상(吳亘祥)·김재호(金在浩)·오시권(吳時勸)·박영환(朴永

煥) 등 34명에 달하였다. 이 가운데 김영식·박재삼 등 2명은 집행유예로 석방되고 나머지 32명은 6개월 내지 2년의 징역을 선고받아 부산 또는 대구형무소에서 옥고를 치렀다.

한편 범어사 만세운동의 배후 참모 역할을 한 김법린은 곧 경성으로 올라갔다가 4월 17일 상해에서 임시정부가 수립되었다는 소식을 듣고 일경의 경계망을 피해 상해로 탈출하였다. 범어사에 남아 강원스님·지방학림 및 명정학교 학생들과 만세운동을 한 김상헌은 주동인물이라 하여 징역 3년형을 선고받아 옥고를 치렀다. 3·1운동 후 범어사 명정학교와 지방학림은 일제로부터 강제로 해체되고 그 후 3년 과정의 불교전문학원이 설치되어 1945년 해방 때까지 존속되어 왔다.

이 곳 범어사의 3·1운동 기념으로 이 곳 유지들에 의해 1970년 3월 1일 범어사 입구인 동래구 선리동(仙里洞) 금정중학교 구내에 '3·1운동유공비(三一運動有功碑)'가 건립되었다. 비석에는 김법린을 비롯한 당시 독립운동자들 41명의 이름과 '잃은 주권과 빼앗긴 자유'를 위해 일어선 그들의 뜻을 비문에 새겼다(국가보훈처,《독립운동사》 3권, pp.186~190). 그리고 범어사 의거에 참여한 사람들 중 지용준과 박정국은 1992년 독립유공자로서 대통령표창을 받았고, 김상기·김영규·김한기·차상명·허영호 등 5명은 각기 건국훈장 애족장을, 그리고 김법린은 건국훈장 독립장에 서훈되었다.[8]

4. 통도사의 3·1운동

3·1운동 당시 서울 불교중앙학림 학생으로 있던 오택언(吳澤彦: 1897~1970)은 통도사 출신으로 한용운의 지시를 받아 3월 4일 독립

---

8) 국가보훈처,《대한민국독립유공인물록》(1949~1997년도 포상자), 1997.

선언서를 서울 통도사의 젊은 스님들과 학생들에게 전달하였다. 당시 통도사에는 통도사 부속 보통학교와 지방학림이 있었다. 오택언은 통도사 앞 신평시장에서의 만세시위를 모의하다가 3월 7일 일경에 체포되었다. 그러나 통도사 보통학교와 지방학림의 학생 대표 김상문(金祥文)을 비롯한 40~50명의 학생, 불교강원 학인 스님 10여 명, 통도사 거주 승려 10여 명은 예정대로 3월 13일 양산군 하북면 신평리(梁山郡 下北面 新坪里) 장터에서 일반 군중들과 함께 만세시위를 전개하였다. 이 만세사건으로 김진오(金鎭五)는 2년형을 선고받았다.[9]

통도사 3·1운동의 주동자로서 거사 전에 체포된 오택언은 경남 양산군 하북면 지산리(芝山里) 출신의 통도사 승려로서 3·1운동 당시 서울 중앙학림의 학생이었다.

그는 1919년 2월말 한용운으로부터 독립선언서를 받아 3월 1일 탑골공원에서 시민에게 배포한 후 군중을 규합하여 만세시위운동을 전개하였다. 그 날 밤에도 학생 동지들과 같이 청진동(淸進洞) 일대의 주민들에게 독립선언문 2백여 매를 배포하였으며, 3월 4일 통도사에 내려가 만세시위를 모의하다가 3월 7일 일경에 체포되었다.

그리하여 그 해 11월 6일 경성지방법원에서 징역 8월형을 언도받아 공소를 제기하였으나 1920년 2월 27일 경성복심법원에서 기각되어 1년여의 옥고를 치렀다. 정부에서는 고인의 공훈을 기리어 1990년 건국훈장 애족장(愛族章)을 추서하였다.[10]

5. 동화사의 3·1운동

서울 불교중앙학림의 학생이던 김대용(金大鎔)과 윤학조(尹學祚)는

---

9) 국가보훈처, 《독립운동사》 9권, p.266.
10) 국가보훈처, 《독립유공자공훈록》 제9권, p.267.

3월 1일 서울궐기에 참여한 후, 대구 동화사로 내려가 동화사 지방학림 학생과 접촉하여 만세시위운동을 추진하였다.

김대용과 윤학조가 만난 동화사 지방학림의 학생은 권청학(權淸學)·김문옥(金文玉) 등이었다. 권청학은 동화사 재적승이었는데 해인사 지방학림에서 공부하다가 그 곳 학생 승려들과 독립선언서를 준비하여 대구·달성·영천 등지의 독립만세운동을 담당하기로 하여 이미 동화사에 와 있었던 것이다.

이들은 첫 계획으로 달성군 공산면 백안시장(百安市場)에서 거사하기로 하였다. 그러나 윤학조는 시위효과가 크지 않을 것이라며 대구 남문의 시장에서 궐기하는 것이 파급효과가 클 것이라는 의견을 내놓았다.

3월 28일 동화사 지방학림 학생 승려들은 심검당(尋劍堂)에 모여 3월 30일 대구로 진출하여 궐기하는 문제를 토의, 결정하였다. 3월 29일 동화사 학생 스님들 9명은 대구로 잠입하여 대구에 있던 동화사 포교당에서 자면서 김문옥 등은 큰 태극기를 만드는 등 준비를 서둘렀다. 예정된 3월 30일 오후 2시 대구 남문시장에 모인 군중은 약 3천 명이나 되었으며, 이때 동화사 학생 스님들이 남문시장 중앙지점에서 태극기를 높이 들고 '대한독립만세'를 소리 높이 외치니 군중들은 일제히 호응하여 다 함께 만세를 불렀다. 동화사 학생 승려와 군중은 시장을 누비면서 시위를 계속하였다. 그러자 일본 군경이 출동하여 시위군중을 해산시키고 동화사 지방학림 학생들을 검거하였다. 현장에서 일경에게 검거되어 복역한 학생은 이성근(李成根)을 비롯해 김문옥(金文玉)·이보식(李普湜)·김종만(金鍾萬)·박창호(朴昌鎬)·김윤섭(金潤燮)·허선일(許善一)·이기윤(李起胤)·권청학(權淸學) 등 9명에 이른다.

대구의 불교계 승려들이 주도한 만세시위투쟁에 관해 조선총독부

기관지인 《매일신보(每日申報)》는 다음과 같이 보도하였다.

경상북도 대구 승려들 열 명이

항자 소요(1919. 3·1운동) 이래로 헌병 분대 및 경찰서에서난 엄중이 경계중이던 바 (1919. 3) 삼십일 덕산정시장에서 달성군 후산면 동화사의 출장소되난 대구 덕산정포교소의 승려 열명은 오후 한 시경에 작은 구한국 국기를 들으며 만세를 불렀음으로 검속하얏다더라.[11]

《매일신보》에서는 이때 체포된 스님이 10명이라 보도하고 있다. 이 기사에 의하면 승려들의 주동으로 이루어진 대구 남문시장의 만세시위 장소는 당시에는 일본식 지명인 덕산정시장이라 했음을 알 수 있다. 이때 체포된 동화사 부속 지방학림 학생 김문옥은 1919년 4월 12일 대구지방법원에서 보안법위반으로 징역 10월형을 언도받고 같은 해 5월 19일 대구복심법원과 7월 3일 고등법원에서 항고 기각되어 1년여의 옥고를 치렀다.

이기윤 역시 같은 해 4월 12일 김문옥과 함께 보안법위반으로 징역 10월형을 언도받고 공소를 제기하여 5월 19일 대구복심법원에서 원판결이 부분 취소되었다. 그 후 다시 상고하였으나 7월 3일 고등법원에서 기각되어 10월형의 옥고를 치렀다. 정부에서는 이들의 독립유공 공훈을 기리어 김문옥은 1990년 건국훈장 애족장에,[12] 이기윤은 1992년 건국훈장 애족장에 추서되었다.[13]

6. 봉선사의 3·1운동

경기도 양주군에 있는 봉선사(奉先寺)의 이순재(李淳載, 지월스님)스

---

11) 《매일신보》 3면, 1919. 4. 3.
12) 국가보훈처, 《독립유공자공훈록》 제9권, pp.61~62.
13) 국가보훈처, 《독립유공자공훈록》 제10권, pp.245~246.

님과 김성숙(金星淑, 이명 金星岩)·강완수(姜完洙)·현일성(玄一成) 및 김석로(金錫魯) 등은 3·1운동이 일어나자 스님의 몸으로 시위운동에 참가하였다. 이들은 비밀리에 '조선독립임시사무소' 이름으로 3월 29일에 전단 200매를 만들어 인근 마을에 살포하였다. 이 전단의 내용은 파리강화회의에서 12개국이 독립국이 될 것을 결정하였으므로 조선도 이 기회를 놓치지 말고 열심히 독립운동을 하면 그 목적을 달성할 수 있다는 것이다.

이 독립문서의 살포사건으로 동지들과 함께 일경에 체포된 김성숙은 1919년 9월 11일 복심(고등)법원에서 징역 6월형이 확정되어 옥고를 치렀다. 출옥 후 봉선사로 잠시 되돌아갔으나 다음 해에 무산자동맹(無産者同盟)에 가입하여 항일운동을 하였고, 1923년에는 중국 북경에 유학하여 의열단과 임시정부의 간부 등으로 열렬한 항일투쟁을 전개하였다. 3·1운동을 계기로 본격적인 항일운동에 투신한 김성숙은 승려출신으로서는 가장 뛰어난 독립운동 업적을 쌓았으므로 뒤에 자세하게 다루고자 한다.

한편 봉선사 승려로서 독립문서의 살포사건으로 체포된 이순재(지월스님)는 그 해 5월 19일 경성지방법원에서 소위 출판법위반으로 징역 1년 6월형을 받아 같은 해 7월 10일 경성복심법원에 공소하였으나 기각되었다. 그리하여 동년 9월 11일 다시 상고하였으나 기각되어 옥고를 치렀다. 정부에서는 고인의 공훈을 기리어 1986년에 독립유공자로서 대통령표창을 추서하였고, 1990년에는 건국훈장 애족장을 추서하였다.[14] 김성숙은 1982년 독립유공자로서 3등급에 해당하는 건국훈장 독립장(獨立章)에 추서되었다.[15]

역시 봉선사 독립운동으로 일경에게 체포된 강완수(姜完洙)는 징역

---

14) 국가보훈처, 《독립유공자공훈록》 제8권, p.469.
15) 국가보훈처, 《독립유공자공훈록》 제5권, p.498.

8월형을 받고 옥고를 치렀다. 강완수는 1995년 건국훈장 대통령표창에 서훈되었다.[16]

봉선사 3·1운동의 주역 지월스님[17]

경기도 양주군 봉선사에서 김성숙(金星淑)·강완수(姜完洙)스님과 모여 독립만세시위를 의논하고 독립의 목적과 만세시위의 취지문을 비밀리에 약 3백 매를 인쇄하여 김석호스님과 김석로(金錫魯) 등과 함께 인근 동리 8개 부락에 배포한 분은 지월스님 이순재(李淳載)였다.

지금까지 봉선사 3·1운동의 주역은 김성숙스님으로 알려져 있었으나 실제로 봉선사의 만세시위를 주도한 분은 지월스님이다.

일경에게 체포된 김성숙은 징역 6월형을 받았고, 지월스님은 1년 6월형을 선고받아 옥고를 치렀다. 따라서 봉선사의 3·1운동은 김성숙과 지월스님이 함께 논의하여 거사를 행한 것이 틀림없지만, 거사 과정에서 독립문서와 태극기의 제작 및 봉기시의 실천 면, 그리고 일제 법원의 선고형량 등에서 살펴볼 때 지월스님이 만세시위를 주도한 것으로 판단된다.

지월스님은 독립만세에 참여한 수백 명의 군중이 모인 자리에서 미리 준비한 태극기를 꺼내들고 앞장서서 '대한독립만세'를 부르며 시위행진을 했다. 투쟁 과정에서 일본헌병분소에 들고 있던 태극기를 꽂고 나오는 대담성을 보인 지월스님은 독립운동의 주동자로 일경에 체포됐다.

스님은 1년 6개월의 옥고를 치르고 출감하였으나 고문의 후유증으로 2년 동안 회암사 등지에서 수양하였다. 그러나 혹독한 일경의 고문 후유증과 합병증으로 계속 고통을 당하다가 마침내 해방을 1년

---

16) 국가보훈처, 〈독립유공자공적조서〉 1995. 7.
17) 《불교신문》 1995. 2. 28.

앞두고 1944년 6월 3일 입적했다.

지월스님은 서대문 형무소에 수감중에도 독립만세를 부르다가 일경의 총칼에 온몸을 찔리는 등 숱한 고문을 당했다. 일본군의 칼에 오른쪽 얼굴을 찔려 1년 이상 제대로 먹지도 못하고 말도 잘 하지 못하였다.

　스님은 얼굴의 큰 흉터가 조선독립만세를 부른 표시라고 하셨어요. 그리고 스님은 1년 6개월 동안 옥고를 치르고 나와 고문을 몹시 당한 후유증으로 체머리를 흔들고 다니셨어요.

1995년 2월, 89세의 연로한 나이에도 불구하고 3·1운동 당시 지월스님의 독립운동을 생생하게 증언하는 강학돌(남양주군 진접면 부평리)옹은 스님이 청렴결백하고 강직한 성품이었다고 회상했다.

지월스님은 봉선사 3·1운동에 공헌한 공훈으로 1986년 독립유공자로서 대통령표창을 받았고, 1990년에는 건국훈장 애족장을 추서받았으며, 그 유족은 1993년 국가유공자증을 수여받았다.

한편 봉선사에서는 3·1운동이 일어난 그 해 10월 27일 경내에서 승려들과 민중들이 이태왕(고종) 전하의 제사를 지냈다 하여 무장경찰이 출동하는 소동이 벌어지기도 하였다. 이에 관해《매일신보》는 이렇게 보도하고 있다.

武裝巡査가 奉先寺에 急行

— 승녀와 군중이 모혀서 리태왕제를 지낸 때문 —

이십칠일 아침 양주군 진접면 장현리 봉선사(楊州郡 榛接面 長峴里 奉先寺) 경내에 승려 이백 명과 및 민중 이천 명 가량이 모혀서 리태왕전하의 제사를 집행한다난 말을 듯고 양주경찰서에서 경기도 제삼부에 보고하야 그 삼부로부터난 일곱 명의 순사를 자동차로 동지에 급행케 하난 동시에 본정경찰서에서도 열 명의 무장한 경관을 자동차로 급행 응원케 하엿난대 동지에서난 전혀 리태왕전하의 제사를 거행키 위하야 이 갓흔 사람이 만히 모엿슬 뿐이요 무슨 불온한 모양이 업시 무사히 해산하였다더라.[18]

일제 경찰은 봉선사에서 승려 2백 명과 민중 2천 명이 모여 이태왕 제사를 지낸다고 하자 두 경찰서에서 17명의 무장한 경관을 절로 급파하였다. 이는 3·1운동을 겪은 일제 경찰이 또다시 만세시위항쟁이 일어난 것으로 판단하고 이처럼 무장순사들을 급파하였던 것이다. 일제 경찰은 3·1운동으로 조선인들의 다수 군중이 모이는 행사에 과민반응을 보였다. 그러나 이 날의 이태왕 제사는 별다른 불상사 없이 조용히 거행되었다.

7. 신륵사의 3·1운동

전국적으로 전개된 3·1운동이 경기도에서는 3월 3일 개성에서 시작되었다. 이어서 인천·양평·안성·양주·가평·강화·김포 등으로 퍼져나갔다. 1919년 3월 한 달 동안 경기 지역에서 약 150회의 만세시위와 연인원 9만 8천여 명이 독립투쟁에 참가했다.

경기 남부 지역인 여주에서는 그 해 4월 1일 여주군 이포(梨浦)에서 3천여 명의 군중이 모여 만세시위를 하고, 이포 일본헌병주재소를 습격하였다. 4월 2일에는 여주군 각 면에서 소규모 만세시위가 있었고, 본격적인 시위는 4월 3일에 일어났는데, 이 날 독립투쟁에 앞장선 사람은 신륵사의 승려였던 영봉스님이다.

당시 신륵사 주지였던 영봉스님은 경기도 여주군 북내면 천송리 사람으로 속명은 김용식(金用植 : 1885~1981, 혹은 金仁贊이라고도 함)

---

18) 《매일신보》 3면. 1919. 10. 31.

이다.

 그는 3월 1일 이후 전국적으로 독립만세시위가 전개되고 있음을 알고 여주군 북내면 천송리에 거주하는 권중순(權重純, 1982년 여주군에서 발간한《문화유적》에는 權重晩으로 기록되어 있으나《여주군지》와 김용식의 판결문에는 權重純으로 되어 있어 이에 따랐음)·조규선(曺圭善) 및 같은 면 당우리(堂隅里)의 조석영(曺錫永)·조근수(趙根洙) 등에게 "조선독립만세를 외쳐 시위운동에 참가하라"고 권유하였다.

 영봉스님은 무명천으로 태극기를 만들고, 4월 3일 주민 수십 명을 규합하여 천송리에서 같이 독립만세를 외치면서 동리를 출발하였다. 시위 대열이 여주읍내를 향하는 도중에 100여 명의 군중이 합류하여 2백여 명으로 불어났다. 영봉스님은 선두에서 지휘하며 만세시위운동을 전개하였다. 당초의 목적은 여주읍으로 들어가 여주읍민들과 합류하여 대대적인 시위투쟁을 벌이는 것이었으나 당시 남한강(여강)에 다리가 없었기 때문에 배편을 이용하는 것이 어려워 강을 건너지 못하고 읍내의 남한강 대안에서 태극기를 떠받들고 군중을 정렬시킨 뒤 영봉스님이 선창하여 '대한독립만세'를 외치자 군중이 뒤따라 소리 높이 외쳤다. 여주읍에서는 읍내 사람들끼리 스스로 모여 독립만세를 불렀다.

 영봉스님은 신륵사를 중심으로 한 독립운동의 주역이었기 때문에 일제 관헌에게 체포되어 경성지방법원에서 보안법위반으로 징역 2년형을 선고받았으며, 경성복심법원에서 1919년 6월 13일 징역 1년형을 받아 옥고를 치렀다. 스님은 형무소에서 불에 달군 인두로 등 언저리를 고문당해 그 후유증으로 오랫동안 고생하였다.

 스님은 석방되자 곧장 만주로 떠났으나 북청에서 일제 앞잡이의 밀고로 다시 쫓기는 몸이 되어 신륵사로 되돌아왔다.

스님은 평소에 불의를 보면 참지 못했어요. 그래서 동리 사람들은 스님의 강직한 성품을 보고 '대나무 스님'이란 별명을 붙여주기도 했죠.

당시 스님 밑에서 공부하던 박치민(70세, 여주군 북내면 천송리)옹은 영봉스님이 불화·서예·한의학에도 조예가 깊었으며, 웅변가로 인근 지역에 명성이 자자했다고 회상했다. 현재 원주에서 살고 있는 단 하나뿐인 스님의 딸 김금자(56세) 씨는 요즘도 매년 스님의 기일 때 신륵사에 가서 제사를 지낸다고 한다. 여주의 향토사를 연구하는 이현구(李賢求, 《여주군지》 편찬위원) 씨에 의하면 김금자 씨는 영봉스님이 독립운동에 투신하고 수행자이기에 집안을 돌보지 않아 어린 시절을 불우하게 보냈다고 한다.

영봉스님은 3·1운동에 참여한 관계로 신륵사 주지직도 일제의 강압으로 내놓고 신륵사 내의 일간모옥에서 외롭고 쓸쓸한 말년을 보내다가 일생을 마쳤다. 정부에서는 스님의 공을 기리어 1983년에 대통령표창을 추서하였고, 1990년에는 건국훈장 애족장을 수여하였으며, 1994년 가을 대전국립묘지에 안장하였다.[19]

8. 표충사와 석왕사 등지의 3·1운동

1919년 4월 4일 밀양 표충사(表忠寺)의 승려 학성(學城)·장옥(章玉)·찰수(刹修)·영식(永植)·성흡(性洽)·연운(蓮紜)·응석(應石) 등이 주도하여 밀양군 단양면 대룡리에서 주민 1,500명이 '대한독립만세'를 부르며 일본헌병주재소로 쇄도하였다. 이들은 일제 군경에 의해 강제로 해산당하였는데, 학성스님을 비롯하여 364명이 검거되었고, 그 중 71명이 검사국에 송치되었다.

---

19) 국가보훈처, 《독립유공자공훈록》 제2권, p.447.

표충사 승려들이 주도하고 밀양군 단장면 단장시장에서 전개된 독립만세시위 후 구연운(具蓮耘)·오응석(吳應石) 두 스님만 도피에 성공하고 나머지 사람들은 구속·기소되어 실형을 받았다.[20]

이 사건의 여파는 통도사에까지 미쳤다. 화야내(和野內) 헌병소장은 검거한 승려들의 증거물을 수색하기 위하여 양산 통도사를 조사하였다.《매일신보》의 기사는 다음과 같다.

通度寺에 臨檢, 유력한 증거를 압수

지난번 밀양군에 잇난 표충사의 승려가 근처 농민을 선동하야 시위운동을 개시하고 해산 식히난 헌병을 부상케 하엿스며 또 헌병주재소에 돌을 던져 폭행을 하엿슴으로 그 후 신속히 선동 승려를 검거 하엿던 바 화야내(和野內) 헌병소장은 사일(1919. 4. 4) 양산 통도사(通度寺)를 림검하야 유력한 증거 물건을 압수하얏다더라.[21]

표충사 스님들이 주도한 만세시위대는 저지하는 일본헌병에게 부상을 입히고 헌병주재소에 돌을 던지는 등 격렬한 항일투쟁을 전개하였다. 이 밀양군 단양면 표충사의 만세사건은 상해판《독립신문》에도 다음과 같이 보도되어 있다.

丹陽面(丹場面의 誤記) 表忠寺 僧 上佑 學生 等 主謀로 同 永境里 市人 數百名과 合同하야 만세를 快呼하면서 前進하야 永境 倭駐在所를 破碎하다. 敵은 此를 憤慨하야 家家戶戶에 突入하야 男子를 逮捕함으로 남자는 다 畫에는 隱山하엿다가 夜에 歸家함으로 근처 농민이 擧皆 失農하엿스며 同 北面 노동자 數百人은 此를 계속하야 月山里 前에서 喇叭로 軍號를 삼어 一時 聚立하야 太極旗를 손에 들고 만세를 呼唱하다.[22]

---

20) 이철교,〈한국불교사연표〉《한국불교총람》, p.1337. 1993, 대한불교진흥원.
21) 《매일신보》 3면. 1919. 4. 22,
22) 《독립신문》(上海版) 2면. 1920. 6. 5.

표충사 만세사건으로 일경에게 체포된 표충사 스님 중 5명은 마산지청의 판결언도에 불복하고 공소(控訴)를 신청하였다. 이 사건의 사법처리에 대해 《매일신보》는 다음과 같이 보도하였다.

僧侶騷擾犯 不服하고 控訴

밀양군 단장면 구천리 표충사 승려 오학성(密陽郡 丹場面 九川里 表忠寺 僧侶 吳學成·三九), 손영식(孫永植·32), 김성흡(金性洽·20), 리찰수(李 利修·17), 리장옥(李章玉·27)의 다섯 사람은 동군 미촌리 리강조(李康祚) 외 몇 명에게 말을 하야 량산군 통도사 승려와 호응이 되야 가지고 본년 구월 중 불온한 행동을 하려고 획책 중 그날 십일 밀양시장 개시일을 리용하야 조선독립만세라고 쓴 기를 앞세우고 그 시장에 드러가서 모든 사람을 잡고 독립운동에 참가하라고 강청하난 등 소요를 일으키인 사건은 이래 부산지방법원 마산지청에서 심리 중이더니 리장옥, 오학성, 손영식의 세 사람은 징역 3년, 리찰수, 김성흡은 동 일년 기타난 모다 태 구십에 처한다고 이십오일 판결언도 되엿난대 징역에 처한 전기 다섯 명은 불복하고 공소를 신청하엿다더라.[23]

또한 안변 석왕사에서도 3월 9일에서 11일에 걸쳐 3일간의 만세시위운동을 계획했었으나 사전에 제지당하였다. 즉 함경남도 도지사가 정무총감에게 보낸 1919년 3월의 전문 내용이 그 사실을 잘 말해 주고 있다. 그 전문에 의하면 3월 8일 함흥군 퇴조(退潮) 부락민 2백 명이 일본인 상점 앞에서 일으킨 만세시위를 해산시켰고, 또 3월 9일부터 3일간 석왕사에서 추도회가 열리게 된다는 정보를 입수하고 소요(만세운동)를 일으킬 우려가 있으므로 이를 연기시켰다는 것이다. 이는 해인사 지방학림에 유학중이던 석왕사의 재적승 박창두가 해인사에서 독립선언서를 가지고 와 만세운동을 일으키려고 계획한 것을

---

23) 《매일신보》 3면. 1919. 11. 20.

일경이 사전에 탐지하고 무산시킨 것이다.

　같은 해(1919) 4월 2일, 해인사 이봉정(李奉政)과 김도운(金道運)스님은 김천군 증산면 평촌리 산마루에서 군중들과 함께 독립만세시위를 전개하다가 일경에게 구속 기소되어 실형을 언도받았다.[24] 이 사건에 대해서는 '3·1운동 재판기록'에 그 기록이 자세히 남아 있다.

판　　결
　　합천군 가야면 치인리(伽耶面 緇仁里)
　　승려　이봉정(李奉政) 22세

동　　소
　　승려　김도운(金道運) 22세

　　위 보안법위반 피고사건에 대하여 검사 사무 취급 조선총독부경시 대서정차랑(大西政次郞) 입회하에 다음과 같이 판결한다.

주　　문
　　피고 이봉정·김도운을 각 징역 10월에 처한다. 차압 물건은 몰수한다.

이　　유
　　피고 등은 백성원(白聖元)이란 자와 함께 조선독립만세를 고창하면 조선이 독립된다고 사유하고 대정 8년(서기 1919년) 4월 5일 밤 김천군 증산면 평촌리(金泉郡 甑山面 坪村里) 소재의 산마루에서 독립만세를 부르도록 결의하고 동년 4월 2일 피고는 동면 유성리(柳城里) 구장 최상철(崔相喆) 방에 이르러 위 결의한 내막을 말하여 많은 군중을 모아 만세를 고창하게 하자고 의뢰하고 그리고 범행할 뜻을 그대로 가지고 이 마을의 유력자인 최도연(崔道淵), 동면 평촌리 구장인 김도원(金道源) 방으로, 차례로 들러서 앞서와 같은 취지를 의뢰하고 또 최상철 및 최도연에게는 피고 등이 휴대한 조선독립선언서(증 제1호)를 빌려 주었는데 모두 독립만세를 고창할 것을 의뢰하여 동인 등을 선동하고 치안을 방해

---

24) 이철교,〈한국불교사연표〉, 위의 책, p.1337.

한 것이다. 위 피고 등의 소위는 범죄 후의 법률에 의하여 형의 변경이 있었으므로 형법 제6조·제10조에 의하여 신·구법을 비교하니 구법에서는 보안법 제7조, 형사소송법 제42조, 형법 제55조에, 신법에서는 대정 8년(서기 1919년) 4월 발포한 제령 제7호 제1조, 형법 제55조에 해당하여 모두 징역형을 선택하고 보안법의 형에 따라 각 처단하기로 한다. 차압 물건은 범죄에 공용된 물건이므로 형법 제19조에 의하여 처분하고, 그러므로 주문과 같이 판결한다.

대정 8년(1919) 5월 8일
대구지방법원 김천지청 조선총독부
판사 다전길미(多田吉彌)[25]

그 해 4월 13일에는 김룡사(金龍寺) 지방학림 학생 18명이 대하리(大下里) 장날을 이용하여 대하(大下) 경찰관 주재소 부근에서 독립만세시위를 하기 위하여 행진중 검거되었다.[26]

이와 같이 3·1운동에는 전국 각지에서 많은 사람들이 참가하였다. 상해판《독립신문》은 그 해 10월 중순 조선총독부의《조선휘보(朝鮮彙報)》를 인용하여 감옥에 수감된 총수가 8,886명이며 불교계 인사는 66명이라고 보도하였다. 총독부의 이 통계는 축소 또는 누락된 것이 적지 않겠지만 보도된 내용을 소개하면 다음과 같다.

독립운동에 관하야 敵의 捕虜가 된 人員 統計

— 收監 總數 八,八八六名 —

소위 조선총독부의 발행하는 朝鮮彙報 本年 九月號에 揭載된 統計表에 依컨대 독립시위운동시의 불행히 敵의 捕虜가 되여 現今 在監中인

---

25)《독립운동사자료집》제5집(3·1운동재판기록), p.1255. 1972, 독립운동사편찬위원회.
26) 이철교,〈한국불교사연표〉, 위의 책, p.1337.

者의 數爻가 如左하다(六月末日 現 九監獄 十二分監을 通트러 現在)……(생략)……

佛敎淨土宗	未決	男一	女無	計一
禪宗	未決	男五	女一	
	己決	男八	女無	計六六[27]

 이 기사의 불교계 통계는 앞뒤가 맞지 않는데 이는 통계표의 잘못인지 신문기사의 오류인지 현재로서는 알기 어렵다. 어쨌든 1919년 6월말 현재 3·1운동으로 감옥에 수감된 스님은 66명이었다. 그리고 전국의 많은 사찰이 3·1운동의 중요한 기폭제 역할을 하였다. 해인사, 범어사, 통도사, 동화사, 봉선사, 신륵사, 표충사, 석왕사 등의 사찰이 그러하다.
 전국에 산재한 불교계의 1천여 대소사찰은 인근의 부락·읍촌·시장 등을 무대로 3·1운동의 진원지가 되었다. 이로 말미암아 불교 사찰은 일제 경찰의 감시 대상이 되었고 많은 승려들이 검거·투옥되었다. 3·1운동에 앞장선 스님들은 위로는 서산(西山)과 사명(泗溟)대사의 임진왜란 당시 의승군의 기개를 이어받은 법손임을 자부하고, 아래로는 만해 한용운의 장렬한 뜻을 받들어 전 불교계가 일어서서 조국독립운동에 몸바쳐 궐기하였던 것이다.

제5절 3·1운동과 불교계의 항일인물들

 한일병합 후 우리 겨레는 일제의 혹독한 식민통치에 대응하여 애국계몽·교육구국·무력항쟁 등 다양한 형태로 항일투쟁을 전개하였다.

---

27) 《독립신문》(상해판) 2면. 1919. 10. 16.

이 과정에서 불교계의 스님과 불자들은 나름대로 치열한 대일항쟁을 하였다. 그러나 지금까지 불교계의 독립운동은 시대의 요청에 부응하지 못했거나 대체로 올바른 평가를 받지 못한 경향이 적지 않았다. 따라서 여기서는 만해 한용운과 백용성스님, 포월당 봉률스님, 상근 비구니, 묵암(默庵)스님 등과 불교인으로 항일운동을 한 김기추, 황의돈과 환경(幻鏡), 이산(梨山), 상헌(祥憲), 포광 김영수(包光 金映遂), 구하(九河), 백성욱(白性郁)스님 등에 관해서 살펴보고자 한다. 이상 거론한 분은 3·1운동 전부터 항일운동을 한 경우도 있고, 3·1운동과 그 직후에 상해임시정부 등에서 항일투쟁을 전개한 분도 있다.

1. 민족주의 항일투쟁의 표상 만해 한용운

한용운의 옥중·법정투쟁[28]

1919년 3월 1일, 태화관에서 독립선언에 대한 감격어린 축사를 하고 만세삼창을 한 후 한용운은 다른 민족대표들과 함께 피체되어 일경이 대기해 둔 자동차에 분승, 연행되었다.

거사 직전 만해는 다른 민족대표들에게 설령 체포된다 하더라도 ① 변호사를 대지 말 것, ② 사식(私食)을 취하지 말 것, ③ 보석(保釋)을 요구하지 말 것 등 3대 행동원칙을 제시한 바 있다. 만해의 옥중행동은 불굴의 민족혼 바로 그 자체였다. 다음의 옥중 일화는 이를 여실히 보여 주고 있다.

만세의 주동자로 피체·투옥되었을 때 최린이 '일본인은 조선인을 차별대우하고 압박한다'면서 총독정치를 비난하였다. 이를 묵묵히 듣고 있던 만해는 버럭 소리를 지르며 "아니, 그럼 고우(古友, 최린의

---

28) 박걸순,《한용운의 생애와 독립투쟁》, pp.85~90. 1992, 독립기념관 부설 한국독립운동사연구소.

호)는 총독이 정치를 잘 하면 독립운동을 안 하겠단 말이오?"라며 꾸짖었다고 한다.

옥중에 갇혀 있으면서도 만해는 도승답게 태연자약하였다. 그러나 잡혀온 일부 민족대표들이 불안과 절망에 빠져 있던 중 극형에 처해질 것이라는 풍문이 돌자, 몇몇은 통곡을 하는 사람도 있었다. 이에 격분한 만해는 감방 안에 분뇨통을 들어 그들에게 뿌리며 "이 비겁한 인간들아, 울기는 왜 우느냐. 나라 잃고 죽는 것이 무엇이 슬프냐? 이것이 소위 독립선언서에 서명을 했다는 민족대표의 모습이냐?"며 호통을 치니 삽시간에 조용해졌다고 한다.

이 일화는 독립선언서의 인쇄를 책임지다 일경에 체포된 이종일의 《묵암비망록》에도 소개되어 있었는데, 이종일은 이를 통쾌하다고 기록하였다.

만해는 피체·연행된 후 일본경찰 및 검사·판사의 심문에 매우 의연한 태도를 견지하였고, 시종 꿋꿋한 기개와 정연한 논리로 법정투쟁을 전개하였다. 그의 정연한 논리와 고결한 식견은 일본인 담당 검사로 하여금 "당신의 이론은 정당하나 본국 정부의 방침이 변치 않으므로 어쩔 수 없다"고 그들의 잘못을 실토하게 하였다는 일화도 전해진다.

그의 조국에 대한 독립의지와 기상을 일제 관헌의 취조서와 공소 공판기에 나타난 심문 내용으로 알아보자.

다음은 1919년 3월 1일 경무총감부에서 일본인 검사 가와무라(河村靜永)와의 문답 중 일부이다.

문 : 피고는 금번의 운동으로 독립이 될 줄로 아는가?
답 : 그렇다. 독립이 될 줄로 안다. 그 이유는 목하 세계평화회의가 개최되고 있는데, 장래의 영원한 평화가 유지되려면 각 민족이 자

결(自決)하여 독립하지 않으면 안 된다. 그래서 민족자결이란 것이 강화회의 조건으로서 윌슨 대통령에 의하여 제창되고 있는 것이다. 오늘날의 상태로 보면 제국주의나 침략주의는 각국에서 배격하여 약소 민족의 독립이 진행되고 있다. 조선의 독립에 대하여서도 물론 각국에서 승인할 것이고 일본서도 허용할 의무가 있다. 그 이유는 압수하고 있는 서면에 기재된 바와 같다.

문 : 피고는 금후에도 조선의 독립운동을 할 것인가?
답 : 그렇다. 계속하여 어디까지든지 할 것이다. 반드시 독립은 성취될 것이며, 일본 승려에 월조(月照)가 있고, 조선 승려에는 한용운이가 있을 것이다.

다음은 이 해 5월 8일 경성지방법원 예심에서 일본인 판사 요토(永島雄藏)의 심문에 대한 답변인데, 조선의 독립에 대한 확고한 의지를 드러낼 뿐 아니라 그간의 경위에 대해서도 떳떳하게 진술하고 있다.

문 : 피고는 금번 손병희 외 31인과 같이 조선독립선언을 한 일이 있는가?
답 : 있다.
문 : 어째서 이 계획에 참가하였는가?
답 : 작년 겨울에 경성에서 발행되는《매일신문》과《대판 매일신보》에 강화회의에서 민족자결을 제창하였고, 구주전란 후 각 식민지가 독립을 진행중에 있다고 하는 기사가 게재되었으므로, 이 기회에 조선도 독립이 될 것으로 생각하고 계획하였다.
문 : 피고는 조선독립선언으로 일본의 주권에서 이탈되어 독립이 된다고 생각하였는가?
답 : 그렇다.
문 : 그런데 일본의 실력적 지배를 벗지 못하면 결국 독립선언은 무효가 되고 말 것이 아닌가?
답 : 국가의 독립은 승인을 얻어서 독립하려는 것이 아니고 독립의 선언을 한 후 각국이 그것을 승인함을 생각하였고, 우리가 그 선언

을 하면 일본과 각국이 그것을 승인하여 점차 실력을 얻게 될 줄
로 생각하였다.
문 : 피고는 금번 계획으로 처벌될 줄 알았는가?
답 : 나는 내 나라를 세우는 데 힘을 다한 것이니 벌을 받을 리 없을
줄 안다.
문 : 피고는 금후도 조선독립운동을 할 것인가?
답 : 그렇다. 언제든지 그 마음을 고치지 않을 것이다. 만일 몸이 없어
진다면 정신만이라도 영세토록 가지고 있을 것이다.

한용운은 이렇듯 일본인 검사와 판사의 심문에서 한결같이 독립운
동을 하겠다는 강한 자주의식을 드러냈다.

한편 공소공판 때에는 조선독립에 대한 감상을 묻는 일본인 판사
의 질문에 대해 다음과 같이 독립에 자신감을 보이며 논리적인 웅변
조로 일제측을 질타하였다.

문 : 조선독립에 대한 감상은 어떠한가?
답 : 고금동서를 막론하고 국가의 흥업은 일조일석에 되는 것이 아니
요, 어떠한 나라든지 제가 스스로 망하는 것이지 남의 나라가 남
의 나라를 망하게 할 수 없는 것이오. 우리나라가 수백 년 동안
부패한 정치와 조선민중이 현대문명에 뒤떨어진 것이 합하여 망
국의 원인이 된 것이오. 원래 이 세상의 개인과 국가를 물론하고
개인은 개인의 자존심이 있고, 국가는 국가의 자존심이 있으니,
자존심이 있는 민족은 남의 나라의 간섭을 절대로 받지 아니하오.
금번의 독립운동이 총독정치의 압박으로 생긴 것인 줄 알지 말라.
자존심이 있는 민족은 남의 압박만 받지 아니하고자 할 뿐만 아
니라 행복의 증진도 받지 않고자 하느니, 이는 역사가 증명하는
바이라. 4천 년이나 장구한 역사를 가진 민족이 언제까지든지 남
의 노예가 될 것은 아니다. 그 말을 다하자면 심히 장황하므로 이
곳에서 다 말할 수 없으니 그것을 자세히 알려면 내가 지방법원
검사장의 부탁으로 〈조선독립에 대한 감상〉이라는 것을 감옥에서

지었으니 그것을 갖다가 보면 다 알 듯하오(《동아일보》 1920년 9월 25일자).

이 공판 이후 만해는 한동안 일본인의 심문에 일체 말을 하지 않았다. 이에 재판관이 그 이유를 묻자 조선인이 조선 민족을 위하여 스스로 독립운동을 하는 것은 백 번 말해 마땅한 노릇인데 감히 일본인이 무슨 재판이냐며 준엄하게 꾸짖었다고 한다.

결심공판이 끝나고 절차에 따라 최후 진술의 기회가 주어지자 만해는 중국의 고사를 인용하며 일본의 패망을 엄중히 경고하였다.

> 우리들은 우리의 조국과 민족을 위하여 마땅히 할 일을 한 것뿐이다. 정치란 것은 덕에 있고 험함에 있지 않다. 옛날 위(魏)나라의 무후(武候)가 오기(吳起)란 명장과 함께 배를 타고 강을 내려오는 중에 부국과 강병을 자랑하다가 좌우산천을 돌아보면서 '아름답다, 산하의 견고함이여! 위나라의 보배로다.'라고 감탄하였다. 그러나 오기는 이 말을 듣고 '그대의 할 일은 덕에 있지 산하에 있는 것이 아니다. 만약에 덕을 닦지 않으면 이 배 안에 있는 사람 모두가 적이 되리라'라고 한 말과 같이 너희들도 강병만 자랑하고 수덕(修德)을 정치의 요체(要諦)로 하지 않으면 국제 사회에서 고립하여 마침내는 패망할 것을 알려 두노라.

만해의 옥중 일화와 법정투쟁은 독립투사로서 그의 면모를 잘 보여 주고 있다. 3·1운동을 통해 그는 단순히 불교개혁을 외치는 승려로서 뿐 아니라 일제를 타도하려는 독립투쟁의 선봉에 나섰던 것을 알 수 있다.

만해는 경성복심법원에서 보안법·출판법위반 혐의로 3년형을 선고받고 서대문 형무소에서 옥고를 치르던 중 1921년 12월 22일 가출옥 처분을 받고 출옥하였다.

지금까지 만해는 3년 만기의 옥고를 치르고 출옥한 것으로 알려져 있으나,《동아일보》1921년 12월 23일자를 보면 전날 가출옥의 형식으로 석방되었음이 확인된다. 따라서 만해는 2년 9개월 21일 동안의 옥고를 치른 것이다.

그가 출감하던 날 많은 인사들이 마중 나와 있었다. 그들 중 대부분은 일제를 두려워하여 만세운동의 전면에 나서기를 회피한 사람들이었다. 만해는 그들이 내미는 손을 거들떠보지도 않다가 갑자기 그들의 얼굴에 침을 뱉으며, 남 마중 나올 줄만 알지 말고 남에게 마중을 받을 줄도 알라는 따끔한 충고를 하였다.

만해의 생애와 독립투쟁[29]

만해(卍海) 한용운(韓龍雲: 1879~1944)은 3·1운동 당시 민족대표 33인의 한 분으로서 끝까지 변절하지 않은 항일투사이자 《님의 침묵》을 쓴 시인으로, 한국 사람이라면 누구나 그 이름을 알고 있는 항일투쟁의 표상이다.

한용운은 충남 홍성군 결성면 성곡리에서 한응준(韓應俊)과 온양 방(方) 씨 사이의 둘째아들로 1879년 7월 12일(음)에 태어났다. 그는 여섯 살 때부터 향리에서 한학을 공부하였고 아홉 살 무렵에는 《서상기(西廂記)》《통감(通鑑)》《서경(書經)》《기삼백주(朞三百註)》 등을 읽는 조숙함을 보였다. 당시의 풍속이 그러했듯이 그도 14살에 천안 전(全) 씨와 혼인하였고, 18세에는 향리에서 아이들을 가르치다가 출가하여 백담사 등지를 편력하였다. 26세에 잠시 고향에 들렀다가 다음 해에 다시 백담사로 가서 김연곡(金蓮谷)스님으로부터 득도하고, 그 곳에서 이학암(李鶴庵)스님께 《기신론(起信論)》《능엄경》《원각경》 등을 배웠다.

---

29) 임혜봉,〈만해 한용운의 생애와 독립투쟁〉《불교사100장면》, pp.320~323. 1994, 가람기획.

1907년 29세 때 강원도 건봉사에서 처음 선(禪) 수업을 하였고, 그 다음 해에는 강원도 유점사에서 서월화(徐月華)스님께 《화엄경》을 배웠다. 그 해 4월 일본으로 건너가 조동종 스님들과 교류하고 유학 중이던 최린 등과 교유하고 10월에 귀국하였다. 그리고 같은 해 12월 10일, 서울 경성명진측량강습소를 개설하고 소장에 취임하였다.

31세 이후에는 강원도 표훈사, 경기도 장단군 화산강숙(華山講塾) 불교강사로 있었으며 한일합방 되던 그 해에 백담사에서 〈조선불교 유신론〉을 집필하였다. 그리고는 박한영·진진응·김종래스님 등과 함께 조선불교 원종(圓宗)의 종정(宗正)인 이회광이 일본 조동종과 맺은 연합조약에 반대성토를 하여 이회광의 친일망동을 그치게 했다. 이때 원종에 대항하기 위하여 임제종을 범어사에 설립하여 서무부장·관장에 취임하였다. 그 후 중국으로 건너가 독립군 군관학교를 방문하기도 하고 만주·시베리아 등지를 유랑하다가 귀국하여 통도사에서 《불교대전》을 편찬하였으며, 1918년에는 계동에서 불교 월간지 《유심(惟心)》을 발행하였다.

1919년 1월경 최린 등 천도교인과 3·1운동을 계획해 유림과 불교계 인사들을 포섭하였으며, 3월 1일에는 익히 알려진 대로 태화관에서 민족대표의 독립선언식을 주도한 후 일경에게 체포되어 서대문형무소에 수감되었다. 그는 형무소에서 일본인 검사의 심문에 대한 답변으로 〈조선독립에 대한 감상〉을 작성하였다. 이 글은 그의 독립운동에 대한 경륜이 논리정연하게 논술되어 있어서 한용운의 강한 민족주의적 독립의식을 읽을 수 있다. 1920년 경성복심(고등)법원에서 소위 보안법과 출판법위반혐의로 3년형을 선고받고 복역하다가 1921년 12월에 가출옥 형식으로 석방되었다.

출옥 후에도 한용운은 계속 조국의 독립을 위하여 노력하였는데, 그 구체적인 활동을 살펴보면 다양하게 일했음을 알 수 있다.

석방 이듬해(1922) 봄에는 대장경 국역간행을 위해 법보회를 조직하고, 같은 해 11월에는 민립대학기성준비회에 참여하여 중앙집행위원과 상무위원에 피선되었다. 또한 조선물산장려운동을 적극적으로 전개하였으며, 1924년에는 조선불교청년회 회장에 취임하였다. 1926년에는 우리 시사(詩史)에 한 획을 그은 시집 《님의 침묵》을 발간하였고 6·10만세사건에 앞서 일경에게 임시 검속되어 구속되었다.

1927년에는 신간회에 참여하여 중앙집행위원으로 경성지회장(京城支會長)을 겸임했다. 1929년 12월에는 허헌·조병옥 등과 광주학생사건을 민중적으로 증폭하기 위해 민중대회를 계획하였으며, 1930년에는 김법린·최범술 등이 조직한 비밀결사 만당(卍黨)의 영수로 추대되었다.

53세(1931)에는 불교 월간지 《불교》를 인수하여 사장으로 취임하여 계속 발간하였으며, 같은 해 4월에는 윤치호·신흥우 등과 나병구제연구회를 조직, 여수·부산·대구 등지에 간이수용소 설치를 결의하였다.

그는 1932년 12월에 그 전해 전주 안심사에 보관되어 오던 한글경판 원판을 발견하여 보각 인쇄·간행하였으며 55세(1933)에 유숙원과 재혼하고 성북동 심우장을 지었다.

1936년에는 민족주의 사학자 단재 신채호의 묘비건립에 참여하였으며 또한 정인보·안재홍 등과 경성부 평동 태서관에서 다산 정약용 서세백년기념회를 개최하였다.

59세 되던 1937년 3월에는 재정난으로 휴간된 《불교》지를 속간하였으며, 같은 해 3월 3일에는 일송 김동삼이 옥사하자 유해를 인수하여 심우장으로 모시고 5일장을 지냈다.

1939년 음력 7월 12일, 박광·이원혁·장도환·김관호 등이 청량사에서 회갑연을 마련하였으며, 사흘 뒤 다솔사에서 최범술스님 등

후학들이 마련한 회갑연에 참석하고 기념식수를 하였다.

1940년에는 일제가 조선인들을 대상으로 실시한 일본식 창씨개명에 반대운동을 전개하였다. 또한 1943년에는 조선인 학병출정 반대운동을 하였고, 해방 전년인 1944년 6월 29일 심우장에서 입적하여 불교관례에 따라 다비식(화장)을 하고 망우리 공동묘지에 안장되었다.

66년에 걸친 한용운의 생애는 한말의 풍운 속에서 불교의 대중화와 항일독립투쟁으로 일관하였으며, 많은 민족주의자들이 중일전쟁과 태평양전쟁의 전시체제에 변절과 친일행위로 돌아섰음에도 그는 추호의 흔들림 없이 창씨개명과 학병반대운동 등을 전개하면서 우리 민족의 청정한 정신을 끝까지 고수하다가 해방도 보지 못한 채 타계하고 말았다.

2. 민족대표 백용성스님[30]

용성은 거족적인 1919년의 3·1운동 때 불교계 대표로 민족대표 33인의 일원으로 추대되었다. 33인의 민족대표 선정과 거사 일정의 조정, 독립선언서의 준비 등의 실무적인 일을 주도한 만해는 민족대표 선정시 천도교 대표였던 최린에게 불교계 대표로 용성을 포함시켜 줄 것을 강력히 요청하였다. 그것이 1919년 2월 20일의 일이다. 만해가 용성을 제일 먼저 불교계의 민족대표로 추천한 것은 용성이 당대 불교계의 정상에 있는 선지식이라 평가했기 때문일 것이다. 또 한편으로는 두 사람이 다년간 함께 포교당을 운영하면서 쌓아온 신뢰성을 거론할 수 있다.

만해는 2월 20일, 최린에게 용성을 불교계 대표로 추천한 직후 범

---

30) '민족대표 백용성스님'은 김광식이 쓴 '한국의 고승 17, 《용성》, 1999, 민족사' 중 '제4장 민족운동의 일선에서'를 저본으로 하여 대부분의 내용을 인용하였다.

어사까지 내려가 다른 스님들도 민족대표에 포함시키려고 노력하였다. 그 무렵 만해가 민족대표로 고려한 인물은 송만공(수덕사), 백초월(영원사), 진진응(화엄사), 도진호(쌍계사), 오성월(범어사) 등이었다. 그러나 지방이라는 지리적 장애 등으로 추가 교섭은 결실을 거두지 못했다. 이에 2월 27일경 대각사로 찾아가 용성에게 3·1운동의 목적과 추진상황을 설명하고 독립운동에 동참해 줄 것을 정식으로 요청하였다. 당시의 정황을 용성은 다음과 같이 설명하였다.

    2월 27일 오후 8시경 한용운이란 사람이 나에게 와서 금번 구주전쟁의 결과 파리강화회의에서 각국은 독립을 하려고 하였기 때문에 우리 조선도 독립을 하지 않으면 안 된다고 하여 금명일 내로 선언하려고 하니 그대 생각은 어떠한가 하므로 그런 일이라면 마땅히 찬성한다고 하였다.

용성의 이 발언에서 우리는 용성스님의 자주독립의식과 만해에 대한 긴밀한 상호 신뢰성을 다시금 엿볼 수 있다. 당시 용성은 위의 발언에서 보듯이 만해에게 3·1운동에 참가한다는 의사를 확실히 표명하였다. 용성이 3·1운동에 기꺼이 동참하기로 작심한 것은 아래의 답변에서도 거듭 확인된다.

    먼저 말한 것과 같이 한용운의 제의에 찬성하고 같이 일을 하려고 하였다. 그런데 어느 때든지 통지만 하면 가기로 약정하고 한용운은 돌아갔다.

그리고 용성은 만해에게 독립선언서에 서명할 도장을 기꺼이 내맡겼다. 2월 29일, 만해는 용성을 찾아와 3월 1일 거사시 행동에 대한 연락사항을 알려 주었다. 이 대목은 용성의 다음과 같은 법정 발언에서 충분히 확인할 수 있다.

그 후 2월 28일 한용운이 와서 가입되었으니 내일 오후 2시에 명월관 지점으로 오라고 하므로 나는 생활이 곤란하여 양미를 구하러 인천에 갔다가 오후 2시에 명월관에 가니 벌써 동지들이 대부분 다 모였고 한용운의 인사말이 있은 후 만세삼창을 부르자 곧 경관이 와서 체포되었다.

3월 1일, 용성은 거족적인 독립운동의 봉기를 알리는 대한독립만세를 삼창하고 기꺼이 일경에게 피체되었다. 여기서 우리의 관심을 끄는 것은 그가 양식이 없어 3월 1일 당일에도 인천까지 다녀왔다는 점이다. 스님의 전기《용성》(1999, 민족사)을 쓴 김광식 연구원은 이 점에 관해 다음과 같이 표현하였다.

> 무소유, 청빈의 삶을 유지하면서도 불교 포교와 독립운동을 위해 애쓴 그의 치열한 보살행을 우리는 잊지 말아야 할 것이다.[31]

용성은 법정에서 자신의 의지를 단호하게 밝혔으니, 예컨대 독립선언 자체가 일본의 주관에서 벗어나는 것으로 보았다는 발언이나, 조선이 독립되는 것이 좋았다는 발언이다. 그리고 용성은 스님이었으므로 불교사상 측면에서도 그러하다고 법정에서 말하였다. 1919년 8월 27일 고등법원 재판에서 일본인 판사의 질문에 대해 그러한 뜻을 명언하였다.

> 동양의 평화를 영원히 유지하기 위해서는 조선의 독립은 필요하다. 일본에서도 그것을 잘 알고 있을 것이며 또 불교사상으로 보더라도 조선의 독립은 마땅한 것이므로 여러 가지 점으로 보아 하여튼 조선의 독립은 용이하게 될 것으로 믿고 있는 터이다.

---

31) 김광식,《용성》, p.112, 1999, 민족사.

용성의 독립정신은 동양의 평화와 불교사상 측면에서 마땅한 것임을 웅변하고 있다. 여기에서 용성의 독립정신은 배타적이거나 울분에서 나온 것이 아니라 동양인 전체 구성원들의 자유와 평화를 위한 것이었으며, 아울러 불교사상의 대자대비한 보살정신에서 우러나왔음을 확인할 수 있다.

용성 진종스님의 생애[32]

용성 진종(龍城 震鍾 : 1864~1940)스님은 3·1운동 당시 민족대표 33인의 한 분이자 반일참선결사로 선(禪)을 부흥시킨 선승이며 《조선글 화엄경》을 비롯한 역경에 큰 족적을 남겼을 뿐 아니라 '대각교 선언'을 통하여 대각사상을 개화시킨 근현대 한국의 위대한 고승이다.

용성스님은 1864년 전북 장수군 번암면 죽림리 252번지에서 태어났다. 그의 부친은 수원백씨(水原白氏)인 백남현(白南賢)이고 어머니는 밀양손씨(密陽孫氏)이다. 용성은 5남매 중 장남이었으며 족보상의 이름은 형철(亨喆), 속명은 상규(相奎)이다. 출가 후의 법명은 진종(震鍾)이고 용성은 법호이다.

용성은 일곱 살 무렵부터 한학을 배웠다. 그는 문재가 있었던지 아홉 살 때 합죽선(合竹扇)이라는 시제(詩題)에 대하여 다음과 같은 5언 시구를 읊었다.

합죽선 부채를 크게 흔들어서	大撓合竹扇
동정호 바람을 빌려오리라.	借來洞庭風

또한 그는 어느 봄날 꽃을 꺾어든 소녀의 모습을 보고 '꽃을 따서

---

32) 김광식,〈용성스님의 연보〉(《용성》, 1999, 민족사)를 바탕으로 하여 재구성하였음을 밝힌다.

손에 잡으니 봄마음이 동하는구나(摘花手裏動春心)'하고 읊어 문재(文才)를 과시하였다.

그는 꿈 속에서 부처님을 만나고 부처님이 이마를 만지며 '내 이제 정녕 너에게 부촉하나니 너는 명심할지어다'라는 말을 들었다. 이러한 몽중가피로 14세 때 남원시 교룡산성에 있는 덕밀암(德密庵)으로 출가를 단행하였다.

그는 승려의 기본 소양을 익히면서 그에게 부여된 길을 묵묵히 걸어나갔다. 그러나 부모에게 알리지 않고 출가를 단행하였으므로 그의 집안에서는 남원 일대를 수소문하여 마침내 그가 있는 곳을 알아내 결국은 부모에게 이끌려 집으로 돌아갔다.

타의로 환속당한 용성은 열여섯 살(1879)에 다시 재출가를 행하였다. 그는 해인사 극락암에서 화월(華月)화상을 은사로, 혜조(慧造)화상을 계사로 하여 정식 출가 득도하였다.

그는 선지식을 찾아 행각중 경북 의성 고운사에서 수월 영민(水月永旻)선사를 만나 대비주 염송을 통해 업장을 소멸하라는 가르침을 받았다. 용성은 9개월 동안 수월에게 전해 받은 주력(呪力) 수행을 하며 순행(巡行)하다가 경기도 파주군 보광사(普光寺)의 암자 도솔암(兜率庵)에 이르렀다. 그 곳에서 대비주 염송을 지속하였는데 19세 때 도솔암에서 우주의 근원에 대한 1차 깨달음의 지경에 접하였다.

그리고 스무 살(1883년)에 금강산 표훈사로 가서 무융(無融)선사를 참배하고 무자화두(無字話頭)를 받아 정진하였다. 화두를 통한 진리의 세계에 이르는 요체를 얻은 용성은 다시 보광사 도솔암으로 돌아와서 수행을 거듭해 그 이듬해(1884년) 제2차 깨달음을 성취하였다. 그는 오도 후 통도사로 옮겨 금강계단(金剛戒壇)에서 선곡(禪谷)율사에게 비구계와 보살계를 받았다.

용성은 지리산 금강대를 거쳐 순천 송광사 삼일암에서 1885년의

하안거를 지냈다. 또 그 곳에서 《경덕전등록》을 열람하다가 제3차 깨달음에 이른다.

　삼일암의 세번째 깨달음 후 송광사 감로암의 호붕(浩鵬) 강백에게 《기신론》과 《법화경》을, 곡성 태안사 수경(水鯨) 강백에게 《선요》와 《서장》을, 지리산 상무주암 석교(石橋) 율사에게 《범망경》과 《사분율》을, 송광사 호붕 강백에게 《화엄경》을, 해인사 월화(月華) 강백에게 《선문염송》과 《치문경훈》을 수학하였다.

　용성은 스물세 살 때인 1886년 9월 낙동강을 건너는 뱃전에서 확철대오의 네번째 깨달음을 경험하였다. 그 후 17년 간 은둔과 보림을 행하고 1903년 40세 때 지리산 상비로암에서 처음 선회(禪會)를 개설하였다. 이후에도 보개산 성주암(1904), 석대암(1905), 덕유산 호국사(1906) 등지에서 선회를 개설하고 1907년 서울 구기동에 법천암을 개창하였다. 그리고 중국 북경을 방문하고 이듬해 귀국하였으며 1909년(46세) 해인사 원당암에서 미타회를 창설하였다.

　한일합방 되던 1910년에는 용성은 지리산 칠불암 종주로 피임되었고 《귀원정종》을 저술하였다. 합방 다음 해(1911)에 서울로 상경하여 서울 우면산 대성초당에 주석하였고 1912년(49세) 조선임제종 중앙포교당의 개교사장이 되었다. 세수 쉰 살이 되는 1913년 《귀원정종》 초판을 발행하고 《불문입교문답》을 저술 간행하였다.

　1914년(51세)에는 선종포교당(대각사)을 개설하였고 한때는 포교를 위해 북청의 금광을 경영하기도 하였다(1916년).

　1919년, 역사적인 3·1운동에 민족대표 33인의 한 사람으로 독립선언서에 서명하고 서대문 감옥에 수감되었다. 그는 옥중에서 불교의 대중화와 혁신을 구상하고 불경 번역사업에 전념하기로 결심한다.

　1921년(58세) 3월에 출옥한 후 삼장역회를 조직하여 《귀원정종》을 재판 발행하고 《심조만유론》을 저술 간행하였으며 선학원 창건에 발기인으로 동참하였다. 1922년 용성은 대각교를 창립하고 대각교당을 표방하였으며 신역대장경의 이름으로 《금강경》을 번역 간행하고 이어 《수능엄경》《팔상록》《금비라동자위덕경》《총지경》을 번역 간행하였으며 《수심정로》를 탈고하였다.

세수 61세 때인 1924년 《선문촬요》와 《원각경》을 번역 간행하였고 이 해에 정진 중 사리 1과가 입안에서 나왔다. 1925년 그는 도봉산 망월사에서 만일참선결사회를 추진하였는데 이 결사는 다음 해(1926)에 통도사 내원암으로 이전하였다. 그는 1926년 일본불교의 영향으로 계행이 허물어진 한국불교의 전통을 되살리고자 승려의 대처식육금지를 요구하는 건백서를 총독부에 제출하였다.

1927년, 경남 함양의 백운산에 화과원을 설립해 선농불교를 실천하였다. 이어 대각교 선언을 하고 만주 용정에 대각교당(선농당)을 개설하였으며 《대각교의식》과 《육자영감대명왕경》에 이어 《조선글 화엄경》(전12권, 1928년), 《조선어 능엄경》, 《팔양경》, 《대승기신론》(1930), 《각설범망경》(1933), 《지장보살본원경》(1939) 등을 번역 간행하였다.

용성은 경전 번역만이 아니라 저술에도 힘을 쏟았다. 1930년 《각해일륜》을 저술 간행하였고, 《청공원일》(1933), 《석가사》, 《수심론》, 《임종결》(1936), 《오도의 진리》(1937), 《오도는 각》(1938) 등의 많은 글을 집필하였다. 용성은 대각사를 범어사 경성포교당으로 전환하고(1936), 1938년에는 대각교를 조선불교선종총림으로 변경하였다.

1940년 2월 23일(음력) 저녁, 용성은 목욕재계한 뒤 조용히 제자 동헌을 불러 유언을 하였다.

지난 기묘년(1939)에 독립운동 우국지사가 일망타진이 되어 원혼이 되고, 영봉촌 대각사 대각교당 선농당 화과원과 그 인근의 부락이 절단이 나버렸지만, 다가오는 60년 후 기묘년(1999)은 우리나라 8백 년 대운을 여는 해일세.
 그러나 용성 나와 같이, 동헌 너와 같은 독립운동의 우국지사가 있는가 하면, 안모와 같이 우리네 우국지사를 일망타진하는 제국주의 앞잡이 사냥개가 있는가 하면, 마음 속 깊이 독립이 왔으면 하고 은근히 바라고 사는 이가 있는가 하면, 현실 생활에 고달파 급급히 사는 이가 있으니 이렇게 사분오열이라, 다가오는 기묘년에 나라의 운을 여는 해라 하더라도 일본·중국·소련·미국 등 강대국의 틈바구니 소용돌이 속에서 살아 나가는 종속국의 8백 년 운을 받느냐? 주인다운 주인이 되는 주인국으로서 대운을 받느냐? 이러한 과보를 받게 되지 않겠는가?

 용성은 이처럼 입적하기 직전에도 나라의 장래를 걱정하였다. 용성이 유언 서두에서 '영봉촌 대각교당과 그 인근 부락이 절단났다'는 것은 대략 다음과 같은 사유가 있다.
 용성이 만주에 설립한 대각교당은 동포들의 정신적인 구심점 역할과 더불어 독립운동가들의 휴식처 및 은신처 역할을 하였다. 이에 일제는 만주의 대각교당을 제거하기 위해 서울 천일당 약국의 직원을 매수하여 용성에게 접근시켰다. 그 자는 용성의 환심을 사서 만주 대각교당의 농장 관리장으로 파견되는 데 성공하였다. 결국 위장 잠입한 친일파에 의해 대각교당이 독립운동의 거점 역할을 했다는 사실이 드러남과 동시에 그 곳을 중심으로 활동하던 우국지사들이 일망타진되는 비애를 겪었다.
 또한 그 근처 마을에 거주하던 동포들도 독립군에게 음식을 제공하고 비밀연락 등에 협조해 온 사실이 드러났다. 일제는 그 곳의 일본경찰과 군인을 동원해 농장과 촌락을 모두 불태워 버렸다. 그리하여 지금도 그 지역에서는 그 일대를 일제에 의해 절단났다고 하여 '절단부락'으로 부른다. 즉 일제에 의한 탄압을 가리키는 것이다.
 용성은 유언과 함께 동헌에게 유훈 십사목(十事目)을 주면서 49재를 마친 후에 개봉하라고 하였다. 동헌이 스승의 마지막 모습을 지켜보면서 용성에게 어디로 가게 될 것인지를 질문하니, 용성은 담담히 임종게로써 대신하였다.

모든 행이 머무름이 없고	諸行之無常
만법이 다 고요하다	萬法之俱寂
박꽃이 울타리를 뚫고 나가니	匏花穿籬出
삼밭 위에 한가로이 누웠도다	閑臥麻田上

그러고는 "시자여 대중이여 그 동안 수고했도다. 나는 간다"라는 말을 마치고 입적하였다. 1940년 2월 24일(음력) 새벽, 세수는 77세요, 승랍은 61년이었다. 이로써 용성은 치열한 승려로서의 본분사를 마치고 피안의 세계로 떠나갔다.

용성이 입적한 이후 그의 사상과 정신을 기리는 후학들에 의해 용성의 사상과 행적을 담은 책이 《용성선사어록》이라는 제목으로 1941년 9월 15일 간행되었다.

용성이 입적한 다음 해인 1941년 7월, 용성의 행적비가 그가 출가한 해인사 경내에 세워졌다. 이 비는 한용운의 찬문(撰文)과 오세창의 전액(篆額), 최종한의 비문 글씨로 이루어졌으나 세운 시기가 일제시대였기 때문에 독립운동과 한국불교의 전통을 지키기 위한 내용은 자세히 서술할 수 없어 부실하였다. 그리하여 1994년 용성의 행적비를 문도들이 다시 건립하였다.

해방 이후 정부에서는 용성의 독립운동 공적을 인정하여 건국공로훈장 대통령장을 추서하였다. 그리고 1990년에는 국민문화 향상과 국가발전에 이바지한 공을 기려 은관문화훈장을 수여하였으며, 같은 해에 한글학회에서도 용성의 민족정신 고취와 문화발전에 대한 공로로 감사패를 수여하였다. 1998년에는 국가보훈처와 독립기념관이 공동으로 선정하는 3월의 독립운동가로 선정되었다.
이로써 용성의 애국정신과 독립운동 행적 등이 국가 차원에서 충분히 공인되었음을 알 수 있다.

3. 독립운동 앞장 선 포월당 봉률스님

1996년 8월 15일, 대구광역시 문화예술회관에서 개최된 51주년 광복절 경축식에서 포월당(包月堂) 김봉률(金奉律 : 1897~1949)스님이 건국훈장 애족장을 받았다. 이는 봉률스님의 속가 딸인 김죽자(55세, 법명 법성화) 씨의 8년여에 걸친 끈질긴 노력 끝에 이루어진 일이다.[33]

봉률스님은 1897년 6월 23일 경남 합천군 가야면 구원리 31-2번지에서 태어났다. 망태(望太)라는 호를 가진 봉률스님은 1905년부터 해인보통학교와 해인사 지방학림에서 수학하였다. 1919년 3·1운동 당시는 23세의 지방학림 학생스님이었는데 지방학림의 동료들과 해인사 홍하문 밖에서 군중과 더불어 만세시위운동에 참가하였다. 4월에는 강재호·박달준 등과 독립선언서를 경남북 일대에 배포하는 등의 독립운동을 하였다.

봉률스님은 3·1운동 후 서간도에 신흥무관학교가 설립됐다는 소식을 듣고 1919년 5월 해인사의 강재호, 송보간, 박달준 등 10여 명과 대흥사의 박영희 등과 함께 만주 봉천성 유하현 고산자에 소재한 신흥무관학교에서 훈련을 받은 뒤 국내로 돌아와 문경군 김룡사 등지의 사찰을 중심으로 군자금을 모집하다가 김룡사에서 체포되었다. 박달준과 함께 일경에게 검거된 봉률스님이 일제 법정에서 재판을 받게 될 사항과 독립운동 군자금 모금활동에 관해 당시의 신문은 다음과 같이 보도하고 있다.

---
33) 《현대불교》 14면. 1996. 8. 21.

독립을 운동하든 승려 등의 公判

— 아마 멀지안이하야 개정될 듯 군사자금을 모집하야 가정부에, 승려난 무관학교 졸업생 —

본적 경상남도 거창군 거창면 중동(慶尙南道 居昌郡 居昌面 中洞) 주소 동도 합천군 가야면 해인사 승려 박달준(朴達俊, 二八)과 본적 동도 동군 동면 승인리(僧仁里) 주소 동도 함양군 서상면 상남리(咸陽郡 西上面 上南里) 영각사(靈覺寺) 승려 김봉률(金奉律, 二四) 등 양 명은 만주방면에서 배일파 조선 사람이 조직한 한족회(韓族會) 소속 류하 고산자(柳河 孤山子) 신흥학교(新興學校)라난 무관학교(武官學校) 졸업생으로 조선정치를 변혁하며 조선독립운동 하기를 목적하고 대정 구년(1920년) 구월경 경상남도 합천군 가야면 해인사에 가서 김장윤(金章允), 김경환(金景煥), 우민수(禹敏秀) 등을 회집하야 가지고 조선독립 운동자금을 모집하야 만주에 잇난 한족회사판장(韓族會司判長) 최명수에게 교부하야 조선독립운동에 원조하라고 권유하야놋코 남만주에 잇난 군정서(軍政署) 영수증(領收證)을 작성하야 동년 시월 상순경부터 동월 십오일까지 김룡사(金龍寺)와 고운사(孤雲寺)에서 금사십원씩을 수취하얏고 대봉사(大奉寺)와 범어사(梵魚寺)에서 독립군 자금으로 오십원씩을 수취하얏고 그외에도 조선독립에 관한 사건을 다수히 행한 사실이 발각되야 경성지방법원 검사국에서 박달준과 김봉률 이명의 취조를 맛치고 곳 형사부 공판에 붓첫다더라.(《조선일보》 1921. 3. 19)

이 기사에 의하면 경남 함양군 서상면 상남리 영각사의 봉률스님은 해인사 재적승 박달준스님과 함께 만주 유하현 고산자에 있는 신흥무관학교를 졸업하고 독립운동을 하기 위하여 귀국하였다. 봉률스님과 박달준, 두 사람은 1920년 9월 해인사에 가서 김장윤·김경환·우민수를 모아서 독립운동자금을 모금하여 만주의 최명수에게 송금하였다. 그리고 남만주의 서로군정서의 영수증을 가지고 같은 해(1920) 10월 상순부터 15일까지 김룡사와 고운사에서 각각 40원을, 대봉사와 범어사에서 독립군 자금으로 각기 50원씩을 모금하였다.

이 외에도 봉률스님 등은 독립운동을 한 사실이 일경에게 발각되어 검거되었다. 《조선일보》의 기사 제목에 의하면 봉률스님과 박달준은 군자금을 모금하여 상해임시정부에도 보낸 것으로 생각된다. 두 사람은 일경에게 체포되어 1921년 3월중 경성지방법원 검사국의 취조를 마치고 곧 형사부 공판에 회부될 예정이었다.

봉률스님과 박달준은 1921년 1월중 종로경찰서 형사들에 의해 경성의 어떤 학교 안에 은신하고 있다가 체포된 것으로 보이는데 당시 《동아일보》에서는 다음과 같이 보도하고 있다.

사찰로 다니며 軍資請求

작년(1920) 9월경에 서간도 방면으로부터 독립군자금을 모집하기 위하여 경성에 들어온 배일 조선인이 있음을 탐지하고 종로경찰서에서 극력으로 수색하는 중이더니 수일 전 경성 모 학교 안에 잠복한 朴達俊을 인치 취조하였는데 이 외에 범행이 발각되었다. 박달준은 韓族獨立軍政府의 명령을 받고 동지 金章允(28세), 金奉律(24세)의 세 명과 함께 경남 합천군 가야면을 근거로 정하고 南滿州軍政府의 인감과 영수증을 만든 후에 경남북, 충북에 있는 각 절(寺)을 돌아다니며 더욱 경북 문경군 金龍寺에서는 돈 일백삼십 원을 강탈하는 외에 수 개소에서 여비로 다수한 금전을 징수하고 본년(1921) 일월경에 전기 처소에 들어와서 무슨 일을 의논하고 있는 것을 체포하였는데 두령인 박달준은 中國 龍川縣 孤子武官學校를 졸업하고 군사교련에 다소간 지식이 있는 듯 하다더라. (《동아일보》1921. 3. 4)

박달준과 봉률스님은 만주의 무관학교를 졸업한 후 해인사를 근거지로 하여 경남북·충북 등지의 절과 문경 김룡사에서 130원 등의 군자금을 모금하고 그 외의 사찰에서는 여비를 얻기도 하였다. 이렇게 군자금 모집활동을 하면서 경성의 어떤 학교 안에 은신하고 있다가 1921년 1월 종로경찰서 형사들에게 체포되었다.

봉률스님은 1921년 5월 25일 경성지방법원에서 제령(制令) 7호 위반으로 징역 1년을 선고받아 옥고를 치르다가 1922년 1월 21일 가출옥하였다. 형기 종료일은 1922년 4월 6일인데 형기보다 2개월 15일 가량 일찍 석방되었다(경찰청 身分帳指紋原紙 확인). 옥고를 치른 후 1927년부터 1948년까지는 직지사 주지를 맡았으며[34] 은사는 탄응 정혜스님이다.

봉률스님의 양아들이며《청춘을 불사르고》란 책으로 유명한 일엽스님의 아들이기도 한 일당스님(속명 김태신, 화가, 직지사 중암 거주, 관응스님 상좌)은 1991년 펴낸 자서전《라홀라의 사모곡》에서 직지사 주지 소임을 맡고 있을 당시 봉률스님의 활동을 상세히 밝혔다.

> 김봉률 아버지가 나를 최영환(최범술스님) 선생에게 보낸 것부터가 어떤 의도에서 나온 것이다. ……(중략)…… 그것은 두말 할 것도 없이 허백련 선생이 주축이 되어 전라도 광주지방에서 각출한 독립운동자금(전달)이었다. ……(중략)…… 이것이 내가 독립운동자금을 운반해 준 마지막 기회가 되었다. 다음 방학 때 조선에 돌아왔을 때는 김봉률 아버지도 최영환 선생님도 독립운동자금 운반을 부탁하지 않았기 때문이다.

즉《라홀라의 사모곡》이나 독립운동사 편찬위원회가 발간한《독립운동사》 8, 9권에 의하면 봉률스님은 직지사 주지로 재임하면서 거액의 군자금을 모금하여 한용운스님 등에게 전달한 사실도 밝혀져 있다. 그러나 이 일로 인해 봉률스님은 사찰공금횡령이라는 오명을 쓰게 되었다. 해방 후에는 김구 선생측에서 활동했던 봉률스님은 국내 정치의 혼란 속에서 정적(이승만측)들의 모함에 의해 경찰에 끌려가 심한 고문을 당하고 얼마 후 그 후유증으로 입적하였다. 봉률스님의 입적 사유에 대해 일당스님은《라홀라의 사모곡》에서 다음과 같

---

34)《법보신문》 2면. 1996. 8. 21.

이 밝히고 있다.

　의사의 말이 아니더라도 아버지(봉률스님)의 몸 여기저기에는 고문의 흔적이 얼룩져 있었다. 김봉률 아버지는 남로당 지하공작원으로 몰려 고문받은 것이라는 사실을 나중에야 알았다. 김봉률 아버지는 공산당 지하조직 같은 것과는 무관한 사람이었다. 누명을 씌워 남로당원으로 몰려 했던 것은 아버지가 이승만 정권에 반대하는 의사를 가지고 있었기 때문이었던 것으로 보인다. 김봉률 아버지는 백범 김구 선생과 만주에서 함께 생활했던 애국동지였다. 김봉률 아버지는 이승만 씨가 아니라 김구 선생을 강력히 지지했었다.

　관련 유족인 김죽자(55세) 씨와 김송자(57세) 씨는 "당시 이승만 정권에서 아버지에게 금릉군수를 줄 테니 협조하라는 등 회유책을 썼으나 아버지는 당시 정부 주요 요직을 비롯, 지방 행정관서를 친일파들이 그대로 장악하고 있는 것을 못마땅히 여겨 이승만 정권에 협조하지 않았다."고 밝혔다. 봉률스님은 1949년 5월 11일 입적하였다.
　입적 47년 만에 건국훈장 애족장을 받아 명예를 회복하고 독립운동자금으로 보낸 사찰공금을 유용하였다는 누명을 벗은 봉률스님에 대하여 유족인 김죽자 씨는 이렇게 회고하였다.

　모진 고문을 받은 얼마 후 돌아가신 아버님은 임종시에도 나라를 저버리지 말라는 당부를 남기셨습니다.

　이어 그녀는 봉률스님이 훈장을 추서받은 자체도 감개무량하지만 무엇보다도 아버지 봉률스님이 사찰의 공금을 유용했다는 억울한 누명을 벗게 된 점을 기뻐했다. 직지사 주지로 재임하던 당시 봉률스님은 절돈을 횡령했다는 누명을 쓰게 됐는데 이것이 광복운동을 지원하기 위한 군자금으로 쓰여진 것으로 공식 밝혀졌기 때문이다. 김죽자 씨는 1996년 8월 15일 광복절 경축식이 끝나자마자 부모님 위패가 모셔진 통천사로 달려갔다. 같이 간 언니 김송자 씨 내외와 함께 부처님과 봉률스님 영전에 훈장을 바치고 합장하였다.

현재 봉률스님의 유족으로는 김죽자 씨와 김송자 씨가 있으며 스님의 두 아들인 김광윤 씨와 김광기 씨는 1950년 6·25전쟁에 국군으로 참전, 전사했다.[35]

4. 항일 여승 상근스님

3·1운동 당시 불교계 독립투쟁의 뒤에서 자금조달책으로 헌신한 항일 비구니 상근(祥根, 1872~1951)스님이 있다.

상근스님은 당시 서울 동대문 숭인동의 청룡사 주지(1918)로 있으면서 3·1운동에 동분서주하는 한용운·백용성·백초월·신상완스님 등의 독립운동가들에게 자금을 조달해 주어 불교계의 독립투쟁에 크게 기여하였다.

상근스님의 당호는 인월당(印月堂)이며, 어머니와 언니도 모두 출가하여 3모녀가 여승이 된 스님 집안이다. 상근스님의 아버지는 홍영일(洪永日)이고, 어머니는 충주김씨로서 1872년(고종 9) 9월 6일 한성부 동부 교동(지금의 서울 종로 4가)에서 태어났다.

10세에 어머니가 서울 동대문구 숭인동 청룡사에 출가하였는데, 법명을 창수(昌守)라 했다. 이어 그 해 여름에 언니 금전(錦典)이 창수를 은사로 하여 출가하자, 상근스님도 2년 뒤인 1883년(고종 20) 9월 24일 12세로 창수를 은사로 청룡사에서 출가했다. 이어 1886년(고종 23) 개운사 극락암의 초암(草庵)스님에게 사미계를 받았다.

상근스님은 1909년 3월 청룡사 주지로 취임하고, 1911년 만상좌

---

35)《법보신문》2면. 1996. 8. 21.

윤호(輪浩) 등을 데리고 금강산 장안사 관음암에 들어가 8년 간 정진했으며, 1913년 4월 8일 42세에 금강산 유점사에서 영봉(靈峰)에게 구족계를 받았다.

이듬해 2월 유점사에서 중덕법계를 품수하고, 금강산 보은암의 석두(石頭)스님으로부터 인월당(印月堂)이란 당호를 받았다. 그리고 스님은 1918년 청룡사로 다시 돌아와 주지에 취임했다.

스님은 1919년 3·1운동이 전개되자 만해와 백초월스님을 비롯한 이종욱(李鍾郁)·신상완스님 등에게 독립투쟁에 많은 항일 자금을 조달해 주었다.

그뿐만 아니라 스님은 일생 동안 근검 절약하여 모은 논 323석분과 밭 10석분이 넘는 재산 전부를 털어 금강산 마하연·장안사·표훈사·신계사·수원 용주사·예산 정혜사·서울 개운사·청룡사·오대산 월정사 등 전국 9개 사찰에 고루 나누어주었다. 개운사에는 상근스님의 보시정신을 기리는 공덕비가 있다.

상근스님의 이러한 보시정신은 불교계의 3·1운동과 그 후의 독립투쟁에도 '자금조달' 면에서 커다란 공헌을 하였고, 나중에는 여러 곳의 유수한 사찰에까지 미쳐 불교 발전에 크게 기여하였다.

항일 여승 상근스님은 1951년 5월 21일 세수 80세, 법랍 68년으로 입적했다.[36]

5. 18세에 항일운동을 한 묵암스님

1913년 18세의 어린 학생의 몸으로 항일운동에 뛰어든 묵암(默菴: 1895~1969)스님은 속명이 윤주일(尹柱逸)이고, 본관은 해남이며 전남 강진 사람이다.

---

36) 《법보신문》 1991. 10. 7 ; 《한국불교인명사전》, 1993, 불교시대사.

묵암스님의 아버지는 윤상호(尹相浩), 어머니는 배정선(裵貞先)으로 1895년(고종 32) 11월 18일 출생하였다. 네 살부터 서당에서 한학을 배우며 한시(漢詩)를 짓는 등 문학적 재능을 발휘하며 경서(經書)에 능통하였다.

스님은 1912년 서울에 있는 사립 중앙학교에 입학했다. 그는 서울 인사동의 범어사 포교당에서 용성스님의 설법을 듣고 발심하여 불교에 귀의했다. 백용성과 만해 한용운, 만공 월면(滿空 月面)선사 등의 설법을 자주 듣고 특히 만해의 민족의식에 강한 영향을 받았다.

이듬해(1913) 항일운동을 하다가 중앙학교를 퇴학당했다. 그는 1914년 일본으로 건너가 대정(大正)대학에서 불교학을 2년 간 수학하고 1916년 22세에 서울 대각사에서 용성스님에게 출가하여 스님이 되었다. 그는 득도 후 곧 금강산 유점사로 가서 2년 간 눕지 않고 용맹정진하여 1918년 커다란 깨달음을 얻었다.

오도 후 조만식과 항일운동

묵암스님은 은사 용성스님과 만해의 뜻을 받들어 평양으로 옮겨 승려의 몸으로 독실한 기독교인인 조만식(曺晩植 : 1882~?, 6·25전쟁 때 사망) 등과 함께 항일운동과 사회사업을 전개했다.

익히 알려져 있듯이 고당(古堂) 조만식은 1905년 평양숭실학교에 입학하여 기독교인이 되었고 졸업 후 일본 정칙(正則) 영어학교·메이지(明治)대학 법학부에서 공부했다. 일본유학 중 인도의 독립운동과 간디의 무저항주의·인도주의에 감명받아 이를 독립운동의 거울로 삼았다. 귀국 후 오산학교의 교장이 되었으나, 3·1운동 때 일경에 체포돼 1년 간 투옥되었다. 그 후 평양기독교청년회 총무, 산정현 교회의 장로가 되었으며 물산장려회를 조직하여(1922) 국산품장려운동을 폈다. 이때 묵암스님도 함께 참가하였다.

묵암스님은 조만식의 평양기독교청년회 활동에 크게 느낀 바 있어 우리나라 불교계 최초의 본격 포교단체인 평양불교청년회를 창립하여 간사장으로 활동하였다. 또 유점사 평양포교당을 설립하여 불교의 대중화운동에 힘써 노력하였다. 그는 1920년 6월 조선불교청년회 결성을 주도하고, 1921년 12월 조선불교유신회를 개최해 '불교유신 8대 강령'을 제시했다. 그리고 불교개혁을 보다 조직적으로 전개하기 위해 조선불교유신회를 본격적인 단체로 창립했다. 불교유신회는 친일 본사주지들에 대항하여 총무원을 창설하고 불교개혁을 시도했으나 일제의 탄압으로 1925년경 친일승려들이 조직한 중앙교무원에 흡수 통합되어 개혁이 좌절되었다.

묵암스님은 1925년부터 평양에 우리나라 민간 최초의 정신박약아 시설인 자생원(慈生院)과 고아원을 설립하여 원장을 맡고, 인정(仁貞)도서관, 장학회관, 백선행(白善行)기념관도 설립했다.

백선행(1862~1935)은 돈독한 불교신자로서 사회사업을 많이 하였다. 그녀의 본관은 수원이고 평양 사람으로서 16세에 과부가 된 후 불교를 신심 깊게 믿었으며, 근검절약으로 많은 재산을 모았다. 그녀는 1908년 대동군 고평면 송산리에 백선교(白善橋)라는 교량을 가설하여 주민들이 내를 건너는 수고를 덜어 주었다. 1922년 평양에 공회당이 없어 대중집회가 곤란함을 알고 묵암스님과 함께 신행 생활의 보람을 위하여 당시로서는 대단한 거액인 1만원을 들여 3층 규모의 백선행기념관을 세웠다. 그녀는 1923년 광성(光成)소학교에 350석 소출의 토지를 희사했고, 이듬해에는 광덕(光德)소학교에도 토지를 희사했다. 그녀는 불교신자이면서 미국의 기독교 선교사 모펫(S. A. Moffet : 한국명 馬布三悅)이 설립한 학교에도 부동산을 기증, 재단법인을 설립케 하고, 평양 숭현(崇賢)학교에도 2만 6천 평의 토지를 희사했다. 1925년에는 전 재산을 가난한 사람과 사회단체에 나누어 주었고, 총독부의 표창을 거절했다. 그녀는 평생 수절했으며 1935년 사망하여 장례식은 사회장(社會葬)으로 거행되었다.[37]

묵암스님은 불자 김인정(金仁貞) 여사와 백선행의 무주상 보시에 힘입어 인정도서관과 백선행기념관을 건립하였고, 명성(明星)학교도 설립하여 교장을 맡았으며, 조선일보 평양지국장도 겸했다.

묵암스님은 일본식민지에서 해방된 후 1947년 평양 영명사(永明寺)의 열반법회에서 7일 간 반야심경을 강설했으며, 이 강의를 바탕으로 《반야심경강설》을 탈고한 후 월남하여 이듬해 1월 전남일보사에서 이 책을 간행하였다.

한편 박한영(朴漢永)스님 등과 더불어 불교재건에 노력하며, 역경원·선학원에서 적음(寂音)스님 등과 함께 경전 번역과 강의에 힘썼고, 《불교대성전》 편찬에 착수했다.

묵암스님은 1952년 전남 광주로 옮겨 동광사(東光寺)에 광주불교선우회를 창립하여 14년 동안 선(禪)을 지도했으며, 전남대학에서 불교학 강의를 8년 간 계속했다. 1964년 《불교대성전》을 탈고했고, 이듬해 광주 관음사에서 광주불교학생회·불교보문회·광주불교신도회 등의 단체를 지도했으며, 1967년 전주로 옮겨 승암사(僧岩寺)에 불교강원을 개설하여 학인을 가르쳤다.

스님은 1969년 11월 12일(음) 전주 노송정사(老松精舍)에서 나이 75세, 법랍 53년으로 입적했다. 문하에는 송인현(宋仁炫)·이동호(李東豪) 등이 있다. 저술로는 《불교대성전》·《현공윤주일대법사설법집》·《오경통해(五經通解)》·《불교성전반야심경》 등이 있다.[38]

---

37) 《佛敎》 제78호, 1930년 12월호. 金素荷의 〈遺芳斷草〉 중 '백선행 여사의 기념관'; 최은희의 《인물한국사》 V. 중 백선행 참조.
38) 양은용, 1991년, 제17회 불교학술연구발표대회 발표자료. 〈현공 윤주일 대법사 유필의 사료적 성격〉; 李政, 《한국불교인명사전》, 1993, 불교시대사, 재인용.

6. 항일거사 백봉 김기추

백봉(白峰) 김기추(金基秋 : 1908~1985)의 본관은 김해이며 부산 사람이다. 그는 10세까지 제주도에서 자라다가 11세에 부산으로 이주, 그 곳에서 영도소학교를 졸업하고 부산 제2상업학교에 진학했다. 이 학교에서 조선사를 교과목에 포함시킬 것과 일본식으로 된 학교 이름을 우리말로 바꿀 것, 일본군 현역 군인이 출장하여 군사교육을 시키지 말 것 등을 요구하는 항일투쟁을 전개하였다. 이 투쟁이 교외로 확산되고 집단적 소요가 거세어지자 퇴학을 당했다.

그 뒤 20세가 되기 전 25세 이하의 청년들로 구성된 청년동맹에 가입하여, 민족의 대동단결과 해방에 힘을 기울였으며, 그의 열렬한 기질로 인해 곧바로 청년동맹위원장의 직위를 맡았다.

이어 자금을 마련하기 위해 행상을 하는 한편, 1927년 2월 발족한 신간회(新幹會) 조직과도 관계를 맺는 등 은밀히 활동했다.

신간회는 1927년 2월 15일 조직된 항일운동 단체로서 민족주의계와 사회주의계의 통일전선체였다. '민족단일당 민족협동전선'이라는 표어 아래 조선민족운동의 대표 단체로 발족했다. 여기에는 사회주의계, 천도교계, 비타협 민족주의계, 종교계 등 각계각층이 참여하였다. 창립총회에서 회장 이상재(李商在), 부회장 권동진(權東鎭), 그리고 안재홍·신석우(申錫雨), 문일평(文一平)을 비롯한 간사 35명을 선출하고 조직 확대에 주력, 1928년 말경에는 지회 수 143개, 회원 수 2만 명에 달하는 전국적 조직으로 성장했다.

김기추는 청년동맹과 신간회의 주요 인사로 활약하다가 1928년초 사상범 일제검거 때 체포되어 소위 치안유지법위반죄로 징역 3년형을 선고받았다.

1931년 7월 일제의 만주침략음모인 만보산사건이 일어났는데 여기에 김기추가 모종의 관련이 있었다. 이 사건은 1931년 7월 2일 만주 길림성(吉林省) 장춘(長春) 부근 만보산에서 일어난 조선과 중국 양국 농민들 사이의 충돌 사건이었다.[39]

일제의 토지사업 결과 수많은 농민들이 만주로 이주했는데 조선 농민 약 3백여 명이 장춘 부근 만보산으로 이주, 황무지를 개간하기 위해 수로공사를 시작했다. 중국측에서는 이를 일본의 만주침략정책의 일환으로 보고 조선인 농민들의 퇴거를 강요, 1931년 7월 1일 중국인 농민 약 5백 명이 몰려와 관개시설을 파괴하자 일본은 경찰을 출동시켰고, 사건은 중·일 두 나라 무장경찰의 충돌로 발전되었다.

일본은 이 사건을 만주침략의 구실로 삼기 위해 대대적으로 선전했고, 그 결과 조선에서는 중국인에 대한 보복폭행사건이 발생, 서울·부산·인천·평양·신의주 등지로 번져 마침내 전국적인 중국인 박해사건으로 확대되었다.

이때 김기추는 만보산사건에 대응해 부산의 중국음식점 동반루를 부수어 버렸다. 이 사건으로 일본 형사에게 쫓겨 만주로 가서 박대좌라는 한국인 장교 밑에서 서생(書生) 노릇을 하며 도피생활을 했다.

《조선일보》·《동아일보》 양대 신문사의 진상조사로 만보산사건은 일제의 모략선전으로 과장되게 알려졌고 그 이면에는 만주 침략 음모가 도사리고 있는 것으로 밝혀졌다. 어쨌든 김기추는 만보산사건시 부산의 동반루를 부숴 버린 점을 보더라도 성격이 매우 다혈질이라는 것을 알 수 있다.

광복 후 김기추는 여운형의 건국준비위원회에 간부로 참여하여 활동하다가 미군정청에 의하여 구금을 당해 2년간 감옥살이를 하였다. 불교에 귀의한 것은 감옥살이 때 《채근담》과 《벽암록》을 읽고 인생

---

39) 《한국근현대사 사전》, p.186. 1990, 가람기획.

문제에 대한 회의를 느끼면서부터이다.

1963년초 대전 심광사(心侊寺)에서 도반들과 선(禪)수행을 위한 결사를 맺고 7개월 만에 깨달음의 경지에 이른다. 그의 오도(悟道)에 관한 기연(機緣)은 이러하다.

화두공부를 순일하게 해 나가던 그는 7개월 정도 지난 어느 날, 절 앞에 있는 바위에 앉아 아침부터 눈을 맞아 가면서 참선을 하는데 저녁이 되어도 일어날 줄을 몰랐다. 이상한 낌새를 느낀 도반 한 사람이 김기추를 방으로 데려가 선가(禪家)의 어록(語錄)을 펼쳐 보였다. 처음에 본 것이 마조(馬祖)의 "마음이 곧 부처(卽心是佛)"라는 구절이었는데 이를 본 김기추는 고개를 끄덕이면서 아는 표시를 했다. 그러자 그 도반은 다음 장을 펼쳤다. 거기엔 역시 마조대사의 "마음도 아니고 부처도 아니다(非心非佛)"라는 구절이 있었다. 그 구절을 보자마자 김기추는 갑자기 벌떡 일어나면서 활연대오(豁然大悟)를 하였다. 김기추 자신의 표현을 빌면 '덜컥 걸려든' 것이다. 이 때 종소리가 들려왔다. 이를 소재로 당시의 심경을 피력한 김기추의 시가 〈종소리(鍾聲)〉라는 제목의 칠언절구이다. 제자들은 이 시를 오도송(悟道頌)이라 했는데 김기추 자신은 그 말을 싫어했다.

> 홀연히도 들리나니 종소리는 어디로 오는가?
> 까마득한 하늘이라 내 집안이 분명하이
> 한 입으로 삼천계를 고스란히 삼켰더니
> 물은 물, 뫼는 뫼, 스스로가 밝더구나.
> 忽聞鍾聲何處來 寥寥長天是吾家
> 一口呑盡三千界 水水山山各自明[40]

김기추는 57세 늦은 나이에 참선수행을 하여 7개월 만에 대오(大

---

40) 장순용, 〈백봉 김기추〉《대중불교》, 1992년 5월호.

悟)한 것이다. 그 후《금강경》등의 경전을 보게 되었으며 자신의 깨달음과 계합되는 환희심으로 집필을 시작, 학인들의 권유로《금강경강송》을 출간하기도 하였으며 또 선수행을 하는 제자들이 그의 주위에 모이게 되면서 차츰 선풍(禪風)을 드날리게 되었다. 특히 1969년《유마경강론》을 출간했을 때는 큰스님들을 비롯하여 불교계로부터 유마거사의 재현이란 찬사를 들었다. 김기추는 이때부터 거사풍(居士風)의 선(禪)을 진작하기 시작하여 그 자신의 독특한 거사풍선(居士風禪)의 종지를 세웠다.

1970년 대전의 심광사에 일시 우거할 때 청담·대의(大義) 두 큰스님이 몸소 백봉거사를 삭발해 드리겠다고 내려왔음에도 완고히 거절하였다. 하지만 거사 신분이 갖는 애로도 많아 김기추는 변변한 도량도 갖추지 못하고 경제력이 없어 많은 고초를 겪었다. 처음에는 서울·인천 등지에서 찾아오는 학인들을 제접하다가 충남 유성에 조그마한 도량을 가졌고(1970~1971), 그 뒤 연고지 부산으로 옮겼다. 부산에서도 여러 곳을 전전하다가 1975년 남천동의 선원에 자리를 잡아 10여 년 간 그 곳에서 1천여 명의 후학을 지도하였으며 정기적인 법회와 여름·겨울의 철야정진대회를 계속하여 크게 거사풍을 일으켰다. 그러나 남천동의 선원은 세 들어 사는 곳이어서 항구적인 도량을 열망하는 여러 도반들이 보림선원(寶林禪院) 건립운동을 추진하여 1984년 12월 1일 경남 산청군 시천면 원리 극동부락에 보림선원을 개원하였다.

1985년 여름 선수련회를 열어 철야정진을 주관하다가 8월 2일 입적했다.

저술로는《선문염송요론(要論)》·《금강경강송》·《유마경대강론》·《백봉선시집》·《절대성과 상대성》등이 있다.[41]

7. 불자 황의돈의 항일운동

오대산의 한암(漢岩)선사에게 사사한 불자 황의돈(黃義敦 : 1890~1964)은 1909년 일제의 침략에 대응, 구국운동을 전개하기 위하여 북간도 중영촌(中營村)으로 이주해 명동(明東)학교를 설립하고 교육을 통한 애국사상 고취에 힘썼다. 이렇듯 젊은 시절부터 구국운동에 투신한 황의돈은 역사가이자 교육자였는데 호는 해원(海圓)이며 서천 사람이다.

그의 아버지는 황기주(黃麒周)이며, 황의돈은 어릴 때부터 할아버지 황태현(黃泰顯)에게서 한학을 수학하여 해박한 지식을 쌓았다. 1907년 신학문을 배우기 위해 근대식 학교인 군산공립보통학교 보습과(補習科)에 입학, 1년만에 수료하고, 그 뒤 2년 동안 서울과 일본 도쿄(東京)를 내왕하며 근대학문을 공부했다.

또한 애국사상을 고취하기 위하여 북간도로 가서 명동학교를 설립하여 조선 역사를 가르치고 동포 자녀들에게 민족의식을 불어넣었다. 1910년 한일합방 후, 북간도에서 귀국한 황의돈은 계속 항일독립운동을 벌이려고 하였으나 뜻을 이루지 못하자 중국으로 다시 망명하려 했다. 그러나 이승훈 등의 만류로 포기하고, 안주·가산·정주 등지에서 국사교육을 맡아 후진들에게 민족의식을 고양시켰다.

1911년 안창호(安昌浩 : 1878~1938)가 설립한 대성(大成)학교에서 국사교육을 맡았으며, 1913년 향리에 돌아와 청년들에게 국사를 강의하기도 하였다.

1916년 서울 YMCA 강당에서 국사 강연을 한 것이 문제가 되어 일본경찰에 붙잡혔으며, 재직하고 있던 휘문의숙의 교사직에서 파면

---

41) 장순용, 〈백봉 김기추〉《대중불교》, 1992년 5월호 ; 李政, 《한국불교인명사전》, 1993, 불교시대사.

되었다.

그는 1920년 이후 약 20여 년 간 보성고등보통학교에서 국사 및 한문강의를 계속했고, 휘문고등학교와 중동학교의 교원도 겸임했다. 1938년 이후 중일전쟁이 확대됨에 따라 우리나라 국사와 한국어 교육이 금지되자 보성고보의 교사직을 사임하고 조선일보사 기자가 되었다. 1940년 《조선일보》가 폐간되자 기자직에서 물러나 향리에 은거했으며, 1942년 불교에 귀의했다. 오대산에 입산, 한암선사에게 사사했고 그 이후 말년에는 국사에서의 불교, 특히 선(禪)의 기능을 연구했다.

1945년 해방이 되자 동국대학교 교수로 재직하며 후진 교육에 힘쓰다가 1964년 나이 75세로 별세했다.

저술로는 《대동청사(大東靑史)》,《조선신사(朝鮮新史)》,《중등조선역사》 등의 역사서와 《화담서경덕전》,《이목은전》,《안의사(중근)전》,《손의암(병희)전》 등 다수의 전기가 있으며 그 외 〈갑오혁신운동과 전봉준〉 등 여러 편의 논문이 있다.[42]

8. 임정에서 활동한 백성욱

3·1운동 때 불교중앙학림의 학생으로 독립만세시위에 참여하고 이어 4월 하순에는 신상완(申尙玩)·김법린 등과 함께 상해로 건너가 임시정부에 참여한 독립운동가이자 불교학자, 스님이었던 백성욱(白性郁 : 1897~1981)은 해방 후에는 교육자, 정치가로도 활약하였다.

백성욱은 한성부 연화방(지금의 서울 연지동)에서 1897년 8월 19일 태어났으며 그의 부친은 백윤기(白潤基)이다. 그는 1901년 호동(壺洞)

---

42) 《해원문고》 1960, 동국대출판부 ; 〈황의돈 선생 고희기념사학논총〉, 1960, 동국대출판부.

학교에 입학하여 1903년 수료하고, 1904년부터 서숙(書塾)에서 한문을 수학하고 1910년 14세의 나이로 출가했다. 그가 일찍 출가한 이유에 대해서는 내금강 지장암에서 백성욱과 함께 수행한 김기룡(金起龍)이 쓴 〈내금강 지장암과 백성욱 박사〉란 다음의 글에서 미루어 짐작할 수 있다.

    백 선생님(백성욱)이 歐洲留學 당시에 學費調達도 調達이시고, 早失父母하신 후의 뒤치다꺼리를 해 주신 外祖母任이 別世하신 後에 義理上으로라도, 多大한 재산을 처리하시기 위하여서라도 初喪에 當然히 나오셔야 할 것이나 地藏庵 대중을 위하여 못 나오셨으니, 이것은 아는 者 알 뿐이다.[43]

백성욱은 1910년 7월 봉국사(奉國寺)에서 최하옹(崔荷翁) 대선사를 은사로 하여 득도하였다. 이듬해부터 전국의 여러 절에 설치된 불교 전문강원에서 불교경전을 공부하였다. 그는 1917년 불교중앙학림에 입학하여 1919년 졸업하고 3·1운동 때 신상완(申尙玩)·김상헌(金祥憲)·정병헌(鄭秉憲)·김대용(金大鎔)·오택언(吳澤彦)·김봉신(金奉信)·김법린 등과 함께 한용운이 운영하는 《유심(惟心)》사 사옥에서 독립선언서를 받아 서울시내 배부와 만세시위에 참가하였다. 백성욱은 3·1운동에 참여한 후 같은 해 4월 하순 신상완·김대용·김법린과 같이 압록강 건너 안동현(安東縣) 이륭양행(怡隆洋行)으로 가서 그 곳의 협조를 얻어 상해에 건너가 임시정부에 참여하였다.[44]
  백성욱은 상해임정에 참여하면서, 임정 국내 특파원으로 귀국하였다가 안동현 육도구(安東縣 六道溝) 동광상점(東光商店)에 머무는 김

---

43) 金起龍,〈內金剛地藏庵과 白性郁博士〉《백성욱박사문집》, 제1집, p.400. 1959, 백성욱박사頌壽기념사업회.
44) 이철교,〈한국불교사연표〉《한국불교총람》, p.1337. 1993, 대한불교진흥원.

법린・김대용, 서울의 백초월(白初月)・박민오(朴玟悟)・김봉신, 지방의 김상호(金尙昊)・김상헌(金祥憲) 등과 함께 지하신문 《혁신공보(革新公報)》를 발간・배포하였다(1919. 5).[45]

백성욱은 신상완과 함께 같은 해 8월 중순 국내에 지령을 보내 불교계 대표를 임시정부에 파견해 달라고 요청하였다. 이에 따라 김상호・김상헌이 주선하여 포광 김영수(包光 金映遂)가 상해임정으로 밀파되었는데 김상헌이 포광을 수행하였다.[46]

백성욱은 상해임정에서 활동하다가 1920년 프랑스 파리로 가서 보배고등학교에 입학하여 독일어와 라틴어 등을 공부하였다. 또 그는 1922년 독일의 벌쓰불룩대학 철학과에 입학하여 고희랍어와 독일신화사(獨逸神話史), 천주교의식(天主敎儀式), 문명사 등을 연구하였다.

그는 1924년 9월 벌쓰불룩대학을 졸업하고 이듬해 8월 〈불교순전철학(佛敎純全哲學)〉이란 논문으로 철학박사학위를 획득하고 같은 해(1925) 9월 9일 귀국하였다. 그는 고국으로 돌아와 서울 돈암리(敦岩里)에 머물면서 9월 14일 중앙교무원의 열렬한 환영을 받았다.[47] 금의환향한 백성욱의 이력이 《불교》지(제16호, p.47, 1925. 10)에 소개되고 그는 〈나의 신앙과 느낌〉(《佛敎》 제19호, pp.11~44, 1926. 1), 〈현대적 불교를 건설하랴면〉(《佛敎》 제24호, pp.8~16, 1926. 8) 등 많은 글을 발표하였으며 1926년 부처님 오신 날에는 중앙교무원에서 〈석존의 감화를 받은 우리와 우리의 의무〉라는 연제(演題)로 강연을 하기도 하였다.[48]

그는 1926년 4월 중앙불교전문학교 교수로 취임하여 강의를 하다

---

45) 위와 같음.
46) 위와 같음.
47) 《佛敎》 제16호, p.41. 1925. 10. 1.
48) 《佛敎》 제25호, p.54. 1926. 7. 1.

가 1928년 9월 교수직을 사임하고 금강산 안양암(安養庵)으로 들어가 홀로 수도(修道)에 전념하였다. 그는 1929년부터 '대방광불화엄경(大方廣佛華嚴經)'을 제창하며 수행하였는데 함께 수행하기를 원하는 수도인이 많아 안양암에서 내금강 지장암(地藏庵)으로 1930년 옮겼다. 그는 지장암에서 여러 대중과 8년 간 수행하였는데, 그 무렵 함께 생활한 적이 있는 김기룡은 백성욱과 대중들의 수행 모습을 다음과 같이 전하였다.

　　우리 地藏庵 大衆은 그(백성욱)의 法에 依하여 아침 四時에 일어나 可能한 限 몸을 청결하게 하여 心身을 爽快하게 한 후(자기 心身을 위하여 서나 우으로 부처님을 恭敬崇拜하는 禮로나) 예불을 드리고 工夫를 하되, 이 工夫야 말로 지장암 백 선생님의 獨特한 法이시니 곧 〈大方廣佛華嚴經〉이시다. 〈대방광불화엄경〉을 불러 밖으로 諸 因緣을 끊고, 그 한 마음에 받은 바 法을 지켜 안으로 헐덕거리는 불(火)을 쉬니, 마음 속에 潛在하여 無明을 作한 諸業障을 낱낱이 집어내며 甚至於는 그 한 마음에 티끌(塵)만치도 부치지 않으며, 이와 같이 三時間 이상 공부를 한 후에 공부를 마치고 九時頃에 摩旨를 졌수고 九時로 十時 사이에 아침 供養을 하고 난 뒤에는 밭에 나가 農事作業을 하는 班도 있고, 山에 올라가 越冬하기 爲한 나무 準備하는 班도 있고, 大衆의 옷(衣服)을 마련하는 班도 있으며, 或 어떤 날에는 內金剛에서 西便으로 約 三十里되는 곳에 있는 北倉에 왼 大衆이 가서 누구나 供養米 小斗 三斗를 사 지고 途中에서 한 번도 쉬지 않고 지장암으로 돌아와서 저녁 食事도 아니하고(새로 온 大衆에게는 食事를 提供하지만 지장암에 들어 온 지 五十日 이상 넘은 대중은 日中食을 하는 故로) 夕 六時半이나 七時에 禮佛을 졌수고, 下午 九時까지 工夫를 하되 아침 工夫는 받은 바 法을 지켜 들고 쳐서 깨치는(覺) 工夫요, 저녁 공부는 그날 終日의 疲困을 푸는 공부니, 이와 같이 피곤을 풀은 다음 就寢하고 其 翌日에 寅時에 다시 일어나 禮佛졌수고 工夫하니, 이것이 每日 그날 그날의 工夫의 課程인 것이다.[49]

---

49) 金起龍, 〈內金剛地藏庵과 白性郁博士〉《白性郁博士文集》第一輯, pp.392~

내금강 지장암에서는 새벽 4시에 기상하여 세수한 후 예불을 올리고 백성욱의 가르침에 따라 '대방광불화엄경'을 염불하듯 제창하였다. 이를 3시간 가량 행하고 9시경에 마지를 올렸으며 9시에서 10시 사이에 아침공양을 하였다.

공양 후에는 반별로 농사작업, 땔나무하기, 옷 만들기 등의 운력을 하였다. 어떤 날은 지장암의 전 대중이 암자에서 30리 떨어진 북창에 가서 공양미 3말(小斗 三斗)을 사 지고 중도에 한 번도 쉬지 않고 지장암으로 돌아왔다. 이렇게 운력을 마치고 저녁 6시 반이나 7시에 저녁예불을 올리고 밤 9시까지 공부를 하고 취침하였다.

그런데 지장암의 대중들은 하루에 한 번밖에 식사를 하지 않았는데 지장암은 온 지 50일이 안 된 사람에게는 저녁식사를 제공하였다.

백성욱을 지도자로 하는 지장암의 대중들은 이렇게 엄격한 수행을 매일 실천하였다. 백성욱의 학덕과 수행력은 당시 경성에 있는 불교전문학교 학생들에게도 널리 알려졌는지 불전(佛傳) 학생들은 동맹휴학(同盟休學)을 일으키고 내금강까지 대표를 파견하여 백성욱에게 교장에 취임해 주기를 간청하였다.[50] 그러나 백성욱은 "오직이나 자격이 없어야 입산을 하였겠느냐" 등의 말을 하면서 끝까지 거절하고 수행생활을 실천궁행(實踐窮行)하였다.

백성욱은 지장암에서 회중수도(會中修道)를 8년 간 계속하였으나 1938년 일본경찰의 탄압과 압력으로 그만 둘 수밖에 없었다. 그리하여 1939년부터 서울 돈암동 자택에서 좌선수도하였다.

1945년 광복과 동시에 애국단체인 중앙공작대(中央工作隊)를 지도하여 민중계몽운동을 하였으며, 또 군정을 종식하고 이승만에게 정권을 양도하라는 연판장을 만들어 재동경점령군사령관 및 재한미군

---

393. 1959, 백성욱박사송수기념사업위원회.
50) 위의 책, p.390.

사령관에게 보냈다.

1946년부터는 이승만을 중심으로 한 건국운동에 참여하였고, 1950년 2월에는 건국운동에 참여한 공로로 내무부장관에 임명되었으나 뜻과 같지 않음을 개탄하여 5개월만에 사임하였다. 1951년 2월에는 한국광업진흥주식회사 사장으로 취임하였고, 10월에는 동국대학교 동창회장에 취임하였으며, 1952년과 1956년에는 부통령으로 입후보하기도 하였다.

1953년 8월에는 동국대학교 총장에 취임하였고, 1954년 5월에는 동국학원 이사장에 취임하였으며, 1955년에는 대광유지(大光油脂) 사장에 취임한 뒤 동국대학교 대학원에서 《금강삼매경론(金剛三昧經論)》·《팔식규거(八識規矩)》·《조론(肇論)》·《염송(拈頌)》·《보장론(寶藏論)》·《화엄경》 등을 차례로 강의하였다.

그 뒤에도 광업진흥주식회사 사장, 경기학원 이사장, 고려대장경보존동지회 회장, 동국대 장학회 이사장 등을 역임하면서 불교의 전포 및 동국대 발전에 기여하였으며 1961년 5·16쿠데타로 총장직에서 물러나 초야에 있다가 1981년 85세로 태어난 날인 8월 19일에 입적하였으며, 경기도 양주군 대승사(大乘寺)에 사리탑과 비를 건립하였다. 조명기(趙明基)·김갑수(金甲洙)·박동기(朴東璣) 등 7백여 명의 제자들이 금강경독송회를 조직하여 백성욱의 유지를 잇고 있다. 저서로는 《백성욱박사문집》(1959)이 있다.[51]

9. 환경스님의 항일운동

환경(幻鏡 : 1887~1983)스님 속명은 임재수(林在修)이고 본관은 나주이며 경남 합천군 가야 사람이다. 그는 8세에 이동광(李東光)에게

---

51) 《백성욱박사문집》, 1959 ; 李政, 《한국불교인명사전》, 1993, 불교시대사.

사서(四書)를 비롯한 한학을 공부했고, 1899년 13세에 가야산 백련암의 연응(蓮應)스님에게 출가하였다.

1902년 사미계와, 1908년 비구계를 받았다. 1919년 2월 상경하여 백용성과 한용운스님 등을 만나 독립운동에 대한 지시를 받고 탑골공원의 3·1만세운동에 참가했다.

환경스님은 1924년 친일승려인 회광사선(晦光師璿)이 은행에 저당한 해인사 토지 4천여 두락을 17년 간 연부상환했는데, 당시 해인사 교무직을 맡고 있었으며 또 1926년 해인사 법당 앞의 석축 및 삼층석탑을 개축했다.

1932년 8월 5일, 만해 한용운이 해인사를 방문했을 때, 그는 해인사 주지 허능산(許菱山), 전 주지 김만응(金萬應)스님 등 여러 대중의 환영을 받았다. 만해는 절 안의 여러 곳을 참배하고 감무(監務) 장보해(張寶海), 강사 유엽(柳葉), 임환경(林幻鏡)스님 등의 안내를 받아 영자전(影子殿)을 참배하였다. 당시 영자전은 환경스님이 주석하고 있는 암자였다. 환경스님은 만해 한용운과 함께 영자전에 온 스님들에게 석차(石茶)를 내놓았다. 이 차는 환경스님이 '신발명(新發明)'한 것인데 산배(山梨), 일명 돌배(石梨)의 즙(汁)이었다. 이를 석차라 한 것은 돌배를 석리(石梨)라 하므로 이 명칭의 '석'자를 취하여 '석차'라 명명(命名)하였다. 가을에 돌배를 따 두었다가 즙을 내서 그릇에 담아 밀폐해 두면 수년을 두어도 그 맛이 변하지 않는다고 한다. 그 해 만해가 마신 석차는 3년된 것이었다.[52] 환경스님이 만해에게 대접한 석차는 전통적인 녹차가 아니라 산배로 만든 일종의 과일차인 셈이다.

환경스님은 재일조선불교유학생 잡지인《금강저(金剛杵)》간행을 후원했으며, 일제말 홍제암에 주석하며 시조〈백로가〉를 유포하는 등

---

52) 萬海,〈해인사순례기〉《佛敎》제100호, p.115. 1932. 10.

독립정신을 고취하다가 1943년 일본경찰에 붙잡혀 1년 동안 옥고를 치렀다. 이 때 일본경찰이 홍제암의 사명대사 비석을 파괴했다. 이 사건은 당시 해인사 주지 변설호스님이 왜경과 야합하여 일어난 일이다.

광복이 되고 환경스님은 1946년 해인사 주지에 취임해 사명대사의 비석을 다시 건립했고, 1949년 주지직에서 물러나 홍제암·숭산농장 등에서 머물렀다. 특히 환경스님은 일생 동안 서도에 정진했는데, 이를 포교의 일환으로 여겨 구순 노령에도 붓을 놓지 않았다.

해인사 어귀의 반석에 새긴 나무아미타불·지장보살·옥류동천(玉流洞天)·절승대(絶勝臺)·사자문(獅子門), 그리고 3기의 석주(石柱) 등은 그가 쓰고 새긴 것이다. 만년에 가끔 달마도를 그리기도 했으며 저서로는 《환경대선사회고록》(1982, 서문당)이 있다.[53]

10. 항일과 친일을 오락가락한 구하스님

강석주(姜昔珠)스님의 《불교근세백년》(1980, 중앙일보사)에 의하면 구하(九河)스님은 1919년 3·1운동 후 상해임시정부에 모두 1만 3천원의 거금을 독립운동자금으로 보냈고, 이로 인하여 일경의 눈을 피하기 위해 본의 아니게 일제에 협력하였다고 서술되어 있다. 물론 석주스님이 구하스님의 말을 듣고 서술한 것인데 실제 이 말의 후반부는 진실이 아니다.

구하스님은 3·1운동이 일어나기 2년 전인 1917년 통도사 주지로서 30본산연합사무소 위원장으로 선출되었다. 당시 조선 총독 하세가와(長谷川好道)의 특별 희사금 300원과 산현(山縣) 정무총감의 100원 등의 하사금을 받아 이회광(李晦光)·강대련(姜大蓮) 등 9명의 일본시찰단 단장이 되어 1917년 8월 31일부터 9월 24일까지 25일 동안 일본

---
53) 이정,《한국불교인명사전》, 1993, 불교시대사.

각지를 시찰하면서 각종 친일행위를 저질렀다.[54] 따라서 거액의 독립운동자금을 상해임정에 보내기도 했지만, 그에 앞서 친일 행위를 저지른 것도 사실이다.

구하(1872~1965)스님의 법명은 천보(天輔)이고, 자호는 취산(鷲山), 구하는 법호이다. 《한국불교인명사전》(1993, 불교시대사)에는 구하스님에 대해 "성은 김(金), 본관은 경주, 아버지는 김한술(金漢述), 어머니는 신(申)씨"라고 기록되어 있다.

그런데 생전에 구하스님을 만난 적이 있는 《조선일보》의 이규태(李圭泰) 기자는 장기 연재중인 〈이규태칼럼〉에서 이렇게 기록하였다. 입적하기 전 이규태가 구하스님을 만났을 때 그는 '자신은 강보에 싸여 통도사 문전에 버려진 기아(棄兒)였다'[55]고 술회했다는 것이다.

이렇게 절간에 버려진 그는 통도사에서 동승생활을 하고 1884년 13세에 양산 천성산(千聖山) 내원사(內院寺) 주관(主管)을 은사로 출가하고 경월(慶月)에게 사미계를 받았다. 1890년 예천 용문사의 용호 해주(龍湖 海珠)의 강석에 참석했다. 여러 산의 노장들을 차례로 방문해서 교와 선에 능통한 후에 통도사로 돌아와서 부처님께 기도하는 생활에 빈틈이 없었다. 1906년 명진(明進)학교를 설립하고 교감·교장이 되어 인재육성에 힘썼다. 1908년 3월 전국의 승려 대표자 52인이 원흥사(元興寺)에 모여서 회의를 열고 새로 원종(圓宗) 종무원을 구성했는데, 이 때 해인사 주지 회광사선(晦光師璿)이 종정으로 추대되었고, 구하스님은 회명일승(晦明日昇)과 함께 인사부장에 뽑혔다. 통도사 주지로 1910년 한일합방을 맞이하였고 1917년 30본산연합사무소 위원장에 선출되었다.

1917년 8월말 일제측의 적극적인 협조하에 시찰단을 이끌고 일본

---

54) 〈시찰일지〉《조선불교총보》제7호, 1917. 9.
55) 〈李圭泰 코너〉《조선일보》, 1994. 5. 29.

에 건너간 구하스님은 경성을 출발할 때는 친일 거두 이완용과 이윤용(李允用) 등의 전송을 받았고 일본에서는 일제측의 환대에 넘치는 접대를 받았다. 9명으로 구성된 시찰단 중 다른 사람의 행적은 생략하고 구하스님의 친일행적만 열거하면 이러하다.

 1917년 9월 4일, 김구하 일행은 당시 일본 총리였던 데라우찌 마사다케(寺內正毅)의 초청으로 총리 관저에 갔다. 제3대 조선통감이자 1910년 한일병합을 성사시켰고 초대 조선총독으로 우리 민족의 공적 제1호라고 할 수 있는 데라우찌에게 30본산연합사무소 위원장이자 시찰단 단장인 구하스님은 시가가 무려 150원이나 하는 은제 향로를 선물하였다. 이에 보답하듯 데라우찌는 김구하 일행을 식당으로 데려가 다과 따위의 음식물로 향응을 베풀었는데, 이를 보도한 《조선불교총보》[56]의 표현을 빌리자면 '아름답고 아름다운(梶梶) 담화'를 나누었다고 기록하고 있다. 다음 날인 9월 5일 오전 시찰단 단장 김구하는 총리 사저에 가서 데라우찌의 부인을 문병하였다. 그는 조선승려를 대표하여 총리 부인에게까지 찾아가 친일 아부를 했던 것이다.

 김구하는 9월 12일 일광산(日光山)에 피서중인 일왕 대정(大正)이 지나가는 상야역(上野驛)에서 시찰단을 이끌고 일본왕의 얼굴을 지척에서 보는 영광(?)을 누리기도 했다. 9월 16일에는 명치천황의 무덤인 경도의 도산어능(桃山御陵)에 가서 참배를 하였다. 그리고 명치천황의 영전에서 '천황의 권속들인 우리들'이라는 문장으로 시작하는 축문을 읽었다.

구하스님의 항일행적

 1919년 3·1운동 직후 신상완(申尙玩)스님 등이 여러 차례 상해임

---

56) 〈시찰일지〉《조선불교총보》 제7호, 1917. 9.

정을 다녀와 임정의 뼈저린 빈곤상을 범어사의 몇몇 스님들에게 전하였다. 범어사의 원로 이담해(李湛海)·오성월(吳惺月)·김경산(金擎山)·오리산(吳梨山)·김상호(金尙昊)·김상헌(金祥憲)·김석두(金石頭) 스님 등은 밀의한 끝에 상당한 금액을 사재(寺財)에서 출연하여 김상호스님으로 하여금 상해임정에 헌납하게 하였다.

이 무렵 통도사 주지인 김구하스님은 범어사와 마찬가지로 사재(寺財) 중에서 독립운동자금을 출연하였는데 이를 사내 대중과 협의하지 않고 혼자서 결행하였다. 구하스님이 밝힌 독립운동자금의 내용을 보면 안창호(임정 국무총리)가 보낸 밀사에게 5천원, 백초월(白初月, 스님, 경성 革新公報 사장)에게 2천원, 이종욱(李鍾郁, 월정사 스님, 군자금모집) 3천원, 정인섭(鄭寅燮, 독립운동가) 1천원, 오리산(吳梨山, 범어사 스님, 상해 갈 때) 5백원, 장재륜(張載輪) 5백원, 신정흔(辛定欣) 5백원, 김포광(金包光, 스님, 상해 갈 때) 3백원, 정탁(鄭鐸) 1백원, 양만우(梁萬佑) 1백원 등 모두 1만 3천원이다.[57]

통도사의 공금 중 1만 3천원을 독립운동자금으로 지출한 구하스님은 이를 메꾸기 위하여 개인 소유의 논 6천6백 평을 팔아 충당하였다. 그런데 통도사의 회계를 맡은 김혜경스님이 사찰재산으로 독립운동자금을 대주었다고 일경에게 밀고하였다. 일경에게 소환된 구하스님은 그런 일이 없다고 딱 잡아뗐지만 이후로 일경의 감시가 날카로웠고 이로 인해 가능한 한 일제에 협력하였다[58]고 하였다.

구하스님이 독립운동자금을 상해임정에 보냄과 동시에 상해에서는 구하·성월(惺月)스님 등 대한승려연합회 대표자 12인 명의의 선언서가 살포되었다. 〈대한승려연합회 선언서〉는 우리말과 중국어·영어의 3개 국어로 인쇄된 것인데 김규식(金奎植) 박사가 파리평화회의

---

57) 강석주·박경훈 공저, 《불교근세백년》, pp.182~183. 1980, 중앙신서.
58) 위와 같음.

에 전권대사로 갈 때 지참했다는 설도 있다. 이 선언서에 서명 날인한 스님들은 일경의 시선을 피하기 위해 가명을 사용했는데 구하스님은 김취산(金鷲山)이란 이명을 사용했다. 이후 스님은 호를 취산(鷲山)이라 했는데, 이는 스님이 주석한 통도사의 산 이름이 영취산(靈鷲山)이므로 거기에서 따왔던 것이다.

그런데 구하스님의 사재(寺財) 1만여 원의 유출에 대해서는 또 다른 사유가 있다는 설도 있다. 즉 1923년 4월부터 1925년 주지 사임 때까지 당시 신문인《매일신보(每日申報)》와《불교(佛敎)》지의 기사에 의하면, 구하스님은 이도화(李道和, 당시 31세)와 이남숙(李南淑, 19세) 자매를 비롯하여 여승 김만각(金晩覺, 31세)·강봉근(姜鳳根, 21세), 상궁의 딸이라는 양경숙(梁景淑) 등과 불륜의 관계에 있었다고 게재되어 있다.[59]

이러한 김구하의 스캔들은 통도사는 물론 이도화의 법정 문제 제기와《매일신보》의 기사 보도로 세상 사람이 모르는 이가 없도록 떠들썩하였다. 그리하여 통도사 본말사 승려가 일제히 일어나 구하 주지를 내쫓자는 여론이 비등하였다. 이로 인해 주지 연임이 어려워지자 김구하는 대중회의를 연다는 핑계로 출석자의 도장을 받아 주지 선거의 찬성자 명부로 변조해 총독부에 제출하였다. 이를 안 통도사의 김경봉(金鏡峯) 외 80여 명의 스님이 대중회의를 열어 주지취소신청을 제출하기로 결의하고 김구하로부터는 주지직을 사임하겠다는 명증서(明證書)를 받아냈다.[60]

김구하의 비행(非行)과 공금 1만여 원 횡령사건은 김구하가 주지직인을 가지고 잠적한데다,[61] 1924년 6월 10일 서울 수송동 32번지

---

59) 《每日申報》3면. 1923. 4. 23 ; 한국불교근현대사자료집 II,《신문으로 본 한국불교근현대사》下, pp.181~182. 1999, 선우도량 재인용.
60) 《매일신보》5면. 1923. 12. 1.
61) 《매일신보》3면. 1923. 12. 30.

각황사(覺皇寺)에서 상애회(相愛會) 회원인 김진태(金鎭泰)·김주용(金柱用) 두 사람에게 구타당하는 불상사로 번졌다.[62] 김구하를 둘러싼 비행과 말썽이 이처럼 끊이지 않자 신문에는 '통도사 주지(김구하) 지옥을 잊었는가?' 하는 주민(梁山 一村民)의 성토문[63]이 게재되었으며 마침내 1925년 8월 1일 총독부의 종교과 촉탁 도변창(渡邊彰)과 경남 학무과장 정교원(鄭喬源), 양산군 촉탁 김일환(金日煥) 등 3명의 입회하에 정식으로 통도사 주지직을 사임하였다.[64]

이 일련의 사태를 보건대 당시 통도사 본말사의 대다수 스님들은 김구하가 '애첩 칠팔인'[65]과 놀아나는 유흥비로 1만여 원의 절 재산을 축낸 것으로 보고 있다. 당시 김구하의 사재(寺財) 1만여 원의 유출금 중 독립운동자금과 유흥비용으로 각기 얼마씩 지출되었는지 당사자와 관련자들이 모두 타계한 현재로서는 그 진위를 밝히기가 어렵다. 전후 상황으로 볼 때 김구하는 독립운동자금으로 사중 돈을 보낸 것도 사실이고 일부는 유흥비용으로도 쓴 것같이 보이나 그 자세한 진실은 부처님과 김구하 본인만이 알 것이다.

김구하는 이러한 사건(독립운동자금 및 여성스캔들)들이 불거져 나오기 전, 즉 3·1운동 바로 다음 해인 1920년 4월에 총독부와 야합하여 친일불교 단체를 설립했다.

국사편찬위원회의 《일제침략하, 한국 36년사》 제5권에는 김구하에 대해 다음과 같이 서술되어 있다.

>　(총독부 당국은) 데라우찌(寺內正毅)와 깊은 사이인 친일 승려 김구하(金九河) 등을 시켜 통도사 주지 정재화(鄭在華)와 조봉승(曺奉承)과 함께

---

62) 《매일신보》 3면. 1924. 6. 12.
63) 《매일신보》 3면. 1924. 10. 22.
64) 《佛敎》 제16호, p.44. 1925. 10. 1.
65) 《매일신보》 3면. 1923. 4. 23.

서울에서 동아불교회(東亞佛教會)를 세웠다.[66]

이 기록과 더불어 시찰단을 이끌고 일본을 다녀온 김구하의 행적으로 볼 때 그는 우리 민족 공적(公敵) 제1호로 치부되는 초대 조선총독 데라우찌와 밀접한 사이로서 3·1운동 다음 해에 친일단체인 동아불교회 설립도 주도했음을 알 수 있다.

김구하는 1937년 3월초 총본산(태고사) 건설 고문 4인(강대련, 송종헌, 김경산, 김구하) 중 1인으로 선출되었고 중일전쟁(1937) 발발 후에는 조선불교계에서 북지황군위문단(北支(북중국)皇軍慰問團)을 파견하는 31본산주지회의에 통도사 대표로 출석하였다.[67] 이 회의에서 31본산주지들은 중국 화북지역에서 전투중인 일본군을 위해 북지황군위문단을 파견하기로 결정하였다.

해방 후 김구하는 1949년 10월, 박원찬(朴圓讚)의 후임으로 제3대 중앙총무원장에 취임하였다.[68] 그는 1965년 10월 26일 통도사에서 입적했다. 그의 생애를 항일과 친일이라는 논리로 보면 선친일(先親日), 중항일(中抗日), 후친일(後親日)이라 표현할 수 있다. 이는 1917년 일본시찰시의 행적이 선친일에, 1919년 3·1운동 직후의 독립운동자금 제공이 중항일에, 그리고 1920년의 동아불교회의 설립 등이 후친일에 해당된다.

11. 담해스님의 항일행적

원종의 종정 이회광이 1910년 한일병합 직후 조선불교를 일본불교 조동종에 병합하려 할 때 담해스님은 한용운·오성월·경산스님 등

---

66) 국사편찬위원회,《일제침략하, 한국 36년사》제5권, 1920년 4월 28일조.
67)《佛教》신제9집, 1937. 12. 1.
68) 이철교,〈한국불교사연표〉, 앞의 책, p.1361.

과 함께 이를 저지하는 임제종운동에 동참하였다. 그리고 1919년 3·1운동 직후 상해임정이 경제적으로 몹시 어렵다는 사정을 듣고 상당한 금액을 각출하여 임정에 독립운동자금으로 보내는 데 참여하였다. 이처럼 임제종의 자주화운동과 임정의 독립운동자금 모집에 활약한 담해(湛海 : 1860~1933)스님은 법명이 덕기(德基)이고 담해는 호이며, 속성은 이(李)씨이며 경남 울산에서 태어났다.

담해는 1877년 18세에 동래 범어사의 연운(蓮雲)에게 출가했으며, 1899년 우봉(友峰)의 법을 이었다. 그 뒤 총섭(摠攝)이 되었다가 범어사 주지로 임명되었으며 범어사의 전각을 중수하고 단청을 했다. 그러나 불사에만 얽매여서 수도하지 못함을 자책하고 1905년 양산 내원선원(內院禪院)으로 가서 하안거를 마친 뒤 선지식을 찾아 금강산 등지를 순례하면서 3년 간 수도하다가 다시 내원선원에서 용맹정진 했다. 이 때 이사불이(理事不二)의 경지에 이르게 되자 다시 불사에 착수하여 《선문촬요(禪門撮要)》와 《권왕문(勸往文)》 수천 부를 만들어서 배포했고, 《지장경》을 국역한 뒤 1천여 부를 인쇄하여 보시했으며, 내원암의 사적비를 세우기도 했다.

1910년 원종의 종정 이회광이 한일 불교합병을 추진하자 그는 이에 반대하여 세운 임제종(臨濟宗)에 합세하여 성월(惺月)·한용운·경산(擎山) 등의 스님들과 함께 조선불교 자주화운동을 하였다.

1919년 3·1운동 무렵 담해스님을 비롯한 범어사의 경산·성월·이산(梨山)·상호(尙昊)·상헌(祥憲)·석두(石頭)스님 등은 중국 상해의 임시정부가 경제적으로 몹시 어렵다는 것을 상완스님 등을 통해 알고는 밀의 끝에 상당한 금액을 사재(寺財)에서 출연, 김상호스님으로 하여금 상해임정에 헌납하게 했다. 이리하여 임시정부는 담해·경산·성월스님을 고문으로 추대하고, 그 추대장을 김상호스님을 통해서 전달했다.

담해스님은 만년에 적광토굴(寂光土窟)에 머물면서 선을 닦았으며, 1933년 7월 8일 나이 74세, 법랍 56년으로 입적했다. 다비한 후 부도를 세웠으며, 남전광언(南泉光彦)의 글을 받아서 1934년 비를 세웠다.[69]

---

69) 이정, 《한국불교인명사전》, 1993, 불교시대사.

제4장
3·1운동 후 불교계의 항일투쟁

제1절 불교계 인사들의 임정활동

 3·1운동은 일제강점기 우리 민족에게 끼친 영향이 지대하다. 일제의 강압적인 무단통치에 태극기와 독립선언서만으로 그들의 무력에 맞서 맨손으로 독립투쟁을 전국적으로 전개하였다는 것은 거대한 우리 민족의 자유와 광복을 열망하는 치열한 의식의 발로였다.
 외견상 3·1운동은 실패한 것으로 보이지만 실제로는 3·1운동을 통하여 우리 민족의 열화와 같은 자주독립 의식이 모든 겨레의 가슴에 충만되는 중요한 계기가 되었다. 이러한 민족적 의거에 불교계에서도 한용운·백용성을 비롯하여 중앙학림에 재학중이던 학생스님이며 각 지방의 크고 작은 많은 사찰의 스님과 불자 및 주민들이 만세시위에 참가하였다.
 이렇게 3·1운동으로 촉발된 우리 민족의 독립의지는 자주독립운동의 장기화·체계화를 위하여 임시정부의 수립을 계획하게 되었다. 이러한 계획은 국내외에서 동시다발적으로 전개되었다.
 이 가운데 국내에서 제일 먼저 조직된 것이 한성임시정부이다. 그 과정을 살펴보면 대략 이러하다.
 서울지역을 중심으로 한 김사국(金思國)·한남수(韓南洙)·홍면희

(洪冕憙)・이규갑(李奎甲) 등의 임시정부 수립계획은 3월 중순경부터 시작되었다. 이들은 비밀리 연락, 회합하면서 각 방면으로 동지자들을 구하고 구체적인 방안을 협의하는 중에, 1919년 4월 2일을 기해 각 방면의 대표자들이 인천의 만국공원에서 집합하여 정부수립 문제 등을 결정하기로 하였다.

그러나 이 때는 만세운동이 전국적으로 진행중이고 일제측의 경계가 도처에 삼엄하였기 때문에 다수 인원의 집합이 곤란하고 또 위험하기도 하여 동지간에도 말과 서류 대신 엄지손가락에 흰 종이나 헝겊을 감아서 상면 없는 사이지만 무언중에 서로 알게 하는 등 비밀보장의 방법을 취하지 않을 수 없었다.

마침내 4월 2일 오후, 홍면희・이규갑・안상덕(安商悳)・권혁채(權赫采) 등 지방 대표자들을 합하여 약 20명이 예정대로 인천 만국공원에 집합하였는데 각 종교계를 대표한 인사들은 불교 이종욱(李鍾郁) 스님, 천도교 안상덕, 예수교 박용희(朴用熙)・장붕(張鵬)・이규갑, 유교 김규(金奎)였다.

이들은 만국공원 부근의 음식점 방을 빌어 비밀회의를 갖고 임시정부의 조직과 파리평화회의에 대표 파견 및 국민대회를 열어 정부의 수립을 내외에 선포하는 등의 사항에 대하여 합의를 보았으며 그것을 위한 연락・주선・준비를 홍면희・한남수・이규갑・민강(閔橿) 등이 주로 맡게 되니 여기서 비밀 독립운동 본부의 활동은 급속도로 진전을 보게 된다.[1]

1919년 4월 23일 25인의 국민대회 13도 대표자들이 〈국민대회 취지서〉를 발표하고, 〈임시정부 선포문〉을 당시 세계적 통신기관인 연

---

1) 이규갑, 〈한성임시정부수립의 전말〉《신동아》 제56호. 김형기(金炯璣) 등 202인 예심결정서. 장채극(張彩極) 등 15인 판결문 ; 국가보훈처,《독립운동사》 제4권, pp.133~134.

합통신을 통해 국내외에 알렸다. 〈국민대회 취지서〉 끝에는 아래와 같이 13도 대표 25명의 명단이 첨부되어 있다.

이만식(李晩植)·이용규(李容珪)·강훈(康勳)·김유(金瑬)·최전구(崔銓九)·이내수(李來秀)·유식(柳植)·김명선(金明善)·기식(奇寔)·김탁(金鐸)·박한영(朴漢永)·이종욱(李鍾郁)·유근(柳瑾)·주익(朱翼)·김현준(金顯峻)·박장호(朴章浩)·송지헌(宋之憲)·강지형(姜芝馨)·홍성욱(洪性郁)·정담교(鄭潭教)·이용준(李容俊)·이동욱(李東旭)·장정(張檉)·장사(張梭)·박탁(朴鐸).[2]

이 한성임시정부에는 4월 2일의 발기모임에 월정사 승려 이종욱이 불교계 대표로 참가하였고, 4월 16일에는 박한영·이종욱스님이 13도 대표 25명과 함께 서울에서 비밀리 회동하여 임시정부의 각원 및 평정관, 파리강화회의 파견 대표를 확정하였다.[3] 4월 23일 한성임시정부의 〈국민대회 취지서〉 발표 때 25인의 대표 가운데 불교계 대표로 박한영과 이종욱스님이 참가하였다.[4]

얼마 후 한성임시정부는 노령의 임시정부, 상해임시정부 등과 협의하여 단일 정부 수립원칙에 의해 상해임시정부로 통합되었다.

한편 3·1운동에 앞장 선 불교계 학생대표들은 각 지방의 만세시민운동을 선두에서 지도하였는데 이들 중 더러는 검거되었으나 대부분 무사히 귀경하였다.

그들은 인사동 신상완(申尙玩)의 자택을 본부로 삼아 앞으로의 독립운동 전개에 대한 새로운 방략을 모색하였다. 그러던 중 중앙학림 대표들은 4월 하순경 중국 상해에 임시정부가 수립되었다는 소식을 듣고 압록강 건너 안동현에 있는 이륭양행(怡隆洋行)으로 가서 그 곳

---

[2] 국가보훈처, 《독립운동사》 제4권, pp.135~136.
[3] 이철교, 〈한국불교사연표〉, 앞의 책, p.1337.
[4] 국가보훈처, 《독립운동사》 제4권, p.137.

의 협조를 얻어 신상원·백성욱·김법린·김대용 등 4명을 상해로 밀파하였다.[5] 이들 4명은 상해 프랑스조계에 있던 하비로(霞飛路)로 임시정부를 심방하여 임정 요인들과 만났다. 때마침 미국에서 돌아온 안창호의 강연도 들었다. 이들은 독립운동의 책원지 상해에 와서 망명 지사들로부터 많은 감명을 받았다. 그 후 김법린과 김대용은 임시정부의 국내 파견원으로 5월 중순경 귀국하였다.

귀국한 김법린과 김대용은 보다 적극적인 투쟁과 해외 소식을 신속히 전달할 사명을 느끼고《화신공보(華新公報)》[6]라는 신문을 비밀리에 발간키로 하였다. 이들은 서울과 지방에 배포망 조직을 완료하고 곧 일에 착수하였다. 박민오(朴玟悟)와 김봉신(金奉信)은 서울에서 발간 책임을 맡고 김법린과 김대용은 만주의 안동현 육도구에서 동광상점(東光商店)이란 간판을 걸고 미곡상을 가장하여 상행위를 하면서 상해에 주재하고 있는 신상완과 백성욱으로부터 오는 신문과 소식 등을 국내에 전달하기로 하고, 김상호와 김상헌은 지방을 돌아다니며 활동하기로 하였다.

이로부터 김법린과 김대용은 깊은 밤까지 상점 밀실에서《압강일보》이면에 화공약품으로《독립신문》과 기타 소식 동정 등을 전재한 후 새벽 먼동이 트기 전에 독목주(獨木舟)로 신의주에 건너와서 우체통에 넣고서는 다시 압록강을 건너가는 생활이 시작되었다. 김법린과 김대용이 전달한 자료는 김상호 등이 등사판을 짊어지고 이 곳 저곳 다니며 간행하여 당시 해외 소식에 자못 궁금하였던 국내 독립운동계에 적지 않은 기쁨과 격려를 주었다.

---

5) 국가보훈처,《독립운동사》제8권, p.883.
6) 국가보훈처,《독립운동사》제8권, p.883.〈제4절 임시정부와 불교〉항에서는 《華新公報》로, 이철교의〈한국불교사연표〉에는《革新公報》로 기록되어 있다. 여기서는 전자를 따랐다.

1919년 6월 중순경, 김법린이 서울로 잠입하였다. 그것은 임시정부의 명에 의하여 국내 독립운동 사료를 사송(寫送)하기 위한 사료 수집 때문이었다. 당시 임시정부에서는 정부 시책의 하나로 1919년 7월 임정사료편찬회를 설치하여 독립운동의 기록을 후세에 남기고, 외국에 파견되는 특사에게 한국 독립의 이론적 근거를 제공하고자 계획하고 있었다. 이에 따라 안창호가 그 총재가 되고 이광수를 주임으로 하는 편집회의 기구가 확정되어 1921년 9월 23일 제1차로 한일 관계 사료 전권을 편찬하였다. 김법린의 서울 잠입은 이와 같은 임정 시책을 지원하기 위한 것으로 그는 수순에 걸쳐 계동에 은거하면서 1884년부터 1910년까지의 사료를 적극 수집하고 또《황성신문》·《대한매일신보》등의 초사(抄寫)를 마친 후 그것을 짊어지고 삼베 두건(頭巾)을 쓴 전형적인 평안도 일꾼 차림으로 무사히 국외로 빠져나갔다.[7]

한편 상해에 남아 있던 신상완과 백성욱 등의 요청에 의하여 국내 불교계의 노덕(老德) 가운데 대표자를 임시정부에 파견키로 했는데, 김상헌과 김상호 등이 동분서주한 결과 포광 김영수(包光 金映遂: 1884~1967)스님이 8월 중순경에 파견되었다. 이 때 수행원으로 김상헌이 동행하였다.

임정에 불교계 대표로 파견된 포광스님은 1896년 12세에 영원사(靈源寺)에 출가하여 환명(煥明)에게 구족계를 받고, 17세에서 22세까지는 금파(琴巴)·진응(震應)·제봉(濟峰) 등의 강백들에게 가르침을 받았다. 이후 명진(明進)학교에 입학하였고, 양주 보광사(普光寺)에서는 강사를 역임했다. 40세까지는 여러 절에서 강사나 주지로 있었는데 1919년 8월에는 불교계 대표로 임정에 다녀오기도 했던 것이다.

1927년 중앙학림의 교수가 되었으며, 혜화(惠化)전문학교의 교수와

---

7) 김법린,〈3·1운동과 불교〉《新天地》1권 2호, 1946. 3. 1.

학장을 역임했다. 1967년 1월 10일 세수 84세로 입적했다. 다비 후 사리 15과가 나와 함양군 송전리 문수동에 봉안했다. 저서는《불교요의》,《해인사지》,《실상사지》,《금산사지》,《국역 금강반야경》등이 있고 논문도 수십 편에 이른다. 1984년 11월 원광대학교에서 그의 논문 및 국역 불전을《한국불교사상 논고》로 묶어 출판했다.[8]

불교계 스님들은 이미 상해임정 수립 당시부터 임정활동에 참여하고 있었다. 월정사의 송세호(宋世浩)스님은 1919년 4월 11일 상해임시정부 임시 의정원 지방선거회의에서 강원도 대표 2인 중의 1인으로 선출되었다. 이어서 같은 해 6월 이후부터 대한민국청년외교단 상해지부장으로 활동하였다.[9]

임정과의 긴밀한 연락하에 국외에서 항일운동이 진척되어 가는 가운데 서간도에 신흥무관학교가 설립되었다는 소식이 전해지자 1919년 5월 해인사의 강재호(姜在浩)·송복만(宋福晚)·이달준(李達俊)·김봉률(金奉律) 등과 대흥사(大興寺)의 박영희(朴映熙)스님 등 11명의 젊은 스님들은 만주로 건너가 서로군정서(西路軍政署)에서 설립한 신흥무관학교에 입교하였다.

1919년 9월, 이종욱은 송세호·정남용(鄭南用) 등과 함께 조선민족대동단에 참여하여 활동하였고, 대한애국부인회를 통해 대한적십자사 한국총지부 결성을 주도하였으며 상해임정의 국내 연통제 활동에도 깊숙이 관여하였다.[10]

상해임정에서는 국내에 특파원을 파견하였는데 임정 내무부의 국내 특파원으로 파견된 이종욱과 신상완은 함께 국내 일원(함남·강원·경기)에서 그 임무를 수행하였다.

---

8) 李政,《한국불교인명사전》, p.186. 1993, 불교시대사.
9) 조지훈, 〈한국민족운동사〉《한국문화사대계》1, p.669. 1965.
10) 국가보훈처,《독립운동사》8권, p.885.

1919년 임정의 특파원으로 국내에 파견된 사람은 21명이었는데 불교계의 이종욱은 두 번 파견되었다. 처음에는 함남지방, 두번째는 경기지역에서 임무를 수행하였고, 신상완은 강원도에 파견되었다. 1920년에는 역시 이종욱이 국내 전국 담당 특파원으로 파견되어 임무를 수행하기도 하였다.[11]

1919년에 파견한 특파원은 대개 임시정부 수립에 대한 계몽과 선전·임시정부의 정책 계몽·독립사상의 고취·연통제 및 교통국의 설치·국내지도자와의 협의·독립운동 단체의 조직·정세 파악 등의 임무를 수행하였다.[12]

서울 인사동 신상완의 자택을 근거지로 한 불교계 청년대표들은 지방에서의 독립운동을 종합·분석하고 연락·지도하였으며, 군자금 모금운동을 전개하여 광복운동을 적극 지원하였다. 1919년 당시 통도사 주지였던 김구하(金九河)의 1958년 8월 17일자 친필 진정서에 의하면 1919년 1년 동안 통도사에서 상해임정으로 들어간 독립운동 자금이 1만 3천원이요, 김상호의 《광복운동사적》에 의하면 1919년 10월 김상호의 주동으로 범어사에서 상해임정에 송금한 것은 다액이라 한다.

그리하여 임시정부에서는 이때 이 자금을 직접 휴대하고 헌납하였던 김상호에게 범어사의 세 원로인 이담해(李湛海)·오성월(吳惺月)·김경산(金擎山)스님을 임정고문에 추대한다는 추천장을 주었다. 1920년 2월에는 독립운동자금을 전국적으로 모금하던 김상헌이 체포되어 5년의 징역형을 언도받았고, 1921년에는 김봉률·박달준 등이 체포되었다.[13]

---

11) 위와 같음.
12) 국가보훈처,《독립운동사》4권, pp.305~306.
13)《동아일보》1921. 3. 4 ; 국가보훈처,《독립운동사》8권, pp.883~885.

1919년 11월 16일, 상해 재중한인거류민 단장 여운형(呂運亨 : 1885~1947)은 일본 목사 등전(藤田九皐)의 알선으로 일본 정부 당국자와 회담키 위해 일본 도쿄에 도착하였는데 이때 신상완스님과 최근우가 여운형의 수행원으로 동반하였다.

여운형과 신상완 일행이 도쿄에 체류중이던 11월 23일, 도쿄 재류 한국인 유지들의 주최로 환영회가 열렸는데 출석한 주요 인물은 백남훈(白南薰)·임종순(林鍾純)·최승만·변희용·박일병·차문균·김준연·윤치영·김종상(金鍾商)·김홍수(金洪秀)·유억겸(兪億兼)·고지영(高地英)·서상현(徐相賢)·박완근(朴完根)·김안식(金安植)·이봉수(李鳳洙) 등이었다.

출석자는 모두 일장의 연설을 하였으나, 일제의 날카로운 신경을 고려해서인지 격렬한 내용을 삼가고, 다만 최근우 연설 가운데, "우리가 일본 당국에 자치를 요구한다는 풍설이 있으나 결코 그렇지 않다. 우리는 절대 독립을 요구하며 철저하게 그 이유를 설명하겠다."는 말이 있다. 여운형과 신상완 일행은 12월초 동경을 떠나 상해로 돌아왔다. 이들의 일본 여행으로 국내외에 끼친 영향이 컸으며, 반면에 이들에 대한 비판과 시시비비도 많고 다양하였다.[14]

신상완이 여운형의 도일에 수행원으로 동반하였다는 것은 당시 상해에서 불교계의 활동이 다양하였음을 보여 주는 사례이다.

지금까지 살펴보았듯이 불교계의 많은 스님들이 3·1운동을 범국민운동으로 전개하는 데 커다란 기여를 하였고, 아울러 체계적이고 지속적인 독립운동을 위하여 상해임시정부와 긴밀한 연락을 취하는가 하면 독립운동자금을 모집하여 그 활동을 적극 지원하였다.

---

14) 국가보훈처,《독립운동사》제3권, p.677.

제2절 대동단과 정남용스님

　흔히 대동단이라 불리는 조선민족대동단(朝鮮民族大同團 : 이하 대동단으로 약칭)은 1919년 3월 전협(全協)·최익환(崔益煥) 등이 전 조선민족의 대단결을 표방하고 서울에서 결성한 독립운동단체이다. 대동단도 다른 국내 독립운동단체와 마찬가지로 3·1운동의 영향과 토양 위에서 성립되었다.[15]

　전협·최익환 등이 대동단을 결성한 것은 1919년 3월 중순부터이지만 대동단의 조직 목적으로서의 '대동주의(大同主義)', 즉 '조선민족의 정신통일 및 실력양성에 의한 독립 달성'의 구상은 그 이전부터 강구되었다.[16]

　대동단의 결성 배경은 이러한 '대동주의'의 성립 과정을 살핌으로써 이해할 수 있는데 특히 대동단 결성을 주도한 전협과 최익환이 과거에 친일 경력을 지닌 인사라는 점에서 더욱 중요한 의미를 갖는다. 먼저 두 사람의 대동단 결성 이전의 행적을 주목할 필요가 있다.

　전협(全協 : 1876~1927)은 서울 출신으로 1896년 농상공부(農商工部) 주사(主事)로 관계(官界)에 들어와 1904년 일진회(一進會)에 가입한 이후 동회의 평의원·총무원(總務員)과 전북지부 회장을 지냈으며, 1907년부터 1909년까지 부평군수(富平郡守)로 있다가 1909년에 만주로 망명하게 된다. 그의 진술에 의하면 일진회 내부의 의견 대립과 부평군수 시절의 공금횡령 등으로 망명을 단행했다고 한다. 그는 부평 일대에 널려 있는 윤치호(尹致昊) 소유의 공한지를 불법 매각하여

---

15) 張錫興, 〈朝鮮民族大同團硏究〉《한국독립운동사연구》제3집, p.257. 1989, 독립기념관 한국독립운동사연구소.
16) 〈崔益煥檢察調書〉(제2회), 《韓民族獨立運動史資料集》5, 大同團事件1, p.287 ; 장석흥, 위의 논문 재인용.

거액의 자금을 마련했고, 이를 기반으로 만주 유하현(柳河縣)에 이주
할 수 있었다. 그러나 일진회원이었던 친일 경력은 어디를 가나 늘
행동의 제약이 되었다. 특히 독립운동 세력이 왕성했던 만주에서는
더욱 심했다. 그런 이유 등으로 그 곳에서 정착하지 못하고 1912년
일시 귀국했던 그는 전날의 토지사취(土地詐取)가 발각되어 징역 3년
형의 옥고를 치렀다. 출옥 후 국내 및 만주 안동(安東)·봉천(奉天)
등지를 왕래하다가 제1차 세계대전의 종식과 더불어 세계 정세가 변
화되면서 독립 기운이 고조되자 상해와 미주(美州) 등지를 돌아보기
로 결심하였다. 1918년 가을 국내로 들어왔다가 동년 12월 상해로 갔
다. 그 곳에서 조선독립의 기회가 도래함을 감지하고 1919년 2월 귀
국해서 3·1운동을 서울에서 맞이하였다.[17]

최익환(崔益煥: 1889~1959)은 충남 홍성 출신으로 1905년 일진회
계열의 광무일어학교(光武日語學校)에 들어가 2년 간 수학한 뒤 1907
년 가을에 종사도량형사무국(從事度量衡事務局) 통역관을 거쳐 탁지
부(度支部) 세무주사와 충남 사천군(舒川郡) 재무주사를 지냈다. 그런
데 1909년 사천군 재무주사로 있으면서 공금 8천여 원을 사취했다가
징역 7년형을 받았다. 출옥 후 1915년 만주 봉천으로 넘어가 후일 대
동단의 동지가 되는 권태석(權泰錫)과 함께 상업에 종사하기도 했으
나 청산하고 1918년 봄에 서울로 돌아왔고, 동년 10월경부터는 이 무
렵 만주에서 귀국한 전협과 같은 집에서 살았다.[18]

전협과 최익환은 1905년 최익환이 광무일어학교에 입학하면서 당
시 일진회 총무원이던 전협과 알게 되면서 서로 친교를 맺었다. 두
사람은 1918년 한 집에 살면서 3·1운동이 일어나자 대동단 결성을

---

17) 〈全協경찰신문조서〉(제1회),《한민족독립운동사자료집》5, pp.147~149 ; 장
    석흥, 위의 논문, pp.258~259.
18) 〈최익환예심신문조서〉(제2회), 위의 책, p.259.

구체화시켜 나갔다. 처음에 이들이 포섭했던 인사는 김사국(金思國)·김찬규(金燦奎)·윤용주(尹龍周) 등이다.

이들은 당시 사회 각층을 황족(皇族)·진신(縉紳)·유림(儒林)·종교·교육·상공·노동·청년·군인·부인·지역구역 등의 11개단으로 분류하고, 우선 단원의 결성이 가능하다고 판단되는 진신·유림·상공·청년 등 4단을 대상으로 하여 단원 포섭에 착수했다. 먼저 진신·유림단의 포섭은 구한말 비서승(秘書丞)을 지낸 바 있는 김찬규가 맡아 박영효·김가진(金嘉鎭)·민영달(閔泳達)·곽종석(郭鍾錫)·맹보순(孟輔淳) 등을 대상으로 추진했다. 그러나 대부분의 인사들이 냉담하거나 미온적이어서 다만 적극성을 보인 김가진의 영입만 성사됨으로써 그를 대동단의 총재로 추대하였다.

상공단(商工團)은 보부상을 주축으로 조직한다는 방침아래 과거 보부상 두목을 지낸 바 있는 양정(楊楨)을 중심으로 동지를 포섭해 갔으나 자금 문제 등으로 부진을 면치 못했다.

청년단은 건봉사 정남용(鄭南用)스님이 중심이 되어 주로 학생층을 포섭할 계획이었는데 송세호와 나창헌(羅昌憲)이 가입하는 8월경까지 별다른 성과를 거두지 못했다.

주요 단원의 역할을 보면 총재 김가진, 인사 전협, 문서편집 최익환·정남용, 배달 책임 권헌복(權憲復), 출자자 권태석(權泰錫), 자금조달책 정두화(鄭斗和) 등이었다.

조직의 구성은 중앙의 중견기관으로 총재 아래 통재부(統宰部)·추밀부(樞密部)·상무부(常務部)·외무부·재무부·무정부(武政部) 등 6부로 구성되었다. 부설기관은 국민의사회(國民議事會)를 비롯하여 민권위원회, 통신위원회, 제도연구위원회, 기관신문사, 국민대회, 국민외교위원회, 국민경제동맹회, 의용단, 군인교육회 등이다. 국민의사회는 지방 구역단체 및 종교단·교육단·유림단·진신단(縉紳團)·군인단·상공단·청년단·노동단 등의 사회대표위원으로 구성되도록 했다. 대동단의 조직 구성은 형식상 매우 거창하였으나 이는 이상(理想)에 불과한 것으로 전단(傳單)의 성격이 짙었다.[19]

대동단은 '기관'의 성안과 함께 결성 이후 단체의 성립을 천명하는 '선언서'와 행동지침의 골간이 되는 '방략', '강령', '결의' 등의 문서를 비롯한 다수의 선전물을 작성, 배포하며 조직활동을 본격적으로 전개했다. 이 무렵 최익환·이능우(李能雨) 등이 자금모집을 위해 관여했던 거간 중배가 금품 사취로 되어 같은 해(1919) 5월 23일 일경에 체포되었다. 일경의 조사 과정에서 이들이 대동단원으로 밝혀져 선전물의 작성·인쇄·배포에 참여했던 권태석·나경섭(羅景燮)·김영철(金永喆)도 피체되었다. 이와 더불어 대동단의 중심 인물인 전협·김찬규 등의 정체가 알려짐에 따라 일제의 포위망이 압축되면서 대동단의 활동은 위축되었다. 이러한 상황 속에서 전협 등은 근거지를 옮기는 한편 문서 작성 및 인쇄 업무를 불교계의 청년 승려인 정남용에게 맡게 하는 등 전열을 재정비하여 활동을 전개해 나갔다.

전협 등은 지방과 해외로 세력 범위를 확장할 것을 꾀했다. 대동단은 이를 위해 만주 봉천(奉天)에 김봉양(金鳳陽)을 파견하였고, 상해의 신규식(申圭植)과 연결을 도모했다. 신규식은 대동단의 총재 김가진과는 독립협회와 대한협회 시절부터 친교를 맺었던 인사로서 1919년 6월경 대동단의 자금조달책이던 정두화(鄭斗和)에게 자금 지원을 요청함으로써 대동단과 자연스럽게 연결되었다. 대동단에서는 자금 지원과 함께 신규식에게 대동단의 외교를 관장케 했다.

대동단에서는 만주로 파견된 김봉양에게 1919년 6월 이후 수차에 걸쳐 자금 지원을 하면서 해외 사정 탐색과 봉천 방면의 유지 포섭

---

19) 장석홍, 앞의 논문, 같은 책, p.261.

을 하면서 세력확보에 노력했다.

대동단의 지방 조직으로는 전라북도지단과 신의주지단이 있고 함경북도의 단천(端川)과 부산 방면에 지단이 설치되었을 가능성이 있다.

부산에는 1919년 7월경 승려 정남용이 박형남(朴馨南)을 파견하여 그 곳의 구상서(具尙瑞)에 〈대동단규칙〉을 건네 준 사실[20]이 발견된 것으로 보아 지단이 설치되었을 가능성이 있으나 더 이상의 구체적인 사실은 확인할 수 없다.

대동단은 독립운동이 장기화될 조짐을 보이자 명칭을 독립대동단(獨立大同團)으로 바꾸는 등 1919년 8월경부터 조직 개편에 착수하여 '독립대동단임시규칙'과 '세칙(細則)'을 새롭게 만들었다.

승려 정남용의 대동단 활동

정남용(1896~1921)은 강원도 고성(高城) 사람으로 고성 건봉사 승려였다. 그는 1914년 이후 서울로 올라가 휘문의숙(徽文義塾)과 중앙불교포교당에서 수업을 쌓았다.

정남용은 1919년 4월 20일에 입경(入京)하여 최익환을 만나 그로부터 대동단의 취지와 목적을 듣고 이에 찬동하여 같은 해 5월 20일경 전협의 권유로 대동단원이 되었다.[21] 최익환이 5월 23일 일경에 체포되자 그 후임으로 선전활동을 주관하면서 수압인쇄기(手押印刷器)와 등사판을 이용하여 만든 선전문은 다음과 같다.

① 선언서 : 대동단의 취지와 목적을 밝히고 일본의 총독 정치 철폐를 주장하는 한편 독립 전쟁을 선언한 내용.

② 기관 방략(機關方略) : 대동단의 구성과 활동 방법을 소개하고 동

---

20) 〈박형남예심신문조서〉, 《한민족독립운동사자료집》 6, p.116.
21) 《독립유공자공훈록》 제7권(국가보훈처, pp.636~638). 정남용의 공적조서에는 3·1운동 직후 대동단에 가입한 것으로 기록되어 있다.

포에 대하여 독립운동에 참가할 것을 권장한 내용.

③ 포고(佈告) : 대동단이 독립운동을 용감하게 수행할 것을 포고한 것인데 여기에는 중화민국 대표 강기요(姜寄遙) 외 3백30인이 파리강화회의에 한국의 독립을 승인하라고 청원한 것에 감사를 표하고 일본의 한국침략은 만주와 몽고 그리고 중국 본토까지 침략할 우려가 있다는 내용도 밝혀놓았다.

④ 이상의 내용을 종합하여 '학생 제군에게', '선언', '관망청담(觀望淸談)의 제씨(諸氏)에게', '일본국민에게 고한다' 등의 선전문을 활판 혹은 모필(毛筆)과 철필(鐵筆) 등사판으로 만들어 전국에 퍼뜨렸다. 1919년 11월 29일 강원도 춘천에서 일본경찰에 압수당한 선언서가 1백24매라고 한 것을 보아[22] 지방으로 보낸 것도 상당히 많았음을 짐작케 한다.

정남용은 최익환이 체포된 후 대동단의 선전활동을 주도했을 뿐 아니라 월정사 승려 송세호(宋世浩)·나창헌 등을 가입시키고, 부산에 박형남을 파견시켜 구상서에게 〈대동단규칙〉을 건네 주는 등 조직 확대에도 많은 힘을 쏟았다. 당시의 일본경찰과 검찰의 조서를 보면 정남용스님의 대동단 활동을 구체적으로 목격할 수 있다.

> 음 6월경의 어느 날 밤, 관수교(觀水橋)의 어느 집에서 정남용·박형남과 회견하였는데, 박은 이건호가 말한 대동단에 가입하여 달라고 말하였던 내용과 추천을 하고 그날 밤 다시 동가에서 정남용·박형남·이건호와 회하였던 바, 이건호는 대동단의 취지에 대찬성하여 전라도의 장(張)을 추천하여 그날 밤인가, 그 이튿날 밤에 동 처에 장(張)을 데리고 와서 회견하고 결국 장은 일금 삼천 원을 출자(出資)하게 되었다는 내용의 공술 기재.
>
> 사법 경찰관의 피고 이건호에 대한 신문 조서 중 권헌복(權憲復)의

---

22) 김정명, 《조선독립운동》 II, 분책. p.242.

소개로 정필성(鄭必成 : 정남용의 다른 이름)은 판시 동인으로부터 대동단에 가입을 권유하여 그 취지에 찬동하여 가맹하게 하였다는 내용의 공술 기재.[23]

이 기록에 의하면 정남용은 박형남·이건호를 대동단에 가입시키고, 이건호의 추천으로 전라도의 장(張)이라는 인물로 하여금 삼천원을 대동단에 내놓게 하는 등의 활동을 하였다. 이는 정남용이 대동단 선전활동을 주도하면서 그 경비로 필요한 자금이었을 것이다.

정남용이 주도해 만든 대동단의 선전물은 단원 및 일반 국민에게 배포되었다. 그리고 같은 해 8월 10일에는 기관지 〈대동신보(大同新報)〉를 1만 부 발행하여 전국 각처에 살포함으로써 대동단의 존재를 널리 알렸는데,[24] 주된 내용은 대동단의 입장을 밝힌 앞서의 '선언서'와 '기관', '방략'과 그간의 활동 등을 한데 묶어 편집한 것이다.[25]

그런데 〈대동신보〉는 창간호로 그치고 말았다.

대동단의 활동

대동단의 활동 가운데 구체적으로 전개된 것은 앞의 선전활동과 독립만세시위가 대표적이다. 대동단에서는 1919년 8월 29일의 국치일(國恥日)을 기념한 만세시위와 일제의 천장절(天長節)인 10월 31일에 거행하려다 연기된 11월 28일의 만세시위를 추진했다.

국치기념일의 시위는 청년외교단과 함께 추진하였는데 대동단과 청년외교단에 함께 관여한 나창헌의 활약이 컸다. 이 날의 시위는 크게 번지지 않았으나 종로 등지에서의 산발적 시위와 함께 북악산(北

---

23) 대동단재판기록, 〈대정10년 형공 제35 내지 제40호〉《독립운동자료집》 제10권, p.874. 국가보훈처.
24) 〈독립신문〉 1919. 8. 29.
25) 〈대동단공판시말서〉《한민족독립운동사자료집》 6, p.345.

岳山)을 비롯한 서울의 각처에서 태극기가 게양되는 등 독립만세운동의 분위기가 고조되었다. 그러나 대동단은 이 시위에 적극 참여하지 않았다.

1차 발각으로 활동이 어려운 상황에 처하자 전협 등은 대동단의 본부를 상해로 이전할 것을 결심하였다. 그리고 제1단계로 총재 김가진이 10월 10일에 먼저 상해 망명을 단행했다. 이 때 김가진은 월정사 승려였으며 상해임정의 국내 특파원이었던 이종욱의 안내로 장남 김의한(金義漢) 등을 대동하고 일산역(一山驛)을 출발하여 경의선을 타고 신의주와 안동을 경유하여 상해로 갔다.[26]

한편 이와 때를 맞추어 대동단에서는 대대적인 만세시위를 계획하고 있었다. 그래서 명칭도 '제2회 독립만세시위'로 정하고 10월 초부터 상해임정에서 파견된 이종욱과 나창헌이 힘을 모아 거사를 추진해 나갔다. 이들은 임정에서 전달된 박은식 외 29인의 명의로 된 〈대한독립선언서〉로 여러 독립운동단체들이 연합만세시위를 일으킬 계획이었다. 그런데 전협이 〈대한독립선언서〉에 서명한 민족대표가 국외 인사인 점에 반대하고 국내 인사로 바꿀 것을 강력 주장함에 따라 새롭게 대동단 인사를 중심으로 다시 민족대표를 구성하였다.

대동단이 다시 구성한 민족대표 33인 가운데 불교계 인물로는 백초월(白初月)과 정의남(鄭義男 : 정남용의 가명) 2명이 포함되어 있다.

백초월은 불교 승려로서 3·1운동 때 불교계의 인물이 적었던 점에 분발하여 불교중앙학림을 중심으로 한국민단본부(韓國民團本部)를 결성하고 임정에 대한 지원활동을 펴는 등 독립운동에 적극적으로 참여함으로써 당시 불교계 인사 중 대표적인 독립운동가의 한 사람이었다. 특히 3·1운동으로 만해와 백용성이 일제 감옥에 수감된 상

---

26) 申福能,《大同團實記》, pp.83~84. 1982, 養英閣.

태에서 백초월스님은 불교계를 대표하는 독립운동가였던 것이다.[27] 백초월은 정남용 등에 의해 불교계의 대표로 민족대표에 추대되었다.

대동단 주도의 민족대표 인선이 10월 31일의 거사일까지 완료되지 못함으로써 자연 거사일은 연기되었다. 더구나 거사 계획이 연기됨에 따라 학생과 청년들의 동원 책임을 맡았던 민강(閔橿)과 강매(姜邁)의 행적이 일경에 탐지되면서 11월 1일에 민강과 강매가 체포되었다. 민강의 동화약방(同和藥房)은 대동단의 주요 거점으로 임정과 서울의 각 독립운동 단체를 연결시키는 연락 장소였다. 강매는 배재학교의 교사로서 대동단의 논객(論客)이자 학생 조직을 동원하는 데 온 힘을 다하고 있었다.

더욱이 11월 10일에 결행한 의친왕(義親王)의 상해망명이 압록강 건너 안동에서 일경에 체포됨으로써 의친왕의 상해망명이 좌절되었으며, 11월 11일 전협의 피체로 대동단의 조직은 거의 파괴되고 말았다.

이런 가운데서도 나창헌·이신애(李信愛)·정규식(鄭奎植)·안교일(安敎一) 등은 거사일을 11월 25일(음 10월 3일, 단군기념일)로 정하였다가 준비 관계로 한 번 연기하는 등 우여곡절 끝에 11월 28일 종로 안국동 광장 앞에서 준비해 온 선언서를 살포하며 200여 군중과 함께 독립만세를 외쳤다. 대동단에서 대대적으로 전개하려던 '제2회 독립만세시위'는 의친왕 상해망명이 사전 발각과 대동단 조직의 파괴로 인해 계획보다 축소되어 실행되었다. 그리고 이로써 사실상 대동단의 활동은 종결되었다.

고종의 다섯째 아들 의친왕(義親王) 이강(李堈)이 전협 등과 협의, 상해임시정부로 탈출하기 위해 1919년 11월 9일 서울을 출발해 만주 안동으로 향할 때 정남용은 이을규(李乙奎)와 함께 의친왕을 수행하

---

27) 金正明, 《朝鮮獨立運動》 제1권, 分冊, pp.219~220.

였다. 의친왕과 정남용 일행은 상복 차림으로 압록강 건너 안동까지 갔으나 이 사실을 탐지한 일경의 추격을 받아 11월 11일 만주 안동역에서 피체되었다. 이때 정남용과 송세호도 동지들과 함께 체포되었다. 당시 정남용스님은 24세, 송세호스님은 26세였다.

정남용스님은 대동단의 선전활동을 주관하고 의친왕의 상해 망명 사건의 연루자로 경성지방법원에서 징역 5년형을 언도받고 서대문형무소에서 옥고를 치르던 중 잔악한 고문의 여독으로 1921년 4월 18일 옥중에서 순국했다.

의친왕 망명사건에는 월정사 승려 송세호도 관련되어 1920년 6월 29일 경성지방법원에서 징역 3년형을 받고 옥고를 치르다가, 옥중에서 병을 얻어 1922년 12월에 병보석으로 가출옥하였으며, 역시 월정사 승려로 상해임정의 국내 특파원으로 의친왕 망명 사건에 관련된 이종욱은 이때 체포를 면하였다.

조선민족대동단에는 건봉사 승려 정남용이 선전활동 책임자로 대동단의 핵심 인물 가운데 하나였으며 그 외 월정사의 승려 송세호와 이종욱도 관련되어 있었다. 옥중에서 순국한 정남용스님은 광복 후 정부로부터 1963년에 건국훈장 독립장(3등급)을 추서받았다.[28]

제3절 청년외교단과 송세호스님

대한민국청년외교단(이하 청년외교단이라 약칭함)은 3·1운동 후 1919년 6월 상해로부터 조용주(趙鏞周)·연병호(延秉昊)·송세호(宋世浩)스님 등이 국내로 들어와 안재홍(安在鴻)·이병철(李秉澈) 등과 연결되어 청년들이 조직한 항일독립운동단체이다.[29]

---

28) 국가보훈처, 《독립유공자공훈록》 제7권, pp.638~638.

조용주는 조소앙(趙素昻)의 친동생으로 조소앙이 상해로 망명하던 무렵인 1913년에 역시 중국으로 건너가 상해에서 조소앙과 합류하였으며 1916년 상해에서 대동당(大同黨)을 결성할 때에도 조소앙과 함께 참여했다. 1918년 조소앙이 독립운동자의 대동단결을 위해 만주에 갔을 때도 같이 행동하였다.

안재홍은 1910년에 일본에서 유학하면서부터 조소앙과 교류하였고, 조선YMCA·조선인유학생학우회 등의 모임을 통해 친밀한 관계를 맺었다. 1913년 여름에 상해 등지를 여행하면서 상해로 망명하여 동제사(同濟社)에 참여하고 있는 조소앙·신규식(申圭植) 등과 만났으며 그 후에도 이들의 교류는 계속되었다.[30]

연병호는 1910년대 초반에 형 연병환(延秉煥)을 따라 중국으로 건너간 이후 연길(延吉)·북경·상해 등지에서 활동했으며, 정확한 시기는 알 수 없지만 조소앙과 조용주와는 상해 체제중 알게 되어 동지적 결합을 이루었고,[31] 이 인연으로 조용주와 함께 귀국하여 청년외교단의 결성을 주도했다.

송세호는 1914년경에 상해로 건너가 상해에서 활동하던 조소앙, 조용주, 연병호 등과 교류를 맺었으며[32] 1916년에 귀국하여 월정사에서 승려 생활을 하던 중 3·1운동 직후 다시 상해로 건너가 임시정부의 재무부 위원으로 참여했다(1919). 송세호는 곧 귀국하여 연병호·이병철·안재홍 등과 함께 청년외교단 결성에 주도적으로 참여해 상해지부장에 선출되어 활동하였다.

---

29) 張錫興, 〈대한민국청년외교단연구〉《한국독립운동사연구》제2집, p.270. 1988, 독립기념관 한국독립운동사연구소.
30) 千寬宇, 〈民世安在鴻年譜〉, 《창작과 비평》1978년 겨울호, 제13권 제4호, 통권 50호, p.218.
31) 《독립운동사자료집》14집, p.428.
32) 〈송세호판결문〉《조선통치사료》5, p.748.

청년외교단은 민족의 독립정신을 고취하고 상해임시정부를 후원하는 한편, 국제 외교를 통해 일본의 침략행위를 규탄, 독립을 쟁취할 목적으로 활동하였다. 회원은 40여 명으로 서울에 본부를 두고 안재홍·이병철이 총무를 맡았으며, 외교부장·재무부장·편집국장·간사장·외교원·외교특파원·특별단원 등으로 구성되었다. 그리고 국내에 대전지부, 회령지부, 충주지부가 있었고 유일한 해외지부로 송세호가 지부장을 맡은 상해지부가 있었다.[33]

월정사 승려 이종욱은 송세호의 추천에 의해 청년외교단의 외교특파원으로 선임되었고,[34] 1919년 8월에는 임시정부에 파견되어 임정의 특파원으로도 활동하였다.

청년외교단은 1919년 8월에는 국치일(國恥日, 1910. 8. 29)에 즈음하여 〈국치기념경고문〉과 〈외교시보(外交時報)〉를 인쇄, 반포하여 국민계몽에 힘썼다. 그 후 임시정부의 지시에 따라 〈독립운동 참가단체 조사표〉〈피해 의사(義士) 조사표〉〈가옥 파괴 조사표〉 등을 작성했으며, 기구를 확대하여 〈배달청년단〉으로 확대, 개편하려다가 그 해 11월에 일본경찰에 의해 발각되어 많은 단원들이 검거됨으로써 해체되었다.

독립운동가 송세호스님

월정사 승려로 다양한 독립운동을 전개한 송세호(1893~1970)스님의 호는 백파(白波), 이명은 원식(元植)·사영(士英)·세정(世淨)이었다. 그는 경북 선산(善山) 사람으로 서울 종로로 전적하여 거주하였다. 승려가 되기 이전에 학교를 다녔다는 것으로 보아[35] 신교육을 받

---

33) 장석흥, 위와 같음.
34) 〈청년외교단 판결문〉《조선통치사료》5. p.744.
35) 〈송세호판결문〉, 앞의 책, p.748.

앉음을 알 수 있으나 구체적인 사실은 확인할 수 없다. 1914년경에 상해로 건너가 이 무렵 상해에서 활동하던 조소앙·조용주·연병호 등과 교류를 맺었으며, 1916년에 귀국하여 월정사에서 승려생활을 하던 중 3·1운동이 일어나자 다시 상해로 가서 임시정부에 참여하였다. 그는 임정의 강원도 대표가 되었고 1919년 5월 3일 재무부 위원으로 선출되었다.[36]

그는 본래 강원도 오대산 월정사 스님으로 임시정부의 군자금을 조달하기 위하여 승려 복장으로 일경의 검문을 피해 자주 국내외를 내왕하였다. 상해에서 귀국하여 조용주·연병호·안재홍 등과 대한민국청년외교단을 조직하고 동지규합, 자금확보, 임시정부 지원 등의 목적을 수행하였으며, 상해지부장에 선출되어 활동하였다. 송세호가 지부장으로 있던 상해지부는 청년외교단이 국내에서 결성된 것이기는 하지만 그 조직과 활동이 국내에 그치지 않고 임정과 밀접한 관계를 맺으며 해외에서도 활발하게 활동이 전개되었음을 보여 준다.

청년외교단의 단원이자 상해지부장인 송세호는 대동단의 전협(全 協)과 협의하여 의친왕 이강(李堈)을 상해로 탈출시켜 임정에 참여시킬 계획을 추진하였다.

그는 1919년 11월 선발대로 평양으로 출발하였는데 의친왕의 행방불명을 보고 받은 일경이 총동원되어 기차 등을 수색한 결과 만주 안동현에서 의친왕 일행을 체포하였다. 이때 송세호도 동지들과 함께 체포되었으며, 1920년 6월 29일 경성지방법원에서 징역 3년형을 받고 옥고를 치르다가, 옥중에서 병을 얻어 1922년 12월 병보석으로 가출옥하였다.

그는 출옥 후에도 한용운과 함께 불교를 통한 자주독립정신의 고

---

36) 국가보훈처,《독립운동사자료집》제9권, p.18.

취에 전념하다가 1926년 6·10만세운동시 일경의 예비검속으로 일경에 체포되었다가 방면되기도 하였다.[37]

국내에서 활동이 어렵게 된 그는 1931년 6월 다시 상해로 건너가 연초공장을 경영하면서 크게 성장하여 임시정부에 군자금을 제공하였다고 한다. 그는 광복 후 귀국하지 못하고 상해에 잔류하였다가 고국땅을 밟지 못하고 1970년 6월 13일 중국땅에서 타계하였다. 정부에서는 그의 독립 공적을 기리기 위하여 1963년에 대통령표창을 수여하였고 1991년 훈격 조정시 건국훈장 애국장(4등급)으로 승급하였다.

제4절 임정의 연통제와 이종욱스님

연통제(聯通制)는 상해에 있는 대한민국임시정부의 국내에 대한 기본 조직으로서, 그 주요 임무는 국내의 정보 제공 및 통신과 인적, 물적 자원의 확보에 있었고,[38] 그러한 기능은 임시정부 존립의 기초를 이루는 것이었다. 그런데 연통제는 황해도·평안도·함경도 등지에서 활발하였고 중부 이남의 지역에서는 거의 실현되지 못하였다. 따라서 이러한 지역에서는 국내 독립운동 단체들이 그 역할을 대신하였고, 청년외교단은 자체 조직과 함께 대한민국애국부인회의 지부를 통해 주로 충청·전라·경상도 등지에서 연통제의 역할을 이행했다. 강원도 지역에서는 철원애국단이라는 대한독립애국단의 강원도단(江原道團)이 맡았는데 임정과 철원애국단의 가교 역할은 승려 신상완(申尙玩)이 담당하였다.

---

37) 《독립운동사》 8권, pp.435~439.
38) 李延馥, 〈대한민국임시정부의 交通局과 聯通制〉《韓國史論》 10, p.107. 국사편찬위원회 ; 장석흥, 앞의 논문, p.285 재인용.

그리고 그러한 역할과 관련하여 주목되는 것은 청년외교단이 임정에 보낸 〈건의서〉의 내용 가운데 국내 독립운동을 관할할 중추기관으로서 교통본부(交通本部)를 설치할 것을 요구한 사실이다. 교통본부의 설치는 임시정부와 긴밀한 연락을 하기 위한 것으로서 곧 연통제의 목적과 같은 것이라 할 수 있다. 임정에서는 청년외교단의 건의에 따라 전문 요원을 파견하여 협의토록 했는데, 이때 이 임무를 띠고 파견된 요원은 임정의 국내 특파원이자 청년외교단의 외교특파원이기도 한 월정사 승려 이종욱(李鍾郁)이다.

1919년 10월 초순 임정 특파원으로 귀국한 이종욱은 청년외교단의 송세호·나창헌 등과 함께 대동단의 인사들과 폭넓게 접촉하면서 각 단체들을 연합하여 서울에 본부를 두고 전국 각처에 지부를 갖는 연통제의 실행에 힘을 쏟았다. 첫 단계로 서울에 연통본부를 설치하고 송세호·나창헌 등이 각 도의 감독부의 임무를 맡았다.[39]

이종욱은 대동단 인사들과 함께 연통제의 실행을 위해 힘을 모으는 한편, 대동단 총재 김가진을 상해로 탈출시키는 일에도 직접 관여했고, 또 서울의 각 독립운동단체들을 결합하여 일제의 천장절(天長節)인 10월 31일을 기해 만세운동을 벌이기로 계획하고 이를 추진했다. 이때 여러 가지 사정으로 계획보다 훨씬 축소된 상황에서 전개되었지만, 그 과정에서 청년외교단의 외교특파원 이종욱과 나창헌을 비롯하여 대동단, 애국단의 본부 인사들이 참여함으로써 연합시위의 성격을 띠었다. 이는 이 무렵 각 단체간의 결속의 강화를 보여주는 것으로 연통본부의 설치는 그러한 분위기 위에서 추진되었다.[40]

이상의 사실을 종합해 볼 때 이종욱이 청년외교단을 통해 서울을

---

39) 〈대동단사건판결문〉《대동단실기》, pp.172~173, p.212, pp.217~218 ; 장석홍, 앞의 논문, p.286 재인용.
40) 장석홍, 〈대한민국청년외교단연구〉, 위의 책, p.286. 주 105).

중심으로 한 지역의 연통부(聯通府)의 역할을 주도하였음과 또한 각 독립운동단체간의 연합을 앞장서 추진함으로써 통일적 체계를 갖는 연통제의 실행을 위해 많은 노력을 기울였음을 알 수 있다.

이러한 연통제 활동에 청년외교단이 많은 공헌을 하였는데 이는 송세호·나창헌 등이 청년외교단과 대동단에 모두 관여하면서 폭넓은 인적 교류를 가진 때문이기도 하지만 임정 특파원 이종욱이 이들 단체간의 조정과 뛰어난 지도력을 발휘한 것에도 중요한 원인이 있었다고 사료된다.

이러한 연통제 설치 노력은 1919년 11월에 이르러 대동단이 주동하는 의친왕 망명 계획이 수포로 돌아가고 대동단의 조직이 대부분 파괴되고 또 비슷한 시기에 청년외교단의 조직도 발각됨으로써 더 이상 발전하지 못하였다.[41]

이종욱(1884~1969)은 강원도 평창에서 태어나 생후 13일만에 어머니와 사별하고 강릉김씨 경윤(敬允)을 양부로 하여 성장하다가 7세 때 다시 생가로 돌아와 계모 밑에서 살았다. 이런 가족 관계 때문인지 13세에 강원도 양양군 명주사(明珠寺)에서 백월당(白月堂) 병조(炳肇)선사에게 귀의, 출가득도하였다. 그는 같은 문중의 증조 스님인 대은(大隱)노사의 뜻에 따라 오대산 월정사의 월운(月雲)스님을 시봉하게 됨으로써 월정사와 깊은 인연을 맺게 된다.

스님은 15세에 양양군 명주사에서 홍보룡스님을 계사로 사미계를 받은 후 안성 칠장사(七長寺)의 김경순(金庚淳)스님에게 속서인《통감(通鑑)》을 배웠고 이후 여러 스님에게《초발심수행장》,《고문진보》,《팔가백선》,《치문》,《사집(四集)》,《능엄경》,《금강경》,《원각경》,《화엄경》등을 공부하고 1905년 22세 때 승주군 송광사에서 이회광스님에게 비구계와 보살계를 받았다. 1906년에는 원흥사의 명진학교에서 수

---

41) 장석흥, 앞의 논문, p.286.

학하였으며 1908년 백담사 오세암에서 설운당(雪耘堂) 봉인(奉忍)선사의 법맥을 이었다.

30세 때인 1913년, 월정사 산중회의의 결정에 따라 '주지대리'가 되었고 1915년에는 월정사 강원에서 학인들에게 내전(內典)을 강의하였다. 1919년 36세 때 월정사 승려 용창은(龍昌恩)을 대동하고 서울 파고다공원의 3·1만세시위에 참가하였으며, 이탁(李鐸) 등과 함께 '27결사대'의 일원으로 활약하였다. 이어 4월 2일에는 한성임시정부에 가담하여 불교계 대표로 참석하였다. 이종욱은 상해임시정부에 한성임시정부가 통합되자 곧 상해로 건너가 임정에 참여해 대한적십자회를 조직하고 임시정부 국내 특파원으로 서울에 파견되었다.

그는 청년외교단에도 참여하고 군자금모집 등의 활동을 전개하였으며 청년외교단의 〈건의서〉를 임정 국무총리 안창호에게 전달하기도 하였다. 같은 해 9월 임정 특파원으로 국내에 파견된 그는 10월 10일에 대동단 총재인 김가진과 그의 아들 의한(毅漢)과 함께 탈출하는 데 성공하여 10월 30일 상해에 무사히 도착하였다.

또한 그는 임정 내무부 참사(參事)와 임시의정원 강원도 의원에 선출되었으며, 국내에 파견되어서는 임정 연통제의 중심 인물로 활동하였고 청년외교단과 대동단 활동에도 관여하였다. 그는 청년외교단의 외교특파원으로도 활동하였으나 1920년 6월 청년외교단사건에 연루되어 대구지방법원의 궐석재판에서 징역 3년형을 언도받았다.

1923년 월정사로 돌아와 거액의 월정사 부채문제를 해결하는 데 앞장 섰고 이어 1927년 월정사 감무(監務)가 되었으며 1930년에는 월정사 주지가 되었다.[42] 이후 그는 불교계 중앙 무대에 진출하여 중앙교무원의 이사, 31본사주지 대표(1937), 조선불교 조계종 총본산의 종무총장이 되면서 일제에 협력하기 시작하여 불교계의 제1급 친일승

---

42) 李鍾郁全集 1,《智庵和尙評傳》, pp.294~299. 1991, 三藏苑.

려가 되었다. 그는 3·1운동부터 1920년대 초반에는 항일운동에 매진하였으나 1927년 이후부터 광복될 때까지 기나긴 세월을 친일에 전력하였다. 그는 짧은 항일에 긴 친일행적의 궤적을 보여 전형적인 선항일 후친일에 해당한다.[43]

제5절 박무스님 등의 항일투쟁

3·1운동으로 불교중앙학림 학생과 불교청년들이 다수 투옥되었다. 그리고 만주 안동현(安東縣)에서는 불교청년단이 조직되었는데 단장은 박민호(朴敏昊)였다.[44] 그 열기는 이듬해(1920)에도 사그라들 줄 몰랐는데 1920년 3월 27일에는 서울 단성사(團成社)에서 불교강연회 도중 만세시위가 벌어졌다. 《매일신보》는 이에 관해 다음과 같이 보도하였다.

> 불교강연회 당일 단성사에 소요
> ― 만세 때문에 소요가 야단이었다 ―
> (1920년 3월) 이십칠일 하오 두 시부터 조선불교회 주최로 불교강연회를 단성사 안에 개최하고 처음 연사 김명식(金明植) 군의 강연이 있고 그 다음 연사 장도빈(張道斌) 군의 강연이 있은 바 이미 작정하얏던 연사 박이규(朴珥圭) 군이 출석하지 못하였음으로 그 대신 이광종(李光鍾) 군이 강연을 시작하려고 연단에 나오매 만장은 박수로써 이광종 군을 환영하난 중에 어떤 자 한 아이 별안간에 '대한민국 만세'라고 소리를 질으매 일반 청강자 중에서 한 가지로 만세를 불러 응한 자도 불소하야 고요하던 단성사는 별안간에 떼다라날 듯이 되면서 만장이 수라장으로 화

---

43) 임혜봉, 〈불교계 친일거두 4인의 행적〉《친일불교론》下, pp.473~508.
44) 이철교, 〈한국불교사연표〉, 앞의 책, p.1337.

하야 강연회난 넘어도 가이 없게 해산이 된 바 그 최초 만세를 불은 자는 즉시 잡히엿난대 아직 경찰에서 취조 중인 고로 성명도 미상하더라.[45]

1920년 3월 27일 단성사 불교강연회 도중에 일어난 만세사건은 국외에까지 알려졌다. 이는 중국 상해에서 발행된 《독립신문》의 보도기사에서도 확인할 수 있다.

漢城 한가온대에서 또 한 번 독립만세소리가 들니다
— 불교강연회 석상에서 —千五百의 청중이 —

去月(1920. 3) 二十七日에 京城 朝鮮佛敎會에서 강연회를 단성사에서 개최하였는데 연사 중 張道斌 君이 古代 朝鮮佛敎라는 題로 我古代文化의 찬란함과 금일의 쇠퇴를 열렬히 述하야 一千五百의 청중의 胸中을 끄러 오르게 하다. 이윽고 다음 演士가 演壇에 오르려 할 때에 一跛足 청년이 단상에 뛰여 오르어 '대한독립만세' '대한독립만세'를 高聲 疾呼하니 청중 일동이 이에 響應하야 만세 소리가 堂을 振動하게 하다. 敵은 非常隊를 파견하야 會를 해산하고 跛足 청년은 즉시 捉去되다. 漢城 中央에서 이갓치 큰 만세소리가 나기는 昨年 春 이후로 처음의 일이라고(特別通信).[46]

조선불교회가 어떤 단체인지 자세한 사실이 전하지 않아 정확한 면모를 알기는 어렵다. 그런데 《조선불교총보》 제21호(1920. 5. 20)에는 '조선불교회 회규(會規)'와 1920년 3월 27일의 제1회 강연회에 관한 기사가 게재되어 있다. 이로 보건대 조선불교회는 당시 조선불교계에서 조직한 단체로 추정된다.

그러나 회규와 제1회 강연회 기사만 수록되어 있을 뿐 회의 설립 일시와 임원(총재, 이사, 심의원, 간사)에 관한 아무런 언급이 없기 때

---

45) 《每日申報》 3면. 1920. 3. 29.
46) 《독립신문》(상해판) 2면. 1920. 4. 10.

문에 자세한 사정을 알 수 없다. 그리고 강연회 기사에도 개최일 전날 군악대를 앞세우고 자동차 3대로 선전서와 취지서 수만장을 살포하여 '미증유의 성황'을 이루었다면서 연제(演題)와 연사에 관해서만 보도하고 있을 뿐 강연회 도중의 만세사건에 관해서도 언급되어 있지 않다. 당시《조선불교총보》제21호에 보도된 연제와 연사는 다음과 같다.

속인의 불교관 김명식(金明植)
고대의 조선불교 장도빈(張道斌)[47]

1920년 6월 10일자 상해판《독립신문》에는 독립운동자금을 모집하던 승려 김대치(金大治)·신상완(申尙玩)·김상헌(金祥憲)·이석윤(李錫允)·정인목(鄭仁牧) 등 다섯 스님이 일제의 종로경찰서 일경들에게 체포되어 검사국에 압송되었다고 보도하였다.

독립자금을 모집하던 김대치 외 4씨
— 종로 敵署에서 被逮 —
승려 金大治(30) 京城府 仁寺洞 一〇五 申福成方, 승려 申尙玩(30) 京城府 仁寺洞 一八八, 승려 金祥憲(28) 함경남도 안변군 文山面 석왕사 내, 승려 李錫允(22) 강원도 高城郡 梧岱面 冷泉里 三七, 승려 鄭仁牧(31) 五氏는 독립운동자금을 모집하다가 종로 敵署에 被捕하야 敵檢事局에 押送되다.
신상완 김상헌 양씨는 누차 상해 경성 간에 왕래하야 독립운동에 진력하던 터인데 양씨는 (1920) 2월 28일 夕에 김대치 씨를 석왕사에 訪하고 金千圓을 得하야 申氏는 該金 中에서 一百二十元으로 한국 全道 5만분 1지도를 買하야 상해 韓相漢 씨에게 우송하고 食價餘條로 二百元을

---

47)《조선불교총보》제21호, p.74. 1920. 5. 20.

送하고 약간은 소비하고 잔금 五百二十元은 김상헌 씨의 소유로 하다.
 又 김대치 씨는 군자금으로 千元을 제공한 후에 양씨에게서 선전문서를 수령하야 동지의 규합 및 군자금모집에 진력하다. 기타 3씨도 모다 군자금모집에 진력하던 터이라.[48]

　신상완은 수원 사람으로 3·1운동 당시 승려였다. 이때 그는 중앙학림의 학생대표로 유심회(維心會) 회장에 선출되어 민족의식과 불교대중화운동에 노력하였다. 또 3·1운동 때 한용운으로부터 독립선언서를 받아 배포하였고 불교계의 만세시위운동을 주도하였다.
　3·1운동 후에는 상해로 망명하여 임정에 투신하였고 임정 내무국장 안창호와 밀접한 관계 속에 국내에 특파되어 제2의 독립시위운동을 전개하고자 활동하였다. 그리고 철원애국단의 항일투쟁을 지도하였고 1920년 2월에는 함남 안변 석왕사에서 승려 김태흡(金太洽)·강청월(姜淸月) 등으로부터 군자금을 모집하여 상해임정 안창호에게 송금하였다.
　이때 범어사 승려 김상헌도 신상완과 함께 활동하였으며 독립운동자금 모집에 관여한 김대치·이석윤·정인목 등 5명의 스님들이 1920년 5월경 일경에게 체포되었다.
　호남선이 지나가는 논산역 인근의 유명한 미륵제(彌勒祭)에는 독립단이 폭탄을 던진다는 정보가 있어서 일제 관헌들이 수사를 벌이는 등 법석을 떨었다. 《매일신보》에 보도된 당시의 기사는 다음과 같다.

미륵제 당일 폭탄투하설
　― 폭탄을 던지랴던 일곱 명 중의 한 명을 포박하야 취조 ―
　호남선 논산역을 상거한 수십정 되난 곳의 유명한 미륵제(彌勒祭)난

---
48) 《독립신문》(상해판) 2면. 1920. 6. 10.

매년과 갓치 (1920) 구월 이십삼일 거행되엿난대 전날 밤 호우로 인하야 일기가 염려되야 먼 데서 참예하러온 사람이 적엇스나 부근의 선남선녀 들은 제전(祭典) 거행하기 수일 전부터 불온한 말이 무서워서 참예하기를 중지한 자도 만흔듯한대 그 불온한 말은 제전 수일 전에 미륵제전당 일본인이 참예한 군중 속에다 독립단이 폭탄을 던질 계획이 있어서 빨리 탐지한 경찰관헌은 그 일파 일곱 명 중의 한 명을 포박하엿스나 나머지 여섯 명을 놓쳤음으로 제전 당일 경찰서난 다른 경찰서의 응원을 얻어서 미륵사 경내를 엄중히 경계한 때문에 다행히 무슨 사변이 생기지 안엇다더라.(논산)[49]

논산 미륵제 폭탄투하 미수사선은 체포된 1명의 독립단원에 대해 알려진 사실이 없어 사건 내막이 무엇인지 알 수 없다. 이 사건 역시 3·1운동으로 촉발된 우리 민족의 독립의지가 미륵제라는 불교행사를 통해 항일투쟁을 전개하고자 한 사건이었던 것으로 이해된다.

1920년 2월, 함흥에서는 해동불교청년회가 창립되었다. 회장은 이범대(李範大)였다.[50] 이범대는 해동불교청년회를 통하여 군자금을 모집하고 독립운동을 하였다. 그는 결국 일경에게 체포되었는데 《독립신문》은 그의 활동에 관해 이렇게 보도하였다.

불교청년원 被捉

― 독립단원과 연락하여 금전을 모집하였다고 ―

대구 사는 李範大는 일즉 중국 寬甸에 가서 대한독립단에 가입한 후 군자금모집 및 視察長의 일무를 띠고 본국에 드러가 작년(1920) 2월경 함흥에서 해동불교청년회를 조직하고 스스로 회장이 되여 韓南石, 崔承煥, 全轅濟, 孫命根 등 諸人으로 더부러 금전을 모집하며 여러 가지 문서를 작성하야 각처에 배포하였다는 사실로 인하야 관계자 10여 명이

---

49) 《매일신보》 3면. 1920. 9. 28.
50) 이철교, 〈한국불교사연표〉, 앞의 책, p.1338.

본월 중순 敵警에게 체포되엿더라.[51]

이범대가 소속된 대한독립단은 1919년 3월 만주에서 조직된 독립운동단체이다. 한일합방 후 국내에서 활동이 어렵게 되자 많은 애국지사들이 만주로 건너갔다. 유인석은 보약사(保約社), 백삼규(白三奎)·조병준(趙秉準)·전덕원(全德元)은 농무계(農務契)·향약계(鄕約契)를, 이진룡(李鎭龍)·조맹선(趙孟善)·홍범도 등은 포수단(砲手團)을 각각 조직하여 독립운동을 전개했다.

그러던 중 국내에서 3·1운동이 실패로 끝나자 많은 사람이 일본의 탄압을 피해 만주로 이주해 옴에 따라 이들을 맞이하여 그때까지 만주에서 활약하던 각 단체들을 통합, 대한독립단을 조직했다. 총본부는 유하현(柳河縣)에 두었으며, 각 현에 지단(支團)·분단(分團)을 두고, 만주에 산재해 있는 친일단체 일민단(日民團)·보민회(保民會)·강립단(强立團) 등을 분쇄하는 일에 주력하는 한편, 군사훈련에 힘써 하얼빈에 있는 백계(白系) 러시아 군대에 한인청년부 설치를 교섭, 실현시켰다.

당시 간부로는 도총재에 박장호(朴長浩), 부총재에 백삼규, 자의부장(諮議部長)에 박치익(朴治翼), 사한장(司翰長)에 김기한(金起漢) 등이 선출되었다.[52] 그리고 이 대한독립단에 가입한 후 함흥에서 해동불교청년회를 조직하여 군자금을 모금하는 등의 독립운동을 하다가 일경에 체포되었다.

3·1운동 후 국외로 망명한 독립운동가들이 많았다. 그 중 만주의 독립운동가들은 압록·두만강 주변의 평북·함북지역에서 일제 군경과 무장투쟁을 많이 벌였다. 이러한 무장투쟁의 와중에 평북 영변군

---

51) 《독립신문》(상해판) 2면. 1921. 4. 20.
52) 《한국근현대사사전》, p.154. 1990, 가람기획.

의 오봉사(五峯寺) 주지 박무(朴無)스님은 독립단과 연락하였는데 일경이 체포하려고 하자 저항하다가 일경의 총에 맞아 순국하였다. 박무스님이 순국하던 당시의 상황에 대해《독립신문》은 다음과 같이 보도하고 있다.

朴주지의 순국
— 영변 오봉사에서 적을 대항하다가 —

평안북도 영변군 오봉사(五峯寺) 주지승 朴無氏난 獨立黨과 연락을 통하야 사내에 교통기관을 두고 시시로 독립당을 잠복시키엿다 하야 雲山北鎭倭警署에서 (1921) 1월 17일 밤에 수사대를 보내여 박무씨를 체포코자 함으로 該氏난 七寸의 長 되난 錐刀로 敵을 刺하고 적의 총기를 奪코져 하다가 적의 총에 마자 殉國하엿더라.[53]

오봉사 주지 박무스님은 사찰 경내에 독립단원을 은닉시키고 독립단 교통기관을 설치하여 독립운동을 하였다. 그러나 박무스님의 신상과 이력에 관해서는 알려진 사실이 별로 없다. 박무스님은 1921년의 항일순국으로 1995년 정부로부터 건국훈장 애국장을 추서받았다.[54]

독립운동가들 중에는 활동 여건상 승려 복장을 하고 항일투쟁을 전개하는 경우도 있었다. 이러한 예는 아래의《매일신보》의 기사에서 확인할 수 있다.

假僧侶의 怪靑年
— 수상한 단체를 조직하려던 자 범죄 발각으로 소창서에 체포 —

강원도 춘천군 출생의 김소봉(金小峯)은 조선에서 무슨 범죄를 하기 위하여 거월(1922. 1.) 십오일에 비밀히 건너와서 소창선장정(小倉船場町)

---
53)《독립신문》(상해판) 2면. 1922. 2. 25.
54) 국가보훈처,〈독립유공자공적조서〉, 1995. 7.

안전사(安全寺)에 체재하면서 몸에난 검정 옷을 입고 승려에 몸을 차린 후 대담히 시중을 배회하며 지난번도 안전사에서 소창에 있난 조선인을 모와 가지고 괴상한 단체를 조직코저 하다가 그 일을 수행치 못한 바 독립단과도 무슨 연락이 있난 모양임으로 경찰서도 주의중이었는대 조선에 대한 무슨 범죄가 발각한 때문에 십일 아침에 소창경찰서에서 체포하고 여죄가 만흔 모양임으로 엄중 취조중이라더라(소창전).[55]

소창경찰서에 체포된 괴청년은 독립운동을 하던 한국 젊은이로 추정되는데 그는 승려 차림으로 활동했던 모양이다.

평북 태천군(泰川郡)은 압록강변 의주군 아래편에 위치한 곳인데 그 군 동면(東面)에 소재한 양화사(陽和寺)는 일경과 독립군 양쪽으로부터 승려가 피살되는 피해를 입었는데 이에 관해서《매일신보》와《독립신문》(상해판)이 3회에 걸쳐 보도하고 있다. 이들 세 기사를 먼저 읽어보자.

독립단 혐의로 양화사 승려 피살

지난(1922. 6) 11일에 무장한 독립단원이 평북 태천군 동면(平北 泰川郡 東面) 양화사(陽和寺)에 와서 현금 6백원을 압수하여 간 일이 있었는데 同郡 敵警은 곳 수색에 착수하야 同寺에 있는 승려 申智燦이 독립단에 관계가 있다는 혐의로 그를 체포하러 할 際 그는 강경히 저항한다 하야 敵警은 맞츰내 그를 총살하엿다더라.[56]

그런데《매일신보》는 앞의 사건이 있은 뒤 무장 독립단이 양화사에 다시 가서 독립운동자금 제공을 거절한 양화사 승려 세 사람을 사살한 것을 강도사건이라며 다음과 같이 보도하고 있다.

---

55)《매일신보》3면. 1922. 2. 14.
56)《독립신문》(상해판) 3면. 1922. 7. 1.

태천 某寺에 강도가 침입하야 승려 3명을 참살

— 돈을 탈취 도주했단 급보 검사가 현장에 급행 조사 —

평북 태천군 내의 엇던 절에 강도가 뛰어 드러가서 승려 세 명을 무참히 참살하고 그 돈을 탈취 도주 하얏다는 급보를 접하고 소관 경찰서로부터 경관이 출장하야 목하 범인을 수사중인대 일변 신의주 지방법원으로부터 탁검사(卓檢事)가 이십일 현장에 급행하엿다더라(신의주전).[57]

일제의 어용지《매일신보》가 강도사건으로 보도한 양화사사건에 대하여 상해의《독립신문》은 다음과 같이 그 전후 내막을 보도하였다.

승려와 區長을 총살

— 태천군 양화사에서 我光復軍人 4명이 —

본월(1922. 10) 十九日에 무장한 我光復軍 四人이 平北 泰川郡 東面 陽和寺(그 전에 我 黨人에게 금전의 청구를 酬應한 탓으로 同寺의 僧 一人이 敵警에게 총살됨)에 至하야 금전을 청구하엿스나 듯지 아니함으로 승려 4인을 총으로 쏘아 3명은 즉사케 하고 1명은 부상케 하고 또 그 곳 區長 1명을 총살하고 곳 形跡을 감초앗더라.[58]

이상의 기사를 종합해 보면 평북 태천군 동면에 있는 양화사에서 처음에는 독립군에게 군자금을 제공했다 하여 스님 1명이 일경에게 총살을 당하였다. 그리고 1922년 10월 19일에는 무장 광복군 4명이 다시 양화사로 가서 군자금을 요구하자 양화사의 승려들이 이를 거절하였다. 이로 인하여 승려 3명이 사살되고 1명이 부상당하였으며 그 마을의 구장까지 사살되었다. 처음에 독립군에 협조했다 하여 일경에게 사살된 스님은 신지찬스님이다. 그러나 이후에 사살된 스님에 대해서는 알려진 사실이 없다.

---

57)《매일신보》3면. 1922. 10. 23.
58)《독립신문》(상해판) 2면. 1922. 10. 30.

제4장 3·1운동 후 불교계의 항일투쟁 207

제6절 불교계 초기 사회주의계열의 항일운동[59]

1. 서 론

일제시대 사회주의계열 독립운동 연구의 필요성은 해방 이후 불교혁신운동을 규명하는 작업에도 중요한 역사적 의의가 있다. 해방 이후 교단의 주체로 성장한 인사들은 김법린, 최범술, 최영희, 박윤진 등의 불교유신회, 만당 활동 세력이다. 반면 불교혁신운동에 참여했던 인사들에 대한 일제시대 활동에 대한 연구는 거의 없다. 일제시대 불교사회주의 운동의 연구는 해방 후 불교혁신세력의 활동과 노선에 대한 연구로 이어진다. 따라서 이 같은 과제는 이후 다시 한 번 검토될 기회가 있을 것이다.

이 글에서 다루려는 일제시대 불교계 초기 사회주의 운동가는 국내 사회주의 운동에 결합하였던 이종천, 우봉운과 중국에서 활동하였던 김성숙, 김봉환, 차응준, 김규하 등이다.

2. 불교계 초기 사회주의운동의 출발

1) 사회주의 사조(思潮)의 불교계 유입

한반도에 사회주의와 무정부주의 사조가 흡입된 것은 1910년대이며, 3·1운동 이후에는 사회주의 운동이 독립운동의 한 세력으로 성장하여 민족주의 계열과 경쟁, 단결하여 성장하게 된다. 불교계에 사회주의 노선이 받아들여지게 된 것은 적어도 1920년대 초창기임이

---

59) 제4장 제6절 '불교계 초기 사회주의계열의 항일운동'은 전국불교운동연합 사무국장 김남수 씨가 쓴 〈일제시대 불교계 초기 사회주의운동〉(《선우도량》 제13호, 1998. 8)을 필자의 허락을 얻어 이 책에 수록하면서 약간의 가감을 하였음을 밝힌다.

확실하다.

  그 일례로 1921년 7월초 일본에 유학하고 있던 조선승려들이 조선 각지에서 강연을 하였는데 특히 진주에서 강연을 한 김경주(金敬注) 일행과 대구에서 강연을 한 박정행(朴正行)이 과격한 사상을 선전하였다 하여 일제경찰에 구속된 사례를 들 수 있다.

  당시 《동아일보》의 보도기사는 다음과 같다.

赤思想을 선전한다고 불교강연단 오명을 구인

  동경불교청년회(東京佛敎靑年會) 주최 순회강연단 일행은(1921) 유월 삼십일 진주 제일공립보통학교에서 강연을 한 바 경찰당국에서 원고(原稿)를 가져가면서 내일 경찰당국의 승락이 있기 전에는 출발을 하지 말라고 하엿다 함은 이미 보도한 바이니와 칠월 일일 오전 구시부터 경상남도 경찰부에서 등원(藤原) 고등과장, 고등과 경부(警部) 최치림(崔致林) 양씨가 진주경찰서에 와서 강연단 일행을 호출하야 과격사상을 선전하러 다닌다는 것으로 심문을 한 후 드대여 구인되엿는바 구인된 학생은 아래와 같더라(진주).

東洋大學	哲學科	金敬注
日本大學	宗敎科	李英宰
同	社會科	金尙一
同	同	姜性仁
早稻田大學	政經科	龍昌恩[60]

  현대 신문화 사조의 고취와 불교의 개혁주의를 선전키 위하여 동경불교청년회에서는 1921년 하기휴가를 이용해 전 조선 순회강연을 계획하였다. 그 중 일대(一隊)인 김경주·이영재·김상일·강성인·

---

60) 《동아일보》 1921. 7. 5.(한국불교근현대사자료집 I, 《신문으로 본 한국불교근현대사》 上, p.609. 1995, 선우도량에서 재인용. 이하도 같음).

용창은 일행은 동래・양산・마산・통영・고성 등지를 경유하여 1921년 6월 30일 진주에 도착, 해인사 진주포교소 후원으로 그날 오후 9시 진주 제일공립보통학교 강당에서 강연이 있었다. 경남 산청군 덕산(山淸郡 德山) 대원사(大源寺) 주지 조영태(趙永泰)의 사회로 연사 김경주는 〈종교와 문화적 사명〉, 용창은은 〈현대사조와 노력〉, 이영재는 〈평화와 행복〉이란 제목으로 열변을 토하였다. 이에 8백여 명의 청중은 많은 감동을 받았다. 강연회는 밤 11시 반에 폐회하고 후원회측에서는 김경주 일행을 경남관(慶南館)에 초대하였다.[61]

그런데 경남 경찰부에서는 이들이 과격한 사상을 선전하였다는 혐의로 김경주・이영재・김상일・강성인・용창은을 구속하였다. 그 중 김상일을 다음 날 석방하였다가 다시 경성불교청년회에서 후원하러 온 김상호(金相鎬)와 경찰부에 호출하여 등원 고등과장이 오후 다섯시가 넘도록 심문을 행했고 구속된 김경주・이영재・강성인・용창은 4명은 진주경찰서에 구인하였다.[62]

7월 7일 오후 김경주와 이영재는 감옥으로 압송되고, 나머지 강성인과 용창은은 석방되었다. 그리하여 석방된 김상일・용창은・강성인은 강연을 계속하기 위하여 하동 쌍계사로 출발하였다.[63]

그리고 부산지방법원 진주지청 검사국에서 심문을 받던 이영재는 증거불충분으로 7월 27일 석방되고, 김경주는 기소되어 공판에 부쳐졌다.

당시 26세로 일본 동양대학 철학과에 재학중이던 김경주는 그 해 8월 3일 진주지청 제1호 법정에서 죽촌(竹村) 재판장, 석천(石川) 검사의 배석하에 재판을 받았는데 김경주의 혐의 부인에도 불구하고

---

61) 《동아일보》 1921. 7. 5.
62) 《동아일보》 1921. 7. 9.
63) 《동아일보》 1921. 7. 11.

검사는 징역 1년을 구형하였다.[64]

진주지청의 일인 법관 죽촌은 8월 5일 열린 선고공판에서 김경주의 연설이 대체로 평온하나 과격사상을 말한 것은 정치에 관한 언론인고로 보안법(保安法)에 의하여 징역 6개월에 처한다고 언도하였다.[65] 과격사상을 선전한다고 징역 처분을 받은 것은 승려 김경주가 처음이었다. 그럼 김경주가 진주의 8백여 명 청중에게 연설한 과격사상은 무엇일까? 그것은 '과격주의와 무정부 공산주의를 주창하는 크로포트킨, 러셀 등의 인물역사를 소개하고 그들의 정신적 문화생활을 숭배, 실행하라'[66]는 내용이었다.

동경불교청년회의 또 다른 강연단 제2대였던 박정행(朴正行)도 대구경찰서에 구속되었다. 당시 《동아일보》의 보도내용은 다음과 같다.

불교학생 出監 십칠일 만기로 박정행 씨 출감

동경에 있는 조선불교청년회 순회 강연단의 제2대가 대구에 와서 강연하는 중에 박정행(朴正行) 씨가 불온한 의미를 포함한 언론을 하얏다고 대구경찰서에 인치되야 구속에 부치여 경찰령 처벌규칙에 의하야 이십일 구류에 처하얏다함은 이미 보도한 바이어니와 씨는 이십일 동안 대구경찰서 류치장에서 지내다가 지난 십칠일이 만기임으로 십팔일에 나와서 당지 촌상정 일송여관에서 휴양중이라더라(대구).[67]

《동아일보》의 이 기사에 의하면 대구에서 강연을 한 동경불교청년회 회원 박정행은 불온사상을 연설하였다는 혐의로 20일 구류를 받아 대구경찰서 유치장에서 유치생활을 한 후 석방되었다. 박정행

---

64) 《동아일보》 1921. 8. 6.
65) 《동아일보》 1921. 8. 9.
66) 위와 같음.
67) 《동아일보》 1921. 7. 21.

은 은해사 출신의 승려로 1918년 중앙학림을 졸업하고 1921년 7월 당시 일본 정칙영어학원(正則英語學院)에 재학하고 있었다.

　과격사상 선전 혐의로 6개월 징역형을 받은 김경주는 범어사 재적 승려로 일본 동양대학에 유학하였는데 재일조선불교유학생 학우회 이사였으며 귀국 후에는 조선불교청년총동맹 검사위원, 중앙불전 학감과 교장대리를 역임하였고(1939), 1941년 1월에는 영천 은해사에서 설립한 오산(五山)불교학교 교장으로 취임하였다.

　동경불교청년회의 강연 중 과격사상은 무정부주의와 공산주의 사상을 포함하고 있었는데 바로 사회주의 노선의 일환이었던 것으로 보인다. 비록 이들의 강연회 내용은 본격적인 사회주의 사상의 전개라기보다는 단순한 이론의 소개 정도에 지나지 않았지만 일제 경찰은 가혹한 탄압을 하였던 것이다.

　어쨌든 불교계에 사회주의 사조가 유입된 것은 1920년대 초기부터 조선불교청년회·유신회를 중심으로 사회주의계열의 인사들과 교류를 가진 것이 확실하며 이를 통해 사회주의 사조가 유입되었을 가능성이 많다.

　① 조선불교청년회는 1920년 6월 15일 불교중앙학림에서 발기총회를 거쳐, 동년 6월 20일 각황사에서 100명이 참가한 가운데 창립되었다.[68] 그리고 조선불교청년회와 동근이지(同根異枝)의 성격을 갖는 조선불교유신회는 1921년 12월 20일 창립되었다.[69] 조선불교청년회는 1921년 4월 30일 인사동 회관에서 김사국(金思國)과 도진호를 초청하여 각기 '아불교개선관(我佛敎改善觀)', '무아의 애'라는 주제로 강연을 하였다.[70] 김해불교협회는 22년 석가탄신일을 기념하여 무산자 동맹

---

68) 김광식, 〈조선불교청년회의 사적고찰〉《한국근대불교사연구》, p.195. 1996, 민족사.
69) 같은 책, p.201.

회장 김한(金翰)과 청년웅변가 박일병(朴一秉)을 초청하여 강연회를 개최하였다.[71]

위의 두 강연에 초청된 김사국, 김한, 박일병은 초기 사회주의 운동에 참여했던 사람들이다. 김사국은 1921년 1월 공산주의 청년회인 서울청년회를 결성하였으며 1920년대 말까지 조선공산주의 운동의 중요한 역할을 한 사람이다. 김한 역시 일본유학 후 김사국과 같이 서울 청년회 결성에 참여하였으며 1922년 1월에는 무산자동지회 결성에 참여하여 상무위원으로 재직하였다. 박일병은 1916년 일본에 유학하여 사회주의 노선을 받아들였으며 1922년 무산자동맹회 간부를 지내는 등 이후 사회주의 운동을 전개하였다.[72]

② 김사국은 불교와의 인연이 남다른 것으로 보인다. 김사국은 아버지를 여의고 동생 김사민과 같이 1916년 금강산 유점사에서 거주한 경험이 있다. 특히 운암 김성숙에게 큰 사상적 영향을 미쳤다. 김성숙은 봉선사에 출가한 승려로 3·1운동에 참여하여 투옥되었는데 이를 전후하여 김사국과 접촉하였으며, 복역 후 초기 무정부운동에 참여하여 무산자동맹회, 조선노동공제회에 가담하였다. 김성숙은 1921년에 창립한 조선불교유신회에 가담하였을 뿐만 아니라 1922년 2월에는 유신회를 일반사회에 공지하기 위하여 호남쪽으로 설명을 가기도 하였다.[73]

③ 김천해(金天海)는 어린 시절 한문을 배웠고, 이후 불교에 입문하여 1916년 서울의 중앙학림에서 수학하였다. 김천해는 1921년 일본에 유학하여 일본대학 전문부 사회과에 입학한 후 일본에서 사회주

---

70) 《동아일보》1921. 4. 30.(《신문으로 본 한국불교근현대사》, 선우도량, 1995, 재인용) 이하 신문인용은 동 자료에서 재인용한 것임을 밝혀둔다.
71) 《동아일보》, 1922. 5. 15.
72) 강만길·성대경, 《한국사회주의운동인명사전》, 1996, 창작과비평사.
73) 《동아일보》 1922. 2. 25.

의 운동을 전개하였다.[74]

위의 과정에서, 1920년대 초기 불교청년회·유신회는 사회주의 운동가들과 교류가 있었음을 확인할 수 있고, 특히 김성숙과 같이 무정부주의·사회주의[75] 단체에 직접 참여하여 활동하였던 경우도 있었던 것으로 보인다.

2) 조직운동으로의 참여

불교계 단체가 사회주의계열의 독립운동에 참여한 것이 확인되는 것은 1923년 3월 24일부터 30일까지 개최된 전조선청년당대회(全朝鮮靑年黨大會)에 불교청년회와 조선불교여자청년회가 참여하면서부터이다.

전조선청년당대회는 초기 사회주의 운동노선을 제창하고 김사국, 이영, 한진교 등이 참여하였던 서울청년회가 중심이 되어 성사시킨 행사였다. 이들이 이 대회를 개최하게 된 계기는 종래의 청년운동을 계급투쟁의 노선으로 전환하려는 것이며, 각 청년단체의 의식적, 유기적 연결을 실현하여, 앞으로의 청년운동(사회주의 운동)의 대강과 실천요강을 토의하려는 것이다.[76]

불교청년회의 이종천(李鍾天)과 불교여자청년회의 우봉운(禹鳳雲)은 한진교, 이영, 강인택, 신명균, 민중식, 강매, 강영순 등과 1923년 2월부터 전조선청년당대회 준비에 착수하였으며,[77] 본 대회에는 불교청년회에서 기석호(奇石虎), 이종천, 김운악(金雲岳)이, 불교여자청년회에서는 김광호(金光浩), 이명규(李明珪), 우봉운이 참여하였다.[78] 이

---

74) 강만길·성대경, 앞의 책.
75) 초창기 조선에 사회주의사상이 도입될 때에는 무정부주의와 혼동되어 도입되었다.
76) 김준엽·김창순,《한국공산주의운동사》2, p.114. 1986, 청계연구소.
77) 앞의 책, p.113.

들은 대회를 해산하면서 대회선언을 채택하였는데 그 요지는 다음과 같이 사회주의 노선임을 분명히 알 수 있다.

> 최고 문화적 향락생활을 균형케 하는 사회의 실현을 목표로 함 오인은 국적의 구별, 인종의 차별이 없는 평화적 사회, 평등한 사회, 우애인 사회를 건설하기 위해서는 동일한 처지, 연대적 책임을 가진 사회주의적 해방투쟁을 철저히 실행하는 데에 있는 것을 절대로 주장함……
> 본 대회는 이상과 如한 목표, 주장, 신념을 모든 행동의 기초로 삼기를 맹서하고자 차 선언과 각 분과 결의안을 채용함.[79]

전조선청년당대회는 마지막날에 집회 금지로 해산되어 무기휴회로 들어갔다. 6일간의 회기에 각 분과위에서 의결한 내용을 보면, 교육문제에서는 종교존재의 근본적 부인, 노동 및 경제문제에서는 자본주의체제의 근본적 부정, 민족사회문제에서는 당시 민족운동의 상징이었던 물산장려와 민립대학 설립운동의 타도, 동아일보의 비매운동과 성토, 청년회 발전문제에서는 계급투쟁의 노선 채택 등으로 급회전하고 있다.

불교, 대종교, 천도교, 기독교계의 청년회를 대회에 참가시키고도 종교문제 토의에서는 종교의 존재의의를 근본적으로 부인했다. 그리하여 반종교안의 의결이 있은 뒤에 종교계 대표들은 일부를 제외하고 대회에서 이탈한 것으로 보인다.[80]

불교계에서 참여한 6인 중 이종천, 우봉운은 사회주의 노선을 견지하였음이 분명하나 나머지 4명은 불확실하다. 이들은 개인적 신념에 근거해서라기보다 이종천, 우봉운이 주도적으로 활동하던 불교청

---

78) 앞의 책, p.115.
79) 앞의 책, p.121.
80) 앞의 책, p.129.

년회, 불교여자청년회가 대회에 참여함을 계기로 단체 대표로 참여하였을 가능성이 높다.

①이종천은 옥천사(玉泉寺) 출신 승려로서 일본 조동종 제일중학과 동양대학에 유학했으며, 귀국하여 조선불교청년회 발기인으로 창립에 관여하였다. 1924년 1월 8일 만해 한용운이 청년회 총재로 추대될 당시 총무로 선임되었다. 1925년 2월 진주 불교진흥회 전임강사로 재직중이었다.

이종천은 1928년 10월 23일 요절하여 동년 11월 11일 각황사에서 조선불교청년회 주최로 천도식이 거행되었다.[81] 이 같은 경력을 살필 때, 불교청년회 내에서 중요 활동을 하였음이 분명하다.

그는 청년회 간부로 재직하면서 전조선청년당대회에 준비위원으로, 대회대표 계출인으로 참가하였으며,[82] 당대회 해산 후에는 사회주의 북성회계의 장일환과 같이 청년당대회의 개최목적을 널리 전파하고 종래의 민족, 사회개량주의적 청년운동 내지 민족운동을 사회주의 노선으로 전환시키기 위하여 '靑年黨社'를 조직하였다.[83]

②우봉운은 조선불교여자청년회 간부로서 당대회에 참여하였으며, 이후 사회주의계열의 여성단체에 중요멤버로 참여하였고, 근우회 활동에 결합하기도 하였다. 우봉운은 한국 초유의 여성사회운동단체로서 1924년 5월 23일 창립된 조선여성동우회의 발기인으로, 간부로 참여하였다. 이 단체에 참여한 간부급 인사들은 모두 열렬한 여성해방운동자이며 사회주의를 신봉하는 사람들이었다.[84]

또한 1925년 1월 18일 반서울청년회 계열의 여성단체인 경성여자

---

81) 김광식, 앞의 책, p.499.
82) 김준엽·김창순, 앞의 책, pp.153~154.
83) 앞의 책, p.123.
84) 김준엽·김창순, 앞의 책, pp.153~154.

청년동맹 창립에 발기인으로 참여하였다.[85] 1925년 4월 당시 조선불교여자청년회 회장에 재직하였으며, 1923년 3월에 설립된 능인여자학원 교장을 1930년 역임하기도 하였다. 1927년 5월에 신간회의 자매조직으로 창립된 근우회에 김일엽과 같이 발기인으로 참여하였으며 창립대회에서 21인의 중앙집행위원으로, 재무부원에 선출된다.[86] 이후 1928년 7월에 개최된 임시전국대회에서는 중앙검사위원으로, 1929년 7월에 개최된 제2회 전국대회에서는 전국대회준비위원, 접대부 책임자로 결정되어 전국대회준비에 주요 간부로 활동하였으며, 본 대회에서는 중앙집행위원과 상무위원으로 선출되고, 이후 근우회 해산 때까지 재정부장으로 활동하였다.[87] 1948년 8월 해주에서 열린 남조선인민대표자대회에서 제1기 최고인민회의 대의원으로 선출되기도 하였다.

③ 1927년 9월 28일 강릉에서 개최된 (사회주의계열의) 강원청년연맹 혁신대회에 강릉불교여자청년회가 참가하였다. 이 대회는 '조선의 사회운동이 정치투쟁의 표방을 들고 민족적 정치운동으로 방향을 전환함에 있어서 청년운동도 과거의 자연생장적 조직형태를 근본적으로 변혁하여 그 기초를 견고히 하는 동시 방향을 전환하여 모든 □□□적 요소를 포함한 민족적 청년운동으로 그 조직을 확대하게 됨'을 목표로 개최되었다.[88]

이종천, 우봉운의 활동은 이들이 불교대중단체에서 중요한 직책을 맡고 있었다는 점과 이들이 초기 사회주의 운동에 있어 단순 참가자가 아닌 주요 간부로 각 단체에 참여하였다는 기록으로 보아 당시

---

85) 앞의 책, p.156.
86) 김준엽·김창순, 《한국공산주의운동사》 3, pp.77~79. 청계연구소.
87) 앞의 책, 참조.
88) 《조선일보》 1927. 10. 4.

불교계내에 사회주의 사조가 일정 정도 수준에 올라와 있음을 추론하게 한다.

당시 불교계 청년회 혹은 유신회에 결합하였던 김봉환, 김성숙 역시 초기 사회주의 사조를 일찍이 흡입하였음을 상기하면 위 사실은 분명해진다.

3. 중국에서의 사회주의운동

중국에서 사회주의 운동을 전개한 불교계 인사로는 김성숙, 김봉환(金峯煥, 金鳳煥), 차응준(車應俊), 김규하(金奎河) 등을 들 수 있다. 이들은 윤종묵(尹宗默), 김승완과 같이 1923년 북경으로 유학하였으며, 북경에서 《황야(荒野)》라는 문예잡지를 발간하기도 하였다.[89] 또 중국 관내 사회주의 운동가들과 함께 창일당(創一黨)을 조직하여 공산주의 운동의 단결을 꾀하기도 하였으며, 기관지로 《혁명》을 발간하기도 하였다. 이들은 1927년까지 동일한 지역 내에서 연대하여 사회주의 운동을 하였음이 분명하다.

① 운암 김성숙은 1916년 출가하여 홍월초의 제자가 되었다. 이운허의 사형(師兄)으로 불교유신회 활동을 하였으며 3·1운동으로 옥

---

89) 1924년 발간된 《불교》 제6호에 의하면 김봉환은 문화대학, 김성숙은 민국대학, 윤종묵은 평민대학, 김규하, 차응준, 김승완은 북경대학에 재학중인 것으로 나타난다. 김성숙은 이들 승려들이 망명한 것으로 회고하고 있으나(《혁명가들의 항일회상》, 1988, 민음사.) 필자가 판단하기에 망명보다는 유학에 가까운 것으로 보인다. 승려출신 6명의 인사가 함께 북경으로 간 것에 그러하고, 또한 이 시기 일제 통치하에 6인의 승려가 중국으로 독립운동을 위하여 망명하는 것은 쉽지 않았다.
한편 동아일보 1923년 11월 20일자에 "23년 10월 28일 중국 북경 소경루에 조선불교유학생들이 회집하여 '재연경조선불교유학생회'를 창립하였다"는 기록이 있는데 이 기사가 이들 6인의 승려를 의미하는 것은 거의 확실할 것으로 보인다.

고를 치른 후 사회주의를 전개하였다. 운암은 창일당을 조직한 후에도 김원봉이 주도한 의열단에 결합하였으며, 1930년대에는 '조선민족해방동맹'을 창립하여 민족독립운동의 통일전선 구축을 위해 노력하였다.

1940년대에는 임시정부 국무위원으로 활동하다가 해방 이후 귀국하였으며, 해방 정국에서는 중도좌파 활동을 전개하였다. 남북 분단 수립 이후에는 혁신계열의 활동을 전개하다가 1969년 입적하였고 영결식은 조계사에서 이루어졌다.

② 김봉환은 3·1운동 당시 부산 범어사 근처 동래군 지역에서 만세운동을 전개하다가 투옥되었다. 1920년 9월 16일 창립된 불교청년회 범어지회 창립 당시 포교부원으로 선출되었고,[90] 1922년 불교유신회 활동에 결합하였다.[91] 중국으로 망명한 후 어느 시기부터인가 조선공산당 화요파에 소속하여 활동하였으며, 1926년 4월에는 '신민부'에서 발행하는 '신민보'에 과격한 문장을 투고하여 체포되기도 하였다. 김봉환은 1927년경 북경에서 만주로 이동하였으며 1930년 1월에는 사회주의와 민족주의 계열의 알력 와중에 박상실을 사주하여 김좌진을 살해하게 하였다. 김좌진 살해로 한족회 회원으로부터 살해되었다.[92]

③ 차응준, 김규하는 1925년 11월 15일 창립된 '북경사회과학연구회'에 가입하여 김산(金山, 본명 장지락)과 같이 활동하였다. 이 단체가 1926년 5월에 발표한 선언서에 따르면 '본회는 공산주의 혁명이 조선민족해방의 유일한 길임을 인식하고 조선독립운동에 복무하는

---

90) 《동아일보》 1920. 9. 16.
91) 《동아일보》 1922. 2. 25.
92) 박창욱, 〈김좌진장군의 신화를 깬다〉 《역사비평》, 역사문제연구소, 1994년 봄호.

자들을 공산주의 혁명전선에 일치 단결시키고자 하는 것'이라 하여 공산주의 단체임을 확인할 수 있다.[93] 김규하는 중국 유학 전 1922년 3월 5일 창립된 '재경불교유학생학우회'에 총무부원으로 활동한 기록이 있다.[94] 이들의 이후 행적은 알려지지 않았는데, 김산에 의하면 1927년 중국 광주 코뮌에서 2명의 승려출신 공산주의자들이 죽었다는 기록이 있는데[95] 이들은 차응준, 김규하가 분명하다. 아리랑에서 김산이 알고 있다는 4명의 승려는 김성숙, 김봉환, 차응준, 김규하일 것이다. 그렇다면 광주 코뮌에서 죽은 두 명의 승려출신 공산주의자는 차응준 김규하가 분명한 것이다.

4. 결 론

위의 단편적인 사실을 통하여 불교계에도 초기 사회주의 운동이 전개되었음을 확인할 수 있었다. 이 같은 사실을 근거로 할 때, 향후 일제시대 불교계의 민족 독립운동은 보다 보충되어 연구될 필요가 있다.

첫째, 불교유신회나 불교청년회의 활동이 주로 교단 내적인 상황에만 국한됨으로써 이들 단체의 대외적 활동이 제대로 규명되지 못한 것이 사실이다. 또한 만주, 중국 관내 지역에서의 불교계 혹은 불교인들의 독립운동이 조명되어야 할 것이다.

둘째, 이러한 조명을 통해서만이 불교계 민족주의 운동이 역사적 단절을 겪지 않을 것이다. 불교계의 민족운동은 대내적으로는 근대적 교단 수립운동으로 지속되었으며, 대외적으로는 민족 독립과 민

---

93) 〈북경재류조선인의개황〉, 조선총독부 통역관 기토, 1927년 5월 22일 조사(이회성, 미느노 나오끼, 《아리랑 그후》, p.93. 1993, 동녘 재인용)
94) 《동아일보》 1922. 3. 9.
95) 김산·님웨일즈, 앞의 책, p.309.

족국가 수립운동으로 전개되었으며, 이러한 흐름은 역사적 단절 없이 개화기 이후부터 최소한 1948년까지 진행되었을 것으로 판단된다. 그러나 서론에서 거론하였듯이 그 동안 불교계 민족운동연구에 의하면 일제시기 민족주의 운동과 해방 직후의 혁신운동은 역사적 단절을 겪게 된다. 이러한 역사적 단절을 극복하기 위해서도 기왕의 연구·조사되지 않은 불교계 민족운동에 대한 조사작업이 필요할 것이다.

제7절 스님들의 항일투쟁 경력

1. 비타협적 열렬한 독립투사 백초월스님

불교계에서 비타협적인 민족주의 항일운동을 벌였던 인물 가운데 한 사람이 백초월(白初月 : 1878~1944)스님이다. 한용운·백용성스님보다 잘 알려져 있지 않으나 만해와 백용성 못지 않은 격렬한 항일투쟁을 전개한 독립운동가이다. 만해와 백용성이 3·1운동의 민족대표 33인 가운데 한 분이었다면 백초월은 같은 해 11월 28일 조선민족대동단이 계획 실행한 제2의 독립만세시위 때 정남용스님과 함께 불교계를 대표하여 민족대표 33인의 한 분으로 선정된 승려이다.

그는 3·1운동 직후인 그 해 4월 승려의 신분으로 한국민단본부(韓國民團本部)라는 항일비밀단체를 경성중앙학교 내에 조직하고 그 단장이 되어 상해임시정부 및 독립군을 지원하기 위한 군자금을 모집하였으며, 같은 해 7월에는 비밀출판물로《혁신공보(革新公報)》를 간행하여 국민들의 독립의식을 고취하였다.

백초월은 1878년 2월 17일 경남 진주군 정촌면에서 백낙규의 둘째 아들로 태어났다. 14세 때인 1892년 지리산 영원사(靈源寺) 주지 이

남파(李南坡)에게 출가하여 동조(東照)라는 법명을 받았다. 그는 경전을 배우고 선(禪)을 닦았으며, 1916년 명진(明進)학교 교장을 지냈다.

그는 승려의 신분임에도 불구하고, 항상 국권회복을 기원하였으며 1919년 독립만세시위가 일어나자 항일투쟁에 뛰어들어 적극적으로 맹활약을 하였다. 그러다가 1919년 12월초 독립운동자금 모집 사건으로 경성 본정경찰서의 일경에게 체포되었다. 본정경찰서장의 체포보고서에 의하면 백초월과 그 동지들의 항일투쟁에 관해 자세히 알 수 있다.

대정 8년(1919) 12월 5일자 고경34511호

— 독립운동자금 모집자 검거의 건(경성 본정경찰서장 보고) —

승려로서 상해 가정부를 원조하여 자금의 모집에 종사하고 있는 자 있다는 정보가 있어 주의하여 경계 중, 금번 경성 본정경찰서에서 불온문서 《혁신공보》를 발행하여 상해 가정부 및 길림성 독립군에게 천 부를 파견하고, 또 운동자금을 모집하고 있다는 사실을 발견하여 검거 취조한 바 그 개요는 다음과 같다.

1. 범인 및 사건 관계자
- 본적 경상남도 함양군 마천면 삼정리(咸陽郡 馬川面 三丁里) 61번지
  당시 경성부 와룡동 28번지
  체포 승려 백초월(白初月) 42세
- 본적 경상북도 의성군 단촌면 병방리(義城郡 丹村面 並方里)
  당시 경성부 숭일동 2번지
  체포 승려 이도흔(李道昕) 31세
- 본적 경상남도 고성군(이하 미상)
  미체포 승려 김재운(金在雲) 24세
- 본적·주소 미상
  미체포 박윤(朴允)

• 본적 전라남도 구례군 광의면 방광리(光義面 放光里)
  천은사(泉隱寺) 주지 하용하(河龍河) 39세
• 전라남도 구례군 화엄사
  승려 이인월(李印月) 45세

2. 범죄사실

백초월은 승려로 있는 몸임에도 불구하고, 항상 불온사상을 품고 국권회복을 몽상하여 은근히 그때가 오기를 기다리던 중, 금년 봄(1919. 3. 1) 소요 발발한 이래 해외 동포는 조국의 부흥을 위하여 혹은 러시아, 또는 중국영토에서 독립군을 일으키고, 또 중국 상해 가정부를 조직하는 등 오직 독립운동에 활약하고 있으며, 선내(鮮內 : 한국)에 있어서도 예수교도 및 천도교도들은 매우 이에 원조하고 있으나, 다만 불교도만은 이에 무관심하고 있음을 크게 유감지사로 생각하며, 금년(1919) 4월 경성에 들어와 시내 각 처에 잠재하면서 우선 불온문서를 간행하여 인심을 교란시킬 계획으로 한국민단본부라는 단체를 경성 중앙학교 내에 설치하여 스스로 민단부장이 되어 자금모집에 활약하였으며, 또 금년 7월 이후 스스로 사장(社長)이라는 명목으로 자금을 투자하여, 전기 김재운 집필하에 박윤(朴允) 등과 함께 《혁신공보(革新公報)》라는 비밀출판물을 간행 배포하였으며, 선내에 있는 청년들로 하여금 독립군 및 그 정부에 가입시키려는 계획하에 이의 자금을 얻기 위하여, 8월(일자 미상) 경성에서 전기 전라남도 천은사 주지 하용하에 대하여 조선은 조만간에 독립을 함으로써 독립군 또는 가정부에 금전을 기부하여 두지 않으면 독립이 되었을 때는 불교는 전멸하게 된다고 협박하여 2백원을 출금하게 하고, 또 10월 7일에는 전기 이도흔을 시켜 하용하가 주지인 천은사에 가게 하여 서면을 보이고, 자금을 각출하여 줄 것을 권유하여 결국 하용하로부터 일금 3백원과 동인의 손을 거쳐 화엄사 총무 이인월로부터 일금 5백원을 출금하게 하였다.

그리고 그 사이에 있어서 조선인 청년에게 여비를 급비하여 11명을 길림성 독립군에게, 6명을 상해 가정부로 보냈다고 말하고 있으나, 그의 주소·성명에 대해서는 일체 입을 다물고 말하지 않는다.

또 전라남도 제3부에서 수사한 결과에 의하면, 그 후 10월 15일 다시 중앙학교 학생 박학규(朴鶴珪)라는 자를 백초월의 특파원으로 칭하여 전기 화엄사에 보내어 승려 김영렬(金榮烈)에 대하여, 자기는 상해에 도항하고 있으나 이번 동지자 12명과 함께 상해 가정부의 명을 받고 선내에 들어와, 군자금모집에 활약하고 있으며, 그 밖의 동지들은 현재 충청도의 부호들을 권유하고 있으며, 자기는 이로부터 경남 하동군 쌍계사에 가서 권유하여야겠다고 말하며 출발하였으나, 11월 7일 중앙학교 학생 이선훈(李善薰)이라는 자로부터 김영렬 앞으로 온 통신에 의하면, 박학규로부터 화엄사 내의 소식을 전해 들었다. 동인에게 교부하여야 할 일금 50원을 잠시 두고 봐라 운운, 또 백초월은 체포되었다라고 써 있는 것을 보면 박·이(李)의 양인은 경성에 잠복하고 있는 것 같아 현재 수배중이다.

백초월은 다시 운동비를 모집할 목적으로 민단 부원 정병헌(鄭秉憲)·신상완·신성욱(申性郁:白性郁의 誤記로 보임)으로 하여금 상해 가정부는 경비가 곤란하기 때문에 인천·부산·원산 등 3개 항구의 관세를 담보로 하여 미국정부에게 15억 달러의 차관을 신청하였으나, 미국정부는 구미(歐美) 제국 중 어느 한 나라가 보증을 한다면 이에 응하겠다고 회답이 있었다. 그러므로 이승만·안창호·김규식 등은 목하 유럽주 각국에 교섭하여 보증국을 구하고 있다. 그러므로 선내에서도 공채를 모집한다는 유언비어를 퍼뜨리고 이어서 가정부 노동청 총무 안창호, 내무총장 이동녕의 인장을 위조하여 채권을 발행할 계획이었으나, 미수에 그쳐 체포되었다.

이상의 사실이 판명됨으로써 백초월·이도흔은 12월 2일 사건과 함께 검사국에 송치하고 기타는 목하 수사중이다.[96]

이 본정경찰서장의 보고에서 말하는 백초월의 불온사상은 우리나라의 독립을 열망하는 것을 지칭하며, 일제측이 말하는 '범죄 사실'은 백초월과 관계자의 항일투쟁을 가리킨다.

백초월은 1919년 8월 천은사 주지 하용하를 설득하여 독립운동 기

---

96) 《독립운동사자료집》 제9권, pp.430~433.

금으로 2백원을 내놓게 하였고, 또 본적으로 보건대 의성 고운사 출신으로 추정되는 이도혼스님을 시켜 하용하 주지가 다시 자금 3백원을 각출하도록 권유하였으며 화엄사 총무 이인월스님으로부터는 5백원을 내놓도록 하였다.

백초월은 이렇게 모금한 돈으로 그 해 7월 해인사의 박달준·박봉률·강재호, 대흥사의 박영희 등 젊은 스님들 11인을 만주 서로군정서의 신흥무관학교에 보내는 경비로 사용하였다. 그리고 신상완·백성욱·김법린·김상헌 등 6명의 불교계 인사들이 상해임시정부로 가는 경비로도 사용한 것으로 보인다.

백초월은 이렇게 애국청년 승려들을 선발하여 만주 길림성의 독립군으로 보내는 한편 상해임정에도 6명을 보내는 매우 활발한 항일투쟁을 전개하였으며, 상해임정을 지원할 목적으로 신상완이 주도·조직한 승려결사인 의용승군에도 관계하여 지원금을 제공했다.

또 민단부원인 정병헌과 임정에 관계하고 있던 신상완·백성욱을 시켜 미국 정부에 15억 달러의 차관을 교섭하기도 하였다. 이 일은 인천·부산·원산 등 3개 항구의 관세를 담보로 제공할 테니 상해임정의 경비를 지원해 달라는 조건이었으나 미수에 그쳤다.

1919년 우리나라의 건국기념일(개천절)인 11월 25일(음 10. 3), 조선민족대동단이 주도하고, 보성학교 학생이 중심이 되어 제2의 만세시위운동을 전개하려고 계획할 때 백초월은 이강(李堈)·김가진·나창헌 등과 함께 불교계를 대표하여 민족대표 33인 중 한 사람으로 추대되었다. 이때 정남용스님도 민족대표의 한 분으로 추대되었는데 대동단의 이 거사는 여러 가지 사정으로 연기·축소되어 1919년 11월 28일 종로 안국동 광장에서 독립선언서를 살포하며 200여 군중과 함께 독립만세시위를 하였다.[97] 이때 백초월과 학생들은 종로 삼청동에 태극기와 단군기념비라는 깃발을 내걸고, 대한민국임시정부 성립에 관한 축하문과 선언서 및 포고문 등을 인쇄하여 배포하였다. 이 거사 후 백초월은 체포되었고, 가혹한 고문으로 폐인이 되어 서울 마포의 어느 포교당에서 지내기도 하였다.

그는 제자 이중각(李重珏)을 통하여 1920년 2월 25일 일본유학생이 주도한 3·1운동 1주년 기념행사에 관여하다가 1920년 3월 9일 도쿄에서 잡혀 서울로 이송되어 경성지방법원 검사국에 송치되었다. 동경에서 잡지《신조선》의 주간 이달(李達)과 함께 일본제국의회에 독립청원서와 시위운동계획을 세웠다가 일본유학생 동지 7명과 함께 체포된 것이다.

그는 이때도 일경에게 모진 고문을 당하여 건강이 악화되었다. 그 뒤로부터 미치광이로 행세하여 활동하다가 여러 차례 경찰서 유치장에 갇히기도 했다. 그때마다 정신이상자로 석방되었으며, 죽은 거북이 한 마리를 방에 놓고 대화를 하는 등 기인으로서의 생활이 계속되었다. 그러나 그의 독립의지는 더욱 불타올랐다. 그런 가운데 친일 승려를 규탄하며 독립의 의지를 강하게 나타냈으며, 종교의 통일을 위하여 일심교(一心敎)를 제창하기도 했다.[98]

1938년 그가 거처하던 마포포교당의 신도가 만주로 탈출하던 중 봉천행 화물차에다 '대한독립만세'라고 낙서한 사건에 연루되어 일경에 체포되었다가 석방되었다. 다시 1941년 임시정부와의 연락과 독립운동자금 조달 혐의로 체포되어 3년형을 선고받고 마포형무소·대전형무소를 거쳐 청주형무소에서 옥고를 치르다가 광복을 1년 앞둔 1944년 6월, 고문 후유증으로 청주감옥에서 옥사하였다.[99] 유해는 청

---

97) 장석흥, 〈조선민족대동단연구〉《한국독립운동사연구》제3집, p.258. 1989, 독립기념관 한국독립운동사연구소.
98) 李政,《한국불교인명사전》, p.79. 1993, 불교시대사.
99) 국가보훈처, 〈백초월공적조서〉《독립유공자공훈록》제8권, pp.405~406.

주 금선동 형무소 공동묘지에 묻혔다가 6·25전쟁 중 망실되었다. 정부에서는 백초월스님의 항일투쟁을 기리어 1986년 건국포장을, 1990년 훈격을 조정하면서 건국훈장 애국장으로 승급하였다.

백초월스님의 이름은 인영(寅榮)이며, 아명은 도수(道洙), 법명은 동조(東照)이고, 초월은 구국(龜國)과 함께 그의 호이다. 최승(崔勝)·의수(義洙)·인산(寅山) 등의 이명이 있다. 그는 승려라는 수행자의 신분으로서 생애의 많은 부분을 항일독립투쟁으로 일관하였기 때문에, 독립운동을 하기 위하여 승려가 되었다고 할 정도로 조국 광복을 위해 일제와 투쟁하다가 옥중에서 순국한 독립투사이다. 그의 항일이력으로 볼 때 불교계 인물로는 한용운에 비견되거나 아니면 그에 앞선다고 할 수 있다. 그런데 이러한 그가 4등급에 해당하는 건국훈장 애국장으로 예우되었다는 것은 그 훈격이 너무 낮게 평가된 것으로 사료된다. 더구나 선항일 후친일의 제1급 친일파인 이종욱이 3등급인 독립장을 받은 것과 비교하면 더욱 그러하다는 생각을 지울 수 없다.

2. 신상완스님의 항일운동

경기도 수원 사람으로 범어사 출신의 승려이자 독립운동가인 신상완(申尙玩: 1891~1951)스님은 불교계에서 설립한 중앙학림에 재학할 때 학생대표였다. 그리고 김법린 등과 유심회(唯心會)를 조직하고 회장으로 선출되어 활동하였다.

1919년 3·1운동 거사 3일 전인 2월 26일 밤 한용운은 중앙학림 학생인 신상완을 비롯하여 김상헌·정병헌·백성욱·김법린·오택언·김봉진·김대용과 중앙학교 학생인 박민오 등을 계동에 있는 잡지 《유심(惟心)》사로 긴급히 불러 모아 서울과 전국 각지의 승려와 신도들을 총동원하여 독립만세운동을 전개할 것을 지시하였다. 만해의 지시를 받은 신상완 등은 유심사를 나와 인사동에 있는 범어사 중앙포교당에 모여 전국불교도독립운동 총참모본부를 결성하고 신상완이 총참모가 되어 각기 부서를 정한 다음 밤을 세워가면서 3·1운동을 준비하였다.[100] 총참모 신상완을 중심으로 한 이들은 독립선언서를 살포하고 3월 1일의 만세시위에 불교계 인물을 이끌고 적극적으로 활동하였다.

3·1만세시위 후 당시 인사동 신상완의 자택은 지속적인 독립운동을 위한 전국불교도 독립운동총참모본부 역할을 하였는데 신상완은 4월 하순 상해에 대한민국임시정부가 수립되었다는 소식을 듣고 상해로 망명할 것을 계획하였다.

신상완은 백성욱·김법린·김대용·김상헌 등과 함께 압록강 건너 안동현에 소재한 이륭양행으로 가서 그 곳의 협조를 얻어 상해로 갔다. 그는 상해임정에 투신하여 내무국장 안창호와 밀접한 관계를 맺는 한편 김법린과 김대용을 안동현 육도구로 보내어 그 곳에서 《화신공보(華新公報)》라는 비밀출판물을 간행하게 하였다. 그는 김법린 등에게 상해임정의 소식과 여러 가지 정보를 보냈고 김법린은 이를 서울의 박민오와 김봉신에게 보내어 서울에서 《화신공보》를 발행·배포케 하였다. 신상완은 또한 승려들의 비밀결사인 승려의용군(僧侶義勇軍)의 조직을 주도하였다.

1919년 8월경 귀국하여 신상완은 대한민국임시정부 내무부 강원도 특파원으로 활동하였는데 임정 특파원 이성춘으로부터 우리나라 건국기념일인 10월 3일(음력)을 기해 대한민국임시정부 성립을 축하하는 제2의 독립시위운동을 실행하라는 인쇄물을 교부받았다. 이에 따라 9월 중순경 강원도 철원의 신환균(申桓均), 원주의 감리교회 목사

---

100) 金尙昊,〈한국불교항일투쟁회고〉《대한불교》1면. 1964. 8. 23.

조윤여(趙潤如), 춘천의 유한익(劉漢翼) 등을 방문, 제2 독립시위계획을 설명하고 동조를 구하였다.

그리고 대한독립애국단 강원도단(江原道團)의 서무국장 강대려(姜大呂)를 만나 대한민국임시정부 성립 축하시위 계획을 전달하여 같은 해 10월 철원지역을 중심으로 시위운동을 전개하는 데 큰 역할을 하였다.[101]

대한독립애국단(이하 애국단)은 1919년 4~5월에 신현구(申鉉九 : 1882~1931)·김순호(金順皓 : 애국단 재무총장)·문봉의(文鳳儀 : 애국단 재무감독) 등이 조직한 비밀 항일단체이다. 애국단의 지부로는 철원군단이 가장 규모가 커서 곧 강원도단으로 승격되면서 강원도의 조직을 관할하였다. 철원애국단은 본부의 권인채(權仁采)와 김상덕(金相德)에 의해 계획되었다. 김상덕은 8월 9일 철원으로 내려가 감리교 목사 박연서(朴淵瑞)를 찾아가 애국단의 취지를 설명하고 동의를 받았다. 그날 밤 박연서의 집에서 강대려(姜大呂)·김철회(金喆會)·박건병(朴健秉) 등이 모여 1차 회의를 하고 8월 11일 철원의 도피안사(到彼岸寺)에서 철원군단을 조직하였다. 철원애국단이 불교사찰인 도피안사에서 결성된 인연 때문인지 승려 신상완이 임정의 강원도 특파원으로 철원애국단의 활동에 일정한 역할을 하였다. 애국단은 대동단과 결속하여 1919년 11월 28일 안국동에서 제2의 만세시위를 하였는데 이 항일투쟁에 신상완은 일정한 역할을 하였던 것이다.

신상완은 다시 상해임정으로 건너가 11월 14일 여운형을 보좌하여 도일해 일본 정부 당국자와 회담하였다. 신상완은 여운형과 동경에 체류하면서 재동경한국인 유지들의 환영회에 참석하기도 하였다. 그는 1920년 2월 서울로 돌아와 함남 안변의 석왕사 승려 김태흡(金太

---

101) 국가보훈처, 〈신상완공적조서〉《독립유공자공훈록》 제12권, pp.771~772.

洽)·강청월(姜淸月) 등과 군자금을 모집하여 임시정부 노동부 총판 안창호에게 송금하였다. 4월에는 강원도 고성의 건봉사 승려 정인목(鄭仁牧) 등으로부터 군자금모집 활동을 전개하다가 1920년 철원애국단사건에 연루되어 일경에 체포되었다.

신상완은 1920년 12월 23일 경성지방법원에서 보안법 및 정치범죄 처벌령 등 위반으로 징역 5년을 선고받아 공소하였으나 1921년 3월 14일 경성복심법원에서 기각, 형이 확정되어 옥고를 치렀다.

정부에서는 신상완스님의 항일투쟁 공적을 기리어 1995년 건국훈장 애국장을 추서하였다.[102]

3. 김상헌스님의 항일운동

김상헌(金祥憲: 1893~1945)은 경남 양산 사람으로 범어사 출신의 스님이다. 1918년 불교중앙학림의 학생으로 민족사상 고취 및 불교연구를 목적으로 한 유심회(唯心會)를 조직하여 신상완을 회장으로 추대하고 김법린·정병헌 등과 함께 활동하였다. 유심회는 그 해 11월, 한용운의 지도를 받아 민족운동 단체로 발전하였다.

김상헌은 한용운의 지시로 1919년 2월말 상경하여 독립선언문을 살포하고 3·1운동에 적극 참여한 후 지방의 독립운동을 준비하기 위하여 대표를 파견할 때 김법린과 함께 동래지역을 맡아 범어사로 밀행하였다. 김상헌은 범어사의 김봉환(金鳳煥)·차상명(車相明)·유석규·김상호 등을 만나 동래지역 만세시위를 밀의(密議)하였다. 그리하여 범어사가 주축이 된 동래지역 만세운동은 아주 격렬하고 성공적으로 수행되었다.

또 김상헌은 상해임정의 김법린과 김대용이 전해 준 정보로 국내

---

102) 국가보훈처,〈신상완공적조서〉《독립유공자공훈록》제12권, p.772.

의 박민오와 김봉신이 간행한 《화신공보》를 김상호와 함께 경향 각지에 배포하였으며, 상해임정에서 불교계 대표를 파견해 달라는 요청을 받고 김상호와 동분서주 노력한 결과 포광 김영수스님을 상해로 밀파하였다. 이때 김상헌이 포광을 수행하여 동행하였다.

김상헌은 상해임정이 재정적으로 몹시 어렵다는 사정을 듣고, 범어사의 경산(擎山)·담해(湛海)·성월(性月)·상호(尙昊)·이산(梨山)·석두(石頭) 등과 상의하여 상당한 금액을 사재(寺財)에서 출연, 상호로 하여금 상해임정에 헌납하게 하였다.

포광의 수행원으로 상해임정에 간 김상헌은 1919년 8월 군자금모집 사명을 띠고 국내로 돌아와 함경남도 등지에서 군자금을 모집하여 임시정부 노동총판인 안창호에게 송금하였다. 또한 한국지도를 구입하여 독립운동에 활용할 수 있도록 상해임정으로 보냈다.

김상헌의 이러한 항일투쟁 사실이 일경에 탐지되어 1920년 5월 체포되었으며, 1921년 3월 경성복심법원에서 징역 3년형이 확정되어 옥고를 치렀다. 정부에서는 그의 독립운동 공적을 기리기 위하여 1980년 건국포장을 추서하였다. 후에 훈격 조정으로 1990년 건국훈장 애국장으로 승격되었다.[103]

4. 불청운동의 주역 김상호스님

범어사 재적 승려인 김상호(金尙昊)스님은 범어사 명정(明正)학교를 나와 강원 대교과 공부를 마쳤다.[104] 3·1운동이 일어난 그 해 31세의 김상호스님은 범어사의 차상명·김봉환·유석규스님 등과 논의하여 범어사의 만세운동을 주도하였다. 동래 장날인 3월 18일과 그

---

103) 국가보훈처, 〈김상헌공적조서〉《독립유공자공훈록》제5권, p.493.
104) 陸山, 〈현대불교인열전·金尙昊〉《대한불교》3면. 1971. 12. 12.

다음 날 감행된 범어사의 3·1운동으로 100여 명이 연행되었고 그 중 34명이 재판에 회부되어 옥고를 치렀다.
 상호스님은 만세시위 후 용케도 동래를 빠져 나와 서울로 피신하였다가 상해의 대한민국임시정부가 재정 형편이 극히 어렵다는 것을 듣고 담해·성월·경산스님과 밀의한 후 사재(寺財)에서 거액의 독립운동자금을 각출하여 상해로 특파되어 임정에 헌납하였다. 임정에서는 이 범어사의 세 원로를 임정 고문에 추대하여 그 추천장을 세 원로에게 전달하였다.[105]
 상호스님은 중국 상해에서 귀국할 때 중국 상인으로 변장하였다. 육산(陸山)스님은 당시의 모습을 〈현대불교인열전〉 김상호편에서 다음과 같이 묘사하였다.

> 즉 그(김상호)는 이때 외모부터 우선 중국 상인으로 변장을 했다. 시퍼러둥둥한 만주작업복에 신발은 편리화 그리고 어깨에는 커다란 중국 술병을 메는 것이다. 중국집에서 흔히 마시는 '까오량주(高粱酒)' 담은 술병, 이 술병을 메고 그는 안동(安東)을 거쳐 압록강을 건넜다. 술병 속에는 앞에 말한 임정의 비밀문서(추대장)가 들어 있는 것이다.
> 그러나 그의 모습은 틀림없는 淸人이오, 따라서 압록강 신의주의 국경선 검문도 거뜬히 패스, 그는 일로 서울을 향해 달리는 것이다.[106]

청인으로 변장해 서울 잠입에 성공한 김상호는 곧 인사동에 있는 범어사 포교당으로 가서 추대장을 부처님의 탁자 밑에 숨겼다.
 상호스님은 귀국하면서 임정 불교계 국내 비밀통신 사무를 담당하였는데 국내판 《화신공보》를 발간하여 경향 각지에 배포하는 등의 활동을 전개하였다.

---

105) 이정, 《한국불교인명사전》, p.130. 1993, 불교시대사.
106) 陸山, 앞의 글, 《대한불교》 4면. 1972. 1. 2.

1920년 8월, 범어사의 김상호는 김영우(金永佑)·성호(成浩)·한상윤(韓相允)·이석윤(李錫允) 등과 함께 결사동맹을 하고 왜성대(倭城台) 폭파를 계획하였다. 그래서 성호를 만주로 파견하여 폭탄을 구하려 하다가 성호가 만주에서 객사함으로써 미수에 그쳤다.[107]

김상호는 상해임정과 긴밀한 연락을 유지하면서 백성욱·신상완·김법린·김상헌 등 불교중앙학림 출신의 청년 승려와 함께 은밀하게 항일투쟁을 전개하였다.

앞에서 언급한 육산(陸山)의 〈현대불교인열전〉 김상호편에서 '김상호는 박노창(朴魯昌)이란 분의 소개로 대동단(大同團)에 가입, 불교계의 대표로 활약했다'[108]고 기록하고 있다. 그러나 대동단 관련 논문과 자료 그 어디에도 김상호란 이름을 찾아볼 수 없었다. 본서의 '제4장 제2절 대동단과 정남용스님'항에서 살펴보았듯이 불교계 승려로 대동단에서 가장 활발하게 활동한 사람은 정남용스님이었고 정남용의 추천으로 백초월스님이 제2 독립만세운동시 민족대표 33인의 한 사람으로 서명하였다. 그 외 송세호·이종욱스님들이 대동단에 관여한 바 있으나 김상호가 대동단에서 활동했다는 기록은 발견되지 않았다. 육산은 김상호가 뱃심과 지략과 유머가 매우 능란한 사람이라면서 대동단사건에도 어떤 지략을 썼을 테지만 근거가 없으니 확실히는 알 수가 없다[109]고 기록하고 있다.

김상호는 1920년 6월 15일, 역시 열렬한 청년 승려 도진호(都鎭浩)와 함께 조선불교청년회를 발기(發起) 창설하였다. 김상호·도진호를 중심으로 한 이들은 6월 15일 중앙학림 강당에서 발기대회를 열고 6월 20일에는 각황사에서 창립총회를 가졌다.[110]

---

107) 삼보학회, 〈金尙昊선생 광복운동사적〉《한국근세불교백년사》제4권, p.7.
108) 陸山, 앞의 글, 《대한불교》 3면. 1971. 12. 12.
109) 陸山, 앞의 글, 《대한불교》 3면. 1971. 12. 19.

당시 김상호 등이 조선불교청년회를 창립한 것은 '일제라는 상전 밑에서 여지없이 속화(俗化), 타락해버린 본산 주지 중심의 승단(僧團) 체제를 한번 뜯어 고쳐 보려는 것이었다.'[111] 일제시대 본산 주지들의 전횡과 모순에 대하여 육산(陸山)은 다음과 같이 기록하였다.

이를테면 일제가 통치하기 시작한 이래 봉건시대의 수령(守令)·방백(方伯)을 방불케 하리만치 비대해졌던 본산 주지들의 전횡(專橫)에 결정적인 쐐기를 박아보려는 운동인 것이다.
대관절 당대의 본산 주지란 것이 어느 정도로 속화(俗化)·타락해버린 것이었기에 이러한 운동이 나타나는 것이었을까? 잠깐 1932년대 《불교》지에 실렸던 논설 한 귀절을 인용, 이것을 살펴보기로 한다(이 논설은 〈위기에 직면한 조선불교의 원인 고찰〉이란 題, 夢庭生의 글이다).
"주지가 되기만 하면 해사(該寺)의 제왕(帝王)이다. 전 재산은 자기의 소유며 전 승려는 자기의 시종(侍從). 생각만 나면 전 재산을 독단으로 처분할 수도 있고 비위가 틀리면 산중 승려 누구나 축출할 수도 있다. …… 주지 앞에는 강백(講伯)도 선백(禪伯)도 없는 것이다. 이 독재권을 얻기 위하여는 비장한 전략도 있으려니와, 또 일단 당선만 되면 이 자리를 지키기 위해 그야말로 수단 방법을 가리지 않는다. 필요하면 거액의 사재(寺財)를 뇌물로 쓸 수도 있고, 또 궁하면 계관(係官)의 종노릇도 하는 것이다. …… 참으로 주지제(住持制)는 모든 죄악의 제조원(製造元)이다."

당시 불교계의 청년 승려들은 본산 주지들의 횡포와 전횡을 개선해 보려는 의지로 조선불교청년회를 조직·결성하였다. 본산 주지들에 대한 이러한 인식이 조선불교청년회의 별동대였던 불교유신회의 강대련(姜大蓮) 명고축출사건으로 표출되기에 이른다. 조선불교청년

---

110) 陸山, 앞의 글, 《대한불교》 3면. 1972. 1. 16.
111) 위와 같음.

회는 1920년 6월 발족 당시는 상임간사 31명을 선정하였다.[112] 그런데 당시 기사에는 간사들의 명단이 게재되어 있지 않아 그들이 구체적으로 누구인지 밝히기 어렵다.

조선불교청년회는 침체기를 거쳐 재기를 기하던 1928년 3월경에는 임원들을 간사제로 변경하는데 이때 김상호는 이재부 전무간사(理財部 專務幹事)로 선출되었다.[113]

김상호 등이 주도하는 조선불교청년회는 토론회, 강연회, 순회강연회, 교육사업, 불타강탄기념축제, 운동경기 등을 주관하였는데 가장 주목되는 것은 불교유신(維新)운동이다. 유신운동은 일제의 사찰정책을 극복하여 한국불교의 자주성을 확보하고자 하는 활동이다. 유신 활동의 출발은 1920년 초반 해인사 주지 이회광이 한국불교를 일본 임제종(臨濟宗)에 병합시키려는 것을 저지하는 것으로부터 시작되었다. 조선불교청년회는 1920년 6월 22일 회의에서 이회광 일파의 책동을 반대하고 저지하겠다는 결의를 하였으며 각 사찰에 전보를 보내거나 사찰을 순회하며 이회광의 책동을 반대·저지하였다.[114]

이어 조선불교청년회에서는 그 해 12월 15일 불교유신예비회를 개최하고 그 다음 날(12. 16)에는 유신협의회를 개최하였다. 유신협의회에서는 1921년 1월에 개최된 30본산연합사무소의 주지총회에 불교유신을 위한 8개항의 의안을 건의하였다. 그러나 이 건의안은 본산 주지들의 회의 기관인 30본산연합사무소측에 받아들여지지 않았다. 이에 조선불교청년회에서는 불교유신운동을 효율적으로 추진하기 위하여 1921년 12월경에는 조선불교회의 설립 준비를 활성화하였다. 이때 1,000여 명의 회원이 가입하는 등 창립 준비가 무르익자 불교유신

---

112) 〈불교청년창립〉《동아일보》1920. 6. 22.
113) 〈彙報〉, '조선불교청년대회',《佛敎》46·47합호, 1928. 5.
114) 〈佛敎改宗問題(四), 고립한 이회광〉《동아일보》1920. 6. 27.

회는 1921년 12월 21일에 창립되었다.[115]

불교유신회는 창립 직후인 1922년 1월에 개최된 30본산주지총회에 참가하여 주지총회를 조선승려대회로 진행하자는 의견을 제출하였다. 본산 주지들은 기득권을 지키고자 불교총회로 변경하였으며, 30본산연합제규를 폐지하고 새로운 불교기관인 총무원을 설치하였다. 그리고 본산 주지들은 주지총회를 개최하기 어렵게 되자 회의를 비밀리에 개최하여 불교유신회의 활동을 사전 봉쇄하기에 이른다.[116] 불교유신회측은 이러한 사태를 기득권적인 본산 주지와 그를 비호하는 일제 당국자에 기인한다고 보았다.

불교유신회는 문제를 근본적으로 해결하기 위해 건의안을 총독부에 제출하고 교육과 포교의 강화, 교헌 제정 그리고 불교도총회에서 설립할 총무원 노선을 지지하였다. 이 무렵 이른바 '명고(鳴鼓)사건'이 일어난다.

1922년 3월 26일, 불교유신회의 회원인 김상호·강신창(姜信昌)·정맹일(鄭孟逸) 등 백여 명이 불교유신운동을 반대하는 경기도의 본산 수원 용주사의 주지 강대련(姜大蓮)의 등에 소고(小鼓)를 지워 두드리며 '불교계 대악마 강대련 명고축출'이라는 깃발을 들고 서울시내의 거리를 행진하였다. 이 사건으로 불교유신회원 중 주동자인 김상호·강신창·정맹일은 징역 6개월, 양무홍(梁武弘)·박문성(朴汶星)·박종진(朴宗眞)·기상염(奇尚淡)·김지준(金知俊)은 징역 4개월의 판결 언도를 받아 각기 2개년 집행유예 처분을 받았다.[117]

이처럼 김상호는 조선불교청년회의 창립과 활동의 주역 가운데 한 사람이었고, 불교유신회의 강대련 명고축출사건에서도 주동자의 한

---

115) 〈불교유신창립〉《동아일보》1921. 12. 22.
116) 〈官力을 借하야 유신회를 압박〉《동아일보》1921. 1. 14.
117) 〈명고사건판결〉《동아일보》1922. 5. 17.

사람으로 일제의 사법적 규제를 받기도 하였다. 1930년 5월에는 조학유·김법린·이용조와 함께 만당을 결성하였다. 만당에서는 1931년 3월에 만당의 표면 단체로 조선불교청년총동맹을 창립하였는데 김상호는 이 총동맹의 초대 중앙집행위원장에 선출되었다.[118] 그는 1933년에는 범어사의 종회의원이 되었고, 1936년 9월에는 중앙교무원의 서무이사가 되었다.

1937년 7월 중일전쟁이 발발한 후 김상호는 중앙교무원의 서무이사로서 중국으로 출정하는 일본군을 송영하는 행사에 여러 차례 참석하고, 중국 전선에서 부상당하고 용산역으로 후송되어 오는 일본군 부상병을 출영하며, 총독부·조선신궁·경성신사에 참례하는 등의 친일행위를 하였다.[119]

김상호는 3·1운동 참가 후 상해임정 참여, 불교청년운동과 불교유신회 활동 등 긴 항일투쟁의 역정을 거쳤으면서도 중일전쟁 후 1년 가량의 친일행위를 저지름으로써 생애에 오점을 남기고 말았다. 그는 1938년 7월 4일 중앙교무원의 서무이사직을 사임하는데[120] 이는 열렬한 민족주의자이자 불교청년운동의 주역으로 조선불교의 자주화 활동에 앞장섰던 사람으로서 친일행위를 함에 있어 많은 심리적 갈등을 느꼈기 때문일 것이다.

---

118) 〈창립대회 속회 중앙집행위원 등 선정〉《조선일보》 1931. 3. 25.
119) 《불교》 신제8집, 1937. 11. 1.
120) 《불교》 신제15집, 1938. 9. 1.

제 5 장
1920년대에서 40년대의 항일투쟁

제1절 1920년대 이후 불교계 항일운동

 3·1운동을 기점으로 조선 민중의 독립의식이 고창되었다. 그리하여 불교계에서도 대동단·애국청년단·임시정부 등과 연계하여 정세용·백초월·송세호·이종욱·신상완·김법린·김상헌·김상호 등 많은 스님들이 항일투쟁을 전개하였다.

 그리하여 1926년 6월 10일 순조의 인산일(因山日)에 항일시위운동이 일어났는데 이를 통상적으로 6·10만세운동이라 한다. 6·10만세운동은 원래 1925년에 창당한 조선공산당이 주도하고 천도교를 비롯한 민족 진영도 참여하여 추진했는데 일제 경찰에 사전 발각되어 좌절되고, 그 후 학생들이 주도한 계획만이 성공하였다.

 3·1운동에 놀란 일제는 평양·함흥·나남과 동경에 있던 육해군을 서울에 집결시키고, 부산과 인천에는 제2함대를 대기하였으며 전국 경찰은 철저한 경계망을 폈다. 일제 경찰은 6·10만세운동의 계획을 사전에 인지하고 천도교주 박인호(朴寅浩)와 그 간부, 그리고 김성수·최남선·최린 등의 지도층 인사를 검거 또는 인치하여 조사하였다. 이때 불교계에서는 한용운과 송세호스님이 검거되어 조사를 받았다.[1]

한편 불교계 내부에서는 일제의 사찰령과 시행세칙으로 조선불교계의 모든 활동을 일제가 직접 관장하여 식민통치에 활용하자 이에 대항하여 조선불교의 전통을 고수·선양하려는 움직임이 일어났다. 이러한 움직임이 구체화된 것이 3·1운동의 영향과 일제의 사찰정책에 대응하여 1921년에 창설된 선학원이다. 서울 종로구 안국동 40번지에 있는 선학원은 1921년 8월 10일에 공사를 시작하여, 동년 10월 4일의 상량식을 거쳐 동년 11월 30일에 준공되었다.[2]

범어사 포교당의 포교사인 김남천(金南泉)과 석왕사 포교당의 포교사로 있던 강도봉(康道峯), 송만공·백용성·오성월·김석두 등이 협력하여 한국 전통선(禪)을 부흥시키기 위해 선학원을 창설하였다.

이처럼 선학원은 불교의 천양의식이 투철하고 일제의 사찰정책에 비판적인 승려들의 주도에 의해 설립·운영되었다. 선학원에서는 창설 이후 조선 전통 선풍을 진작하기 위하여 선우공제회(禪友共濟會)를 결성하였고(1922. 3. 30~4. 1), 1931년에는 선(禪) 전문지《선원(禪苑)》을 창간·발행하였으며,《선원》을 통합하여 지방선원의 소식을 취합하고 그 질적인 발전을 도모하였다. 1935년 3월 7~8일에는 조선불교수좌대회를 개최하여 조선불교 선종의 종정으로 혜월·만공·한암선사를 선출하였다.[3]

선학원은 일제 사찰령의 규제를 받지 않기 위하여 그 명칭부터 절(寺)이나 암자(庵)를 따르지 않고, 전통선맥을 계승하고자 많은 노력을 하였으나 중일전쟁과 태평양전쟁이 일어난 후에는 일제의 강압적인 식민통치로 일제에 굴절되고 말았다.[4]

---

1) 국가보훈처,《독립운동사》제8권, pp.435~439.
2)〈선학원창설연기록〉《한국근세불교백년사》제2권, pp.7~8.
3)〈佛敎首座大會〉《동아일보》1935. 3. 13.
4) 김광식,〈일제하 선학원의 운영과 성격〉《한국근대불교사연구》, p.137. 1996, 민족사.

제2절 항일비밀결사 만당

1. 불교청년운동과 만당의 결성

　1930년에 결성한 항일비밀결사인 만당(卍黨)의 개요를 이해하려면 당시 조선불교계의 청년운동을 함께 파악해야 한다. 왜냐하면 만당의 당원 대부분이 불교청년이었고 그들이 당시 불교청년운동의 중심부에서 활동하였기 때문이다.

　1920년에 창립된 조선불교청년회는 사찰령 철폐운동 및 불교계 통일기관 설립 추진 활동을 전개하면서 불교계에 큰 영향을 끼쳤다. 그러나 그 즈음 불교청년들의 활동은 조직 자체도 열악할 뿐 아니라 기득권을 가진 주지 계층의 억압과 반대 등으로 소기의 성과를 거두지 못하였다. 더욱이 1924년경에 이르러 조선불교유신회는 소멸되고 조선불교청년회도 간판만 유지하는 상태로 전락되었다. 그러나 1928년초에 재기하여 조직 개편, 사업의 적극 수행, 재정 기반의 확립을 도모하면서 1929년 1월 각황사에서 개최된 조선불교선교양종(朝鮮佛敎禪敎兩宗) 승려대회에 주도적으로 참여하고, 자주적인 종헌제정과 의결기관인 종회와 집행기관으로서의 교무원 성립에 일익을 담당하였다. 하지만 이러한 활동에도 불구하고 재기한 조선불교청년회는 회원 스스로 미흡한 것으로 여기고 있었다.[5]

2. 만당의 결성과 그 성격

　불교청년운동은 제반 여건의 미비로 여러 가지 문제점을 안고 있었는데 만당은 그러한 문제점을 해소하기 위한 방안의 하나로 대두되었다. 만당의 결성을 전후한 당시의 사정은 만당 결성의 주역인 이

---

5) 김광식, 〈조선불교청년총동맹과 만당〉, 앞의 책, pp.256~257.

용조(李龍祚)의 회고문에서 목격할 수 있다.

> 서기 一九二九年 4월에 내가 일본 도오꾜에서 학업을 마치고 돌아와서 서울대학병원 內科 교실에서 연구생활을 계속하고 있었다.
> 당시 불전(불교전문학교) 서무과장으로 있던 曹學乳 선생(豊山大學 출신) 댁에 나는 기숙하고 있었다. 나는 조 선생과 金尙昊, 金法麟 三씨와 자주 교유하면서 당시의 불교계 실정에 대하여 개탄과 울분을 서로 터뜨리곤 하였다.[6]

1924년 4월 이후, 이용조·조학유·김상호·김법린 네 사람은 불교계의 현실을 비판하면서 자주 교류하고 있었다. 결국 이들의 교류와 토론은 만당의 결성으로 이어졌는데, 결성의 개요는 역시 이용조의 다음과 같은 회고문 속에 잘 드러나 있다.

> 如斯한 정세하에 합법운동으로 소기의 實果를 거두기는 至難한 환경에 놓여 있었다. 그래서 우리 4인은 여러 차례 상의 끝에 순교정신을 가진 동지들을 규합하여 비밀결사를 조직하기로 합의를 보았다.
> 1930년 5월경에 우선 4인이 佛前에 誓盟하고 結社를 한 후 2차로 趙殷澤·朴昌斗·姜在浩·崔鳳守 諸氏를 포섭하였으며 다음 佛專 재학중인 朴暎熙·朴允進·姜裕文·朴根燮·韓性勳·金海潤 諸氏도 입당시켜 杜秘裡에 창당선서를 하고 당명을 만당이라 했으며[7]

이들은 불교계 교정(敎政)의 모순과 불교청년운동의 부진을 극복하기 위하여 '순교' 정신을 가진 동지들을 대상으로 '비밀결사'를 조직하기로 뜻을 모았다. 그리하여 1930년 5월경 조학유·김상호·김법린·이용조 등 4명의 1차 결사가 있었고, 조은택·박창두·강재

---

6) 이용조, 〈한국불교항일투쟁회고록 — 내가 아는 卍字黨사건〉《대한불교》 55호, 1면. 1964. 8. 30.
7) 위와 같음.

호·최봉수 등을 포섭한 2차 결사, 박영희·박윤진·강유문·박근섭·한성훈·김해윤 등의 불교전문학교 학생들을 포섭한 3차 결사가 있었다.

그런데 만당의 당원이었던 대흥사 출신의 박영희는 1989년 3월 1일자《불교신문》에서 만당의 결성에 대하여 다음과 같이 말하였다.

> 아마 내가 중전 3학년 때라고 생각되는데 어느 날 만해스님이 학교로 나를 찾아오셨어. 그리고 비밀결사를 조직할 것이니 인물을 물색하라고 지시했지. 그래서 옛날 함께 운동했던 최범술·이용조·강재호·박근섭을 만나 탑골 근처에서 막걸리 한 잔씩 마시고 決死不變의 맹세를 했지. 그 뒤 점차 동지를 규합했는데 30~40명을 확보했지.[8]

박영희의 이 회고는 전후 사정에 문제점이 있다. 왜냐하면 만당결성을 위해 박영희와 함께 만났다는 최범술은 만당이 만들어지던 1930년 봄에는 대정(大正)대학에 재학하고 있었으므로 박영희의 이 진술은 결코 성립할 수 없기 때문이다. 또한 박영희는 한용운의 지시로 만당을 결성했다고 말했지만 이도 긍정하기 힘들다. 뒷날 만당이 발각되어 당원들이 일경에게 체포되었을 때 그들은 만당의 당수를 이미 입적한 조학유라고 진술하여 한용운에게 피해를 주지 않았다. 만당의 당원들은 만해를 당수로 추대하였으나 본인에게 통보하지 않았을 뿐 아니라 만당결사 자체도 알리지 않았다.[9] 사정이 이러하므로 만해의 지시로 만당이 결성되었다는 것은 전혀 신빙성이 없다. 만약 한용운에 의해 만당이 조직되었고 그가 실질적 당수였다면 1938년의 만당 당원들의 검거시 일제의 가혹한 심문에 한용운이 만당의 당수임이 밝혀졌을 것이다.

---

8) 〈조선민중은 노예의 삶을 거부했다〉《불교신문》, 1989. 3. 1.
9) 앞의 이용조 회고문.

만당의 결성은 조학유·이용조·김법린·김상호 등 4인이 주도하였고 2·3차 영입을 통해 만당에 참여한 14명은 대부분 불교청년운동의 핵심세력이었다. 이들은 당명을 만당(卍黨)이라 하고 다음과 같은 선언문을 확정하였다.

만당 선언문

> 보라! 3천년 법성(法城)이 허물어져가는 꼴을 들으라! 2천만 동포가 헐떡이는 소리를! 우리는 참을 수 없는 의분에서 감연히 일어선다. 이 법성을 지키기 위하여 이 민족을 구하기 위하여!
>
> 향자(向者)는 동지요, 배자(背者)는 마권(魔眷)이다. 단결과 박멸이 있을 뿐이다. 우리는 안으로 교정(敎政)을 확립하고 밖으로 대중불교를 건설하기 위하여 신명을 도(睹)하고 과감히 전진할 것을 선언한다.[10]

이 선언문에서 만당결성의 동기와 목적을 살펴볼 수 있다. 즉 불교 '법성(法城)'의 혼란과 그로 인한 '2천만 동포'들의 고난을 극복하기 위해 결사하였고, 이는 '민족'을 구하기 위한 것이라는 것이다. 이 선언문에서는 동지의 단결을 강조하고 있는데 이는 불교청년운동 과정에서 문제점으로 대두된 '동지단결'을 절감하였기 때문일 것이다. 그리고 만당의 목적을 불교계의 교정(敎政) 확립과 대중불교 건설에 두었다. 이러한 만당의 이념은 그 강령에서 더욱 뚜렷이 나타난다.

만당의 강령

一. 정교분립(政敎分立)
二. 교정확립(敎政確立)
三. 불교대중화[11]

---

10) 앞의 이용조 회고문.
11) 앞의 이용조 회고문.

만당의 강령은 불교청년운동에만 국한된 것이 아니고 당시 일제하 불교혁신운동의 중심 이념이라고 볼 수 있다.

정교분립은 정치와 종교를 분리하자는 것으로 일제의 불교정책의 핵심인 사찰령 철폐 및 극복 의식의 발로이다.

교정확립은 불교계 운영을 합리적으로 운영하자는 것이다. 1929년 승려대회에서 종헌·종회·중앙교무원이 성립되었는데 이러한 제반 문제를 제대로 실천해야 할 시대적 과제에 직면하였고 이런 문제가 마침내 만당의 강령으로까지 등장하였다.

불교의 대중화도 일제하 불교혁신운동의 중심 문제였다. 조선후기 이후 불교의 낙후성을 비판하면서 불교의 대중화를 기하기 위한 포교, 교육, 역경 방면에서의 방책이 왕성하게 나타났다. 따라서 만당의 결성은 1930년대 불교계의 핵심적인 현안을 해결하고자 하는 불교청년들의 결사였던 것이었다.[12]

3. 만당의 활동과 당원의 성향

만당의 당원들은 당원으로서의 서약인 '비밀한사엄수(秘密限死嚴守)' 및 '당의절대복종(黨議絶對服從)'을 지키기로 하고 만약 서약을 지키지 않을 경우에는 생명을 바친다는 각오하에 활동하였다. 만당은 비밀결사였기에 활동 기록을 남기지 않았으며, 선언문과 강령도 암송으로 전하였다. 이는 일제의 식민통치하에서 비밀결사 자체가 허용될 수 없기 때문이다.

앞에서도 언급했듯이 만당의 당수는 한용운을 추대하였으나 한용운에게는 통보하지 않았을 뿐만 아니라, 만당결사 자체도 알려 주지 않았다.[13] 그러나 만당 주도자들은 만당 활동을 수행하면서 중요한

---

12) 김광식, 〈조선불교청년총동맹과 만당〉, 앞의 책, pp.263~264.

일이 있으면 한용운에게 자문을 구하였다. 만당은 매월 세번째 일요일에 정기모임을 개최하여 교정 전반 문제에 대하여 토론하였다. 이들은 당원이 10명 내외일 경우에는 개인집을 이용하였지만, 당원이 증대되면서는 중국요리집 혹은 소풍객을 가장하여 교외에서 모임을 가졌다.

만당의 조직 전모는 기록이 전하지 않아 자세히 알 수 없다. 소수의 자료를 종합해 보면 중앙에 본부를 두고 특수지구에 지부를 두었다. 그러나 중앙본부 조직이나 지부에 대해 알려진 사실이 없다. 다만 동경에는 특수지부를 두었다는 기록이 있다(이용조 회고문). 동경지부는 김법린에 의하여 1932년경에 조직되었으며 당원은 김법린·허영호·장도환·최범술 등이다. 만당의 구체적인 활동 역시 전반적인 상황은 알 수 없으나 단편적인 기록을 보면 다음과 같다.

> 한편 만당이 裏面主動이 되어 표면 단체로 불교청년총동맹을 조직하고 경향 각지에 청년운동을 활발히 전개하였다. 이 청년운동이 전국적으로 요원의 불길처럼 일어나게 된 것은 모두 당원들이 본부 지령을 받고 이면활동을 한 까닭이었으며 또 이 청년운동을 통하여 당원 후보를 많이 획득할 수도 있었다.[14]

이 기록에 의하면 조선불교청년회가 조선불교청년총동맹으로 전환된 것이 바로 만당활동의 산물이라는 것이다. 즉, 중앙 및 지부에 있던 당원들의 공동의 노력으로 불교청년동맹이 대두되었다는 것이다. 총동맹의 대두가 만당의 활동에 의해서만 성립한 것은 아닐지라도 그 영향력은 인정할 수 있다. 이처럼 만당은 불교청년운동의 '이면단체'로서 청년운동의 방향 등을 실질적으로 주도하고 있었다.[15]

---

13) 앞의 이용조 회고문.
14) 앞의 이용조 회고문.

만당의 활동은 청년운동에 그치지 않고 불교계 교정 전반에 미치고 있었다. 다음의 글이 그러한 예를 반증하고 있다.

> 1932년 봄에는 김법린·허영호·장도환(張道煥) 동지들이 귀국하고 당무(黨務)도 확장되어 상당한 진용을 갖추게 되었으며 전체 당원수가 근 80명에 달하기까지 되고 교정(敎政) 운영에도 상당한 잠재 세력을 갖게 되어 교무원은 이사(理事)를 위시하여 중요 간부들까지도 당의(黨議)로 누구를 내세우자 하면 그대로 성공되기까지 이르렀다. 그러나 당원으로서는 아직 시기상조이니 절대 중앙 요직에는 출마하지 않기로 당의로 내정되어 있었다.[16]

이용조의 이 기록에 의하면 1932년경에는 만당의 조직 및 진용이 크게 성장하였고, 그 기반하에 불교계 교정에 영향력을 행사할 정도로 성장하였음을 알 수 있다. 당원에 관해서는 그 전모를 알 수 없다. 조학유·김상호·김법린·이용조 4인으로 시작한 만당의 당원은 2·3차 가입을 통하여 13명이 되었으며 후에는 80여 명으로 증가되었다. 당원 가입은 엄격한 규제와 심사가 있었다. 당원 후보자가 있으면 전 당원이 일정 기간 그 해당자의 과거 행적과 함께 현재의 사상동향을 철저히 조사한 후 전원 찬성으로 가입시켰다. 이용조의 회고문에 의하면 비밀심사를 통해 입당하지 못한 인물도 있다고 하였다. 여러 기록[17]을 참고하여 만당 당원들을 표로 제시하면 다음과 같다.

---

15) 김광식, 〈조선불교청년총동맹과 만당〉, 앞의 책, p.266.
16) 앞의 이용조 회고문.
17) 여러 기록은 앞의 이용조 회고문, 박영희·최범술 회고문, 김법린의 생애를 조명한 글 〈불교사상으로 항일 앞장〉(《어둠을 밝힌 사람들》, 1983, 부산일보사) 등 참고. 김광식, 앞의 논문, 앞의 책, p.268 재인용.

만당당원[18]

인 물	관련사찰	활동 및 성격
曹學乳	해인사	일본유학, 중앙불전 회계주임, 승려대회 주도
金尙昊	범어사	3·1운동참여, 임정활동, 승려대회 주도, 교무원 이사
金法麟	범어사	3·1운동참여, 프랑스 유학, 《불교》지 주필, 승려대회 주도
李龍祚	해인사	일본유학, 《불교》사 사원, 총동맹중앙집행위원
趙殷澤	범어사	일본유학, 보성고보교원, 조선불교청년회 간사, 승려대회 주도
朴昌斗	석왕사	일본유학, 중앙불전 강사, 재일불교청년회 간사
姜在浩	大源寺	일본유학, 보성고보 교원, 재일불교청년회 간사
崔鳳守	유점사	일본유학, 중앙불전 강사, 보성고보 교원
朴暎熙	대흥사	3·1운동참여, 중앙학림, 중앙불전, 만주군관학교 입교, 대흥사 監務
朴允進	홍국사	중앙불전, 일본유학, 총동맹동경동맹위원장, 중앙불전 교수
姜裕文	고운사	중앙불전, 일본유학, 총동맹동경동맹위원장, 중앙불전 강사
朴根燮	쌍계사	중앙불전, 쌍계사 주지, 총동맹서기장, 쌍계사 종회원
韓性勳	은해사	중앙불전, 일본유학, 총동맹동경동맹서기장, 교무원, 서무부원
金海潤	고운사	중앙불전, 총동맹중앙집행위원, 중앙불전 회계
徐元出	통도사	일본유학, 재일불교청년회 간사, 총동맹중앙검사위원
張道煥	쌍계사	일본유학, 재일불교청년회 편집부, 총동맹서기장, 명성학교 교원
鄭尙眞	선암사	교무원, 재무부원, 香林寺 주지, 교무원 평의원 총동맹서기장
許永鎬	범어사	3·1운동참여, 일본유학, 중앙불전 교수, 《신불교》 발행인

---

18) 김광식, 앞의 논문, 앞의 책, p.268 인용.

인 물	관련사찰	활동 및 성격
閔東宣	南長寺	양정고보, 중앙불전, 고운사, 의성포교당 담임자
車相明	범어사	명정학교, 3·1운동참여, 범어사 주지
鄭孟逸	安靜寺	안정사 주지, 조선불교유신회, 교무원 평의원
李康吉	송광사	일본유학, 총동맹동경동맹 회계장
崔凡述	다솔사	일본유학, 다솔사 주지, 재일불교청년회 간사, 총동맹 위원장
金敬弘	범어사	일본유학, 보성고보 교장, 승려대회 주도, 총동맹집행위원

　만당의 당원은 80여 명이나 된다고 하지만 그 신원과 경력을 밝힐 수 있는 사람은 앞의 표와 같이 24명에 불과하다. 그러나 이들은 주요 당원이고 핵심 일원이므로 이들의 성향을 분석해도 그 대강의 개요를 짐작할 수 있을 것으로 생각된다.
　첫째, 외국유학을 한 사람이 다수이다. 특히 일본지역이 대부분이고 김법린처럼 프랑스 유학을 한 경우도 있다. 이런 점에서 만당의 당원은 서구사상을 소지하였을 가능성이 많다. 둘째, 일본유학자가 다수라는 점에서 일본불교의 영향을 받았을 가능성이 많다. 셋째, 3·1운동 참여, 군관학교 입교, 승려대회를 주도한 인물들이 있다는 점에서 항일의식 및 사찰령 철폐의식을 지적할 수 있다. 넷째, 중앙학림 및 중앙불전 출신들에서는 교육 및 포교 등의 불교대중화에 큰 관심을 가졌던 것으로 보인다. 다섯째, 위의 당원들 대부분은 조선불교청년회 회원 및 조선불교청년총동맹의 맹원이었다. 특히 만당 당원은 그 불교청년운동체의 핵심간부였다. 이에 만당 당원들의 성향을 보면 민족 및 항일의식을 소유하고 불교대중화에 관심이 많았던 당시 불교청년운동의 핵심 세력이자 일제하 조선불교계의 젊은 엘리트 승려들이었다. 그러나 대부분이 일본에 유학하였으므로 은연중 일

본불교의 영향을 강하게 받았을 것이다.[19]

　만당의 주도자들은 당원을 포섭, 확대키 위한 방략으로 조선불교청년회의 조직을 '총동맹' 조직체로 변경시킨다는 목적하에 총동맹 창립의 최일선에서 활동하였다. 1930년 10월 17일 조선불교청년회 임시총회에서 총동맹으로의 전환과 그 추진위원 7인을 선정하였다. 이들 7인의 추진위원은 이용조·박동일(朴東一)·도진호(都鎭鎬)·조학유·김상호·박윤진·강유문이다. 그런데 이들 대부분이 만당의 당원이었다. 즉 이용조·조학유·김상호는 만당을 맨 처음 발기한 핵심자였고, 박윤진·강유문도 역시 만당 당원이었다. 도진호와 박동일도 당원일 가능성이 농후하지만 현재 전하는 기록이 없어 단정하기 어렵다.[20]

　1931년 3월 총동맹은 창립대회를 거쳐 출범하였는데 그 강령인 '불타정신의 체험, 합리종교의 확립, 대중불교의 실현'은 앞에서 열거한 만당의 강령과 동질적인 것이라 할 수 있다. 추진위원과 강령뿐 아니라 총동맹의 임원들 역시 만당의 당원이 주요 역원을 담당하였다.

　　　중앙집행위원장 : 김상호
　　　중앙집행위원 : 김법린·이용조·김해윤
　　　중앙검사위원 : 서원출
　　　중앙상무집행위원 : 최봉수
　　　서기장 : 박영희
　　　회계장 : 조학유[21]

　이를 보면 만당의 당원이 조선불교청년총동맹의 주요 직책에 선출

---

19) 김광식, 앞의 논문, 앞의 책, pp.269~270.
20) 위와 같음.
21) 〈불교청년동맹창립대회 종료〉《동아일보》, 1931. 3. 26.
　　〈창립대회총회 중앙집행위원 등 선정〉《조선일보》, 1931. 3. 25.

되었음을 알 수 있다. 따라서 총동맹은 만당의 표면단체이자 만당의 불교청년운동의식과 그 활동방략이 결합되어 성립된 단체임을 알 수 있다.

4. 만당의 침체 및 해체

만당의 당원들은 총동맹의 핵심적인 주도자로 활동하였는데 1932년 가을부터 조직 내부의 모순 등으로 점차 침체하기 시작하였다. 이에 관한 이용조의 회고문을 보자.

> 동년(1932) 가을부터 만당에도 비운이 胎生하기 시작하였다. 당원 중 정모(鄭某), 허모(許某)가 의견충돌로 옥신각신하다가 지상(紙上)에까지 相爭하게 되었으며 김모(金某)가 당의를 위배하고 중앙요직 출마까지 하기에 이르러 자못 당의 위기를 초래하게 되었으며 상쟁하던 두 당원도 고집이 대단하여 도저히 화해할 수 없는 단계에 도달하고 보니 당으로서는 실로 난처한 입장에 직면하고 말았다.[22]

만당의 문제점은 두 가지였다. 첫째는 정모와 허모라는 당원간의 의견 충돌이고, 두번째는 김모의 중앙요직 진출 문제였다. 만당을 위기로 몰아 넣은 이 문제를 살펴보자.

앞의 회고문에서 정모는 정상진이고 허모는 허영호이다. 두 사람이 격돌한 문제는 재단법인 교무원의 40만원 증자에 대한 상이한 현실인식에서 비롯되었다. 1922년 재단법인 교무원이 출범할 때 기본금을 60만원으로 설정하였으나 1929년 승려대회 개최까지 실현되지 못하였다. 그래서 1929년 3월말 교무원 평의원 총회에서 불교전수학교를 전문학교로 승격·완성시키기 위해 40만원 증자를 결정하였다.

---

22) 앞의 이용조 회고문.

그런데 당시 교무원의 재무부원이었던 정상진이 《불교》지 제100호에 〈불교재정에 대하야〉라는 글을 기고하였다. 이 기고문의 핵심은 60만원의 증자도 달성하지 못한데다 각 사찰의 형편도 어려우므로 40만원의 추가증자는 폐지되어야 한다는 것이다. 정상진의 이 주장에 대하여 허영호는 《불교》 제103호(1933. 1. 1)에 〈40만원 증자 폐지의 폭론을 듯고―중앙재단 및 장래 사업을 옹호하야―〉라는 강경한 반론을 제기하였다. 두 사람의 의견차이는 간담회나 공개 의견 교환까지 했으나 끝내 좁히지 못하였다.

또 김모의 중앙요직 진출 문제를 일으킨 당사자는 김상호였다. 그는 교무원 이사로 진출하여 만당에서 내분이 일어나자 1932년 12월 출신지인 부산으로 귀향하였다.

만당 당원간의 갈등은 불교계의 현안으로 비화하였다. 중앙불전 학감으로 있던 허영호는 강사간의 갈등으로 불전에서 파면되었고 허영호를 옹호하던 김법린은 교무원 이사진과 충돌하여 1933년 7월경 《불교》지가 폐간되면서 《불교》지의 주필이었던 그는 실직하여 사천 다솔사로 내려갔다.

이렇게 만당 당원간의 갈등은 중앙 교단을 둘러싼 본산간의 대립까지 겹쳐 조선불교계에는 일대 분규가 발생하였다. 이에 관하여 만당 동경지부 당원이자 다솔사 주지였던 최범술은 회고록 〈청춘은 아름다와라〉(《국제신보》, 1975. 1. 25~4. 5. 연재 43회)에서 다음과 같이 서술하고 있다.

　　불교중앙교무원을 경남 3본산이 주도권을 잡자, 전남의 선암사·송광사·화엄사를 비롯한 경북 5본산과 경기도 봉은사·용주사 등 대다수 사찰은 이에 반발했다. ……(중략)…… 그런 판에 불교사(佛敎社)의 김법린은 파면된 허영호 학감을 옹호하여 새로 피선된 상무이사진에 맞서 언쟁 끝에 석탄바구니를 내어 던졌으므로 송광사측 출신 김해은(金海

隱), 월정사 출신 이종욱, 용주사의 강대련 등은 크게 분노, 불교사마저 폐해버리고 말았다.[23]

중앙불교계의 본산간 대립과 만당의 내분으로 만당은 심각한 위기를 맞이하였다. 당시 이용조는 당원들에게 만당을 해체하여 '이색분자'를 제거하고 재조직을 기하자는 의견을 제기하기도 하였다. 그러나 만당 자체가 비밀결사라 일제에 노출될 위험이 많다는 당원들의 반대로 이행치 못하였고[24] 그 여파로 이용조는 1932년 12월경 만주의 길림으로 떠났다.

이러한 와중에서 1933년 3월의 총동맹 전체대회에서 중앙집행위원장 허영호가 퇴진하고 최범술이 총동맹 제3대 중앙집행위원장으로 등장하였다. 그리고 당원간의 갈등과 불교계의 분규는 결국 만당의 몰락을 재촉하였다. 1933년 4월경 당시 총동맹 중앙집행위원장이며 만당의 당원이었던 최범술의 회고에는 당시 사정을 다음과 같이 말하고 있다.

나는 이 해(1933) 4월 중순 어느 날 불교청년회관 근처의 동해루라는 곳에서 만당의 당원들을 불러 모았다. 이 자리에서 만당의 해체를 제의했다. 도쿄에서 불령사(不逞社)를 통해 투쟁한 경험이 있는 나로서는 이 같은 비밀결사가 이로울 것이 없다고 생각했다. 이 같은 비밀결사는 자칫 잘못하면 총독부 당국에 의해 역이용당하여 동지간에 불화가 생길 우려가 있었다.

내가 해산을 주장하자 강유문, 박윤진, 박근섭, 장도환 등은 '좋은 동지들의 첫경사인데 아쉬운 감이 있다'고 말했다. 반면 강재호, 조은택, 서원출 등 보성학교에서 교편을 잡던 분들은 나의 주장에 동의하였던 것이다. 그리고 나머지 당원들은 모든 것을 나에게 일임한다고 의사를

---

23) 최범술 회고록, 〈청춘은 아름다와라〉 43, 《국제신보》, 1975. 3. 26.
24) 앞의 이용조 회고문.

표시했다. 나는 만당의 해산을 선언하고 청년총동맹 간부들을 일부 개편했다.[25]

1933년 중순, 만당의 당원들이 모인 회합에서 일부 당원의 반대가 있었지만 만당이 해체를 선언하였다고 전하고 있다. 아래의 그 회합(1933. 4. 12)의 분위기를 전하는 글을 보자.

> 때는 계유년(癸酉年) 4월 12일 오후 6시…… 장차 남산 누에머리를 주먹으로 미러 처버리고 한강수 시원한 물에 두발 덤펑 잠근채 대쾌재(大快哉)를 부를 호한(好漢)들의 얼골에 이상하게도 일말의 우울이 떠도는 듯한 것은 무엇을 말함일가? 시사다난(時事多難) 뜻두고 못일우니 그도 그럴듯 교계 혼잡은 엇지 이리 심한지고. 호한들의 철권(鐵拳)을 적시는 열루(熱淚) 아— 남아의 빗이여.
> 호사다마(好事多魔). 이 호한들의 깁흔 경륜이 일우기 전에 쾌재를 불으게 되는 듯 이야말로 시불리혜(時不利兮)런가. 공(功)을 보랴함은 이 호한들의 바란바 안이엿다 할지라도 그 고충을 살펴줌이 잇다면 일을 위한 호한들의 본래의(本來意)에 거의 저바림이 업슬진저[26]

이 글이 만당의 해체를 선언할 당시의 상황을 전하는 것이라고 단정적으로 서술된 것은 없다. 그러나 위의 글이 만당의 선언문으로 시작되고 글 중간에 '이 날의 모임을 기념하는' 목적으로 기술한다고 표현된 점과 '18인의 인물'들도 대개 만당의 주요 인물들이었다. 이런 제반 사정으로 미루어 볼 때 만당 해체 당시의 정황이라고 볼 수 있다.[27]
총동맹 간부진의 교체와 만당의 해체로 인하여 만당의 당원이자 불교청년운동의 중추로 활약하던 김법린, 허영호, 장도환 등이 서울

---

25) 앞의 최범술 회고록, 《국제신보》, 1975. 3. 27.
26) 〈十八人印象記〉《금강저》 21호, p.30. 1933. 12.
27) 김광식, 앞의 논문, 앞의 책, p.291.

에서 낙향하여 '향산(鄕山)'으로 복귀하였다. 결국 1933년 4월 중순 만당은 해체되었다.

5. 만당 당원들의 검거선풍

만당이 해체된 후 주요 당원들이 낙향하였다. 그런데 최범술은 회고록(46회, 《국제신보》, 1975. 3. 31)에서 '재정비된 만당'이라고 표현하였다. 이는 최범술이 주지로 있던 다솔사에 김법린(다솔강원 강사)·김범부(金凡父, 강사)와 한용운을 비롯한 만당 당원 다수가 모여들어 일종의 '집합처' 역할을 하였다. 따라서 과거의 만당 당원들이 자주 모여든 상황을 표현한 것이지 실질적인 만당의 재건은 아니었다고 이해된다.

만당은 1938년 일제에 노출되어 6차례의 검거선풍으로 당원들이 일제에 끌려가 갖은 고문을 받았다[28]고 임중빈은 《한용운 일대기》에서 기록하고 있다. 이 무렵 만당 관계자들이 일경에게 체포되어 수난을 당했는데 이에 관해 최범술은 다음과 같이 회고하고 있다.

> 1938년이 되자 우리 청장년들은 일제의 침략 전쟁터로 끌려나갔고 재정비된 만당도 수난을 당했다. 이해 8월에 박근섭·장도환·김법린 등이 진주경찰서에 검거되었고 10월엔 김봉부(金鳳父)·노기용(盧企容) 등이 경기도 경찰부 감방 신세를 졌다.[29]

위의 회고록에서는 대상 인물 및 그 시기, 장소 등이 명확치 않다. 이 점은 만당 당원들이 정식 재판을 받지 않았고, 그로 인하여 일제 경찰의 심문조서나 재판기록이 전하지 않은 상태에서 피체된 당원들

---

28) 임중빈, 《한용운일대기》, p.87
29) 최범술 회고록, 〈청춘은 아름다와라〉 46, 《국제신보》, 1975. 3. 31.

의 구전으로만 전해지는 점에 기인한다. 만당의 발각 문제에 관해 이용조는 그의 회고문에서 다음과 같이 말하고 있다.

> 1938년 연말경인듯 한데 뜻밖에 진주경찰서 고등계에서 신분조사 의뢰가 있다고 하면서 길림경찰서 형사가 찾아 왔었다. 까닭을 몰랐는데 뒤에 알고 보니 만당이 발각되어 김법린·장도환·최범술·박근섭 등 여러 동지들이 피체되었다는 것이다. 나(이용조)는 요행히 국내에 없었고 또 검거된 동지들이 주동 인물로 이미 작고한 조학유 씨를 내세웠고 문자 기록이 전무했으므로 검거를 면했으나 왜경에 밀고한 것은 당원 외 인물이고 동지의 배신이 아니었음은 불행중 다행으로 자위할 수밖에 없었다.[30]

최범술과 이용조의 회고문으로 보건대 1938년 후반기에 만당이 일제 경찰측에 발각된 것은 사실이었던 것으로 사료된다. 그러나 검거된 만당 인물들이 주동자로 이미 입적한 조학유를 내세웠고 문자 기록이 전무하였을 뿐 아니라 밀고자도 만당 당원이 아니었다. 따라서 만당사건으로 피체된 사람들(김법린·최범술·장도환·박근섭)은 증거 불충분으로 정식 재판을 받지 않고 사건이 종료된 것으로 추정된다.

제3절 조선어학회사건과 최범술

일본에서 독학으로 대정(大正)대학을 졸업하였으며 만당 동경동맹 당원이기도 했던 최범술(崔凡述 : 1904~1979)스님은 1928년 대정대학 예과에 재학중 사천(泗川) 다솔사의 주지로 피선되었다.

최범술은 1933년 3월 졸업과 동시에 조선불교청년총동맹 중앙집행

---

30) 이용조, 앞의 회고문.

위원장으로 선출되었다. 그는 불교청년운동을 주도하면서 1930년대 조선불교계의 촉망받는 엘리트 승려였다.

그는 경성에 명성(明星)여자학교를 설립하고 교장에 취임하였으며 다솔사에는 강원을 설치하여 김법린·김범부(凡父 金鼎卨) 등이 강사로 활동하였다. 그리고 한용운을 비롯한 많은 인사들이 다솔사를 드나들었다. 또한 당시 분규로 중앙불교계를 떠나게 된 김법린과 그 가족, 허영호, 한보순(韓普淳 : 교무원 재무부장), 김범부, 김동리 등이 다솔사에서 강의를 하며 생계를 유지하였다. 그리고 최범술은 한용운의 생활비도 지원하였다.

1938년 만당이 발각되면서 최범술은 김법린·장도환·박근섭 등과 함께 일경에 검거되어 수난을 당하였다. 그러나 다행히 주동자로 내세운 조학유가 입적하였고 문자와 서류 등의 증거물이 전혀 없어 재판을 받는 불상사를 당하지는 않았다. 하지만 이 사건으로 최범술·김법린 등의 만당 관련자들은 불령선인(不逞鮮人)으로 일경의 주목을 받았다.

1941년 12월 일제는 태평양전쟁(대동아전쟁)을 도발하고는 전시체제가 되면서 소위 그들이 말하는 불온한 조선인들에 대한 감시를 강화하였다. 이러한 일제의 압박은 마침내 다솔사에도 불어닥쳤다. 최범술은 회고록에서 사건의 발단에 관해 다음과 같이 기록하였다.

> 1942년 9월초, ……(중략)…… 절에 경관 28명이 들이닥쳤다. 보니 道경찰부 金광호, 姜洛中, 河八洛, 晋州署의 姜問善, 金乙斗, 泗川署의 고등계 주임 島崎 등이었다. 우리는 이때 申采浩의 朝鮮古代史와 古代文化史(발간되기 이전의 원고)를 전주 四塊紙에 써서 황밀을 먹인 뒤 이것을 석탑 가운데에 보장할 계획이었다. 이 판국에 우리 민족 고대사나 길이 보존시키고자 했던 것이다. 그런데 이 일을 맡았던 李大川이 晋州署에 붙들려 갔던 것이다.

그 해 7월엔 한글학회 동지 2백 수십 명이 함경도 洪原으로 피검되었고 金法麟, 李克魯, 崔鉉培, 李熙昇, 金允經 등이 붙들려 갔다. 나 또한 조만간 붙들려 갈 줄 알고 있었다. 이때에는 이미 일제의 조선총독부가 〈思想保護豫備檢束法令〉을 발포, 무슨 구실로나 우리 조선 사람을 마구 구속하던 판이었다. 그래서 내가 그 자들에게 끌려서 잡혀 갈 것은 뻔했다. 그러나 태연히 내가 있는 큰 방으로 그 자들을 안내하고 차를 내는 대우를 하는 체하고 또 한편 점심밥도 지으라고 말했다. 泗川署 고등계 주임 島崎는 그의 고향이 일본 京都였기에 나는 내 방에서 큰소리로 "구사가" 하고 日下양(당시 다솔사에 와서 아기를 낳고 정양하던 일본 여인 : 필자주)을 불렀다. 그녀는 내 방에 왔다. 나는 島崎에게 동향인이라고 인사를 시켰다. 그리고는 나는 산후인 것을 말하고 그녀에게 "너의 방으로 돌아가라. 아참, 이것은 너의 책이 아니냐. 가지고 가라" 하면서 내 방에 있던 申采浩의 古代史 등 원고를 넘겨 주었다. 여자의 본능적인 기민성으로 사태를 눈치챈 구사가 양은 얼른 그 원고더미를 안고 나갔다. 물론 島崎는 눈치채지 못했다. 구사가 양은 이 원고를 유아의 피묻은 옷때기 밑에 넣어 숨겼다.

경찰은 그 뒤 아무리 절간을 뒤졌으나 증거될 만한 원고를 찾을 수 없었다. 나는 마음을 놓고 경찰에 붙들려 갈 수 있었다. 이렇게 하여 아기보 밑에 숨겨져 있던 申采浩의 古代史는 뒷날 빛을 보게 된 것이다.[31]

최범술은 1942년 9월초(실제는 1942년 10월 이후의 어느 날임), 항일민족사학자인 신채호의 원고건과 조선어학회사건에 연루되어 일제의 경남도경과 진주경찰서·산천경찰서의 고등계(사상범 담당자) 형사들에 의해 사천 다솔사에서 피검되었다. 그는 체포되기 전 신채호가 쓴 원고를 일본 여인에게 건네 주어 신채호의《조선고대사》와《고대문화사》를 무사히 숨기고 일경에게 피검되었다.

일경 28명의 무리는 다솔사를 수색한 후 최범술과 함께 절 경내 밖에 있는 김범부(金凡父)의 자택에 가서 왜경 3명이 김범부를 체포

---

31) 앞의 최범술 회고록 49,《국제신보》5면. 1975. 4. 4.

하였다. 그들은 다솔사를 수색하듯 범부의 집도 샅샅이 수색하고 다소의 책자를 압수하여 최범술의 것과는 별도로 묶어서 가져갔다.
　최범술과 김범부는 화물차에 실려서 사천경찰서로 연행되었다. 김범부는 부산 경남경찰부로 연행되었고, 최범술은 사천경찰서에서 3일 간 유치되었다가 4일 만에 도경찰부 5호 감방에 수감되었다. 김범부는 2호 감방 안에서 최범술이 잡혀 들어오는 것을 보고 "인제 오는가" 했다. 일경은 최와 김을 한 달 동안 감방 안에 가두어 두었다가 심문을 시작하였다. 이때 일경의 심문 내용은 다음과 같았다.

　　한 달이 지나자 이것저것 그때의 시국, 1940년 7월 4일에 있었던 大西洋憲章, 동년 10월에 총리대신이 된 군벌정치가 東條가 동년 12월 8일 새벽 급습한 하와이 진주만 폭격과 동시에 태평양전쟁에 대하여 묻기도 하고 범부 선생에게 鄭鑑錄의 번역과 해석을 요구하는 등 해괴망측한 짓도 있었다.[32]

　최범술과 김범부는 이상의 심문 내용에서 보듯이 시국과 관련된 잡다한 사항을 물어보고 범부에게는 《정감록》의 번역과 해석을 요구하는 해괴한 짓거리도 서슴치 않았다.
　범부는 구금된 지 3개월 후 석방되었다. 그러나 범부는 석방 일주일도 못 되어 해인사사건의 연루자로 다시 합천경찰서로 피검되어 잡혀갔다. 범부가 출감한 뒤 최범술은 2호 감방에 이감되어 있었다. 그리고 일경들은 최범술과 관련된 사람들을 계속 체포·연행하였다. 당시의 상황을 최범술은 다음과 같이 회고하였다.

　　그런데 나의 제자이며 凡父선생의 長子 趾弘군과 金泰明 외 2명이 다시 연행되어 왔다.

---
32) 앞과 같음.

이 道警의 감방 안에는 기독교도가 일본의 神社不참배로 몰리어 朱基철, 韓相敦 李約信 등 목사와 崔德智, 金英淑, 傳道夫人 등 골수 耶蘇敎人들이 수감되었다. 그 중에 주기철은 평양으로 이감되었고 나의 조카 垣亨 군은 일본 도꾜에서 피포되어 이 곳으로 왔다. 7년형을 받고 대전형무소에서 日帝가 항복하던 그 해 2월 8일에 옥사했다. 巴城 薛昌洙(진주에 사는 시인)도 이 곳에서 형무소로 갔었다.

그리고 내가 이 곳으로 온 약 4개월 후에는 李大川도 晋州署로부터 이 곳으로 이감되어 왔다. 그리하여 그와 나는 丹齊 申采浩의 朝鮮古代史 古代文化史에 관한 대질심문을 받게 되었다. 이 같은 감방에서 수용되었던 사람들의 성분은 야소교인이 32명, 나와 관계된 사람이 5인, 기타 經濟犯 관계인과 그네들이 말하는 사상 관계자들 우리네와 日人을 합하면 대략 60명 전후였다.[33]

최범술의 회고록은 이상의 서술을 끝으로 미완의 기록으로 중단되었다. 이런 연유로 1942년 가을 일경에게 검거된 다음 그와 관련된 김지홍(金趾弘)·김태명(金泰明)·이대천(李大川)·최원형(崔垣亨)이 부산 도경 감방에 수감된 사실까지만 밝혀져 있을 뿐 그 이후 자세한 사정은 전하지 않고 있다.

국가보훈처에서 간행한 《독립유공자공훈록》 제8권 〈최범술 공적조서〉에는 1942년 최범술의 검거 사건에 대하여 다음과 같이 간략하게 언급하고 있다.

    1942년 7월 김법린(金法麟) 등과 해인사·다솔사(多率寺) 등에서 수강생들에게 한글을 가르쳤고, 조선어학회(朝鮮語學會) 운동에 연루되어 홍원(洪原)경찰서에 수감되어 옥고를 치렀다.[34]

최범술은 회고록에서는 1942년 9월에, 《독립유공자공훈록》 제8권

---

33) 최범술 회고록, 앞과 같음.
34) 국가보훈처, 《독립유공자공훈록》 제8권, p.534.

〈최범술 공적조서〉에는 1942년 7월에 조선어학회사건에 연루되어 검거되었다고 기록되어 있다. 그런데 이 두 가지 기록은 사실과 조금 차이가 있다.

조선어학회사건은 1942년 10월 1일경부터 일제가 우리말과 글의 연구에 대한 탄압책으로 조선어학회 회원들을 검거·투옥한 사건이었다.[35] 최범술은 사건 발생 33년 후에 회고하면서 3개월 가량 시기의 기억 착각을 한 것으로 사료된다. 최범술은 회고록에서 "1942년 7월에 한글학회 동지 2백 수십 명이 함경도 홍원으로 피검되어 나 또한 조만간 붙들려 갈 줄 알고 있었다."고 진술하고 있는데 조선어학회 회원들은 1942년 10월초부터 검거되기 시작하여 1943년 3월까지 33명이 검거되었다.[36] 따라서 최범술이 다솔사에서 일경에게 피검된 것은 1942년 10월 초순 이후였을 것이다.

김법린과 최범술이 해인사·다솔사에서 수강생들에게 한글을 가르쳤다는 《독립유공자공훈록》의 기록에 관해서도 보충설명이 필요하다.

최범술은 1933년 다솔사에 강원을 설치하고 그 이듬해에는 사천에 광명학원을 설립하였다. 다솔사 강원은 승려들에게 불교교리와 일반학술을 가르치는 곳이었고 광명학원은 초등교육 과정으로 다솔사 인근의 농민 자제를 교육하는 곳이었다. 이 두 곳에는 김법린·김범부·김동리·최범술 등이 강의를 하였다. 그리고 1935년 9월에는 다솔사 강원이 해인사 강원과 합병하였고 김법린과 최범술 등은 이 해인사 강원에서도 강사로 강의를 하였다. 이어 최범술은 1936년 5월 해인사 법무(法務) 소임을 맡아 일하기도 하였다.[37]

최범술과 김법린이 다솔사 강원·광명학원·해인사 강원에서 강

---

35) 《한국근현대사전》, p.194. 1990, 가람기획.
36) 李萬烈 엮음, 《韓國史年表》, p.268. 1985, 역민사.
37) 임혜봉, 〈최범술연보〉《선우도량》제13호, pp.174~175. 1998. 8.

의를 하였으므로 일제측으로부터 '한글'을 가르쳤다는 혐의로 피검되어 수난을 당하였던 것이다. 최범술의 조선어학회사건 연루에 관해 살펴보려면 이 사건의 개요에 대해서도 알아볼 필요가 있다.

앞에서 언급했듯이 일제는 1942년 10월 초 우리말과 글을 탄압하기 위해 조선어학회 회원이나 그 관련자인 이윤재(李允宰)·이극로(李克魯)·최현배(崔鉉培)·이희승(李熙昇)·한징(韓澄)·이은상(李殷相)·안재홍(安在鴻) 등 30여 명을 검거하였다. 이들은 1년 동안 경찰서 유치장에서 온갖 고문을 당한 끝에 〈학술단체를 가장한 독립운동단체〉라는 죄명으로 기소되었으며, 이들 중 이윤재·한징·최현배·이희승·정태진(丁泰鎭)·이극로·이중화(李重華)·김양수·김도연·김법린·이인·장현식 등 13명만 공판에 회부되고 나머지는 석방되었다. 이윤재와 한징은 심한 고문으로 옥사하고, 10명은 각각 2년에서 6년까지의 징역형을 선고받았으며, 장현식은 무죄로 석방되었다.[38]

이로 보건대 최범술은 조선어학회사건에 연루되어 다솔사에서 일경에 체포되었으며, 사천경찰서·부산 경남도경 유치장 등지에서 수개월간 심문을 당하고 옥고를 치렀다. 그러나 공판에는 회부되지 않고 석방되었음이 분명하다. 이때 다른 곳에서 체포된 것으로 보이는 김법린은 공판에 회부되어 재판을 받았다. 김법린은 조선어학회사건으로 2년의 옥고를 치렀다.[39]

앞의 회고록에 의하면 이때 최범술의 조카인 최원형이 일본 동경에서 체포되어 부산 도경 유치장으로 왔고, 7년형을 받아 대전형무소에서 옥고를 치르다가 1945년 2월 8일 옥사했다고 기록하고 있다. 그러나 조선어학회사건으로 공판에 회부된 13명 명단 속에 최원형은 포함되어 있지 않다. 이로 보건대 최범술의 조카 원형 군은 다른 사

---

38) 《한국근현대사사전》, pp.194~195.
39) 〈범산(梵山) 김법린 선생〉《대중불교》, p.34, 1992년 6월호..

건으로 재판을 받고 옥고를 치르다가 옥사한 것으로 추정된다.

정부에서는 만당과 조선어학회사건 등으로 수차 투옥되고 옥고를 치른 최범술의 항일투쟁의 공훈을 기리어 정부에서는 1986년 대통령 표창을 추서하였고 1990년에는 훈격이 재조정되면서 건국훈장 애족장으로 승격되었다.

제4절 왜정말기 해인사사건

일제는 중일전쟁(1937)에 이어 1941년 12월 8일 새벽 하와이 진주만의 미군을 기습 공격함으로써 태평양전쟁(대동아전쟁)을 시작하였다. 중일전쟁도 장기전으로 치닫고 있는데 태평양전쟁까지 벌인 일제의 전시체제는 날짜가 흐를수록 긴박해져갔다. 인력은 물론 전쟁물자까지 매우 부족하였다. 일제는 인적 자원의 부족을 메우기 위하여 1942년 5월 9일 조선인에 대한 징병제 시행을 의결하고 학생들에게는 학병지원제를 실시하였다.

이처럼 식민지 조선인에게 총을 들려 전쟁터로 내보내야 할 만큼 전쟁이 긴박한 국면으로 접어들자 일제는 조선을 총력전 체제로 강박하면서 조선인들에게 온갖 압박을 가하였다. 그리하여 불교계에도 근로보국대를 조직하고 강제적 국방헌금을 징수하며 일본군의 승리를 위해 무운장구기원제(武運長久祈願祭) 따위를 조선사찰에 강요하였다.

한편 일제는 소위 그들이 말하는 불령 조선인들을 검거·탄압하기 시작하였다. 1942년 10월 초부터 조선어학회 회원들을 검거한 것이 그 대표적인 사례인데 불교계의 최범술·김법린 등도 이 사건에 연루되어 일경에 체포·구금되는 수난을 당하였다.

1942년 말 해인사에도 일제측의 악랄한 탄압의 손길이 미치기 시작하였다. 이는 불온한 사상을 가진 조선인을 사전에 예비 검속한다는 점과 함께 임진왜란 때 승병 총대장이었던 사명(四溟)대사의 비석을 파괴하려는 목적으로 해인사 스님들을 검거하였다.

1942년 12월 초, 총독부 학무국장(大野謙一 : 학무국장 재직, 1942. 10∼1944. 7)의 기안과 경무국장(丹下郁太郞, 경무국장 재직, 1942. 6∼1944. 7)의 지시로 해인사의 사명대사 석장비(石藏碑) 및 건봉사의 사명대사 기적비(紀蹟碑)를 파괴하라고 하였다.[40] 경무국장의 지시를 받은 합천경찰서장은 해인사의 승려들을 잡아들이기 시작하였다. 당시 해인사 승려로 있던 민동선(閔東宣) 및 여러 스님들은 1942년 12월 어느 날 갑자기 들이닥친 일경들에게 검거되었다. 이에 관하여 훗날 민동선은 다음과 같이 당시의 상황을 회고하였다.

1942년 12월 어느 날이었다. 때마침 동계(冬季) 방학이라 학원 학생들도 대개 귀향하고 深冬이라 외래객도 없는 조용한 산중이었다. 합천경찰서 형사대 5∼6명이 들이닥치더니 우리 일동 5∼6명을 추럭에 처싣고 경찰서를 향하여 질주하는 것이다. 추럭에 실려가는 몸이 백여리를 다 가도록 千思萬慮하여 보아도 이렇다 할 만한 추측도 안 섰다. 전등이 켜지고 밤이 되었다. 서장실이 온통으로 問招大部가 되고 竹浦署長이 직접 진두에서 심문을 시작하는 것이었다. 네가 閔東宣이냐? 학생들에게 무슨 思想을 注入시키느냐? 조선말로 作文을 지어라 하고 朴某先生이 조선말 작문을 짓지 말라 하니 그대는 일본놈의 똥이라도 먹겠느냐? 그런 말 한 일이 있지. 또 학생들에게 조선 역사를 가르치고 임진란 때 四溟堂이 일본놈 대가리를 삼대 베어넘기듯 베어넘기었다고 말한 일이 있는가?

---

40) 이철교의 〈한국불교사연표〉, 앞의 책, p.1356에는 사명대사의 비석 파괴지시가 1943년 12월에 있었다고 기록하고 있으나 이는 '1942년 12월'의 誤記인 것으로 보인다.

李古鏡. 그대가 이고경인가? 傍人莫道松低塔하라. 松長他日塔還低(鄭仁弘少年作) 이 詩는 무슨 생각으로 학생들에게 일러 주었는가? 松은 조선이요, 塔은 日本이라 말하였다면서.

林幻鏡. 그대가 임환경인가? 사명대사가 加藤淸正에게 以汝頭爲寶라. 너의 대가리로써 우리나라 보배를 삼는다라 한 말을 외래 관광객들에게 말하여 주었다면서.

이 밖에 사람들에 대한 문초 내용도 大同小異하였다. 소장 서적 내용에 대한 질문과 友人間의 서한 내용 질문 등 어처구니 없는 수작들이고 대관절 이 자들의 擧事目的이 무슨 사건을 探知하자는 것인지 惡刑을 주기 위한 것인지 분간할 수 없었다.

一問十打. 한 번 물으면 열 번은 차고 받고 갈기고 올라서고 비틀고 불로 지지고 물 퍼붓고 등등의 노름이었다. 완전히 鬼畜의 세계요, 인간 상실의 세계였다.

人間人權이란 개, 도야지 및 그것들이 밟고 똥과 오줌을 마구 놓아 문지르는 길가의 잡초만도 못하였다. 이리하여 세 감방에 分置된 일행은 鬼哭聲 같은 신음 소리로 밤을 새웠다. 그 이튿날 또 다시 불려 나가는 것이다. 묻는 말의 줄거리는 내내 그런 종류였다. 이리하여 날짜가 경과함을 따라 外處에 나가 있는 幻鏡스님의 권속 및 해인사와 인연 관계가 있는 사람들을 묶어들이기 시작하는데 며칠 후에 晋州에 吳濟峰 氏가 잡혀오고, 泗川에 金凡父 氏, 李元求 氏, 山淸에 朴仁峰 氏, 삼천포에 金重○ 氏, 거창에 金貞太 氏, 임시유치장을 二房이나 增設할 정도로 그득히 잡혀 왔다.[41]

민동선은 1942년 12월 중 합천경찰서에 잡혀온 사람이 12명이라고 하였다. 민동선이 거명한 사람은 그 자신을 포함하여 이고경, 임환경, 오제봉, 김범부, 이원구, 박인봉, 김중?, 김정태 씨 등 이름을 구체적으로 밝힌 사람은 9명이었다.

그런데 최범술은 회고록에서 이때 잡혀간 사람이 17명이라면서 다

---

41) 閔東宣,〈倭政末期의 해인사사건〉《대한불교》제85호, 1면. 1964. 9. 20.

음과 같이 밝혔다.

    凡父 先生은 3개월이 접어들게 되자 일단 이 (부산) 도경 감방에서 풀려 나간 뒤 한 주일도 못되어서 합천경찰서로 피검되었다. ……(중략)…… 나의 스님 林幻鏡, 前住持 李古鏡, 閔東宣, 朴인봉, 金周成, 金貞泰, 崔性觀, 吳제봉, 李元求, 李實均 등 16명과 그에 김범부 선생이 첨가되어 17명이 감옥으로 들어가게 됐다.[42]

최범술은 이때 합천경찰서에서는 감방이 부족하여 3개를 더 지었고 그것도 부족하여 쇠사슬에 개 매듯이 손목, 발목, 허리를 매어 경찰서 기둥에 매달아 놓기도 하였다[43]고 쓰고 있다.

해인사에서는 1938년 1월 기존의 불교전수강원을 법보학원(法寶學院)으로 개칭하였다.[44] 이 법보학원의 1942년 당시 원장은 임환경스님이었고 강의는 이고경 강백(講伯)이 책임지고 있었다. 그때 임환경과 이고경스님이 합천경찰서에 검거된 것에 대하여 지관(智冠)스님이 편찬한《해인사지(海印寺誌)》에서는 이렇게 기록하고 있다.

    古鏡 講伯의 民族史에 입각한 애국사상이 日帝의 皇民化 교육에 어긋남은 不問可知의 일로써 이를 알게 된 일제 走狗들은 고등계 형사 10여 명을 대동하고 해인사에 찾아와 古鏡 講伯과 법보학원 원생들을 모아 놓고 강의실에서 좌담회를 열었다. 그러나 좌담회는 형식적이고 형사들은 원생들의 책상과 책가방을 뒤져 필기장을 들추어보니 거기에는 반만 년의 유구한 民族史와 賢人·名士를 비롯한 殉國先烈들의 사적이 적혀 있었고 일제가 가장 싫어하는 西山大師·四溟堂·安重根·尹奉吉 등의 위인들의 업적이 기록되어 있었다.
    또한, 원생들에게 개별적으로 대화를 유도하여 확인하니 모두 일제를

---

42) 최범술, 앞의 회고록,《국제신보》5면, 1975. 4. 5.
43) 앞의 최범술 회고록.
44)《佛敎時報》제37호, 1938. 8.

증오하며 民族史에 대해 신뢰하고 위인들을 숭배한다는 의미로 대답을 하자 走狗들은 대경실색하여 법보학원을 즉각 폐쇄하도록 令을 내리고 古鏡 講伯과 幻鏡 學院長의 거실을 수색하였다.

거실 수색 결과 고경 강백은 《壬辰錄》이, 환경 원장은 불온서적이 다량으로 나왔다는 핑계로 그 즉시 합천경찰서로 연행 구속하고 온갖 고문과 악형을 계속하니 10여 일 만에 고경 강백은 중병을 얻어 생명이 위독하게 되었다.

이것을 안 日帝走狗 竹浦署長과 巡査部長은 昌城旅館으로 장소를 제한하여 일시 保釋시켰으나 끝까지 "민족을 위해 역사의 진실을 교육한 것이 무엇이 잘못이냐"는 말뿐 일체의 말이 없던 고경 강백은 고요히 가부좌한 모습으로 이날 밤 入寂하였다. 이튿날, 이것을 본 竹浦署長, 순사부장을 비롯한 일제주구들은 강백의 당당하고 위엄스런 죽음에 겁을 먹고 한동안 그 곳을 지나다니지 못했다고 한다.[45]

고경스님은 이렇게 일경의 고문으로 죽고 다른 사람은 계속 합천경찰서 유치장에서 옥고를 치르다가 1943년 6월에 4명은 석방되고 나머지 6명은 일건 서류와 함께 부산 검사국으로 넘어갔다. 이들 6명은 법정에 3번 출정한 후 그 해(1943) 10월 어느 날 모두 무죄로 석방되었다.[46] 이들은 일제의 소위 치안유지법 위반이란 혐의로 모진 고문과 악형을 받고 6개월 혹은 10개월을 일제의 감옥에서 수난을 당하고 풀려났다.

민동선·이고경·임환경 등이 합천경찰서에 구금되어 있을 때 일경들은 사명대사의 진영(眞影)을 경찰서로 잡아왔다. 이에 관해 민동선은 다음과 같이 비감한 어조로 이 일에 대해 서술하였다.

再次 해인사에 가서 弘濟庵 表忠祠에 봉안한 弘濟尊者 四溟大師 眞

---

45) 李智冠 편저, 〈해인사 聖地를 오염시킨 倭政走狗〉《海印寺誌》, pp.1159~1160. 1992. 伽山文庫.
46) 민동선, 앞의 회고문.

影을 잡아오는 것이 아니던가! 사명스님은 竹浦한데 잡혀서 경찰서 창고에 幽閉當하시다. 順應·利貞 二大德이 開山 一千二百餘年 이래로 해인사에 住錫하시던 祖師스님이나 功臣의 영정이 刑政에 처하였던 일이 단 한 번이라도 있었던가? 嗚呼라 末世法侶之奸惡이 이에 이르도다.[47]

일인 서장 죽포를 위시한 일경들은 사명대사의 진영을 경찰서로 잡아온 것에 그치지 않고 다음에는 홍제암에 있는 사명대사의 비석을 파괴하는 일을 감행하였다. 이에 대한 민동선의 기록을 보자.

또 한 가지 放聲大哭할 대사건을 저질러 놓았다. 사명대사의 大事跡碑를 산산히 부수어 놓은 것이다. 사명스님이 일본에서 돌아오시매 선조대왕이 병조판서를 제수하고 땅 사방 백리를 베어 주어 三公의 예우를 할 터이니 세간에 머물러서 나하고 나라 일 하자고 손을 잡고 밤새도록 권하였건만 "貧道는 山으로 가나이다." 하고 가야산으로 듭시었다. 선조께서 가야산에 나라 일꾼들을 보내서 弘濟尊者란 號를 나리시고 尊者께서 기거하실 홍제암을 짓고 그 옆에 사명스님의 浮屠를 세우고 大事跡碑를 세웠으니 그 빗돌이 지금 片片히 부서져서 주재소 문앞에 내동댕이쳐 놓은 저 비석인 것이다.

출옥 후 비석 慘變의 경위를 들은 바에 의하면 비문 중에 사명스님이 加藤淸正에게 대답한 '以汝頭爲寶(너의 머리가 보물이다)'란 文句가 심히 불온하니 빗돌을 땅 속에 묻으라고 竹浦란 놈이 某也氏(당시 해인사 주지 卞雪醐)에게 命하니 氏는 一步前進하여 아주 擊碎해버렸다고 한다. 한국 민족과 萬年長存해야 할 저 빗돌은 이리하여 죽고 말았다. 사명스님의 영정은 우리와 같이 석방되어 다시 山으로 돌아오셨으나 事跡碑와 古鏡 老師는 그대로 가시고 말았다. 開山 一千年來重大事여![48]

1942년 말 해인사 스님들을 합천경찰서로 잡아들이고 사명대사의

---

47) 위와 같음.
48) 민동선, 앞의 회고문.

비석을 파괴한 일에는 당시 해인사 주지였던 변설호스님이 합천경찰서 서장 죽포와 통모하여 벌인 것이라면서 민동선은 이렇게 말했다.

> 지금부터 대사건 조작 경위에 대하여 말하기로 한다. 이때의 해인사 주지는 某也氏(변설호)였다. 이때 모야씨가 그때 두번째 주지를 역임중이었다. 모야씨가 주지는 주지로되 자기 마음껏 세력 행사를 할 수 없는 처지에 있었다. 연래로 격심하던 林・張派의 주지쟁탈전 와중에 뛰어들어 순전히 漁父之利를 取한 주지였기 때문이었다.
> 人的實力에 있어서는 모야씨편이 林派를 당해낼 도리가 없었다. 그래서 모야씨파는 매양 林派를 疾視하고 심지어는 除去할 생각까지도 품고서 僧門 학생까지라도 손을 잡고 林派 교원들의 言行 일체를 감시하고 연구하던 중 때마침 河東署長으로부터 합천서장으로 전근한 竹浦란 자가 있었다. 이 자는 순전히 巡査로 닦아 올라간 서장인데 간 곳마다 사상사건을 잘 만들어 성적을 올리는 자였다. 합천군에서 사상 문화 중심지인 해인사에 눈독을 드리는 판인데 모야씨는 즉각 이 자와 손을 잡고서 가야 開山 一千年來의 初有의 大事件을 造作한 것이다.[49]

1942년 말에 시작된 해인사사건은 당시 해인사 주지를 두번째 역임하고 있던 변설호가 합천경찰서장 죽포와 통모하여 임환경・이고경・민동선 등 10여 명의 스님들을 일경에게 체포케 하고 사명당의 비석까지 파괴하였다고 지적하고 있다. 변설호는 해인사 주지가 되기 전 유점사 강원의 강주를 역임하고 경성 사간정포교당(지금의 법륜사)의 포교사로 재직하고 있었다. 변설호는 유점사 경성포교당인 사간정포교당 포교사로 재직하면서 총본산 태고사 건설업무에 종사하고 중일전쟁이 발발한 후에는 출정하는 일본군을 환송하는 일이나 일본군 전사자 유골 앞에서 독경・분향하는 등의 친일행위를 하면서 중앙교무원과 총독부 일제 관료들의 신임을 획득하였다. 그리고

---

49) 민동선, 앞의 회고문.

1938년 해인사 주지 선출로 해인사의 임(林)·장(張)파 간의 대립구도에 뛰어들어 그 틈새에서 해인사 주지가 되는데 성공한 기회주의자였다.

민동선의 회고에 의하면 이렇게 어부지리(漁父之利)로 해인사 주지가 되어 두번째 주지직에 재임하고 있던 변설호는 임파(林派:林幻鏡 스님으로 추정됨)를 질시하여 그들의 언행을 감시하며 제거할 계획까지 생각하고 있었다. 그러던 중에 하동경찰서(최범술은 사천경찰서라고 말함)에서 합천경찰서로 전근한 죽포라는 일인 서장과 손을 잡고 임환경·이고경·민동선스님 등 10여 명을 일경으로 하여금 체포케 하고 사명당의 비석을 파괴했다는 것이다.

《해인사지》를 편찬한 이지관(李智冠)스님은 산내암자인 홍제암을 설명하면서 다음과 같이 기록하였다.

> 즉 寺內의 一部蟲들과 通謀하였다는 울분을 품은 사람이 적지 않았다. 그러므로 李古鏡 講伯의 上佐인 민동선은 서울 종로구 司諫洞까지 목표 인물을 찾아가 腹部를 찔렀으나 죽지는 않았다.[50]

여기서 '사내의 일부충'이란 변설호를 가리키는 것이며 그가 일제 경찰과 통모하였다 하여 해인사의 많은 스님들이 울분을 품고 있었다는 것이다.

1943년의 해인사사건은 당시 불교계에 널리 알려져 있었던지 광복 후인 1948년 1월 장도환은 《불교》지에서 다음과 같이 기록하였다.

> 사명당의 석비(石碑)와 고경스님의 육비(肉碑:몸)는 그대로 깨어졌지만 후도(後徒) 있어 이 뜻을 천추에 빛낼지니 길이 안심하소서.
> 적어도 그 변한(卞漢)과 일당으로 하여금 같은 모양의 악형(惡刑)으로

---

50) 李智冠 편저, 《海印寺誌》, p.602. 1992, 가산문고.

그 죄를 속(贖)케 할지니 우리는 철사로 그 목을 매어 이 비의 재건에 소나 짐승 부리듯이 포로 삼아 부려야 할 것이다.
　마치 북로(北虜)가 일본인을 혹사함보다 더욱 심하여도 가할지니, 이는 조선인의 죄 하나가 가증(加增)된 탓이다.[51]

만당의 당원이었던 장도환이 말하는 변한(卞漢)이란 변설호를 가리킨다. 장도환은 일경과 통모한 변설호의 죄가 크므로 이고경·임환경 등이 당한 '같은 모양의 악형으로 그 죄를 속죄'케 해야 한다고 말하고 있다.
　이 해인사사건에 대해 1992년 7월 3일 필자가 칠보사에 주석하고 있는 강석주스님께 질문을 했을 때 석주스님은 대략 다음과 같은 내용의 이야기를 해 주었다.

　　사간정 유점사 경성포교당의 포교사로 있던 변설호는 해인사 주지 이고경스님을 항일분자로 모함하여 일경에게 끌려가 고문으로 죽게 하고 그 후임으로 해인사 주지가 되었다. 그리고 일제 순사들에게 해인사 홍제암의 사명당 비석을 열십자로 쪼개 일본경찰주재소 발디딤돌로 쓰다가 해방 후 복원하였고, 그 옆에 이 사실을 쓴 또 다른 새 비석도 함께 세웠다. 그리고 해방 후 고경스님의 제자 민동선(당시 모고교의 교사)이 변설호를 찾아가 칼로 찔렀다.

　강석주스님의 얘기 중 고경스님이 주지로 재직 중 항일 인사로 모함했다는 부분은 연대가 부합되지 않는다. 아마 이 점은 워낙 오래된 일이라 석주스님이 착각한 일일 것이다. 그러나 고경스님의 후임으로 1938년 4월 25일 변설호가 조선총독으로부터 해인사 주지로 인가 받은 것은 사실이다.[52]

---

51) 金城(張道煥), 〈크어난 聖林아 永遠히 빛나라 — 해인사 法寶藏經(一)〉《佛敎》, pp.48~49. 1948. 1. 1.

앞에서 이미 거론했듯이 변설호는 어부지리로 해인사의 주지가 되었고 강력한 라이벌인 임환경스님과 때문에 주지 권한 행사에도 지장이 많을 뿐 아니라 1944년 주지 선임을 앞두고 그를 제거하기 위해 법보학원의 원장으로 있는 임환경스님 일파를 일인 서장 죽포와 통모하여 일경에게 잡혀가게 한 것이다. 이 일로 고경스님이 옥사하고 10여 명의 관련자가 6개월에서 10개월 가량 일제 감옥에서 모진 고문과 수난을 당해야 했다.

이런 연유로 고경스님의 제자 민동선은 광복이 되자 민족반역자를 처벌한다는 강렬한 의분과 개인적 깊은 숙업으로 사간동 법륜사(지금의 불이성 법륜사)로 변설호를 찾아가 칼을 휘둘렀을 것이다.

전언에 의하면 정광호 교수가 1965년경 《불교신문》에 변설호의 1943년의 친일행적에 대해서 글을 써서 게재하자 변설호로부터 "왜 그런 이야기를 써서 사람을 난처하게 만드느냐?"는 항의를 받았다고 한다.

변설호(1886~1976)는 1944년 7월 총독부에서 조선 사찰의 모든 주지들의 임기를 (자동) 연기한다는 총독부령으로 광복 때까지 해인사 주지직을 역임하였다. 그는 1944년에 통도·범어사와 함께 일본군부에 비행기 1대를 헌납하는 등 적극적인 친일행위를 하였다.

이런 악업 때문에 1945년 광복 후에 변설호는 체탈도첩이라는 승려로서는 가장 치욕적인 징계를 받았고, 1949년 1월 반민특위가 출범하자 그는 경남 반민특위에 체포되었다.[53]

그럼 1942년 연말부터 시작된 해인사사건에 관련된 다른 인물들은

---

52) 조선총독부, 《관보》 제3386호, 1938. 5. 4 ; 《佛敎》 신제14집, p.48. 1938. 7. 1.
53) 민동선, 앞의 회고문. 이철교는 1946년 7월 8일 변설호가 '승권박탈'이라는 중징계를 받았다고 〈한국불교사연표〉에 서술하고 있는데 '체탈도첩'과 '승권정지'는 그 내용에 있어서는 동일함.

어떻게 되었을까? 민동선은 죽포 이하 일제 주구(走狗)들에 대하여 이렇게 기록하였다.

> 竹浦는 해인사사건 후 통영으로 영전하여 그 곳에서 또 사상사건을 꾸미고 忠武公 祠堂 撤去次로 사당문을 열다가 충무공 영정에 壓氣가 되어 그로 인하여 병을 얻어 제주도립병원에 입원하였다가 해방 무렵에 사망하고, 미치광이가 되어 날뛰던 고등계 형사 裵部長은 해방과 동시에 합천시민들에게 끌려나와 시가에 조리돌리고 계집은 유치장에서 자살하고 경남 검사국에서 우리를 다루던 靜永 檢事는 경성지방검사국에 영전하여 있다가 해방되자 인천에서 배를 타고 도주하여 버리었다.[54]

해인사의 전설과 일화[55]에는 '죽포가 충무공 영정을 훼손하고 없애더니 호법선신(護法善神)의 천벌을 받아 10여 일 있다가 전염병에 걸려 급사했다'고 기록하고 있다. 이는 사명당과 이순신 장군을 모욕한 민족적 울분에서 나온 과장된 얘기이고 일인 서장 죽포는 전염병(일설에는 폐병이라고 함)에 걸려 치료하다가 광복 무렵 제주도립병원에서 죽었다. 그리고 민동선·임환경·이고경 등에게 모진 고문을 가한 조선인 고등계 형사 배부장은 합천군민들에 의하여 시가지에 끌려 다녔으며 그 부인은 유치장에서 자살하였다.

해인사사건의 수난 당사자 중 한 사람이자 이를 회고문으로 남긴 민동선은 상주 남장사(南長寺)의 재적승으로 서울 양정고보(養正高普)를 1927년 3월에 졸업하고 중앙불교전문학교에 진학하였다. 그는 중앙불전을 졸업한 후 만당의 당원과 조선불교 교정연구회의 발기인으로 활동하였다(1932).[56]

1933년 1월, 민동선은 보성고보(普成高普)의 사무원으로 취임하였

---

54) 민동선, 앞의 회고문.
55) 이지관, 《해인사지》, pp.1161~1162.
56) 《佛敎》 제104호, p.69. 1933. 2. 1.

고,[57] 1937년 9월에는 고운사 의성포교당의 포교담임자로 취임하였다.[58] 김법린 회고문에 의하면 민동선은 만당 당원으로 체포되었고, 1942년 12월에는 법보학원의 강사로 있다가 해인사사건으로 체포되어 10개월 간 일경들로부터 모진 고난을 당하였다.

광복 직후 해인사의 임환경 주지와 여러 대중 스님들은 사명당의 부서진 비석 파편을 명월당(明月堂) 앞에 모아 놓았고, 1958년에는 청담(靑潭) 주지가 철봉으로 속을 연결하고, 파손된 부분을 석회로 때워서 예전 그 자리인 홍제암 동편 잔디밭에 다시 세웠다. 비석의 높이는 3.1m, 너비는 1.2m이다.

1947년 당시 주지인 임환경스님의 발의로 변영만(卞榮晩)이 지은 새 비문으로 사명당의 비석을 다시 세웠다. 이 비문의 서두에는 '왜놈들과 해인사 안의 일부 벌레(倭酋與寺內之蟲)가 통모하여 울분을 품은 사람이 적지 않았다'고 기록하고 있다. 여기서 '사내지충(寺內之蟲)'은 바로 변설호를 가리키는 것이며, 민동선이 표현했듯이 '가야산 개산 이래 일천 년만의 중대사'를 일으키고는 광복 후 악업의 대가로 체탈도첩을 당하고 칼을 맞았다.

변설호는 인과의 법칙을 배운 승려로써 본분을 망각한 업보를 톡톡히 치른 것이다. 그런데 이렇듯 한국불교사에 있어 치욕스런 발자취를 남긴 변설호를 1975년 1월 23일 대한불교 총화종에서 초대 종정으로 추대했다.[59] 변설호가 일제시대에 저지른 일련의 친일행적과 해인사에서 행한 반민족적 행위를 알고도 총화종 관계자들이 변설호를 종정으로 추대했다면 그들은 역사의식이 전혀 없는 자들이며, 모르고 그와 같은 일을 했다면 그들은 인물 검증도 없이 초대 종정을

---

57) 〈중앙교무원 소식〉《불교》제104호, p.69.
58) 《불교》 신제13집, p.43. 1938. 6. 1.
59) 이철교, 〈한국불교사연표〉, 앞의 책, p.1387.

추대하는 어리석음과 불성실한 노릇을 한 셈이다. 어느 쪽이든 변설호 같은 자가 광복 후 한국불교계의 한 종단의 수장(首長)으로 추대되었다는 것은 불행하고 욕된 아이러니가 아닐 수 없다.

제 2 부

불교계의 항일인물

제1장
승려출신의 항일투사 김성숙

1. 중국땅을 누빈 항일투사·혁신계 정치가

　운암(雲巖 혹은 雲崖) 김성숙[1]이 70여 년 간 살아온 삶의 궤적은 우리 민족의 고난에 찬 역사와 전적으로 일치하고 있다. 그는 항일을 결심하고 집을 떠났다가 원산에서 '부처님 오신 날' 절에 들러 승려가 되기로 작정하고 양평 용문사의 스님을 따라 그 곳에서 승려가 되었다. 그는 승려로서 3·1운동에 참여하였다가 투옥되었다. 이후 1923년 다른 스님 5명과 중국 북경으로 유학·망명하여 중국 대륙을 떠돌며 급진적 혁명운동에 투신하였다.

　그는 중산(中山)대학 정치학과를 졸업하고 항일투쟁의 일선에 나서, 북경과 광동(廣東) 및 상해를 비롯한 중국의 여러 지역에서 혁명단체의 기관지들을 편집하기도 했고, 조선민족해방동맹과 조선민족전선연맹을 각각 결성하기도 했다. 그 사이 광서성(廣西省) 성립(省立)사범대학에서 약 1년 간 정치학 교수로서 활동했다.

---

1) 김성숙(金星淑, 1898~1969) : 승려출신의 독립운동가, 정치가. 중국명은 김규광(金奎光). 18세 때 양평 용문사에서 출가, 3·1운동에 참가. 1923년 중국 북경에 가서 민국(民國)대학 입학. 혁명단체 창일당 조직, 기관지 《혁명》 발간. 의열단 가입. 1927년 광동인민폭동 가담. 조선민족전선연맹 조직. 1942년 임정 국무위원. 귀국 후 혁신계 정당을 이끎. 신민당 지도위원.

일제의 하와이 진주만 침공으로 태평양전쟁이 일어나고 이에 따라 대한민국임시정부의 항일운동이 보다 활기를 띠면서 김성숙이 이끈 단체는 완전히 임정으로 통합되었다. 그리하여 김성숙도 임정의 내무차관과 국무위원으로 활약하게 되었다.

임정의 김성숙은 미국에서 활동하는 이승만을 성토하고 나섰다. 이승만의 반소(反蘇)운동은 거시적인 안목에서 결코 우리 겨레의 독립에 도움을 주지 못한다는 주장이었다. 김성숙은 이와 더불어 임정의 확대 개편을 주장했다. 임정을 미주와 만주 및 시베리아에 흩어져 있는 반일(反日) 혁명 대중의 기반 위에 세우도록 하자는 것이었으나 그의 이러한 주장은 이루어지지 않았다.

김성숙은 해방과 함께 귀국해 임정 세력을 이끌어 나갔고, 해방 정국의 주요한 지도자들 가운데 한 사람으로 떠올랐다. 그러나 그는 미군정(美軍政)에 대해 비판적인 입장을 보이면서 좌익의 민주주의 민족전선에 참여했고, 곧 좌우합작 운동에 뛰어들었으며 여운형(呂運亨)의 근로인민당(勤勞人民黨) 창당에 참여했다.

6·25전쟁 때 남북 모두로부터 신고(辛苦)를 겪어야 했던 김성숙은 1950년대 중반 이후 혁신운동에 참여했다. 1961년 1월에는 통일사회당의 정치위원으로 선출되었다. 이로 말미암아 그는 자유당 정부에 의해, 그리고 5·16군사정부에 의해 옥고를 치러야 했다. 출옥한 뒤에 신민당에 참여해 지도위원으로 있다가 가난과 병고 속에서 1969년 별세했다. 겨레는 사회장으로 파란만장한 혁명가의 마지막 길을 보냈다. 그는 죽은 지 13년 만에 건국공로훈장을 추서받았다. 이제 그의 파란에 가득 찬 삶을 통해 오늘의 우리가 서 있는 자리를 가늠해 보자.

2. 항일 결심과 출가 그리고 3·1운동

김성숙은 1898년 음력 3월 10일, 평북 철산군 서림면 강암동(平北 鐵山郡 西林面 江岩洞)에서 태어났다. 아버지는 김문환(金文煥)이고 어머니는 임천(林川) 조(趙)씨이다. 김성숙의 조상은 원래 상산(商山) 김씨였는데 세조(世祖) 때 철산으로 본관을 삼았다고 한다. 김성숙이 태어나기 4년 전에는 동학혁명이 일어났고 이를 빌미로 청일전쟁이 일어났으며 그 이듬해(1895)에는 일인들이 명성황후를 시해하였다. 이 무렵 독립협회가 결성되었으나 김성숙이 태어나던 1898년에는 《독립신문》을 발간하던 서재필(徐載弼)이 조국을 떠날 수밖에 없었고 독립협회도 해산되었다. 말하자면 김성숙은 한말의 어지러운 난세에 태어난 것이다. 그는 가난한 농민의 큰아들이었으므로 어릴 때부터 밭일을 거들었다. 그러면서도 글방에 다니면서 틈틈이 한문을 배웠다.

을사보호조약이 체결되던 1905년, 지방의 유지들이 대한독립학교(大韓獨立學校)라는 신식학교를 세웠다. 김성숙은 10살 때인 1908년 이 신식학교에 들어가 신학문을 배웠다. 그러나 1910년 한일합방으로 학교가 문을 닫자 그도 학교를 그만 두었다. 당시의 반일 분위기에 따라 김성숙의 할아버지는 일본인이 새로 세운 보통학교에 김성숙을 보내지 않았다.

그는 학교를 그만두고 할아버지가 차린 글방에서 할아버지로부터 한문을 배웠다. 김성숙이 보통학교를 그만두고 한문을 배우던 1910년에서 1916년까지의 기간에 세계와 한국 주변 정세는 급격하게 변하였다. 경술국치(庚戌國恥 : 1910) 다음 해에 중국에서는 신해혁명(辛亥革命)이 일어나 청나라를 무너뜨렸고, 1914년에는 제1차 세계대전이 일어났으며 러시아에서는 레닌이 제정(帝政)을 뒤엎고 공산주의 국가를 세우려고 망명지에서 활동한다는 얘기가 평북 철산의 두메산

골인 김성숙의 고향에까지 흘러들어 소년 김성숙의 가슴을 뛰게 만들었다.

그가 손문이나 레닌 같은 다른 나라 혁명가들에 빠져 있을 때 만주와 연해주 일대에서 우리나라 혁명가들이 독립학교와 독립군관학교 및 독립단을 세워 운영하고 있다는 소식이 들려왔다. 그 무렵 김성숙의 집안 삼촌 한 분이 귀향했다. 그 사람은 대한제국 때 정위(正尉)를 지냈는데 1907년 군대가 해산되자 만주로 망명해 독립군에 들어가 활동했다. 그는 독립군의 조직과정과 활약 모습을 김성숙에게 생생하게 들려 주었다.

왜놈들의 압박과 왜놈 순사들이며 헌병보조원들의 행패에 분개하고 있던 김성숙은 진짜 독립군의 얘기를 듣고는 그날로 만주로 망명할 것을 결심했다. 그는 독립군을 기른다는 만주 신흥학교(新興學校)로 갈 생각으로 만 17세가 되던 1916년 봄 만주 봉천으로 가려고 집을 나섰다. 그는 마침 땅을 팔아 놓은 돈을 훔쳐 품안에 넣고 집을 떠나 함경도 원산까지 갔다. 그런데 원산에서 어떤 힘센 어른에게 붙잡혀서 행선지를 추궁받고 여관 주인에게 돈을 맡긴 후 부모에게 연락을 취해 답이 있을 때까지 꼼짝할 수가 없었다. 이에 김성숙은 할 수 없이 여관에 머물고 있는데 마침 '부처님 오신 날'이 되었다. 그날은 여관 손님들도 절에 가는 사람이 많았고, 또 김성숙도 주인의 권유에 따라 서강사라는 절에 갔다. 그는 절에서 하룻밤을 묵으면서 도망갈 기회를 엿보다가 새벽에 절을 나섰는데 산등성이에서 스님을 만났다. 김성숙은 그 스님에게 자신의 입장을 설명하고 스님을 따라 양평 용문사(龍門寺)로 가서 승려가 되었다. 김성숙은 독립군이 되겠다고 집을 나섰다가 스님이 된 것이다.

김성숙은 한문도 알고 일도 열심히 하였으며 불경을 배우는 속도도 매우 빨랐다. 그는 용문사에서 2년반 가량 승려로서의 초보적인 과정을 모두 잘 배웠다. 그러자 용문사에서는 김성숙을 경기도 광릉(光陵)에 있는 봉선사(奉先寺)로 보내 불교 내전(內典)을 정식으로 배우게 했다.

당시 봉선사에는 홍을초라는 노승이 있었는데 그 노승이 김성숙의 스승격이다. 이 스님은 천도교의 교령인 손병희(孫秉熙), 한용운 및 김법린과도 친하여 손병희가 오면 김성숙에게 시중을 들게 해 퍽 가까운 사이가 되었다. 그리하여 김성숙은 손병희·한용운 등이 3·1운동을 계획하는데 그 휘하에서 이런저런 심부름을 하면서 자연스럽게 3·1운동에 참여하게 되었다.

1919년 3월 1일, 파고다공원 팔각정에서 한위건(韓偉建)이 학생을 대표해 독립선언문을 낭독할 때 김성숙도 그 자리에 참가하였다. 김성숙은 독립만세를 부른 후 경기도 양주와 포천을 맡아 독립선언서를 돌리고 또 그 설명서를 인쇄해 돌렸다. 그는 봉선사의 동료 승려인 이순재·김석로·강완수 등과 함께 조선독립군 임시사무소 명의로 격문을 만들었다. 이 격문의 취지는 파리강화회의에서 12개국이 독립국이 될 것을 결정하였으므로 조선도 이 기회를 놓치지 말고 열심히 독립운동을 하면 그 목적을 달성할 수 있다는 것으로서, 그들은 이 격문을 약 2백 매 가량 작성하여 봉선사 인근마을에 살포했다. 그리고 그들은 사람들을 모아 독립만세를 부르다가 일경에 체포되어 공범 7명과 함께 서대문형무소에 갇혀 2년 간 옥고를 치르고 가출옥으로 석방되었다.

김성숙은 출옥 후 감옥에 있을 때 알게 된 김사국(金思國)을 통해 사회주의에 입문하였다. 그는 1922년 승려 신분으로 사회주의 사상단체인 조선무산자동맹(朝鮮無産者同盟)과 조선노동공제회에 가입하여 활동하였다. 이 무렵 김성숙의 부모는 딸린 가족들과 함께 평북에서 경기도 고양군으로 옮겨왔다. 봉선사의 말사격인 수국사(守國寺)

소유의 논밭을 소작하기 위해서였다.

　김성숙은 사회주의에 입문하여 사카이 도시히코(堺利彦)의 책과 야마카와히토시(山川均)의 책을 읽었다. 사카이는 마르크스 엥겔스의 《공산당 선언》을 처음 일어로 번역했으며, 야마카와는 일본 마르크스주의 최고 이론가의 한 사람이었다.

3. 중국 유학 망명과 급진활동

　김성숙은 1923년이 되면서 해외로 나가야겠다는 생각을 굳혔으나 경찰의 감시가 심해 쉬운 일이 아니었다. 그러다가 1923년 어느 날 김규하(金奎河)·김봉환(金鳳煥)·김정완(金鼎完)·윤종묵(尹宗默)·차응준(車應俊) 등 5명의 젊은 스님과 함께 중국 북경으로 유학 겸 망명을 떠났다.

　이들 6명의 조선 승려들은 북경의 대학에 들어갔는데 김성숙은 민국(民國)대학에, 김규하·김정완·차응준은 북경(北京)대학에, 김봉환은 문화(文化)대학에, 윤종묵은 평민(平民)대학에 입학해 공부하였다.

　님 웨일즈의 《아리랑》(p.123. 1984년 초판, 1993년 개정1판 7쇄, 도서출판 동녘)에 의하면 북경으로 유학간 김성숙을 비롯한 6명의 조선 승려들은 문학단체를 만들고, 《황야(荒野)》라는 잡지를 냈다고 한다. 그 내용은 철학, 시, 단편소설 등 문학 일반에 걸친 것이었다. 이 기간에 김성숙을 비롯한 김봉환·김규하 등 3명의 젊은 승려는 공산주의자가 되었고, 나머지 3명은 혁명이 무슨 잠꼬대 같은 소리냐며 유학 후에 조선으로 돌아갔다고 김산(金山 : 본명 張志樂)이 《아리랑》 속에서 구술하고 있다.

　김성숙은 1925년 북경으로 건너간 지 2년째 되던 해에 창일당(創一黨)에 가입하였는데 장건상(張建相)·양명(梁明)·장지락(張志樂 : 님

웨일즈의 《아리랑》에 金山으로 표기된 인물)·이낙구(李洛九)·김봉환이 주요 구성원인 창일당은 진보적인 혁명단체로서 기관지 《혁명》을 발행하였다. 이 잡지는 창간호를 32쪽 분량으로 800부 찍었는데 6개월 이내에 3,000명의 고정독자를 가지게 되었다. 이 잡지는 국내에도 반입되었고, 만주·시베리아·호놀룰루·캘리포니아·유럽에 있는 조선학생들에게 발송되었다. 급진적인 청년들에게 지지를 받았던 격월간의 이 잡지에는 중국공산당의 창립자 가운데 하나인 이대교도 정기적으로 투고하였다.

김성숙은 1926년까지 발행되었던 《혁명》의 주필로서 주옥 같은 논문을 썼다. 김산(장지락)도 이 잡지의 3명의 편집자 가운데 한 사람이었는데 김산이 처음 김성숙을 만났을 때의 인상과 모습을 《아리랑》에서 이렇게 술회하고 있다.

김산이 처음 김성숙을 만난 것은 북경 조선 YMCA에서 열린 학생회합에서였다. 이때 김성숙은 검은 안경을 쓰고 있었으며 나이보다 늙어보였으나 날카롭고 아주 지적인 정신력을 내뿜는 사람이었으며 뛰어난 미남이었다고 한다. 그때 공산주의자와 민족주의자 간에 첨예한 쟁론이 벌어지곤 했는데 김성숙은 이론이 확실했으며 그는 언제나 상대를 압도하곤 했다고 한다.

당시 북경에는 한글을 인쇄할 수 있는 시설이 없었다. 그래서 김성숙은 《혁명》에 게재하는 모든 글을 직접 손으로 써서 석판인쇄하였다. 이 힘든 작업 때문에 김성숙은 북경 협화(協和)의과대 병원에서 한동안 눈치료를 받았을 정도로 《혁명》의 발간에 정성을 쏟았다.

《혁명》의 노선은 민족주의와 공산주의의 범벅이었고 김성숙도 공산주의자였는데, 그 기본은 민족주의였다. 한편, 고려유학생회를 조직하여 그 회장으로 피선되어 활약하였으며 신채호 선생과 유우근(유반근) 동지의 추천으로 조선의열단에 참여해 선전부장에 피임되었다.

4. 광동과 상해시절의 활약

김성숙은 1925년 북경정부의 추방을 받고 광동(廣東)의 중산(中山)대학으로 옮겼다. 광동에서 김성숙은 졸업 전인 1926년 국내외 각지로부터 중국 혁명 책원지(策源地)인 광동으로 모여든 3백여 명의 조선청년을 규합하여 유학한국혁명청년회를 조직해 기관지 《혁명운동》을 편집·간행하여 일본의 제국주의 정책의 반대와 피압박민족의 해방을 제창하였다. 그는 1927년 중산대학 정치학과를 졸업하고 법학사 학위를 획득하였다. 그 해 12월 국·공 양당의 분규로 인하여 발생된 광동인민폭동에 참여해 시가전을 지도하다가 당국의 무자비한 진압에 직면하여 김성숙은 애인의 집에 피신하였다.

김성숙은 1927년 늦여름부터 첫사랑이면서도 격심한 열애에 빠졌다. 그의 애인은 중산대학에 다니는 아름다운 광동 아가씨로 대단히 현대적이었으며 부르주아였다. 그녀는 훗날 급진적인 중국 여류 작가로 알려진 두군혜(杜君慧)로 그들은 광동의 명소인 '72열사의 광장'이 있는 공원에서 데이트를 즐겼다. 김성숙은 광동인민폭동 실패 후 두군혜의 집에 피신해 있다가 곧 결혼하여 상해에서 살림을 차렸다. 이들 사이에는 아들만 셋 있었는데, 김감(金甘)·김건(金健)·김화(金畫)가 그들이다.

김성숙은 상해에서 1928년, 광동폭동에서 패퇴한 청년들을 중심으로 중국 각지에서 활약하는 조선혁명청년들을 총망라하여 재중국조선총동맹(在中國朝鮮總同盟)을 조직하고 그 투쟁을 남북 만주로 전개하였다. 또한 1929년 상해에 계속 머물면서 중국 문화총동맹과 작가연맹에 가입하여 신문화운동의 전개에 적극 노력하였다.

한편 《아리랑》에는 이 시기의 김성숙의 생활에 관해 이렇게 묘사하였다.

1928년부터 1930년까지 김충창(김성숙)은 언론 출판일에 종사하며 파시즘에 관한 책을 여러 권 번역하였다. 그는 식민지의 학생문제와 그 밖의 여러 가지 주제에 대한 논문을 묶은 훌륭한 책을 내었다. 또한 여러 가지 필명을 사용하여 도합 스무 권의 책을 출판하였다. 그는 조선혁명의 중요한 이론적 지도자이다. 그는 비밀이 요구되는 일은 결코 좋아하지 않았고 공개적인 활동을 즐겨 하였다. 그것이 그의 특성이었던 것이다(님 웨일즈, 《아리랑》, p.196. 1993, 동녘).

김성숙은 광동에서 상당수에 이르는 외국의 급진적인 지식인들을 만날 수 있었다. 그 가운데에는 미국의 얼 브라우더(Earl Browder)와 소련의 보로딘도 끼어 있었다. 보로딘은 중국 국민당의 고문으로서 파견된 무게 있는 인물이었다.

또 그는 인도차이나와 인도 및 대만 등에서 온 혁명가들과도 민족독립의 방안을 놓고 토론하였다. 그는 1931년 중국의 반제국주의동맹의 간부로서 기관지 《봉화(烽火)》와 《반일민족(反日民族)》의 편집위원으로 활약했으며 특히 당시 채정해 장군이 지휘한 19로군(路軍) 송암항일전쟁에 적극 가담하였다. 1932년, 김성숙은 송암항일전쟁이 실패한 뒤 일본군의 공세가 상해를 제압하게 되어 부득이 광서성으로 가서 백숭도(白崇禧) 장군의 추천으로 성립사범(省立師範)대학에서 1년 간 교수생활을 하였다. 이 기간은 김성숙의 생애에 있어 예외적으로 행복한 세월이다. 님 웨일즈의 《아리랑》은 "이제는 세 명의 자식이 있고, 소음과 행복이 가득 찬 집에서 아주 열심히 일하고 있다."라고 김성숙의 교수시절에 관해 쓰고 있다.

김성숙은 1934년 다시 상해로 돌아와 은둔생활을 하면서 저술에 전력하였다. 역서로는 《일본경제사론(日本經濟史論)》, 《변증법전정(辨證法全程)》, 《통제경제학(統制經濟學)》, 《산업합리화(産業合理化)》, 《중국학생운동》 등이 있고, 신문과 잡지에 수많은 단편 논문들을 기고하였다. 그가 펴낸 책은 모두 20권 정도로 알려져 있으나 각기 다른 필명으로 나왔다. 하지만 지금까지 전해지는 그의 저술은 하나도 없다.

1936년 독(獨)·이(伊)·일(日) 독재국가에 대한 반대운동이 전 세계에 고조되고 전 중국 인민의 항일구국운동이 극도로 긴요(緊要)하게 되어 반일민주통일전선을 결성하기 위한 국·공 양당의 합작운동이 급속도로 전개되었을 때, 김성숙은 중국 각지에 흩어져 있는 혁명동지를 규합하여 조선민족해방동맹을 조직하고 기관지《민족해방》을 편집·간행하여 전 민족의 반독재투쟁과 해외 각 혁명단체의 통합을 주장하였다.

5. 조선의용대를 조직하다

중일전쟁이 일어나기 1년 전 중국에서는 반일합동전선을 펴기 위하여 국·공이 합작하였다. 이에 자극을 받은 재중국조선인들도 힘을 합치기로 하였다. 당시 의열단 단장인 김원봉(金元鳳)은 조선민족혁명당이라는 조직을 갖고 있었고, 유우근은 조선혁명자동맹이라는 조직을 갖고 있었으며, 김성숙은 조선민족해방동맹이라는 조직을 갖고 있었다.

김성숙의 조직원들은 진보적 독립운동가들이었는데 그 주요 구성원은 김성숙을 비롯하여 박건웅(朴建雄)·김재호(金在浩:海公 申翼熙의 사위)·신정완 등이었다. 이들은 기관지《민족해방》을 통해 전 민족의 반제국주의투쟁과 각 독립운동단체의 통합을 주장하였다. 당시 중국에 있는 조선인 독립운동단체들은 제각기 목청만 돋울 뿐 통일적인 조직체를 이루지 못하고 있었다. 중일전쟁(1937. 7. 7) 이후 이에 보다 효과적인 대일(對日) 투쟁을 전개하기 위하여 김성숙의 조선민족해방동맹, 아나키스트(무정부주의자) 단체인 유우근의 조선혁명자동맹 및 김원봉·김규식(金奎植)의 조선민족혁명당 등 3개 단체가 연합해 '조선민족전선연맹(朝鮮民族戰線聯盟)'을 결성하였다(1937. 11. 2).

김성숙은 약칭 '민선(民線)'이라 불리는 이 조직의 상임이사 겸 선전부장으로서 기관지《민족전선(民族戰線)》을 편집·간행하였다. 이 때 김성숙은 남경에서 막 무창(武昌)으로 옮겨 왔다.

그는 1938년 전세가 불리해지자 호북성 한구(湖北省 漢口)로 이거하여 장개석 정부의 원조로 '조선의용대'를 결성하고 그 지도위원 겸 정치부장에 피선되어 기관지《의용대통신》을 편집·간행하였다. 이 조선의용대는 김원봉이 주동이 되어 1938년 10월 10일에 만든 것이다.

의용대는 제1, 제2, 제3지대까지 있었는데 중국 국민당의 군사위원회 정치과로부터 5명이 나오고 민선측에서 4명이 나와 함께 이사회를 이뤘고 이 9인 이사회가 조선의용대를 지도했다.

조선의용대는 국민당에서 경비의 도움을 받았기 때문에 그쪽과 가까운 세력은 우파를 이뤘고 그 반대 세력이 좌파를 이루었다. 의용대 좌파들은 중국공산당의 본거지인 연안(延安)과 가까웠다. 후일 의용대의 제2·3지대는 결국 연안으로 가버렸다. 이들은 연안쪽으로 가서도 전투는 할 수 없었지만 일본어를 모두 잘 해서 일본어 삐라를 뿌리는 등의 대일선전공작을 많이 했다.

한편 좌파가 민선으로 통일되기에 앞서 1937년 8월 17일 우파에 속하는 한국국민당(김구, 이동녕, 이시영, 조완구, 車利錫)과 한국독립당(조소앙, 趙時元, 洪震) 및 조선혁명당(李靑天, 유동열, 김학규) 등 3개의 정당은 대한독립동지회 등 6개 단체와 연합하여 '한국광복전선(韓國光復戰線)'을 결성했다. 약칭 '광선(光線)'인 이 조직은 민선과 대립하는 입장에 있었다.

6. 임정 통합운동

서기 1939년 중국 정부가 중경으로 천도함에 따라 조선인 각 혁명집단도 이 곳으로 모여들었다. 그리고 임정도 중경으로 그 근거지를 옮겼다. 김성숙이 영도하는 해방동맹은 한국광복전선과 조선민족전선연맹의 발전적 해체를 통해 대일항전의 지장을 막고 임시정부로 총단결할 것을 주장하였다.

이 무렵 중경의 한국독립당과 한국국민당 및 조선혁명당 3당은 1940년 5월 한국독립당으로 발전적인 해소와 통합을 이룩하고 김구를 집행위원장으로 뽑았다. 새 한국독립당은 합작과 통일을 내세우며 민족진영의 대동단결을 꾀해 나갔다. 1941년에 들어와 민족혁명당의 김규식이 중경으로 옮겨왔고, 곧 장건상이 국내를 벗어나 역시 임정으로 왔다. 이어 6월에 손문의 아들 손과(孫科)를 회장으로 하고 한국독립당의 조소앙과 민족혁명당의 김규식을 각각 부회장으로 하는 한중문화협회(韓中文化協會)가 창립되었는데, 김성숙은 상임이사 겸 선전위원으로 뽑혔다. 이 시절에 김성숙의 조선민족해방동맹이 임정으로의 통합을 외친 것이다. 좌파인 조선민족전선의 한 세력이 임정을 지지한다고 선언한 것은 당시의 상황에서 볼 때 커다란 변화였다.

김성숙은 임정에 참여해서는 1942년에 임정 내무차장에 취임했고, 1943년 2월에 임정 외무부 산하 외교연구위원회의 연구위원도 맡았으며 같은 해 4월에 선전부 산하 선전위원회 선전위원도 맡았다. 김성숙의 회고에 의하면 1943년이 아주 중요한 해였는데 몇 해 동안 대립한 한국광복전선과 조선민족전선연맹이 해체를 하고 많은 난관과 어려움 속에서 임정으로 총단결했기 때문이다. 김성숙은 이때 임정의 국무위원으로 뽑혔다.

1940년 9월 17일 중국 정부의 지원을 받아 한국광복군이 창설되었다. 광복군은 1942년 7월 김원봉 지휘 아래 여전히 남아 있던 조선의용대 일부 대원을 흡수해서 3개 지대로 개편되었다. 이때 김원봉은 한국광복군 부사령관이 되었다.

1944년 4월 제36회 임시위원회에서 임시헌장이 통과되면서 임정은 비로소 한국독립당 일색에서 벗어난다. 김규식이 부주석으로, 김원봉은 군무부장으로, 그리고 김성숙과 장건상 및 유림(柳林)과 같은 진보파들이 무임소 국무위원으로 참여하였다.

7. 민족해방에 대비하여

1943년 11월, 카이로회담이 열렸다. 미·영·중 3개국 정상은 카이로선언에서 '한국은 적당한 시기에 독립된다'는 구절을 넣었다. 임정은 카이로회담 전에 중국 정부의 장개석 총통과 논의한 결과 장총통이 일본 패망 즉시 한국의 독립을 주장하기로 하였다.

그런데 카이로선언에서 이 일이 무산되자 임정은 물론 모든 한국 독립운동가들에게 청천벽력과 같은 타격을 주었다. 이에 임정을 구성한 각 혁명단체들은 분연히 일어나 카이로선언의 소위 '적당한 시기에 독립보장'을 반대하고 일본의 패망과 동시에 즉각 독립을 주장하는 해명서를 발표하였다. 그러나 이 같은 성명활동은 당시의 대세를 역전시키지 못하고 다만 한국 민족의 의사를 표시하는데 불과하였다.

임정을 비롯한 각 단체의 항일혁명가들이 일본의 패망만 기다리며 초조해 하고 있을 때 일루의 희망이 외부에서 비쳐왔다. 바로 유엔 창립총회가 샌프란시스코에서 열린다는 것이다. 이에 임정에서는 옵서버로 대표를 파견하기로 하고 조소앙을 단장, 미국에 있는 이승만을 부단장으로 결정하였다. 그러나 시일이 촉박하고 수속이 용이하지 않아 할 수 없이 재미중인 이승만을 단장으로 선임하여 유엔총회에 참석하도록 하였다. 그런데 총회에 참석한 이승만은 맹렬한 반소(反蘇)활동을 벌였다. 이승만은 임시정부 대표의 명의로 작성된 반소전단을 총회장 안팎에 살포하였다.

당시 소련은 국제적으로 발언권이 컸으며, 미국 민주당정부도 소련을 대일전(對日戰)에 끌어들이기 위해 애쓰는 형편이었다. 따라서 임정으로서는 일제를 타도하고 해방을 앞당기기 위해서 일시적으로라도 소련과 손을 잡지 않을 수 없는 형편이었다. 더구나 임정은 교전단체로써 국제적 승인을 얻지 못했기 때문에 이승만의 반소활동은 거시적인 안목에서 결코 바람직한 행동이 아니었다.

소련은 이승만이 반소전단을 살포하자 중경의 임정을 중국 국민당의 주구(走狗)인 반소 특무기관이라고 혹평하면서 임정을 혹독하게 폄하하였다. 중국 대표단으로부터 이승만의 맹목적인 반소활동을 전해들은 김성숙은 크게 격분했다. 그는 즉시 조소앙·김원봉·장건상과 협의해 김구 주석에게 임정 국무위원회의 즉각 소집을 요청했다. 국무위원회에서 김성숙은 이승만을 주미 외교위원장으로부터 면직하고 임정은 이승만의 맹목적 행동에 대해 미·소 정부에게 적당한 해명과 사과를 할 것을 주장했다. 그리고 임정을 확대 개편해서 미주·만주·시베리아 지방의 독립운동가들의 지지를 획득하자고 주장하였다..

임정 국무위원회는 다수 표결로 이승만의 주미 외교위원장 직함을 박탈해 버렸다. 그러나 김성숙이 적극적으로 주장한 임정개혁안에 대해선 장시간 논란하였으나 끝내 결론을 내리지 못했다.

8. 해방과 더불어 귀국하다

김성숙은 임정개혁안이 채택되지 않자 이에 분개하여 국무위원 사퇴서를 김구 주석에게 제출하고 중경시에서 수십 리 밖에 있는 반계(磻溪)라는 별장지대로 이주하여 잠시 피서와 휴양을 가졌다. 김성숙은 반계에서 일제가 항복했다는 소식을 듣자 낚싯대를 내던지고 미친 사람처럼 큰소리로 '한국독립만세'를 외치면서 날뛰었다. 그는 혼자서 피눈물을 머금고 미친 듯 좋아하였다.

해방 다음 날 조소앙은 친서와 함께 여러 동지들을 반계로 보내어 김성숙이 즉각 중경으로 귀환할 것을 요구하였다. 김구 주석을 비롯한 임정요인들은 1진으로 11월 23일 귀국하였고 김성숙을 포함한 제2진 23명은 상해에 도착해서야 국내 소식을 어느 정도 듣게 되었다. 이승만이 벌써 입국하여 활동하고 있고, 조선공산당의 박헌영 일파는 벌써 인민공화국정부를 조직하였으며, 김성수(金性洙)와 김준연(金俊淵) 중심의 한국민주당은 공산당과 대립하여 임정을 지지하면서 임정환국 환영준비위원회를 조직하여 소위 극우·극좌파의 대립과 항쟁이 첨예하다는 국내 정보를 청취하였다. 여기서 김성숙은 세 가지 행동방침 문제를 제출하고 그 실행을 촉구했다.

첫째, 임정은 비록 개인 자격으로 입국하나 미 군정이 용인하는 범위 안에서 정치활동을 할 것인데, 국내에서 극좌·극우파의 대립 항쟁하는 사태에 임하여 임정은 어느 파에도 편향함이 없이 초연한 입장을 취하여 양파의 대립을 해소시키며 다 같이 포섭하도록 노력할 것.

둘째, 임정은 입국 즉시로 전국 각 정당·사회단체의 대표자들과 각 지방의 반일 민주인사를 소집하여 비상국민대표대회를 가져 이 대회에서 30여 년 간 지켜온 임정의 헌법과 국호 및 연호를 채택하는 조건 아래서 임정의 정원을 확대 개선하는 동시에 명실상부한 한국민주정부를 재조직할 것.

셋째, 미·소에 대해서는 평등한 원칙 아래 외교 관계를 세울 것.
이는 귀국 후 임정의 진로에 관한 문제였는데 김성숙의 이 제의는 상해에서 개최한 임정 국무위원회에서 그대로 받아들여졌다. 김성숙은 이것을 '입국전약법(約法) 3장'이라고 불렀다. 이 약법 3장을 채택한 뒤 김성숙을 포함한 제2진은 12월 1일 상해를 떠나 전북 옥구비행장에 도착하였고 그날로 서울에 도착하였다.

1945년 12월 3일, 경교장(京橋莊)에서는 김구의 주재로 임정 국무위원회가 열렸다. 이 회의에는 이승만도 참여하여 발언을 했다. 여기서 상해에서 결정된 약법 3장의 결행을 촉구하여 그 자리에서 좌·우 각 정당대표자를 소집하고 비상정치회의를 조직한 후 이 조직을 통해 다시 비상국민대표대회를 소집하도록 하자는 김성숙의 의견이 다수로 결정되었다. 그리하여 임정측에서 특별정치위원회를 구성하였다. 김성숙은 조소앙·장건상·김원봉 등과 함께 7명의 특별정치위원회 중앙위원으로 뽑혔다. 이들은 국민당 간부와 좌파인사들과 접촉을 하였다.

1946년 1월 4일, 김구 주석은 비상정치회의 소집, 임정의 확대 개편, 국민대표대회 소집 등 임정측의 정치적인 계획을 발표하였다. 하지만 미군정 하의 해방 공간에는 너무나 많은 변수들이 있었다. 특히 모스크바 3국회담에서 거론된 신탁통치안 문제는 이 땅에 찬·반의 거센 회오리 바람을 일으켰다. 이런 상황 속에서 임정은 4대 정당회의를 소집해 의논했으나 신탁통치에 관한 기본 시각이 엇갈려 별다른 결실도 없이 흐지부지되었다.

1946년 1월 20일, 임정은 비상정치회의 주비회를 열었는데 좌익을 제외한 18개 단체가 참여하였고, 이틀 뒤(22일)에는 이승만의 독립촉성중앙협의회가 합류해 명칭을 비상국민회의로 개칭하였다.

한편 좌익측에서도 민족주의민족전선(약칭 民戰)을 구성해 통일전선을 구축하였다. 이로써 1946년 초 이 땅에는 좌·우 대립과 갈등이 치열하게 전개되었다.

9. 좌·우 편향의 극복을 위하여

임정이 시작한 비상정치회의 소집은 1946년 2월 미 군정의 자문기관인 민주의원(民主議院)의 성립으로 귀결되었다. 김성숙은 장건상·성주식·김원봉과 함께 임정이 민주의원에 참가하는 것을 맹렬히 반대하였다. 그리고 네 사람은 그 해 1월 23일 비상정치회의 주비회에서 탈퇴하였다. 김성숙은 임정의 김구 주석과 부주석(김규식) 및 국무위원들(조완구·조소앙·김봉준)이 비상국민회의 최고정무위원 28명 가운데 섞여 외국 군정사령관의 자문기관으로 소속된다는 것은 민족과 일찍 숨진 독립운동가 동지들에 대한 '배신'이라고 주장하였다.

김성숙의 이와 같은 의견에도 불구하고 김구·김규식 등 임정측 최고정무위원 5명은 민주의원에 참석하기로 결론을 냈고, 김성숙은 뜻을 같이 하는 장건상·김원봉·성주식 등과 더불어 임정을 떠났다. 임정을 이탈한 김성숙 등 네 사람은 '민전(民戰)의 문호를 개방하고 양보와 타협으로 우익 각 당파들과의 합작에 노력한다'는 전제 조건 아래 좌익측 민전 의장단의 일원으로 참여했다.

민전 부의장으로 새로운 정치 행로에 접어든 김성숙은 남한 각지를 돌며 민주의원과 미군정을 싸잡아 비판하였다. 그는 1946년 3월 30일, 미군정을 반대한다는 죄명으로 체포돼 전주형무소에서 6개월 가량 구금되었으며 석방 후에는 좌우합작에 정열을 기울였다. 좌우합작이 추진되는 과정에서 김성숙은 장건상과 함께 좌익 집결체인 민전 의장단을 사퇴, 박헌영으로 대표되는 좌익 모험주의와 결별했다.

1947년 5월, 김성숙은 여운형·장건상·박건웅(朴建雄)과 함께 근로인민당 결성에 참여 중앙위원에 뽑혔다. 그러나 그 해 7월 19일 여운형이 피습·서거하자 부위원장인 장건상을 위원장 대리로 추대하면서 당 조직국장으로 당의 좌표를 설정하는 데 노력했다. 하지만 당은 남북협상(1948. 4. 19~5. 5)을 전후해 근로인민당 내에서 좌파에 속하였던 백남운(白南雲)·이영(李英)·정백(鄭柏) 등은 월북하고, 이승만 정권에 의해 백안시되어 당은 1949년 12월 장건상·김성숙 등의 연서(連書)로써 공식적인 해체를 선언하고 말았다.

10. 정부수립 이후의 혁신활동

근로인민당을 해산하자 곧 1950년 새해가 밝았고 그 해 5월 30일 제2대 민의원선거가 실시되었다. 제헌의회선거를 거부했던 남북협상파의 상당수가 제2대 민의원선거에 입후보하기로 결정함에 따라 김성숙 역시 연고지인 경기도 고양군(高陽郡)에서 입후보했다. 그가 만 52세 때의 일이다.

고양군 선거구에는 무려 13인이 입후보했다. 제2대 민의원선거 결과 이승만 지지자들의 의석은 제헌국회의 56석에서 12석으로, 민주국민당과 그 동조자의 의석은 78석에서 28석으로 각각 줄었으며, 남북협상파와 중도파 및 그 동조자들은 1백석 이상을 차지했다. 그러나 민족자주연맹의 간판을 내걸었던 김성숙은 낙선하고, 민주국민당 소속의 제헌의회 최국현(崔國鉉)이 6천2백74표로 당선되었다.

선거 후 한 달도 지나지 않아 민족의 비극 6·25전쟁이 일어났다. 상당수의 남북협상파 인사들 및 중도파 인사들이 그러했듯이 김성숙 역시 피난길에 오르지 못하고 적치하(敵治下)에 남게 되었다. 유가족의 증언을 청취한 김재명에 따르면, 서울시 인민위원장이 된 남로당 출신의 조선로동당 실력자 이승엽(李承燁)이 사람을 보내 김성숙에게 협조를 요청했다. 김성숙은 이를 뿌리치고 피신했다가 1951년 1월 4일 이른바 1·4후퇴 때 부산으로 내려갔다. 그러나 정부는 그를 '부역자'로 체포해, 무혐의로 풀려날 때까지 한 달 동안 부산형무소에 갇혀 있어야 했다.

6·25전쟁이 남한 정치에 미친 영향 가운데는 중간파 또는 민주사회주의 세력의 침잠 내지 쇠퇴였다. 휴전이 성립된 뒤에도 이들은 정치활동을 재개하기 어려웠고 김성숙도 예외가 아니었다.

이들이 다시 조직적 정치활동을 벌이기 시작한 것은 1955년에 들어와서이다. 이승만 정권은 제3대 민의원선거(1954. 5. 20)에서 3분의 2에 상당하는 의석을 얻자 이승만의 3선을 가능케 하는 불법적인 사사오입(四捨五入) 개헌을 단행했다. 이는 반대세력을 결집시키는 계기를 만들어 주었다. 1955년 9월 보수세력은 민주당으로 결집했고, 중간파 또는 민주사회주의세력은 혁신정당의 창당을 추구하였다.

혁신세력은 1955년 9월 1일 서울 근교인 광릉(光陵)에서 회합을 갖고 대동단결하는 길을 모색했다. 그 결과 같은 해 11월 진보당추진위원회가 조직되었고 이 단체는 다음해 5월 15일 실시된 제3대 대통령·제4대 부통령선거에서 조봉암을 후보로 추천하여 2백16만여 표를 얻었다. 이 과정에서 김성숙이 어떤 역할을 했는지 확실하지는 않다. 그 후 혁신세력의 좌파는 진보당을, 혁신계 우파는 서상일(徐相日)을 중심으로 1957년 10월 민주혁신당을 창당했다.

이 무렵 김성숙은 진보당과 민주혁신당 양쪽으로부터 입당 또는 협력의 교섭을 받았다. 1957년 9월에는 조봉암을 비롯한 진보당 간부들과 여러 차례 만났으며, 민주혁신당의 창당에도 관여했다.

김성숙은 민주혁신당을 선택해 그 당의 정치위원으로 피선되었으나 그 곳에 안주하지 않았다. 그는 혁신세력대동통일준비위원회를 조직하고, 진보당과 민주혁신당은 물론 노농당(勞農黨)과 대중당(大衆黨)까지 모두 통합시키기 위해 힘을 기울였다.

한편 집권자유당은 제4대 민의원선거를 한 해 앞둔 1957년 혁신세력의 탄압이 긴요하다고 보았다. 그 전초 작업이 김성숙을 중심으로 혁신세력 통합추진자들에 대한 옥사(獄事)로 나타났다.

1957년 11월 16일, 당국은 '전 근로인민당 조직국장 김성숙 외 9명이 간첩 박정호(朴正鎬)와 접선하여 근로인민당을 재건하려고 암약했기 때문에 국가보안법 위반혐의로 체포되었다'고 발표했다. 장건상을 포함해 이때 구속된 사람은 모두 21명이다. 김성숙은 징역 12년형을 구형받았으나 1심에서 무죄판결을 받아 구속 6개월만에 석방되었다. 환갑을 감옥에서 보내고 석방된 김성숙은 침잠의 세월을 보냈다.

1960년 4·19의거로 자유당 정권이 무너진 후 혁신세력은 사회대중당을 창당했다. 집단지도체제인 이 당은 총무위원회를 두었고 서상일이 대표총무위원으로 선출되었다. 김성숙은 11인 총무위원회의 한 사람으로 뽑혔다. 김성숙은 7월 29일 실시된 제5대 민의원선거에 사회대중당 후보로 고양군에서 출마했으나 11명이 혼전을 벌인 끝에 다시 참패하고 말았다. 그리고 선거의 참패로 혁신계는 사분오열하다가 1961년 1월 21일 통일사회당으로 결집되었다. 통일사회당은 집단지도체제인 9인 정치위원회를 두고 이동화(李東華)를 정치위원장으로 선출했다. 김성숙은 정화암(鄭華岩)과 함께 정치위원으로 선출되었다. 그는 이어 그 해 2월에 결성된 민족자주통일중앙협의회(民自統) 의장단의 한 사람으로 선출되었다. 만 62세의 김성숙은 확실히 혁신계의 원로로 대접받고 있었다.

1961년 5·16군사쿠데타가 일어나고 이틀 뒤부터(5·18) 혁신계 인사들에 대한 검거선풍이 불었다. 김성숙도 체포되어 군사혁명재판소에서 재판을 받았다. 그러나 그는 환갑을 넘었고 임정의 국무위원을 지낸 독립유공자임이 참작되어 1심에서 집행유예를 받고 석방되었다. 이미 10개월 가까이 옥살이를 한 뒤의 일이었다.

5·16 이후 1965년 5월 1일이 되어서야 처음으로 통일사회당이란 혁신정당이 발기되었다. 김성숙은 이 당의 대표위원으로 추대되었다.

그러나 혁신정당의 얼굴과 같던 김성숙은 이듬해 통일사회당을 떠나 제2공화정 대통령이던 윤보선이 '선명야당'을 표방하며 창당한 신한당(新韓黨)에 참여하였다. 김성숙은 1966년 2월 15일 신한당 창당발기인대회에서 52인 발기인 가운데 한 사람으로 참가했고 곧 정무위원으로 활약했다.

해가 바뀌면서 신한당과 민중당 사이에 통합이 추진되어 1967년 2월 7일 통합야당 신민당(新民黨)이 창당되었다. 김성숙은 창당대회 53인 대의원의 한 사람으로, 그리고 곧 운영위원으로 활약했다. 1968년 2월 신민당이 유진오(兪鎭午) 총재의 단일지도체제로 개편되면서 중앙당의 고위기구로 18인 정무위원회와 10인 지도위원회를 두었을 때 김성숙은 지도위원으로 선출되었다.

11. 가난과 병고속의 만년

김성숙은 1968년 신민당 지도위원으로 선출되었을 때 71세에 접어든 노경이었고 벌써 죽음의 그림자가 다가오고 있었다. 그는 오랫동안 가난과 병고에 시달려 왔다. 〈김성숙 선생의 묘비명〉(《정경문화》, 1985년 10월호)을 쓴 김재명(金在明 : 경향신문 정경문화부 기자)은 이렇게 당시의 상황을 묘사했다.

> 말년에는 유가족의 말대로 '뒷박질'을 해야만 되었고 집 한 칸 제대로 갖추지 못하고 셋집을 옮겨 다녔다. 세상을 뜨기 3년 전에야 같은 혁신계 인사 구익균(具益均 : 통사당 재정부장)의 집마당 한 모퉁이에다 건평 11평의 집 한 채를 세울 수 있었다. 성동구 구의동의 이 집은 셋방살이에 허덕이는 혁신계의 원로 김성숙을 위해 동지와 후배들이 '비나 피하도록' 마련해 준 것이었다. 그래서 집 앞문 위엔 '피우정(避雨亭)'이란 목각현판이 걸려 있었다. 그러나 피우정으로 옮겨 앉을 무렵부터 김성숙을 기관지염으로 앓아 누워야 했다. 형편이 그러하니 병원에 갈 엄두도 못 내고 가끔 약국을 이용할

뿐이었으나 그 약값이란 게 그렇게 쉽지가 않았다.

이렇듯 가난과 병고에 시달리던 김성숙은 위독한 상태가 되어서야 동지인 박기출 의원이 써 준 소개장을 들고 국립의료원을 찾아 무료 치료를 받으려 했으나 서류 구비가 번거로워 그나마의 혜택도 받지 못했다. 친지들이 "그토록 독립운동을 하셨는데 이렇게 식사도 변변히 못하고 약도 제대로 쓰지 못해서야 되겠습니까?"라고 푸념하면 그는 "무슨 상을 바라고 독립운동한 것 아니야" 하며 타일렀다.

김성숙은 겨우 서울 서대문구 중림동의 성요셉병원에 입원하였으나 회복하지 못하고 1969년 4월 12일 숨을 거두었다. 72세의 생일을 겨우 넘긴 때였다. 중국인 부인과의 사이에서 낳은 세 아들 정봉(鼎鳳)·청운(淸雲)·삼양(三陽)이 임종을 맞이했다. 김성숙은 죽은 지 여섯 시간이 지나서야 모자란 퇴원비 1만1천원을 주선할 수 있었다. 일생을 독립운동과 민주화투쟁에 헌신한 김성숙은 병이 위독한 상태에서 가난으로 병원에 들어가기도 어려웠지만 죽어서 나가기도 어려웠던 것이다.

그의 장례는 4월 18일 사회장으로 치러졌다. 영구는 구의동 236의 6번지 피우정 집을 떠나 조계사에서 영결식을 마친 뒤 경기도 파주군 조리면 장곡리(條理面 章谷里) 장지에 묻혔다.

김성숙이 세상을 뜬 지 한 해가 지난 1970년 4월 12일 그의 묘비가 제막되었다. 묘비제막식 위원회의 고문단에는 장건상과 정화암이 참여했고, 묘비의 글은 이은상이 지었으며 글씨는 정화암이 썼다.

"조국 광복을 위해 일본제국주의에 항쟁하고 정의와 대중복리를 위해 모든 사회악과 싸우며 한평생 가시밭길에서 오직 사상과 지조로써 살고 간 이가 계셨으니 운암 김성숙 선생이시다."로 시작한 비문은 "귀국한 뒤… 최후에 이르기까지 20여 년 정치인으로, 사상인으로 갖은 파란을 겪으면서도 부정과 불의에는 추호도 굽힘이 없이 살다가…

별세하자 모든 동지들이 울며 여기 장례지냈다."라고 끝맺었다.

1982년 뒤늦게나마 김성숙에게 건국공로훈장 독립장이 주어졌다.

김성숙의 70평생을 '이데올로기의 편향성과는 얼마간 거리를 두었던 길'이라고 평가한 김재명은 〈김성숙 선생의 묘비명〉의 마지막 부분에서 이렇게 부연했다.

"그는 극단적 좌・우익을 함께 배제하고 온건한 민족주의 세력과 사회주의 우파세력(온건좌파)의 합작으로 이 민족의 통일정부를 세워야 한다는 신념을 지니고 있었다. 굳이 그를 특정 사회과학용어로 규정한다면, 민주사회주의자가 적절하겠지만, 무엇보다 민족의 통일을 소망했던 진보적 민족주의자였다."

참 고 문 헌

金星淑, 《독립유공자공훈록》 제5권, p.498. 1994, 국가보훈처.
金在明, 〈金星淑 선생의 墓碑銘〉 《政經文化》, pp.431~449. 1985년 10월호, 경향신문사.
李 政, 《한국불교인명사전》, '김성숙'조. 1993, 불교시대사.
金星淑, 〈嗚呼! 臨政 30年만에 解散하다〉 《月刊中央》, pp.84~95. 1968년 8월호, 중앙일보사.
李相斗, 〈解放40年 革新系 政黨의 浮沈〉 《新東亞》, pp.308~321. 1985년 9월호, 동아일보.
崔溁周, 〈한국아나키스트群像〉 《政經文化》, pp.282~301. 1987년 9월호, 경향신문사.
李政植 면담/金學俊 편집해설, 《혁명가들의 항일회상 — 金星淑・張建相・鄭華岩・李康勳의 독립투쟁》, 1988, 民音社.
님 웨일즈 지음, 조우화 옮김, 《아리랑》, 1993년 개정 1판 7쇄, 도서출판 동녘.
임혜봉, 〈구국의 햇불, 김성숙 — 승려출신의 열렬한 독립투사〉 《불교사 100장면》, pp.387~390. 1994, 가람기획.
《한국민족문화대백과사전》 '김성숙'조.

제 2 장
열렬한 민족주의자 최범술

1. 다양한 경력의 기승

최범술[1]스님은 1919년 3·1운동이 일어났을 때는 16세 사미승으로서, 해인사 지방학림에 재학하는 학생승려로서 경성에서 조카 최원형이 보내온 독립선언서를 직접 필경·등사하여 독립운동에 참여하였다. 그는 고향 곤양(사천) 장날에 독립만세시위를 계획하고 태극기를 만드는 과정에서 일본헌병에게 체포돼 모진 고문을 당하였으나 만 15세(당시 14세 10개월)가 안 돼 진주검사국에서 훈계·방면되었다.

최범술은 1922년 일본에 유학하여 고학으로 입정대학 중학부를 졸업하고 대정대학 예과를 거쳐 불교학과를 졸업하였다. 그는 고학하는 방편으로 신문배달·엿장수·막노동·인력거꾼 등의 일을 하였다. 그는 신문배달원으로 일하면서 우연히 아나키스트(무정부주의자) 박열(朴烈)을 만나게 되어 '불령선인회(不逞鮮人會)'란 결사에 참여해 잡지《불령선인》을 간행하는데 동참하였다. 최범술은 박열을 비롯한 동지들과 함께 입신양명이나 꿈꾸며 일제에 아첨하는 자들이 주최한

---

1) 최범술(崔凡述, 1904~1979) : 승려·독립운동가·교육자·다도인(茶道人)·정치가. 14세 때 다솔사 출가, 3·1운동 참여, 1923년 박열 대역사건 가담, 만당 참여로 피검, 제헌국회의원.

'조선자치강연회'에 난입하여 주최자 대표인 재일기독청년회 총무인 최승만을 회관 앞에 끌어내 짓밟고 하수도에 처박아버렸다.

또한 이들은 최하의 천민으로 학대받고 있던 일본 백정(白丁)계급이 벌이는 수평사운동(우리나라에선 衡平社운동이었다)에 적극 참여해 지원을 하였다. 이렇듯 반일운동과 인간평등운동에 헌신하고 있던 박열과 최범술 등은 조국독립을 위해 커다란 거사계획을 세웠다. 박열이 중심이 된 이 계획은 일본 황태자 유인(裕仁)이 1923년 10월초 결혼식을 올릴 때 그 식장에 폭탄을 던져 대정천황과 일본황족 및 정부의 고관대신들을 한꺼번에 제거한다는 야심찬 계획이었다.

그러나 이 거사계획은 1923년 9월 1일 동경대지진 직전에 동지들간의 불화로 일제 경찰에 알려져 박열·최범술을 비롯한 17명의 동지들이 체포되었다. 또 천황과 황태자의 암살을 꾀하였다 하여 대역(大逆)사건으로 확대되어 일본과 조선 전역을 떠들썩하게 했다. 그런데 이 거사에 사용될 예정이었던 폭탄은 사건 발생 당시에는 일제 관헌에게 알려지지 않았으나 실제로 그것을 운반한 사람은 최범술이다.

박열은 후일 《나의 투쟁》이란 제목의 수기에서 문제의 폭탄을 상해로부터 도쿄까지 운반한 것은 최영환(당시 최범술의 이름, 영환은 항렬자에 따온 그의 법명이었다)이라고 밝혔다.

박열과 최범술은 심문과정에서 폭탄에 관한 사실을 끝까지 밝히지 않아 최범술은 다행히 기소되지 않았으나 한 경찰서에서 29일씩 구류당하면서 8개월 동안 여러 경찰서 유치장을 전전하였고, 박열은 23년 동안 혹독한 일제의 감옥에서 옥고를 치렀다.

최범술은 대정(大正)대학 불교학과에 재학중이던 1931년 조선불교청년총동맹 동경동맹의 서기장에 선출되었고 또한 비밀결사 만당(卍黨)의 회원이 되었다. 그는 만당 관련자로 1938년 일경에 체포되었고, 1942년에는 조선어학회사건에 연루되어 경남도경에 구금되어 옥고를 치렀다.

해방 직후에는 김법린·유엽스님 등과 함께 건국청년당을 결성하여 조선불교 조계종 종무총장 이종욱으로부터 종단운영권을 인수하고 총무원 총무부장으로 활약하였다. 또한 1948년 5·10선거에 사천·삼천포에서 무소속으로 출마하여 제헌국회의원이 되었고, 1960년에는 참의원선거에 출마하였으나 낙선하였다. 그의 이러한 경력으로 사람들은 최범술을 정치가라고 지칭하기도 하였다.

한편 최범술은 일본유학 후 1933년 봄 귀국해서 명성여자학교를 설립하여 교장에 취임하였고, 사천의 다솔사에는 다솔강원과 광명학원을 설립하여 승려와 농민 자제 교육에 힘썼다. 그리고 1951년에 해인중고등학교를, 1952년에는 해인대학을 설립하여 이사장과 학장에 취임하였다. 그의 일제하의 명성여자학교·다솔강원·광명학원 등의 교육기관의 설립 운영과 해방 후의 해인중고교와 해인대학의 설립 등에서 볼 수 있듯이 그는 교육자로서 이 땅의 인재양성에 크게 기여했으므로 교육자라는 호칭 역시 그에게 합당하다.

그는 1960년 참의원 낙선 이후 원효교학(元曉敎學)과 다도(茶道) 보급에 주력하였다. 다솔사 주변의 산에 차나무를 심고 관리하여 직접 반야로(般若露)라는 녹차를 만들어 보급하면서 한국의 다문화(茶文化) 발전에 크게 기여하였다.

이와 같이 승려이자 3·1운동, 박열 대역사건, 만당, 조선어학회사건 등에 참가한 독립운동가이며, 승속의 교육에 매진한 교육자이고, 제헌국회의원을 지낸 정치가이며, 14세에 다솔사에 출가한 이래 만년까지 한국의 전통차 보급에 주력했던 다인(茶人)이기도 한 다양한 경력의 소유자인 최범술의 일생은 매우 드라마틱하다.

2. 유년시절과 출가[2]

최범술은 1904년 5월 26일 아버지 최종호(崔鍾浩, 당시 43세)와 어머니 광산김씨(당시 33세)의 7남매 중 여섯째로 경남 사천군 서포면 구평리(泗川郡 西浦面 舊坪里) 밤개마을에서 출생하였다. 본관은 경주이며, 4남3녀 중 넷째 아들로 위로 형이 셋, 누나가 둘 있었고 아래로 여동생 1명이 있었다.

최범술은 일곱살 때(1910) 사립 개진(開進)학교에 입학하였다. 그해 8월 29일 한일병합 후에는 일인교사의 횡포로 일인교사 배척을 위한 동맹휴학사건이 일어났는데 최범술은 이에 관련되어 학교에서 퇴학 처분을 받았다. 그는 퇴학 후 서당에서 2년여 동안 한문을 공부하다가 1912년 9세 때 곤양(昆陽)공립보통학교 3학년에 편입해 집에서 학교까지 40리 길을 도보로 통학하였다.

그는 1916년 3월 24일 곤양공립보통학교를 졸업하고는 당숙이 운영하는 〈구산재〉라는 이름의 서당에서 사서를 배웠다. 그 해 음력 11월 16일, 최범술은 백부·부친과 함께 선대 조상을 위한 다솔사위친향초계 연차정기총회에 참석하고자 다솔사를 방문하였다. 다솔사에서는 최범술 일행과 계원들에 대해 융숭한 대우를 하였다. 최범술의 백부와 부친 및 계원들은 다솔사를 위하여 공양미와 향초대를 본당과 봉일암·미륵암에 각각 세세하게 봉납하였다. 이를 지켜본 최범술은 다솔사를 위한 어른들의 지극한 정성을 보고는 매우 놀랐다. 최범술은 그날 저녁 윗방에서 나는 글 읽는 소리에 그 방에 들어갔다. 거기에는 30세 남짓한 스님이 《치문(緇門)》을 읽고 있었다. 최범

---

[2] 최범술의 '유년시절과 출가'는 최범술의 미완성 회고록, 〈청춘은 아름다와라〉(《국제신보》, 1975. 1. 25~4. 5)에서 발췌·요약하여 재정리한 것임. 따라서 여기서는 각주를 생략함.

술이 스님의 양해를 구하고 그 책을 펴 보니 고산지원(孤山智元) 법사의 권학문(勸學文)이 보였다. 그는 이 권학문을 읽고 크게 기쁜 마음이 들었으며 그 스님으로부터 불교의 팔만대장경이 합천 해인사에 있다는 얘기도 들었다.

최범술은 그 날 밤 부친과 백부에게 불교경전을 배우고 싶다는 것과 불제자인 스님이 되고 싶다는 뜻을 말씀드렸다. 두 어른은 최범술이 하는 말을 듣고 한참 생각하신 뒤 이렇게 말하였다.

"세월이 이런 시대에는 입산하여 수도하는 것도 무방할 것이다마는 네게는 아비가 있는 것과 같이 부모의 한 분인 어머니가 있으니 어머니와도 의논해야 할 것이다."

이어서 이런 얘기도 하였다.

"불교는 고려시대에는 매우 숭상하던 도요, 우리 집안에서도 누대로 불교를 믿어왔다. 그러나 조선왕조에 와서는 불교를 배척하고, 우리 집안의 파조 화숙공과 석계공 같은 두문동(杜門洞) 칠십이현의 집도 조선왕조와는 정치적으로 의견이 달랐다. 지금에 와서 나라도 왜놈에게 빼앗기고 온 나라가 숭상하던 유교의 선비들도 이 나라를 지고 갈 방도를 찾지 못한 탓에 동학이 일어나 판국도 크게 변해졌다. 그러니 불교에 네가 입문하는 것이 뜻 있는 일이 될지도 모르겠다."

그리하여 그 이튿날 집으로 돌아가 어머니께 말씀드리자 최범술의 어머니는 기쁘게 허락하였다.

이로써 최범술은 1917년 1월초 다솔사에 들어가 승려가 되었다. 그는 먼저 염불공부를 한 후 1917년 4월초 해인사에 가서 그 곳 지방학림 1학년에 입학하였다. 지방학림은 4년제 학교로서 요즘 중·고교를 합친 과정인데 당시 해인사 지방학림에는 약 90명의 학생이 있었다. 교과목은 영어·대수·기하·불교학 및 인도·중국·한국의 불교역사 등이 있었다. 그리고 당시 해인사에는 초등학교 과정인 해인보통학교에 2백20~30명의 학생들이 있었다.

  교사로는 보통학교에 일본인 교사 1명과 한국인 교사 3명이, 지방학림에는 일본인 교사 1명과 한국인 교사 3명 및 불교 교사 3명이 있었다. 최범술의 회고록 〈청춘은 아름다와라〉(《국제신보》 1975. 1. 25~4. 5)에 의하면 지방학림의 일반 교사 3명은 민족의식이 강하였고 3명의 불교과 교사들 중 2명은 일본 동경 조동종대학(구택대학 전신) 불교과를 졸업하였으며 1명은 동경 유학을 하다가 중도에 돌아온 사람이었다고 한다.

  그 곳의 학생들은 보통학교 학생들도 20세를 넘은 사람이 대부분이었고 그 외는 12~13세부터 20세 정도 되는 생도들이었다. 이들은 경상남북도 각지의 소위 양반과 부호집 자제들이었다. 지방학림의 학생들은 해인사 산내 암자 10개소, 산외 말사(末寺) 66개 사찰에서 젊은 스님들이 공부를 하러 왔다. 쌍계사・대원사・청암사에서는 10여 명씩이 왔고, 그 외 몇 개 사찰에서 4~5명씩 왔으며, 해인사 산내 10개 암자에서도 30명의 학생이 지방학림에 다녔다.

  최범술이 해인사 지방학림에 재학할 당시(1917~1921) 해인사에는 남승이 2백여 명, 여승이 1백50여 명이 있었는데 최범술을 포함한 지방학림의 학생들은 해인사에 찾아오는 고명한 분들에게 강연을 청하여 내외의 정세와 고귀한 얘기를 들으며 학업에 정진하였다.

3. 16세에 3・1운동 참가[3]

  최범술이 3・1운동에 참가할 때는 해인사 지방학림 3학년에 재학하고 있을 무렵이었는데 당시 만세시위 소식과 독립선언서가 해인사에 전해진 것은 네 가지 경로를 통해서였다.

---

  3) 이 항목 역시 최범술의 회고록(〈청춘은 아름다와라〉)을 바탕으로 재구성한 것임.

첫째는 최범술의 조카로서 경성고등보통학교 4학년에 재학중이던 최원형(崔垣亨)이 최범술에게 독립선언서를 부쳐왔다. 둘째는 하동 쌍계사의 경성 유학생 김용기가 해인사 지방학림의 학생 박건섭에게 보내온 것이었고, 셋째는 해인사 출신으로 경성에 유학중인 김봉신 (불교중앙학림 재학)이 해인사 지방학림의 학생인 김봉률에게 우송한 것이 있었다. 넷째는 강재호(姜在浩)와 송봉우 등은 직접 경성으로 가서 독립선언서를 입수해 왔다.

이렇게 독립선언서를 입수하고 경성의 독립만세시위에 대한 소식을 들은 해인사 지방학림 학생들은 의논 끝에 3·1운동에 참여하기로 결정하였다. 이들은 먼저 독립선언서를 대량으로 등사하기로 하고 그 책임자로 최범술을 뽑았다. 최범술은 대구로 나가 지물상에서 미농지 1만 5천 장을 사 모아 짐꾼을 시켜 1백80리나 되는 해인사로 운반하였다. 이들은 지방학림과 보통학교에서 사용하는 등사판 3개로 독립선언서를 등사하였다. 이때 등사판 원지에 글씨 쓰는 일은 최범술이 하였는데 미농지 3장을 합치면 선언서 한 벌이 되었다. 허실된 것을 제하고 약 3천1백 벌의 선언서가 만들어졌다.

의거에 참여한 23명의 지방학림 학생들은 해인사 장경각(藏經閣) 뒤 숲 속에서 회의를 해 행동 방법을 결정했다. 즉 세 사람이 한 조가 되고 그 중 한 사람이 선언서 1백 매를 휴대하여 전국에 배포하기로 하였다.

1919년 3월 15일, 해인사 지방학림의 학생들 23명은 각각 독립선언서를 넣은 짐을 챙겨 새벽에 각자 맡은 곳으로 길을 떠났다. 당시 최범술은 16세였는데 다섯 살 위인 김봉률·송봉우와 함께 합천읍으로 가서 그 곳에서 강원조·박운표·강홍렬 등에게 독립선언서 50부를, 초계읍에 가서 노소응 등에게 30부를 나누어 주고 그 곳의 정세를 들으며 앞으로의 계획도 의논했다. 최범술은 초계읍의 동지들과 함께 삼가(三嘉)장날을 이용하여 우체국과 면사무소의 방화, 주재소 습격, 진주와 합천 간에 가설된 전선, 전화를 차단하고 길목의 교량을 끊어 일제 관헌의 내왕을 막고 일본인을 습격하여 해를 입혔다.

이에 일제의 무장수비대는 약 30명 정도가 거창에서 봉산 가회면을 우회하여 삼가읍에 도착해 난폭하고 무자비하게 총탄을 퍼부었다. 이때 수십 명의 사상자가 났고 이 삼가사건은 당시 수원 이남에서는 가장 큰 사건이었다. 최범술과 그 일행은 변장을 하고 간신히 삼가읍을 빠져나갔다.

당시 최범술은 몸이 작고 어리게 보여 요즘의 초등학교 4·5학년생 정도로 보였다. 게다가 불그스레한 두루마기를 입고 보통학교 학생모를 썼기 때문에 어린 초등학생이 독립선언서를 가지고 독립운동을 하리라고는 일제의 관헌들은 거의 의심을 하지 않았다. 그러므로 최범술은 언제나 그 조의 선두에서 길잡이 노릇을 하였다.

진주에 도착한 최범술 일행은 친척과 친지들의 집을 찾아가 독립운동에 뜻을 같이 하는 분들을 만났다. 그 중에서도 최범술은 자기보다 15, 6세 연상의 강달영·조우재 같은 선배들에게 독립선언서 1백 매를 전하고 고향인 곤양으로 갔다. 곤양읍에는 송봉우의 자형 임치준이 여관을 했으므로 송봉우는 김봉률과 함께 그 곳에 머물고 최범술은 출가 사찰인 다솔사로 가서 인근의 유지들에게 연락을 하고 독립선언서를 배포해 주기도 하였다.

최범술은 어린시절 잠시 다닌 적이 있는 서포면 개진학교의 동기인 임응주, 신영곤, 송지환, 송수완, 송응수, 송찬범 등을 만나 독립선언서를 나누어 주고 함께 독립운동을 할 것을 합의하였다. 그리고 개진학교에서 이십 리 떨어진 곤양장에서 태극기를 들고 독립만세를 외치기로 결의하였다. 그래서 이들은 먼저 태극기를 만들기로 하고 서포보통학교에서 한지와 물감·깃대(산죽)를 구하여 밤에 촛불을 켜고 태극기를 만드는 데 열중했다. 그런데 느닷없이 일제헌병이 들이닥쳐 최범술 일행은 체포되어 곤양(昆陽)헌병분견대에 끌려 갔다.

이들이 일본헌병에게 체포된 것은 학교 근처에 살고 있던 정준용(당시 50여 세)이란 사람이 몰래 보고 이 일을 일본인 교사에게 고자질했기 때문이다. 일본인교사는 곧 아내를 시켜 곤양헌병분견대(일인 10명, 한국인 헌병보조원 천응섭 외 4명)에 연락하게 하였고 일본헌병은 곧장 서포보통학교에 들이닥쳐 최범술 일행을 체포·압송하였던 것이다. 이들의 체포로 곤양장날의 독립만세운동은 좌절되고 말았다.

곤양헌병대에 최범술이 붙잡혀 갔을 때 이미 그 곳에는 곤양의 김윤곤(金潤坤), 이덕세(李德世), 김상호(金尙浩) 등이 잡혀와 있었다. 이들은 며칠 전 최범술이 독립선언서를 나누어 준 사람들이었다.

일본인 헌병들은 특히 최범술을 가리키며 "열다섯 살도 안 되는 콩만한 어린 자식이 이같이 큰 일을 저지르고 다니니 장차 커서는 무슨 일을 저지를지 알 수 없다."면서 대막대기를 두 아름이나 가져다 놓고 혹독하게 구타하였다. 일본인 헌병은 독립선언서의 입수경위를 대라며 협박하고 고문을 가했으나 최범술은 해인사에서 삼가로 오는 외딴 길에서 30대의 이름도 알 수 없는 사람으로부터 독립선언서를 받았다고 둘러대면서 끝까지 버텼다.

5일 후 이들은 두 손에 오라를 채우고 허리에는 포승줄로 묶여 진주검사국(晋州檢事局)까지 70리 길을 끌려갔다. 이때 최범술은 걸을 수도 없을 정도로 모진 고문을 당하여 묶인 채 지게꾼에 지워져 진주검사국으로 이송되었다. 당시 진주검사국에는 독립의거인사들이 무수히 잡혀와 마당에 다 설 수 없을 정도였다. 일본인 검사는 최범술에게 "너는 많은 사람들을 선동하고 게다가 독립선언서까지 가지고 다니면서 행동한 것을 보아서는 무거운 죄에 해당하나 만 15세가 안 되어 범죄자의 자격이 결격되어 있으므로 이번에는 그냥 석방하여 주는 것이나 이후로는 그런 불온한 생각을 하지 말라."고 훈계하고는 석방하였다. 당시 최범술의 나이는 14년 10개월로 만 15세가 되지 않았다. 그러나 다른 여섯 사람은 6개월에서 1년의 징역형을 받고 복역하였다.

최범술은 어린 몸에 과도한 폭행을 당해 걷지 못하고 가마에 태워져 부모님이 계신 집으로 돌아왔다. 집에 돌아온 그는 생지황을 찧어 진술찌꺼기에 넣은 것을 온몸에 붙이고 똥물을 거른 황금탕이란 것을 부모의 간청으로 마시며 2개월 동안 요양하였다. 또 건강을 회복하면 어떻게 할 것인가를 생각하면서 묵자(墨子)가 소취편(小取篇)에서 말한 "내 자신이 진리를 터득한 바가 있으면 남이 터득함이 그릇되지 않고, 내가 터득한 도리가 없으면 다른 사람에게 터득할 것을 구할 수도 없다(有諸己 不非諸人 無諸己 不求諸人)."는 뜻과 불타께서 말씀하신 여러 가지 고행을 닦아야 한다는 것, 원효대사가 발심문에서 말씀하신 "어려운 행동을 능히 행하여야 불타처럼 존귀한 대접을 받을 수 있게 된다."는 등의 말을 마음 속에 되새기며 두 달 동안 치료를 하여 건강을 회복했다.

건강을 되찾자 1919년 7월초 부모를 하직하고 다시 해인사 지방학림에 가서 학업을 계속하였다. 그리고 각처에서 활동한 동지들의 독립운동에 관한 활약상을 들었다. 최범술은 1921년 4월까지 해인사에 머물면서 지방학림에서의 수업을 마치고 1921년 봄 다솔사로 돌아왔다.

4. 굳은 서원과 기도 후[4] 일본유학

다솔사에 돌아온 최범술은 봉일암에서 백일기도를 드렸다. 그는

---

4) 위와 같음.

장차 나갈 바에 대해 뜻을 세우고 깊은 서원(誓願)을 맹세한 다음 부처님 앞에 정성껏 기도를 올렸다. 그는 새옷 세 벌을 어머니께 지어 달라고 하여 한 벌은 평소 먹고 잘 때 사용하고, 한 벌은 직접 쌀을 몇 번씩 씻어 부처님께 올릴 공양을 지을 때 사용했다. 나머지 한 벌은 가사장삼을 입고 법당에서 기도 드릴 때 입는 옷으로 정했다.

그는 매일 오전 4시에 일어나 두 시간 동안 서서 기도를 하고 오전에는 8시부터 11시까지 세 시간 기도를 하였으며 오후에는 1시부터 4시까지 기도를 하였다. 그리고 저녁에는 7시부터 9시까지 기도를 하였는데 이렇게 하루 사분정진 10시간의 기도를 일심으로 정성껏 봉행하였다. 이렇게 정진하는 동안 그에게는 아무 잡념도 없었으며 밤마다 꿈에까지 신기하고 부사의(不思議)한 불보살의 위신력이 나타나 그의 신심은 더욱 견고해졌다. 그리하여 최범술은 전도에 어떤 난관이 있더라도 뚫고 나갈 확고부동한 신심을 갖게 되었다.

이때 최범술이 세운 서원은 도쿄로 가서 여러 가지 경험을 하면서 불교학에 관한 깊은 학문을 닦고자 하는 데에 있었다. 그는 이미 해인사 지방학림에서 사교(四敎: 능엄경, 기신론, 금강경, 원각경)와 대교과(화엄경)를 이수하면서 불교학을 공부했으나 더욱 천착하여 불교 논리학 분야인 인명학(因明學)을 비롯, 더 깊이 불교학을 공부하고자 하였다. 또한 그는 자력으로 일본의 풍속과 문화, 종교, 일본군벌의 움직임이며 일본 정계의 동향과 세계 제1차대전 뒤에 일어난 소위 사회주의 혁명사상 등을 일본 도쿄에 가서 직접 보고 체험하며 배우기를 열망했다.

그는 이러한 서원을 실천하기 위해 1922년 6월초 다솔사에 같이 있던 신영진과 함께 걸어서 부산으로 가서 연락선을 타고 시모노세키에 이르렀다. 거기서 기차편으로 도쿄에 도착하였다. 그의 나이 19살 때인 1922년 6월 6일 오전 9시에 그는 마침내 열망하던 일본 도쿄에 도착했다.

　최범술과 신영진은 곧장 최범술의 조카인 최원형(崔垣亨)의 하숙집으로 찾아갔다. 그의 조카 최원형은 이미 수년 전에 경성고등보통학교를 졸업하고 도쿄의 청산학원(靑山學院)에 다니고 있었다. 조카 최원형은 3·1운동 당시 최범술에게 독립선언서를 보내 주었던 장본인이기도 하다. 최원형은 최범술의 조카라지만 최범술보다 나이가 세 살이나 위였다. 최원형은 나이 어린 숙부 최범술을 대할 때마다 깍듯이 숙질간의 예로 대하면서 존경하였다.

　최범술과 신영진이 최원형의 하숙방에 찾아가자 그는 두 사람을 반갑게 맞이하며 자기와 같이 열심히 공부하자고 말하였다. 최원형은 매월 자기에게 보내오는 학비가 80원이므로 세 사람이 함께 공부할 수 있다면서 같이 공부하자고 권했다. 당시 동경유학생의 생활비는 1인당 월 30원이면 가능했으므로 최원형의 제안이 입에 발린 말은 아니었다.

　그러나 최범술은 3·1운동에 참여해 겪은 고통을 얘기하고 또한 다솔사 봉일암에서 서원을 세우고 기도하여 불보살의 가피를 받은 것을 토로하며 독자적인 활동으로 전도를 개척하겠다는 굳은 의지를 털어놓았다.

　도쿄에 온 지 3일 후 최범술은 나까시부야 나미끼바시에 있는 독매(讀賣)신문보급소의 배달부로 들어갔다. 이 '가와이' 신문점에는 이미 5, 6개월 전부터 최범술의 조카 최원형의 경성고보 동기동창생인 박창규가 신문배달원으로 일하고 있었다. 그는 간다에 있는 정칙영어학교에서 영어공부를 하면서 신문배달원으로 있었다. 최원형과 박창규가 의논하여 최범술과 신영진이 독매신문보급소에서 배달원으로 일하게 된 것이다.

5. 박열과 운명적인 해후

최범술은 신문배달을 하던 중 그의 구역인 아이하라의 집 2층에 사는 구독자가 한국인이라는 것을 아이하라의 아내로부터 들었다. 최범술이 그 한국인을 만나고 싶다고 하자 곧 소개시켜 주었는데 그가 박열(朴烈)이었다. 최범술이 그를 만나러 가자 박열은 자기 방으로 안내하고 아내 가네코 후미코(金子文子)에게도 인사를 시켰다. 그 날 이후 최범술은 날마다 신문을 배달하는 도중 오고 갈 때마다 박열을 만나서 얘기를 나누기도 하였다.

최범술의 동경생활에서 커다란 영향을 끼친 박열(1902~1974)은 1902년 2월 3일 경북 문경군 마성면 오천리 98번지에서 태어나 7세부터 9세까지 서당에서 《천자문》, 《동몽선습》, 《자치강목》 등을 배웠다. 박열의 어릴 때 이름은 준식(準植)이며 10세에 함창공립보통학교(4년제)에 입학하여 14세에 졸업했다.

그는 도지사의 추천을 받아 관비로 경성고등보통학교 사범과에 입학해(16세) 다니다가 1919년 3·1운동에 가담하여 퇴학당하였다. 박열은 18세인 1919년 10월 도쿄로 건너가 식당종업원, 막노동꾼, 우체부 등의 일을 하면서 정칙(正則)영어학교에 다녔다.[5]

박열은 학업을 계속하는 한편 1921년부터 정태성·김천해 등과 더불어 재일조선인들의 '노동동지회'를 '재일조선인 고학생동지회'로 개편하고 사회운동에 참가했다. 또 박열은 김약수 등과 일본의 사상가이며 아나키스트(무정부주의자)인 오스기 사카에(大杉榮), 이와사 사쿠타로(岩佐作太郎)와 만나 인생관·사회관을 형성하는 데 많은 영향을 받았다.

박열은 오스기와 이와사를 접촉하면서 차츰 아나키즘에 공명하게

---

5) 김삼웅, 《박열평전》, 1996, 가람기획.

되었으며, 가토(加藤一夫)의 '자유연맹'에도 왕래하였다. 박열의 친구인 원종린은 1921년 10월 '신인연맹'이란 사상단체를 창립하였고 또 이와는 별도로 '흑양회(黑洋會)'란 조직을 만들고자 준비하여 1921년 11월 29일 20여 명이 회합하여 발족했다.

이 무렵 박열은 '혈거단(血擧團)'이란 청년단체를 조직했다. 박열이 주도하는 혈거단에서는 장덕수가 러시아로부터 6천원의 자금을 받아 유흥비로 썼다는 소문을 듣고 그가 마침 일본 간다(神田)의 보정(寶亭)에 머물고 있다는 정보를 듣고 그 곳에 동료들과 함께 가서 장덕수를 폭행하였고, 이 일로 박열은 니시간다(西神田)경찰서에 얼마 동안 구속되기도 하였다. 이 사건에서 보듯이 혈거단은 물리적인 힘을 써서라도 파렴치범과 반민족행위자들을 응징하고자 하는 비밀결사체였다.[6]

박열은 흑로회·흑우회 등에 참여하여 핵심적인 역할을 하면서 한편 '불령선인회(不逞鮮人會)'를 조직하였는데 이 결사에 최범술도 참여하였다. 박열과 최범술은 최범술이 제자(題字)해 발간하던 〈현사회(現社會)〉라는 순보(旬報)를 〈불령선인〉이라 게재해 주보로 발간하였다.

불령선인회의 회원은 박열과 그의 아내 일본인 가네코 후미코(金子文子), 최범술, 선산 출신의 육홍균(陸洪均), 최규종(崔圭悰), 김중한(金重漢), 서동성(徐東星), 정태성, 장상중(張祥重), 하일(河一), 서상경(徐相庚), 홍진우(洪鎭祐) 등의 한국인과 일본인 니이야마 하쓰요(新山初代), 노구치(野口品二), 구리하라(栗原一男), 오가와(小川茂) 등이었다.[7]

최범술은 박열 등과 불령선인회의 회원으로 활동하는 한편 고학생의 생계를 돕기 위해 만들어진 '갈돕회'에 들어가 마동기(馬東冀)의 권유로 조선인삼엿을 파는 엿장수를 하기도 하였다. 이 무렵 최범술

---

6) 위의 책, pp.44~46.
7) 위의 책, p.49.

은 시부야에서 우연히 거리를 지나다가 천태종 보천사라는 절을 발견하고 불전에 예배를 드렸다. 이 일이 계기가 되어 최범술은 보천사 주지 판호 지해스님과 깊은 교분을 나누게 된다. 일승 판호스님은 천태종대학을 졸업하고 수년 간 교학을 연구하여 천태종대학 교수로 있는 인텔리 승려였다. 최범술은 판호스님의 호의도 거절하고 엿장수와 막노동을 하면서 책방으로 다니며 열심히 독서를 하였다.

이 당시 최범술이 읽은 책은 마르크스 엥겔스의 《유물사관》, 《자본론》, 크로포트킨의 《청년에게 호소함》, 《상호부조론》, 다윈의 《종의 기원》, 멘델의 《유전학》, 드프리스의 《돌변설》, 일본인 무정부주의자인 오스기(大杉榮)의 《정의를 구하는 마음》과 하상계(河上啓)의 저서 등을 탐독하였다.[8] 불령선인회에 관여할 당시 박열은 극단적인 민족주의자이자 아나키스트(무정부주의자)였고 최범술은 승려로서 불교적인 신심과 사상을 간직한 순수한 민족주의자였다.

한편 당시 도쿄에는 최범술을 비롯해 하세붕(河世朋), 김상철(金相哲), 김종철(金鍾哲), 이덕윤, 김세우(金世愚), 김봉익(金鳳翼), 장도환(張道煥), 이창욱(李昶昱), 송지환(宋芝煥), 김경량(金景凉) 등 십수 명의 유학승이 있었고 또한 한국불교를 신봉하는 사람들 백여 명이 있었다. 최범술은 이들과 더불어 《적운(赤運)》이라는 잡지를 발간했는데 이것이 뒤에 재일불교유학생들을 중심으로 한 《금강저(金剛杵)》로 개칭되어 통권 26호 가량 발행되었다.

최범술은 다시 시부야 도겐사카 근처에 있는 국민신문점에 들어가 국민신문 배달부가 되었다. 그가 이 곳에 들어간 것은 조카 최원형의 동기인 박창규와 불령선인회 회원인 육홍균이 있었기 때문이고 그는 박열과도 자주 만났다.

---

8) 최범술 회고록 (18), (19), (20).

1922년 4월 최범술은 보천사 주지의 권유로 일련종에서 운영하는 입정(立正)대학 중학부 3학년에 편입하여 신문배달을 하면서 얌전히 학교를 잘 다녀 특별고등계 형사들의 주의를 피할 수 있었다. 학업과 고학하는 여가에 그는 보천사 판호스님에게 천태사교의를 배우기도 했다.

6. 도쿄시절의 일화와 편력

최범술은 1922년 6월초 도쿄에 도착하여 1933년 3월말 귀국할 때까지 11년 간 도쿄에 체류하면서 많은 체험을 하면서 여러 가지 일화들도 남기고 있는데, 도쿄에 온 얼마 뒤 입정대학 중학부 3학년에 편입한 후 다시 신문배달부로 일하고 있을 무렵의 일이다.

최범술이 신문배달하는 구역은 시부야 도겐사카에서 오사카를 지나 세다가야 방면이었는데 그 중간 오사카 근처 높은 대지에 궁궐처럼 커다란 저택이 있었다. 그 웅장한 집이 바로 유명한 일본의 정한론자(征韓論者)였던 사이고오(西鄕隆盛 : 1828~1877) 공작의 집이었다. 사이고오의 후손들이 살고 있는 그 집의 대지는 약 2만여 평이나 되었고 울타리는 탱자나무로 겹겹이 싸여 있었고 정원에는 큰 개울과 폭포가 만들어져 있었으며 또한 1천원 이상 3천원이나 되는 불독·세퍼드·포인타 등 고가의 개 7마리가 정원에 있었다.

최범술은 이 사이고오의 집에 신문을 아침·저녁 두번씩 배달했다. 이 집에 배달을 하려면 대문에서 500m 가량 가로질러 가야 집의 현관에 이를 수 있었다. 최범술은 신문을 현관에 갖다 줄 때는 개들을 보면서 조심스럽게 갔으나 신문을 넣고 돌아나올 때는 배달을 빨리 하기 위해 급하게 뛰어나오곤 했다.

1922년 11월경 사이고오의 집에 조간신문을 배달하고 급히 돌아나오는데 그 집의 불독이 최범술의 허벅지를 콱 물어버렸다. 최범술은 기겁을 하고 땅에 쓰러져 개들에게 둘러싸여 그 집을 향해 "개를 불러가라, 사람이 죽는다."고 고함을 질렀다. 그때 그 집 2층 베란다에는 18세 전후의 사이고오의 손자・손녀들이 최범술이 개에게 물린 광경을 보면서 희희낙락거리며 웃고 있었다. 이에 최범술은 이루 말할 수 없는 분노를 느끼며 개에게 물린 다리를 신문배달용 헝겊을 찢어 출혈이 안 되도록 묶고 겨우 그 집을 빠져나와 의사의 치료를 받았다.

이 사건 이후 최범술은 사이고오의 집에 신문배달하는 것을 중지하고 그 치욕을 보복하고자 생각했다. 그는 커다란 무 한 개를 구하여 기마연대에서 왕겻불을 피워 놓고 불을 죄는 마부에게 부탁하여 왕겻불 속에 큰 무를 구워달라고 했다. 최범술은 구운 무를 신문지로 몇겹 싸서 가슴에 품고는 사이고오 공작집으로 가서 가해한 불독을 유인하여 그 개에게 뜨겁게 구운 무를 던지자 개는 왈칵 그 무를 물었다. 무를 문 개는 목이 찢어질듯이 비명을 지르면서 공중으로 껑충 뛰어 올랐다. 나중에 소식을 들으니 그 개는 가축병원에 실려갔다가 곧 죽었다고 하였다. 가해한 개를 죽여버린 최범술은 사이고오의 집에 편지를 써서 우송했다. 서신의 내용은 대략 이러했다.

나는 댁의 집에 국민신문을 배달하는 최(崔)라는 사람이다. 나의 고국은 한국이다. 그대들의 선조며, 그대들의 나라 명치유신(明治維新)의 삼걸 중의 하나인 사이고오(西鄕隆盛)는 우리나라를 정벌해야 한다는 정한론자(征韓論者)로 우리의 적이지만 일본의 입장에서 보면 아시아의 한 국가로서 서양인의 침략을 모면하는 데에 공헌한 점에서 경의를 표하고 있었다.

나는 학문을 닦기 위해 도쿄까지 와서 고학하는 사람이다. 그런데 인도상으로 또는 도덕상으로도 그대들의 집에 키우는 개가 사람을 물어

위급하게 된 광경을 보고도 댁내의 자녀들은 유쾌하게 웃고만 있었다. 그것은 용납될 수 없는 일이다.

　나는 공수병을 예방하기 위해 치료를 받고는 내 힘으로 그 개를 죽이기로 결심하여 결국 죽였다. 개 같은 짐승을 미워하여 보복한다는 것은 장부로서 할 일이 못 되나 또 다른 사람에게 가해질 해가 두려워 없애버렸으니 지금부터는 기르고 있는 가축들에 대해 주의를 각별히 하기를 바란다.[9]

　이 편지를 띄운 지 3일 후 사이고오 공작집의 오카다(岡田)라는 지배인이 국민신문점으로 최범술을 찾아왔다. 이에 신문점의 주인과 배달원들은 눈이 휘둥그레져 놀랐고 사이고오집의 지배인은 개에게 물린 보상을 하겠다고 했으나 최범술은 정중하게 거절하였다. 단지 바라는 것은 편지에서와 같이 금후에는 가축을 기르는 데 각별한 주의를 해달라는 부탁만 하였다.

　최범술은 입정(立正)중학교 3학년에 편입한 후 신문배달한 지 약 4개월이 지난 어느 날 그의 성격을 알 수 있는 사건 하나가 일어났다.

　당시 신문점에는 주인 외에 총지배인격인 이토오라는 사람이 있었다. 이토오는 유도가 3단이고 체격은 육척에 가까운 거구였다. 그는 최범술이 신문배달을 하고 돌아오면 신문점 아래 위층의 청소와 쓰레기 버리는 일까지 최범술에게 시켰다. 최범술은 이러한 고난에도 부처님께 서원한 바가 있으므로 인내와 관용으로 참고 견디고 있었다. 그러나 이토오는 툭하면 '조센징'이라며 욕설을 하였다. 이에 불만을 품고 있는 중에 어느 비오는 날 최범술이 학생복을 입고 신문배달을 하고 돌아왔는데 이토오는 최범술에게 "요 어린 자식이 왜 이제 오느냐. 청소 빨리해." 하면서 최범술의 뺨을 갈겼다. 뺨을 맞은 최범술은 결심한 바가 있어 2층으로 올라가 학생복을 벗고 신문배달

---

9) 최범술 회고록 (26).

을 하는 옷으로 갈아 입은 뒤에 망치를 들고 아래층으로 내려왔다.

최범술은 무심히 앉아 있는 이토오의 이마를 망치로 강타했다. 의외의 타격에 이토오는 정신을 잃고 쓰러졌다. 최범술은 재빠르게 그 자의 음낭을 두 손을 꽉 잡아 당기며 이마로 그의 가슴팍과 턱을 들이받았다. 그러자 이토오는 "나 죽는다. 살려다오." 하고 소리치며 구원을 청했다. 최범술이 어떻게나 세게 그 자를 들이박았던지 그 집 도꼬마 벽이 뒤로 물러났다. 이때 박창규와 목홍균도 싸움 소식을 듣고 달려왔고 다른 일본인 배달원도 왔지만 아무도 이 싸움에 끼지 못했다.[10] 앞의 두 일화에서 볼 수 있듯이 최범술은 비록 체구가 작았으나 상대편이 위해를 가하거나 능멸하면 철저하고 단호하게 되갚아 주는 과감한 성격의 소유자였다.

최범술은 도쿄에서 고학을 하면서 신문배달과 인삼엿장수, 건축장의 막노동, 혹은 인력거를 끌며 빈민굴에서 사는 등 온갖 고역을 다 감수하였다. 어떤 때는 일본의 각 지방을 '기찐야도(木枕宿 = 봉놋방 행각)하면서 품팔이를 하기도 했다. 그는 도쿄 한복판에 있는 혼조(本所) 후카가와(深川) 등 빈민노동자촌에 살면서 가스관이나 전선, 수도관 등을 묻기 위한 땅파는 노동을 하기도 했다. 또 이삿짐을 운반하는 짐수레도 끌었고, 일본천황이 살고 있는 궁성을 에워싼 못을 청소하는 일을 하면서 온몸이 뻘투성이가 되기도 하였다. 뿐만 아니라 도쿄 지하의 하수도에 들어가서 노동을 하기도 하였다.

최범술이 이처럼 온갖 고역을 감수한 것은 세 가지 일을 체험하기 위해서였다. 첫째는 각계 각층의 일본말을 알기 위해서였다. 각 지방의 사투리도 알아야 위기상황에 처했을 때 임기응변으로 대처할 수 있기 때문이다. 둘째는 일본의 각 도시와 지방의 지리와 지세에 정통하기 위해서였다. 셋째는 각 계층 많은 사람들의 심리를 알기 위해서

---

10) 최범술 회고록 (28).

제2장 열렬한 민족주의자 최범술   319

 이와 같이 다양한 체험과 고역을 최범술은 감수했던 것이다.
 최범술은 이러한 고역만이 아니라 일본에 온 아인슈타인과 타고르의 강연을 듣기도 했으며 일본에 온 인도 고승 달마바라스님을 만나 부처님 진신사리 3과를 받아 간직하고 있다가 훗날 귀국한 후 부산 범어사에 불사리탑을 세우고 그 안에 봉안하였다. 최범술이 받은 진신사리 3과는 인도에 있는 부처님 사적지 중에서 유명한 불타가야의 대탑이 붕괴되어 수리할 때 나온 사리였다. 또한 최범술은 일본 승려의 소개로 한국민속학에 깊은 관심을 가진 야나기 무네요시(柳宗悅)를 비롯한 일본의 고명한 학자들도 만났다. 그리고 계리언(堺利彥), 산천균(山川均), 고진정도(高津正道), 하상조(河上肇), 오스기(大杉榮), 중야정강(中野正剛), 재등융부(齋藤隆夫) 등과 같은 학자들도 자주 만났다. 한편 최범술은 영평사(永平寺) 같은 곳에서 조동선(曹洞禪)을 익히기도 하고 일련산에 가서 일련종지(日蓮宗旨)를 닦아보기도 하였다.
 최범술은 1923년 5월말부터 도쿄 오오쯔카 다케노가와에서 경남 웅천 사람 추영신, 권대형과 같이 이육(二六)신문점에서 일하였다. 발행인은 일본인이었고 최범술 등은 이 신문사의 배달사원이었다. 사원들은 모두 23명이었는데 그 가운데는 해인사에서 온 이창욱, 하세명도 있었다.
 1923년 4월 박열은 시부야 도네가야라는 곳으로 이사했다. 새로 이사간 박열의 집에는 최범술이 쓴 '불령선인사(不逞鮮人社)'라는 나무간판을 걸었다. 또 그 집 아래 위층의 벽마다 '혁명가' '노동가'라는 글씨를 써 붙였고, 붉은 빛 하트형 가운데를 칼로 찌른 그림도 군데군데 넣었다. 뿐만 아니라 '반역' '타도일본' '제국주의 타도' 등의 표어를 써 붙이기도 했는데 이 표어와 그림들은 박열이 최범술에게 써 달라고 해서 붙인 것들이었다.[11]

7. 박열의 대역사건과 최범술

최범술이 시부야 도네가야로 이사간 박열의 집에 '타도일본·제국주의 타도' 등의 글씨를 써 붙일 무렵 평양에서 왔다는 김중한(金重漢)이 불령선인사에 드나들었다.[12]

김삼웅(金三雄) 씨가 쓴《박열평전》(pp.62~64. 1996, 가람기획)에 의하면 김중한은 양반집 출신으로 그때 22세의 청년이었다. 서울에서 고등보통학교를 다니다가 가정불화 때문에 염세적이 되어 일본으로 건너온 김중한은 무정부주의자이면서 시인으로 불령선인사 회원인 이윤희(李允熙)라는 여성을 만났다. 이윤희는 김중한에게《흑도(黑濤)》라는 잡지를 빌려 주었다. 이 잡지의 여러 기사와 특히 박열에게서 강렬한 충격을 받은 김중한은 이윤희에게 박열을 소개시켜 달라고 부탁하였다. 이것이 인연이 되어 김중한은 박열과 서신 연락을 하게 되었다. 이때 김중한은 무정부주의 공부를 착실하게 하여 일본의 오스기나 가토(加藤一夫)와 같은 인물이 되겠다고 스스로 생각하고 있었다. 그리고 박열을 찾아가서 그와 행동을 함께하기로 하고 1923년 5월 27일 불령선인사의 회원으로 가입했다.

이 무렵 박열은 일본천황과 황태자 및 일제의 지배계급을 폭살할 계획을 은밀하게 추진하고 있었다. 즉 1923년 10월초에 황태자인 유인(裕仁)이 결혼식을 올리기로 돼 있었다. 이 대축전(大祝典)엔 대정천황과 황족 및 정부의 고관대신들이 모여들 것은 확실했으며 박열은 이 식장에 폭탄을 던져 한꺼번에 제거할 것을 결심하고 그 준비를 은밀하게 추진하고 있었다.

박열은 거사에 쓸 폭탄을 서울에서 알게 된 조선독립당의 지도적

---

11) 최범술 회고록 (31).
12) 최범술 회고록 (31).

인물인 김한(金翰)을 통해 상해의 의열단으로부터 입수하기로 하였다. 그리고 그 연락을 김한이 알고 있던 서울의 기생 이소홍(李小紅)이 맡아 전갈해 주고 있었다.

박열은 이 무렵 폭탄을 상해에서 일본으로 운반할 책임자를 물색하고 있었는데 그 즈음 나타난 인물이 김중한이었다. 박열과 가네코 후미코(金子文子)는 김중한을 폭탄운반의 적임자로 생각하고 그 일을 맡아달라고 부탁하였다. 김중한은 기쁘게 그 임무를 맡았다. 그 무렵 김중한은 1923년 5월 27일 불령선인사에서 니이야마 하쓰요(新山初代) 양을 만나 곧 깊은 사랑에 빠지고 만다. 김중한은 자기가 박열에게 크게 신임받고 있다는 점을 과시하기 위해 니이야마 하쓰요에게 자기가 폭탄운반 임무를 맡았다는 사실을 이야기해 버렸다.

박열은 김중한에게 임무를 맡긴 후 그를 자세히 관찰하고 있었는데 김중한이 예상 외로 신중하지 못하고 말을 함부로 하여 큰 책임을 맡기기 어려운 인물로 생각되었다. 그리고 김중한이 니이야마 하쓰요에게 폭탄운반 임무를 누설한 기미를 채고 박열과 가네코는 고민을 하다가 어느 날 김중한에게 "폭탄 입수건은 사정이 생겨서 계획을 변경하였으니 미안하지만 자네에게 부탁했던 것은 잊어버리게" 하고 말했다. 김중한은 즉각 얼굴색이 변했지만 박열은 내친김에 "자네에게 부탁한 것은 취소했지만 그런 문제가 외부에 누설되면 서로 큰 변을 당하는 것이니 금후는 절대로 말을 삼가기로 하자."고 다짐하듯이 당부했다.[13]

그 무렵 김중한과 니이야마 하쓰요는 《자단(自檀)》이라는 잡지를 낼 계획을 세우고 있었다. 어느 날 니이야마 하쓰요가 박열에게 자신들의 잡지 발행 계획을 설명하였다. 니이야마 하쓰요의 말을 들은 박

---

13) 최범술 회고록 (32).

열은 이렇게 말하였다.

"김중한이 일견 든든해 보이지만 경박하고 매명적이어서 아무래도 믿을 수가 없으니 둘이서 잡지를 내는 것은 중지하는 것이 좋을 것이다."라고 정색을 하고 충고해 주었다. 그런 김중한과 니이야마 하쓰요는 육체관계까지 맺고 있던 깊은 사이였다.

김중한을 사랑하고 있던 니이야마 하쓰요는 박열의 충고를 듣고 불쾌하게 생각해 이미 폭탄운반 임무가 취소돼 자존심이 상해 있던 김중한에게 박열을 비난하며 김중한의 분노를 부채질하였다. "박열이란 자는 비열한 야심가에 지나지 않는다. 자기는 계획만 꾸미고 폭탄을 가져오는 것도, 던지는 것도 다 남에게 시키려 하고 있다. 영웅심리만 살아남은 비겁한 자이다. 우리들의 바람결에도 둘 수가 없는 놈이다." 하고 박열을 통박했다.

사랑에 눈이 먼 김중한은 니이야마 하쓰요의 충동에 자극받아 단도를 품고 그 해(1923) 8월 10일 저녁 7시에 불령선인회 월례모임에 나타났다. 이 날 모인 사람들은 최범술을 비롯해 박열과 그의 아내 가네코, 서동성(徐東星), 육홍균(陸洪均), 장상(張祥), 정태성(鄭泰成), 서상경(徐相庚), 하세명(河世明), 김중한, 니이야마 하쓰요(新山初代) 등이었다. 그날의 모임에 참석한 김중한과 니이야마 하쓰요는 매우 흥분한 기색을 띠고 있었다. 회의 벽두에 김중한은 느닷없이 "나는 박열에게 참을 수 없는 모욕을 당했다."고 외치면서 잽싸게 품안에서 단도를 빼들었다. 마침 김중한과 박열의 중간에 앉아 있던 최범술이 칼을 들고 박열쪽으로 급히 달려드는 김중한을 막아서며 칼 쥔 손목을 가까스로 붙잡았다. 김중한은 달려나가려던 차에 제지를 당하자 제풀에 꺾여 바닥에 쓰러졌다.

이에 최범술은 좌중을 향해 이렇게 고함쳤다.

"이 자리는 우리들 공동의 모임이다. 우리들의 강령에 위배되는 행위를 박열이 했다면 이 곳에서 충분한 토론을 하자. 그러나 김중한과 박열 사이의 개인적인 배신이나 모욕 관계라면 두 사람이 두 사람만의 자리에서 해결하라."

이때 하세명이 나서서 이왕 말이 나왔으니 김중한에게 폭력을 버리고 진상을 소상하게 밝히라고 하였다.[14]

그날 밤 김중한은 "박열! 너는 평소 초연한 태도를 취하면서 기실 비열한 놈이 아니냐. 동지의 등 뒤에서 험담이나 하고 서로를 이간시킨 결과로 오늘 밤 모임이 깨어지지 않았느냐. 니이야마에게까지 내 욕설을 하다니……." 하면서 열이 올라 있었다.

이때 김중한 옆에 붙어 앉아 있던 니이야마 하쓰요도 "박 선생, 비겁해요. '너의 정부(情夫) 김중한은 줏대가 없어 신뢰할 수 없다'고 말하지 않았나요." 하면서 김중한을 부추겼다.

김중한은 "왜 폭탄운반계획을 취소했느냐, 이 비겁한 놈아!" 하고 내뱉으면서 연신 기를 썼다. 박열은 김중한을 노려보며 "그런 얘기를 꺼낼 장소가 아니다."라고만 말했다. 그리고 박열이 강렬하게 쏘아보면서 입가에 경멸의 비웃음을 띄자 김중한이 발작적으로 단도를 빼들고 달려들었다.

이때 최범술과 또 다른 한 사람이 김중한을 제지하자 그는 주저앉아 단도로 다다미 바닥을 한자쯤 북 그어버렸다. 험악한 분위기에 전염된 듯 가네코는 "누군가 당신을 스파이라고 말한 것을 들었기 때문에 폭탄운반계획을 취소했던 거예요." 하고 김중한에게 소리쳤다. 김중한은 더욱 기를 쓰며 "누가 나를 스파이라고 했는지 말해달라."고 고함을 질렀다. 가네코는 "누가 말했던가……." 하면서 멍청하게 혼잣말처럼 되풀이하고만 있었다.

주위의 만류로 간신히 그날 밤의 일은 더 이상 확대되지 않고 끝

---

14) 최범술 회고록 (32).

났다. 가네코는 그날 밤을 니이야마 하쓰요와 함께 보내고 이튿날 아침 니이야마 하쓰요를 전송하러 하라지구(原宿)역까지 함께 걸어나갔다. 가네코는 이 기회에 박열에 대한 니이야마 하쓰요의 오해와 악감정을 풀어줘야겠다고 생각하고 이렇게 얘기했다.

"박열은 비겁한 사람이 아니다. 폭탄이 상해에서 운반되어 오면 자신이 직접 거사하기로 계획을 세워 놓고 있다. 김중한에게 폭탄운반을 부탁하기 전부터 이미 상해에 연락이 되었다. 그 연락편지는 암호이기 때문에 자세한 내용은 모르지만 상해에 있는 사람은 김한(金翰)이고 두 차례에 걸쳐 이 편지를 전한 사람은 서울에 있는 기생 이소홍(李小紅)이다. 박열은 무모하게 입으로만 거사를 할 사람이 아니다. 당신이나 김중한을 이용하려는 것은 더구나 아니다. 폭탄이 입수되면 자기가 직접 던지고 자폭할 결심이 박열에겐 서 있다."

이렇듯 가네코는 니이야마 하쓰요에게 박열의 거사계획을 모조리 털어 놓아버렸다.[15]

가네코는 이렇게 함으로써 박열과 김중한·니이야마 하쓰요를 화해시키려고 했지만 김중한과 니이야마 하쓰요는 박열과 그 모임으로부터 멀어졌고, 박열의 거사계획은 니이야마 하쓰요를 통해 일본관헌에게 낱낱이 알려졌다.

니이야마 하쓰요로부터 정보를 입수한 일제 경찰은 내사를 하는 한편 박열과 김중한 등의 체포에 나섰다. 박열과 대역사건의 관련자들의 체포는 흔히 관동대지진이라 불리는 1923년 9월 1일의 지진 발생 직후인 9월 3일에 있었다고 한다. 그러나 사건 관련자의 한 사람이었던 육홍균의 증언에 의하면 박열은 지진 이전인 8월 28일 그의 형이 살고 있던 경북 상주군에 와 있다가 조선옷을 입은 채 체포되어 일본으로 호송되었다고 한다.[16]

---

15) 최범술 회고록 (33), (34).

제2장 열렬한 민족주의자 최범술

그런데 역시 사건 관련자의 한 사람인 최범술은 또 다르게 이야기하고 있다. 즉 9월 1일 지진이 일어났을 때 최범술은 이육신문점에 있었는데 그는 호주머니에 비상금 2백원을 넣고 길을 떠났다. 당시 도쿄시내는 지진으로 인한 화재가 곳곳에 충천해 있어 나아가지 못하고 남의 집 추녀 밑에 새우잠을 자며 겨우 불령선인사에 도착해 박열과 가네코를 만났다.[17] 아마 이때가 9월 2일로 추정된다. 박열과 가네코는 최범술을 반기면서 비통한 얼굴로 "황태자 결혼식에 폭탄을 던지려던 우리의 계획은 이 천재지변으로 흔들리고 말았다."고 말하였다. 그리고는 우리는 어떠한 방법으로든지 이 위기를 모면해야 하며 당분간 추이를 엿보자고 의견을 모았다. 최범술은 9월 2일경 불령선인사에서 박열과 만난 후 곧 헤어져 보천사로 가서 은둔생활을 하며 한국인을 무차별 학살하는 관동대지진의 재난을 모면하였다.[18]

최범술의 이 회고가 사실이라면 육홍균의 증언은 합당하지 않다. 그러나 현재의 시점에서는 누구의 증언이 맞는가를 판가름할 수는 없다. 어쨌든 박열의 천황과 황태자를 암살하려던 불령선인사의 회원들은 1923년 9월 3일경 일본경찰에 구속되었다.

이때 검거된 사람들은 조선인 박열, 육홍균(陸洪均), 최규종(崔圭悰), 김중한(金重漢), 서동성(徐東星), 정태성, 장상중(張祥重), 하일(河一), 서상경(徐相庚), 홍진우(洪鎭祐)와 일본인 가네코(金子文子), 니이야마 하쓰요(新山初代), 노구치(野口品二), 구리하라(栗原一男), 오가와(小川茂) 등 16명이 '보호'라는 명목으로 도쿄 경시청 또는 관할 경찰서인 세타가야(世田谷)경찰서에 구속되었다.[19]

---

16) 《박열평전》, pp.49~50.
17) 최범술 회고록 (38).
18) 위와 같음.
19) 《박열평전》, p.49.

9월 16일에는 오스기와 부인, 그리고 그의 어린 조카가 도쿄헌병대 본부에 체포되고 각지에 흩어져 있던 사회주의자 100여 명도 체포되었다. 9월 18일 오스기 일가는 헌병대에서 무참히 살해되었다.

일본 정부는 불령선인사를 과격한 폭력적 반체제단체로 규정하고, 특히 박열과 가네코 등이 공모하여 황태자(히로히토)의 결혼식에 폭탄을 던져 천황과 황태자 및 일본정부 고관을 암살하려 한 것에 대해 황실에 대해 불경한 '대역사건'으로 대대적인 발표를 하였다.

일본 정부가 박열의 불령선인회 사건을 '대역사건'으로 확대시킨 의도는 관동대지진으로 인한 흉흉한 민심을 다른 곳으로 돌리려는 것과, 진재의 와중에서 수많은 조선인을 무차별 학살하여 국제적 비난과 지탄이 빗발치자 박열 등을 희생양으로 삼아서 실제로 '대역음모' 세력이 있었음을 국내외에 선전하려는 데에 있었다.

이 사건으로 인해 한 조선인 청년혁명가 박열과 그의 일본인 처 가네코와의 사랑이 세간에 알려져 큰 화제가 되었다.

박열의 '대역사건'이 발표되자 일본과 한국의 신문들은 연일 대서특필로 이를 보도하고 박열의 동지들은 물론 도쿄의 조선유학생학우회가 총궐기 태세로 수감중인 박열을 지원하고 나섰다. 그러나 조선 국내의 신문은 엄격한 검열로 이 사건의 구체적인 내용을 전혀 보도하지 못하고 일본 정부의 발표 내용과 '국경을 넘은 애정사건'이란 센세이셔널리즘으로 보도했을 뿐이다.

한편 최범술은 보천사에서 판호스님의 보호를 받으며 지내다가 10월 초순 일경에게 체포되어 시부야(澁谷)경찰서에 구속되었다. 일본 경찰은 사전조사를 하여 최범술이 불령선인회의 회원이며 박열과도 친밀하다는 사실을 알고 있었다. 일경은 최범술을 심문하여 무언가를 캐낼려고 심문공세를 계속했지만 그는 '대역사건'과 그 거사에 쓸 폭탄운반에 관해서는 일체 함구를 했다. 또한 박열과 가네코도 폭탄운반건과 대역사건에 최범술이 관련된 부분은 하나도 말하지 않았다. 당시 일본에선 인신 구속 기간이 29일이었으므로 29일째마다 다른 경찰서로 옮겨 검속당했다. 이것을 '다라이 마시'라고 불렀는데 최범술이 한 경찰서 유치장에서 석방되면 다른 경찰서 형사가 문 앞에 기다리고 있다가 다른 경찰서 유치장에 수감하고는 또 심문을 계속했다. 최범술은 그 자신의 회고록 〈청춘은 아름다와라〉(《국제신보》 1975. 1. 25~4. 5) 39회(1975. 3. 20) 연재분에서 이와 같이 '다라이 마시'를 3년 동안 되풀이했다고 서술하고 있다.

그는 시부야경찰서, 메구로경찰서 등을 돌아가면서 계속 심문을 당했으나 최범술은 박열이 신문구독자여서 알게 되었고 또한 그가 한국인이므로 이사를 가면 인사차 찾아보았을 뿐이라고만 말했다. 그의 회고록에 의하면 29일마다 경찰서 유치장을 전전하는 것에 항의하여 1주일에서 3주일 간 단식투쟁도 하였다고 한다.

그런데 그는 1923년 4월 입정(立正)중학교 3학년에 편입하여 1926년 3월 졸업하였고, 그 해 4월 물리학교(物理學校)에 입학하였으며 1927년 4월에 대정(大正)대학 예과에 입학하여 이듬해(1928) 3월 졸업하고는 1929년 4월 대정대학 학부 불교학과에 입학하였다. 여기서 의문점이 있다.

이러한 그의 학력사항이 맞다면 그가 3년 동안 여러 경찰서를 전전하였다는 것은 선후가 맞지 않는다. 아마 추측컨대 《한국민족문화대백과사전》 최범술조에 나오는 8개월 간 옥고를 치렀다는 서술에서 볼 수 있듯이 그의 '다라이 마시'를 당한 기간은 8개월 동안이었을 것으로 추정된다. 그가 '다라이 마시'를 마칠 수 있게 된 것은 보천사 주지 판호스님의 신원보증 때문이었다고 하는데 그는 8개월 간의 '다라이 마시'를 마치고 다시 고학을 하며 입정중학교에서 학업을 계속해 1926년 3월 무사히 졸업을 할 수 있었을 것이다. 만약 그렇지 않고 3년 간 '다라이 마시'가 계속되었다면 1923년 10월초에 검거되었으니 1926년 10월이 되어서야 '다라이 마시'가 끝났을 것이다. 그렇다면 입정중학교에서 학업을 계속할 수 없으므로 결코 1926년 3월 입정중학교를 졸업할 수 없었을 것이다.

어쨌든 최범술은 상해에서 도쿄까지 폭탄운반까지 했음에도 불구하고 다행히 이 사실이 일제 관헌에게 알려지지 않아 8개월 가량 '다라이 마시'를 당하는 것으로 사건은 수습되었다.

박열의 '대역사건'에 관련된 육홍균 이외의 13명은 예심 과정에서 석방되고 박열과 가네코는 오랫동안 일본 감옥에서 복역하다가 가네코는 1926년 7월 23일 도치키형무소에서 의문의 옥사[20]를 하고, 박열은 감옥생활 23년만인 1945년 10월 27일 일본에 진주한 연합군 사령관 맥아더 원수의 '정치범 즉시석방 명령'으로 형무소에서 석방되었다.[21]

재일동포들의 열렬한 환영을 받으며 출감한 박열은 이강훈(전 광복회장) 등과 재일거류민단을 설립하여 단장을 맡아 활동하는 한편 이승만을 도와 재일교포들의 건국 과업에 앞장섰다. 이승만이 미국을 방문하는 길에 도쿄에서 두 차례나 만난 박열은 1948년 8월 15일 정부수립 기념행사에 초청되어 신생정부에 참여할 기회를 기다리다가 6·25전쟁이 나고 3일 후 납북되었다.

북한에서 재북평화통일촉진협의회의 책임을 맡아 활동하던 박열은 1974년 1월 18일 73세를 일기로 북한에서 사망했다. 그의 묘소는 현재 평양의 애국열사릉에 안장된 것으로 전해지고 있다.[22]

---

20) 《박열평전》, p.184.
21) 위의 책, p.210.
22) 위와 같음.

8. 학업과 불교청년회 활동

최범술은 박열의 불령선인회 사건 이후 학업에 전념하였다. 그는 1927년 4월초 대정(大正)대학 예과에 입학하였다. 입학하던 그 해 4월 24일, 최범술은 재일조선불교청년회에서 강재호(姜在浩 : 당시 동경고등학교 지리역사과 재학)와 함께 재무부간사로 선출되어 활동하였다.[23] 최범술은 재일불교유학승들이 간행하고 있던《금강저(金剛杵)》제15호(pp.7~11. 1928. 1)에〈불타의 면영(面影)〉이란 글을 발표하였다. 그리고 역시 이 책(p.38)에 이영재(李英宰)에 관한 짤막한 추도문〈애도의 일편(哀悼의 一片)〉을 기고하였다.

이영재는 천은사 출신으로 일본대학 종교과를 졸업하고(1923), 동경제국대학 인도철학과에 재학하면서 재일본조선불교청년회 간사를 역임한 후 인도구법순례를 계획하고 1925년 11월 9일 일본을 떠나 스리랑카로 건너가서 불교유적을 순례하고 범어와 팔리어를 공부하던 중 지나친 연구활동과 과로로 1927년 10월 12일, 28세를 일기로 요절하였다.[24] 재일불교청년들은《금강저》제15호를 '이영재 추도호'로 발행하였는데 최범술도 이 잡지에 이영재에 대한 추도문을 발표한 것이다.

최범술은 1928년 3월에 대정대학 예과를 졸업하였고, 그해 4월 29일 재일조선불교청년회 제8회 정기총회에서 다시 이재부(理財部) 간사로 선출되었다.[25] 같은 해 5월 14일, 조선불교동경유학생 중 불교전공자인 최범술과 오관수(吳官守 : 옥천사 재적승, 일본대학 종교과 재학) 등은 '삼장학회(三藏學會)'를 조직하였다. 최범술과 오관수 등이

---

23)《佛敎》제136호, p.41. 1927. 6. 1.
24) 金光植,〈이영재의 생애와 조선불교혁신론〉《한국근대불교사연구》, pp.151~162. 1996, 민족사.
25)《불교》제48호, p.94. 1928. 6. 1.

삼장학회를 조직한 것은 불교의 진리와 일반 종교 및 철학을 연구·토의해 논문으로 작성하여 조선불교계에 제공하는 것이 그 목적이었다. 이들은 기관지 《무아(無我)》라는 제호의 연구지도 발행할 계획이었다.[26]

최범술은 《금강저》 제16호(pp.2~8. 1928. 10)에 〈비약(飛躍)의 세계〉란 글을 발표하였다. 또한 1928년 중에 다솔사의 주지로 피선되어 방학 때면 귀국하여 다솔사 주지 직무를 수행하기도 하였다.[27] 그는 1929년 봄 대정대학 불교학과에 입학하여 전공학자들의 가르침에 따라 열심히 공부하였다. 때로는 다른 대학에 가서 듣고 싶은 교수의 강의를 듣기도 하였다. 그는 어학으로는 산스크리트어(梵語)와 프랑스어를 공부하였고, 불교학으로는 재세(在世)불교, 원시불교, 부파(部派)불교의 각 교리와 인도·중국·일본 등 각국의 불교교리사(敎理史)를 배웠다.

또 사회사, 정치사, 민속사, 고고학(考古學)과 특히 중국 이동(以東)으로 동전(東傳)된 역경사(譯經史)를 위시하여 한국에 전래된 역사에 관한 것도 공부했다. 그가 매우 유의해 배운 것은 대승불교의 전래와 불교미술에 관한 것이었다. 또한 그는 인도의 용수보살, 무착과 세친이며 논리의 정묘한 경지를 개척한 진나(陳那)보살 등에 심취했다.[28]

이들은 우리나라의 원효대사에게 큰 영향을 준 분들인데 최범술은 대학시절에 이미 원효대사의 교학(敎學)을 체계화하려고 생각하였다. 그가 원효에 대해 관심을 가진 것은 16세 때 해인사에서 장도빈(張道斌)이 지은 《위인원효》라는 소책자를 읽은 데서부터 비롯된다. 그는 졸업 때 〈대승시대에 있어서의 세친교학(世親敎學)〉이라는 제목의 논

---

26) 위의 잡지, p.97.
27) 최범술 회고록 (41).
28) 위와 같음.

문을 제출해 교수 다섯 분으로부터 칭찬을 듣기도 했다.

최범술은 학업에 열중하는 한편《금강저》제17호(pp.4~12. 1929. 5)에 〈불타의 계(戒)에 대해서〉라는 글을 발표하였다. 그는 1930년도에도 재일조선불교청년회의 이재부(理財部) 간사를 계속 맡았다. 1931년 5월 23일에는 동경시외 구택정(駒澤) 진중암(眞中庵)에서 재일조선불교청년회를 개최하여 기존의 청년회를 해체하고 '조선불교청년총 동맹 동경동맹'을 결성하였다. 이 회의에서 동경동맹의 집행위원장으로는 김법린(金法麟)이 선출되었고 최범술은 5명의 집행위원의 한 사람으로서 서기장에 선출되었다.[29]

이보다 앞서 조선에서 1930년 5월 비밀결사 만당(卍黨)[30]이 조직되었다. 만당의 당원은 대부분이 불교청년이었는데 이들은 만당의 표면단체로 1931년 조선불교청년회를 조선불교청년총동맹으로 전환하여 활동하였다. 만당 결성 당시 김법린은 조학유(曹學乳), 김상호(金尙昊), 이용조(李龍祚)와 1차 조직 멤버였다. 김법린은 만당을 결성한 후 그 해(1930)에 일본으로 건너와 구택(駒澤)대학에서 불교학을 연구하고 있었다.

1933년 3월초, 최범술이 대정대학 불교학과를 졸업할 무렵 서울에서는 최범술을 조선불교청년총동맹 제3대 집행위원장으로 선임했으므로 곧 서울로 와야 한다는 전보와 잇달아 상세한 서신을 보내왔다.[31]

최범술은 19세인 1922년 6월초 일본에 건너온 이래 10년 9개월 간의 고난에 찬 동경유학생활을 마감하고 마침내 대정대학 불교학과를 졸업하고 30세가 되던 1933년 3월 하순 조선으로 귀국하였다.

---

29) 《金剛杵》 제19호, p.75. 1931. 11. 1.
30) 李龍祚, 〈한국불교항일투쟁회고록 — 내가 아는 卍字黨 사건〉《대한불교》 55호, 1964. 8. 30.
31) 최범술 회고록 (41).

9. 귀국 후의 눈부신 활동

최범술은 귀국해 청년운동의 총수 노릇을 하면서 한용운의 지도를 받아 만당 당원들과 함께 '정교분립(政教分立)'과 대중불교의 확장을 부르짖었다. 이들은 교단 내에서는 친일파를 축출하고 대외적으로는 불교에 대한 일제 총독부의 정치적 세력을 배제하고자 노력하였다.

하지만 최범술이 귀국해 조선불교청년총동맹의 집행위원장으로서 총수 노릇을 할 때, 만당은 그 전 해(1932) 가을부터 당원인 정상진(鄭尚眞)과 허영호(許永鎬)가 재단법인 조선불교 중앙교무원의 40만 원 증자에 대한 의견차이로 충돌하였고 또한 당원 김상호(金尚昊)가 만당의 당의(黨議)를 어기고 교무원 이사로 진출하였다. 이러한 내부 모순으로 만당은 점차 쇠퇴하고 있었다.[32]

이에 최범술은 1933년 4월 중순 어느 날 불교청년회관 근처의 동해루(東海樓)라는 중국 식당에 만당의 당원을 모아 놓고 만당의 해체를 제의했다. 최범술은 도쿄에서 불령선인회 사건을 통해 투쟁한 경험이 있는 그로써는 만당과 같은 비밀결사가 이로울 것이 없다고 생각했다. 최범술의 해체 제의에 강재호(姜在浩), 조은택(趙殷澤), 서원출(徐元出) 등 보성학교에서 교편을 잡고 있던 당원들은 찬성하였고, 일부 당원들은 반대하였으나 결국 만당의 해체를 결정하였다.[33]

최범술은 만당의 해산을 선언하고 청년총동맹의 간부를 일부 개편했다. 집행위원 중 서기장이던 오관수(吳官守)는 유임시켰으며 김삼도(金三道 : 통도사 재적승, 당시 중앙불전 재학)가 최범술과 함께 일하였다. 《불교(佛敎)》지(誌)의 경영은 장도환(張道煥)이 맡도록 했고 청년총동맹의 기관지인 《불교청년운동》은 김삼도가 맡아 주관하도록 했다.[34]

---

32) 김광식,〈조선불교청년총동맹과 만당〉《한국근대불교사연구》, pp.286~287.
33) 최범술 회고록 (44).
34) 위와 같음.

한편 서울여자불교청년동맹의 서석전(徐石田), 김수선(金水仙), 김일엽(金一葉) 등 50여 명의 회원들은 불교신도의 과반수가 여성들이니 마땅히 여성교육기관을 설립해야 된다고 주장하고 나섰다. 그리하여 쌍계사 주지 박근섭(朴根燮 : 1931년 중앙불전 졸업, 1933년 청년동맹 서기장, 만당 당원)과 협의해 경기도지사의 인가를 얻어 명성여자학교를 세웠다. 교사(校舍)는 보성학교 구 건물을 사용했다. 명성여자학교는 설립 첫해와 이듬해엔 한 학급이 30명 정도였는데 3년째가 되자 전교생이 3백 명 이상이 되었다. 이 학교는 주야 하루 2회의 수업을 했으므로 주야간 학생을 합치면 모두 5백여 명이 되었다.

지금도 이 학교는 명성여자고등학교와 명성여자중학교(현재 서울시 광진구 구의동 238-1번지에 중·고교가 함께 있다)로 존속하고 있는데 최범술은 초대 교장으로서 제2회 졸업생을 배출할 때까지 재직했다.[35]

최범술은 또한 일본유학 시절 인도의 고승 달마바라(達摩婆羅)로부터 전해받은 부처님의 진신사리 3과를 범어사 스님들의 간곡한 요청으로 범어사에 기증하여 사리탑을 세웠다.[36]

최범술이 청년총동맹의 총수로 있을 때 중앙불교계에서는 일대 분규가 발생했다. 불교전문학교의 허영호 학감과 다섯 강사간에 싸움이 일어나고 또한 허영호와 정상진이 교무원의 증자(增資)문제로 싸웠다. 당시 불전 학감 허영호, 불교사 주필 김법린, 재단법인 교무원의 실무 이사진인 통도사 주지 황경운(黃耕雲), 범어사 주지 오리산(吳梨山) 등도 모두 경남 3본산 승려들이어서 중앙교무원을 이들이 주도하게 되자 전남의 선암사, 송광사, 화엄사를 비롯하여 경북 5본산과 경기도의 봉은사, 용주사, 강원도의 본산 등이 이에 반발하여 불교계는 중앙, 지방 할 것 없이 일대 분규가 발생했다.

---

35) 위와 같음.
36) 최범술 회고록 (30).

그런 판에 불교사 주필 김법린은 파면된 허영호 학감을 옹호하여 새로 선출된 교무원 이사진에 맞서 언쟁 끝에 석탄바구니를 집어던졌다. 이에 격분한 월정사 주지 이종욱(李鍾郁)과 용주사 주지 강대련(姜大蓮) 등이 크게 분노하여 불교사마저 폐해버렸다.

그리하여 중앙불교계에서 실직한 김법린 전 가족, 허영호, 한보순(韓普淳, 1933. 4, 교무원 재무부장)이며 또한 불교계와는 상관없지만 범부 김정설(金正卨)과 그의 전 가족(범부의 동생 金東里도 포함해) 등을 최범술이 다솔사로 데려와 그들의 생활 전부를 책임졌다. 그리고 최범술은 만해 한용운의 생활비도 책임지고 조달하였다.[37]

최범술은 한 해 추수 3백 석이 될락말락하는 다솔사의 주지로서 패잔병 같은 이들의 생활을 책임진 채 친일파 승려들과 투쟁해야 했다. 동시에 그는 이 진용을 이끌고 권토중래(捲土重來)를 도모해야 했다.

그리하여 최범술은 경남 사천군 다솔사에 다솔강원(多率講院)을 창립하였다.[38] 이는 '현대 불교도에게 필요한 불교교리와 일반 학술에 관한 지식기능을 교수하여 실제 생활에 적절한 인재양성을 목적'으로 설립한 것이지만 이 다솔강원은 김법린, 최범술, 강고봉(姜高峰), 김범부 등 해외에서 많은 공부를 한 당대의 석학인들의 능력을 활용하고 일거리를 준다는 의미도 컸을 것이다. 김법린 등이 다솔강원의 강사로 활동하는 한편 한용운을 비롯한 불교계 내외의 많은 인사가 다솔사에 모여들어 다솔사는 일종의 '집합처' 구실을 하였다. 그러자 조선총독부와 일제 관헌들은 다솔사에 모여든 인사들이 무슨 항일음모라도 하는 것은 아닐까 하면서 예의주시하고 있었다.

다솔강원에 이어 최범술과 김동리(김범부의 동생, 소설가)는 광명(光明)학원을 설립하여 다솔사 일대의 농민 자제에게 초등과정을 교육

---

37) 최범술 회고록 (45).
38) 《금강저》 제21호, p.56. 1933.

하였다.[39] 다솔사에 설립된 불교전수강원(다솔강원)은 1935년 9월부터 당시 31본사의 하나였던 대본산 해인사강원에 합병되었다. 다솔강원이 합병된 해인사강원에는 김법린, 최범술, 김범부가 여전히 강사로 출강하였다. 다솔사 주지이자 해인사강원의 강사로 활동하던 최범술은 1936년 5월부터 해인사 주지 이고경(李古鏡: 주지 재임, 1934~1938) 스님과 원로들의 요청으로 해인사 삼직(三職)의 하나인 해인사 법무(法務)[40]로 근무하기 시작하였다.

당시 해인사에는 40~50세 이상의 속승(俗僧: 대처승) 20여 명이 한 세력을 이루고 있었다. 법무직을 맡았던 최범술은 이 속승들의 무리를 도저히 용납할 수 없어 이 스님들이 갖고 있던 승려증을 모두 빼앗아버렸다.[41] 도첩(度牒)을 빼앗는 것을 불가(佛家)에서는 체탈도첩(褫奪度牒)이라고 하는데 체탈도첩을 당한 승려에게는 극형에 해당된다. 당시 도첩은 해인사 주지가 주는 것이므로 도첩을 몰수당한 속승들은 자연 해인사 승적에서 제명되었다.

마침 이 무렵 조선총독 우가키 가즈시게(宇垣一成, 총독재직: 1931. 6~ 1936. 8)가 해인사를 방문하였다. 최범술은 우가키 총독에게 "우리나라의 사찰 주변은 너무 속화(俗化)되어 있습니다. 이왕 이 곳에 왔으니 스님들이 속거(俗居) 생활을 하는 실정을 직접 보아주십시오."하고 말했다. 이에 우가키는 해인사의 속승들이 살고 있던 84가호를 둘러보았다.[42] 조선총독 우가키는 1935년부터 심전(心田)개발운동을 전개하고 있던 시기였으므로 해인사 대처승들의 속거생활을 둘러보고는 즉시 '사찰정화령'이라는 포고문을 발표하였다. 이에 따라 전국 각 사찰에서는 사찰의 경계를 정하였고 이 경계 안에 있던 대처승과 속인들

---

39) 최범술 회고록 (44).
40) 최범술 회고록 (41).
41) 위와 같음.
42) 위와 같음.

의 집들을 철거하였다. 또 사찰 경내의 술집, 요리집 등도 이때부터 경외로 추방하였다. 이 일로 인해 최범술에 대한 전국 각 사찰 대처승들의 반발은 굉장하였으며 그는 한 달에 고소를 27건이나 당해 경찰에 불려 다니기도 했다.

이렇듯 최범술은 청정 비구이자 법무로서 과감하게 해인사의 대처승들의 도첩을 빼앗고 경내의 대처승 집들과 속인들의 집이며 술집 등의 음식집들을 철거하였다. 그러나 후일 40세에 결혼함으로써 1954년 정화운동시에는 오히려 정화의 대상이 되어 비구승단과의 오랜 대립 끝에 1978년경 결국 다솔사에서 쫓겨나는 업보(業報)를 당하였다.

최범술의 주도로 전국 각 사찰의 대처승과 경내의 정화작업이 한창일 때 최범술은 해인사에 보관되어 있는 8만대장경을 인경(印經)하는 도감(都監)을 맡아 일하였다.[43] 이때 해인사에서 최범술이 도감이 되어 대장경 2부를 인경하였다.

1937년 2월 25일, 중앙교무원에서는 31본산주지회의를 개최하여 총본산 건설을 가결하는 동시에 기초위원을 선정했는데, 이종욱, 임석진(林錫珍, 송광사 주지), 이동석(李東碩, 선암사 감무) 등 전 14명의 기초위원 가운데 최범술도 선정되었다.[44] 이어 그 해 2월 28일에는 31본산주지회의 의안심사위원 14인 가운데 한 사람으로 선출되었다.[45]

또한 최범술은 1937년 4월부터 8월까지 명성학교 교사(校舍) 문제로 교무원측과 많은 협의를 하였다. 명성학교 교사(校舍)는 각황사(覺皇寺) 건물을 사용하기로 타협되었다.

최범술은 다솔사에서 1937년 10월 5일 교무원으로부터 종법초안

---

43) 위와 같음.
44) 《불교》 신제2집. p.59. 1937. 4. 1.
45) 《불교》 신제4집. p.48. 1937. 6. 1.

(宗法草案)에 관해서 상의할 문제가 있으니 상경하라는 전보를 받았다. 그 해 10월 12일 최범술은 해인사 주지 사무취급 장제월(張霽月) 스님과 함께 교무원에 와서 종법 초안 등에 관해 상의한 후 그날로 퇴경(退京)하였다.[46]

같은 해 10월 29일, 만주 봉천 부영사(副領事) 최탁(崔卓)과 조선총독부 사회교육과장 홍석모(洪錫謨) 씨 등과 교무원측이 만주 봉천 관음사의 포교사 임명문제에 관해 협의한 결과 최범술이 적임자라는 결론을 내고 최범술에게 상경하라는 전보를 보냈고, 이어 11월 1일, 교무원에서는 최범술에게 빨리 상경하라는 독촉 전보를 쳤다. 최범술은 11월 8일 상경하여 교무원에서 봉천 관음사 포교사 부임문제를 상의하였다.[47]

이 문제에 관해서 《불교》 신제9집(p.49. 1937. 12)에서는 상의 결과에 대하여 아무런 언급을 하지 않고 있다. 그러나 이후 최범술이 다솔사 주지로 계속 재직하고 있었고, 또한 이듬해(1938)에 김태흡(金泰洽 : 1899~1989)이 봉천 관음사의 주지로 취임하였다. 따라서 1937년 11월 8일, 최범술은 교무원에 와서 만주 봉천사 포교사로 취임문제를 상의했으나 이에 응하지 않고 거절했음을 알 수 있다. 같은 해 11월 13일에는 다솔사 주지로서 총본사건설비 분담금 637원68전을 중앙교무원에 납부하기도 했다.[48]

10. 단 하나의 오점 : 북지황군위문사

일제는 1937년 7월 7일 중일전쟁(당시는 支那事變이라 불렀다)을 도발하여 중국대륙 침략전쟁을 시작하였다. 31본사 주지대표이자 월정

---

46) 《불교》 신제9집. p.49. 1937. 12. 1.
47) 위의 잡지, p.51.
48) 위의 잡지, p.51.

사 주지로서 대표적인 친일승려 이종욱과 교무원 이사인 임석진(송광사 주지)·황금봉(건봉사 재적승려, 교무원 이사)은 중일전쟁 발발 8일 만인 그 해 7월 15일 남산 조선신궁으로 달려가 '국위선양무운장구기원제(國威宣揚武運長久祈願祭)에 참가하였다. 이어 이종욱을 필두로 한 31본사 주지들과 교무원 이사들은 일제의 중국 침략전쟁인 중일전쟁에 적극 협력하고자 전국 31개 본사와 그 말사로 하여금 7월 25일과 8월 1일을 기해 일제히 국위선양무운장구기원제를 거행케 하였다. 그리고 불교계에서는 시국강연회(7. 26)에 권상로(權相老)가 출연하여 친일강연을 하였고, 교무원 이사 황금봉은 조선군사후원연맹에 참여하였다. 교무원에서는 또한 전국순회 시국강연반을 결성하여 8월 6일부터 1주일, 또 9월 6일부터 10일 일정으로 13도 각처를 순회 강연하였다. 강사로는 1차에 22명, 2차에 59명이 동원되었다.

한편 이종욱을 주축으로 하는 교무원에서는 8월 5일 개운사에서 대일본제국 무운장구기원법요식과 함께 박성권(朴聖權, 건봉사 재적승, 1934년 대정대학 불교학과 졸업, 총본산 포교사), 김경주(金敬注, 범어사 재적승, 1923년 동양대학 졸업, 중앙불전 학감), 김영수(金英邃, 불전교수)의 친일시국강연회를 개최하였다. 이어 8월 6일에는 부민관에서 친일학승 권상로(불전교수)와 대은스님 김태흡의 친일강연이 있었다. 뿐만 아니라 교무원의 이종욱을 비롯한 이사들과 직원들은 그 해 8월 8일부터 중국 화북지역으로 출정하는 일본군 부대의 환송을 거의 매일 나갔다. 그리고 교무원에서는 일본군 위문금을 전국 31본사별로 징수케 하여 이를 모아 일본군부에 갖다 바쳤다. 아울러 위문대도 만들어 역시 일본군부에 헌납, 중국침략전쟁에 수고하는 일본군을 위로하였다.

이처럼 중일전쟁을 수행하는 일제에게 온갖 충성을 바치던 교무원의 친일승려들은 그 해 9월 21일부터 '지나(중국)출정장병위문사' 파견에 대하여 협의를 시작해 총독부와 합의하여 이를 실행하기로 결정하였다. 이들은 황군위문금 5천원과 위문사 3인의 파견경비 1천원 등 도합 6천원의 예산을 확정하고 이 금액을 각 본사별로 분담시켜 11월 20일까지 완납케 하였다.

12월 9일, 총독부의 김대우 사회교육과장은 교무원에 '북지(북중국) 황군위문사파견'의 시기가 적당하니 인물을 선정하라고 지시하였다. 총독부에서는 현지 형편상 노인은 곤란하니 원기왕성하고 일본어에 정통한 청년승려를 선출하라고 주의를 주었다. 총독부의 이러한 지침에 따라 최종 선발된 스님이 최범술, 이동석, 박윤진 3명이었다.[49]

최범술을 비롯한 세 사람은 모두 일본에서 대학을 졸업한 30대 초반의 일본어에 능통한 엘리트 스님들이었다.

이동석(李東碩)은 선암사의 재적승려로서 1927년 와세다(早稻田)대학 고등학원을 졸업하고 1931년 3월에 와세다대학 독문과를 졸업하였다.[50] 스님은 귀국 후 선암사 감무(監務) 소임을 보면서 동시에 재단법인 조선불교 중앙교무원의 이사(理事)로 재직중이었다.

박윤진(朴允進)은 경기도 고양군 신도면 홍국사 재적승려로서 중앙불교전문학교 제1회 졸업생(1931. 4)이며 일본 대정(大正)대학 종교학과를 졸업하였는데(1934), 동경유학시절에는 조선불교청년동맹 동경동맹 집행위원장을 역임하였다. 귀국 후 1935년 결혼을 하였고,[51] 봉은사의 순회포교사, 중앙불전의 전임강사, 대은스님이 발행하고 있던 유일한 불교신문인《불교시보》에 많은 글을 기고하는 등 활발한 활동을 하고 있는 엘리트 스님이었다.

---

49)《불교》신제10집. p.31. 1938. 2. 1.
50) 이경순,〈근대불교유학생의 동향〉《근대불교승가교육자료집》, p.105. 1998. 대한불교조계종 교육원불학연구소.
51) 이경순, 위의 논문, p.102.

교무원에서는 이들에게 위문사로 선정되었다는 통지를 하고, 12월 10일에는 서무이사 김상호(金尙昊)와 부원 한성훈이 총독부로 가서 김대우 사회교육과장에게 북지황군위문사 결정을 보고하였으며 또 총독부 내무국 사회과 무라우에(村上) 씨를 방문하여 위문사 파견에 따른 준비사항을 문의했다. 12월 14일 교무원의 김상호와 한성훈은 위문사 세 명(최범술, 이동석, 박윤진) 등 관련인사들을 대동하고 총독부를 비롯하여 조선군사령부, 유수(留守) 제20사단 사령부를 방문하여 위문사 파견에 따른 제반 문제를 협의하였다.

다음 날도 이들 5명은 용산에 주둔중인 일본군 제20사단 사령부 부관실 다가카키(高木) 중좌와 야자키(山崎) 소좌를 방문해 북지황군 위문건에 대해 의논한 바 군(軍)의 의견은 시기가 시기인 만큼 현지의 형편이 악사(樂士)를 대동해 위문함이 가장 좋다고 하여 그렇게 하기로 합의하였다.

교무원에서는 조선문예협회에 의뢰하여 그 단체의 간부인 음악가 이종태(李鍾泰)와 체신국 음악부의 문학준(文學準) 및 보리도루 레코드회사 전속 가수 윤건영(尹鍵榮)이 악사로 선정되었다.

위문단 일행은 피복, 방한구두, 모자, 약품, 악기 등의 여행물품을 주문하고 종군면허증 및 완장 등을 제20사단에서 교부받았다. 12월 21일에는 교무원의 한성훈이 종로경찰서에 가서 위문단의 여행증명원을 받아왔다. 위문사 3인과 악사 3명 등 위문단 일행은 교무원의 김상호, 한성훈과 함께 이틀(12. 21~22) 동안 경기도, 경성부, 종로경찰서, 제20사단 사령부 및 시내 각 신문사 등을 방문하여 북지황군위문 출발인사를 한 뒤, 12월 22일 오후 3시 35분, 경성역발 봉천행(奉天行) 노소미호로 무려 2백5십여 명의 대대적인 환송을 받으며 원기발랄하게 북지황군위문의 장도에 올랐다.

단장은 이동석, 최범술은 회계담당, 박윤진은 서무를 맡았고, 악사는 이종태, 문학준, 윤건영이었으며, 북지황군과 교섭할 사람으로는 총독부 촉탁 신보(神寶長治)라는 일본인이 동행하였다.

이들은 신안주(新安州), 천진(天津), 봉천, 산해관(山海關), 북경(北京), 석가장(石家莊), 태진(泰津), 태원(太原) 등지의 일본군을 위문하고 이듬해인 1938년 1월 18일, 29일 간의 위문여행을 마치고 경성에 도착하여 떠날 때와 마찬가지로 많은 사람들의 환영을 받았다. 도착 즉시 위문단 일행은 조선신궁에 참배하고 총독부 정무총감 이하 각 국과장을 배알한 뒤 제20사단 사령부와 각 신문사, 경성방송국, 종로경찰서를 방문하여 귀국인사를 하고 밤에는 조선관(朝鮮館)에서 경성의 유지 36인(대부분이 친일인사들이었겠지만)이 베푸는 환영연회에 참석하였다.[52]

최범술의 75년 생애 가운데 일제에게 부일협력을 한 것은 1937년 12월 중순에서 1월 18일까지 북지황군위문사로 참여한 것이 유일하다. 어쨌든 16세에 3·1운동에 참가하였고, 박열의 대역사건에 연루되어 모진 고문을 당하고, 1938년에는 만당의 당원으로 일제 경찰에 구금되어 고통을 당한 항일독립운동가인 그의 일생에서 북지황군위문사로 북중국(화북지방)에 가서 일본군을 위문한 것은 오점(汚點)이 아닐 수 없다. 최범술의 이러한 부일협력의 덕분이었는지 1938년에는 장제월(張霽月)스님과 함께 중앙교무원의 해인사측 평의원으로 선출되었다.[53]

11. 황군위문 이후 최범술의 활동

한편 1938년 12월호의 《불교시보》 사설에 의하면 최범술이 조선

---

52) 이상 최범술 등의 '북지황군위문사'에 관한 기사는 《불교》 신제10집(1938. 2. 1)과 제11집(1938. 3. 1)의 '교무원소식'을 종합한 것임.
53) 《불교시보》 제30호, 4면. 1938. 1. 1.

불교청년총동맹의 집행위원장을 사임한 이래 청년총동맹은 휴회상태에 가까운 침체를 면치 못하고 있었다. 이처럼 불교청년운동이 침체한 가운데 중일전쟁이 일어난 지 1년쯤 되는 1938년 8월에는 쌍계사 주지 박근섭(朴根燮), 장도환, 김법린 등 만당 당원이 다솔사에서 진주경찰서 일경들에게 검거되어 구금되었고, 같은 해 10월에는 김범부, 노기용(盧企容) 등이 경기도 경찰부에 검거·구속되었다.[54] 이런 상황 속에서도 다솔사와 일본불교계는 교환법회를 여는 등 관계가 비교적 원만하였다.

1939년 여름엔 다솔사에서 대규모 법회가 개최되었다. 이 법회에는 일본의 고승석덕(碩德) 47명과 그 수행원들이 참석, 조선승려와 함께 학문과 불교에 관한 광범위한 강론을 나누었다.

다솔사측 강사로는 김범부가 나섰고 오종식(吳宗植)이 통역을 맡았다. 일제의 중국 침략전쟁이 진행되는 가운데서도 일본과 조선의 불교계는 화기애애하게 부처님의 혜명을 지키며 그 진리를 탐구하고자 노력했다.

이 법회엔 범음범패(梵音梵唄)에 정통한 대종장(大宗匠)인 쌍계사 조범해(趙梵海) 화상이 참석했다. 또 당시 조선불교계에서 밀교(密敎)에 관해 정통한 율사(律師) 조영암(趙影庵)스님도 자리를 함께 했다. 청남 오제봉(吳濟峰)과 최범술의 스승인 임환경 노사도 참석했다. 최범술은 다솔사의 이 법회를 '기묘다솔사안거(己卯多率寺安居)'라 불렀다.[55]

이 법회가 끝난 다음 달에 다솔사에선 만해 한용운의 회갑잔치가 베풀어졌다. 이때 만해가 기념식수한 향나무가 지금도 무성하게 자라고 있다.[56]

---

54) 최범술 회고록 (46).
55) 최범술 회고록 (46), (47).

1940년 일제가 창씨개명을 실시하고 《동아일보》와 《조선일보》를 폐간시켰다(1940. 8). 이 무렵 최범술은 도쿄로 건너가 일본 고승들을 만나 그들의 주선으로 도쿄 한복판에 있는 천초(淺草)의 관음사(觀音寺)에서 5천 명의 청중에게 강연을 하였다. 최범술의 강연요지를 보자.

이 절에 봉안된 관음금불상(觀音金佛像)은 우리 고구려의 조상들이 모셨던 것이다. 우리 선인(先人)들은 이 동경 근처 반능지(飯能地)의 고려신사(高麗神社)에서 이 불상을 모시고 있었는데 큰 홍수 때 아라가와(荒川)에 모래와 함께 떠내려 갔던 것이다. 그때 이 지방 어민들이 그물에 걸려 올라온 불상을 발견, 모셔다 놓고 고기잡는 살생의 죄를 면해줄 것과 생업이 잘 이루어지기를 빌었다. 이 불상은 영험 있기로 소문이 났고, 그 어촌은 날로 발전하여 에도(江戶)가 되었던 것이다.
후일 덕천가강(德川家康)이 이 곳에서 풍신수길(豊臣秀吉)의 아들을 쳐부수고 막부(幕府)를 세웠던 것이다. 그리고 명치유신(明治維新) 이후 이 곳이 일본의 수도가 된 것이오. 나로 말하면 위대한 망국민이외다. 서방의 위대한 망국민은 유태인이오, 동방의 위대한 망국민은 바로 우리 조선사람이다.
역사를 돌이켜봐도 조선을 망하게 하려거나 악용하려던 나라는 그들이 결국 망해갔다. 고구려를 침범한 중국 수나라가 패망했고, 당(唐)나라가 그러했다. 원(元)과 청(淸)이, 제정러시아가 패망한 것도 우리 조선때문이 아니었던가. 우리 조선은 강대국들의 세력에 굴복할 것 같은 난경에 처해 있으면서도 그들을 먼저 패망케 하였고 우리는 그대로 문화와 언어, 의복 등을 지켜왔던 것이다.
현재 일본의 전쟁(중일전쟁을 가리킴)이 반드시 정치의 승리로 끝난다고만 볼 수 없다. 나는 일본국민과 조선사람들, 나아가 전 세계 인민의 행복을 위하여 지금 말하고 있다. 내가 위대한 망국민이라고 자부하고 있는 뜻을 현명한 여러분은 알아 줄 것으로 믿는다.[57]

---

56) 최범술 회고록 (47).

당시 일제는 조선인들을 황민화(皇民化:일본인화)하기 위해 창씨개명, 궁성요배, 신사참배, 일본어 상용, 황국신민의 서사 제창 따위를 강압적으로 실시하고 있었다. 이런 험악한 전시 체제하의 도쿄에서 최범술 자신을 '위대한 동방의 망국민'으로 자칭하며 일본이 전쟁에서 꼭 승리할 수만 없을 것이라고 5천 명의 일본 청중에게 강연했다는 것은 대단한 용기와 지혜가 아닐 수 없다.

강연을 마친 최범술은 일광산(日光山) 윤왕사(輪王寺)며 중선사(中禪寺)를 둘러보고 기부(岐阜)의 화엄사(華嚴寺), 대판(大阪)의 사천왕사(四天王寺)를 거쳐 비예산(比叡山)에 올랐다. 최범술은 이 비예산에서 '회행봉행(廻行峰行)'이라는 수행을 약 3주 간 계속했다.[58] 이 '회행봉행'이라는 것은 자정에 일어나서 냉수에 목욕을 하고 맨발에 짚신을 신고 다리에다 행건(行巾)만 치고 접초롱에 촛불을 켜들고 굴삿갓을 머리에 쓴 후 단도는 허리에 차고 비예산의 모든 봉우리를 걸어 다니면서 백열 곳에 기도 예배하는 고행이었다.

이 비예산 동편 주위에는 천리도 넘는 비파호(琵琶湖)가 있어 기후의 변화가 심했고, 울창한 산계곡에는 독사와 원숭이가 많았다. 허리에 찬 단도는 정진중 부득이한 처지에 이르면 자결하는 데 쓰는 것이다. 비예산의 회행봉행은 백 일이든 천 일이든 정한 기일 내내 1회를 남겨 놓고 불이행하게 되어도 앞의 수행은 모두 무효가 되어버린다.

최범술은 이 어려운 비예산의 고행을 끝내 해냈다. 비예산의 여러 스님들은 최범술이 고행을 무사히 끝내자 축하의 말을 아끼지 않았다. 비예산은 일본불교 각 종파의 개조(開祖)들이 배출된 곳으로 일본불교문화의 발상지와 같은 곳이다. 비예산의 고행을 마친 최범술은 교토(京都)로 가서 동복사(東福寺), 황란산 만복사(萬福寺)와 우치

---

57) 최범술 회고록 (47).
58) 최범술 회고록 (48).

(宇治)의 차밭(茶田)을 살펴 본 다음 유종묵(柳宗默)이 있는 만수사(萬壽寺)를 찾았다. 유종묵은 오대산 월정사 출신의 조선 승려로 임제(臨濟)대학을 졸업하고 그 대학 연구과에서 공부하는 한편 만수사에 봉직하고 있었다. 유종묵은 경도조선불교유학생회 회장을 역임하기도 했다.

최범술은 그 곳에서 1935년 중앙불교전문학교를 졸업하고 당시 (1940) 임제대학에 재학하고 있던 백양사 출신의 조선승려 서옹(西翁) 이상순(李商純)스님과 그 무렵 임제대학 전문부 종교과에 재학중인 이종익(李鍾益) 등의 학인들을 만났다.[59] 서옹스님은 해방 후 귀국하여 백양사 조실과 조계종 종정을 역임하였다.

12. 결혼과 조선어학회사건

서기 1941년 정월 초순, 최범술은 신간회와 쌍벽을 이루던 일제하 여성단체인 근우회(槿友會) 집행위원장 서석전(徐石田) 여사의 장녀와 결혼하였다.[60] 당시 그의 나이는 38세인데 비해 신부는 20세밖에 되지 않았다. 최범술은 그 첫부인 서씨와의 사이에 딸 셋을 두었다.

최범술은 결혼 다음 해인 1942년 가을, 항일민족사학자인 신채호의 원고건과 조선어학회사건에 연루되어 다솔사에서 일경에게 피검되었다. 이는 최범술이 김범부, 김법린 등과 함께 다솔사강원과 광명학원, 해인사강원에서 강의를 하였기 때문이다. 그는 체포 직전 사천경찰서의 고등계 주임 도기(島崎)의 면전에서 기지를 발휘하여 신채호가 쓴 원고를 일본 여인에게 건네 주어 신채호의 《조선고대사》와 《고대문화사》를 무사히 보존할 수 있었다.

---

59) 위와 같음.
60) 최범술 회고록 (49).

이때 다솔사에 들이닥친 일제 경찰은 28명이나 되었는데 그들 속에는 경남도경찰부의 김광호, 강낙중(姜洛中), 하팔락(河八洛), 진주경찰서의 강난선(姜蘭善), 김을두(金乙斗), 사천경찰서의 고등계 주임 도기(島崎) 등이 있었다.

일경 무리들은 다솔사를 수색한 후 절 경내 밖에 있는 김범부(金凡父)의 자택에 가서 집을 샅샅이 수색하여 다소의 책자를 압수하고 범부를 체포하였다. 최범술과 김범부는 화물차에 실려 사천경찰서로 연행되었다. 최범술은 사천경찰서 유치장에 3일 간 유치되었고 김범부는 부산도경으로 곧장 연행되었다. 3일 후 최범술도 도경으로 끌려갔다. 두 사람은 시국과 관련된 심문을 받았다. 김범부는 구금된 지 3개월 후 석방되었으나 일주일도 못 되어 다시 해인사사건에 연루되었다는 혐의로 합천경찰서에 연행되었다.

최범술이 계속 도경 감방에 갇혀 있는데 이어서 김범부의 장자 지홍(趾弘) 군과 김태명(金泰明) 외 2명이 붙잡혀 왔고, 최범술의 조카 원형(垣亨) 군이 도쿄에서 체포되어 부산도경으로 왔다. 약 4개월 후 신채호의 원고건으로 최범술보다 먼저 체포된 이대천(李大川)이 진주경찰서에서 도경으로 이감되어 최범술과 이대천은 대질심문을 당하였다.

일제 총독부는 태평양전쟁(1941. 12. 8) 발발 후 '사상보호예비검속법령'을 반포하고 갖가지 구실로 의식 있는 조선인들을 마구 구속하였다. 그 대표적인 것이 1942년 10월 초부터 검거선풍이 불어닥친 조선어학회사건이다. 일제 경찰은 다음 해(1942) 3월까지 관련자 30여 명을 구금하여 모진 고문을 가해 이윤재와 한징(韓澄)은 옥사하고 최현배·이희승·김법린 등 13명이 공판에 회부되었다. 나머지는 증거불충분으로 석방되었으나 재판에 회부된 사람은 각각 징역 2년~6년 형을 선고 받고 옥고를 치렀다.

최범술과 김지홍, 김태명, 이대천 등은 사천경찰서·진주경찰서·부산도경 감방에서 수개월 간 심문을 당하고 옥고를 치르긴 했으나 재판을 받지 않고 석방되었다(최범술의 조선어학회사건 관련에 대해서는 본서의 '조선어학회사건과 최범술' 항목을 참조할 것).

최범술의 회고록이 미완으로 끝나 그가 언제 석방되었는지 자세히 알 수 없지만 조선어학회사건의 연루자들이 풀려날 때 그와 이대천 등도 비슷한 시기에 석방되었을 것이다.

13. 해방과 만년의 최범술

1945년 8월 15일, 마침내 일제가 항복을 하자 우리 민족은 일제의 식민지에서 벗어나 자주적인 독립국가를 수립하고자 노력하였다. 8·15해방은 불교계에도 큰 영향을 끼쳤다.

불교교단 집행부의 간부들인 조선불교 조계종 종무총장 이종욱(李鍾郁) 이하 친일승려들이 총사직을 하였다. 문헌에 따라 날짜의 차이는 있지만 8월 17일 친일집행부가 사직을 표명하고 8월 19일에는 재경유지(在京有志)와 최범술, 김법린, 유엽(柳葉: 1931. 3. 26, 조선불교청년총동맹 창립총회 의장, 총동맹 중앙집행위원장) 등과 합의하에 사직하였다.

《신생(新生)》 2호(1946. 4)의 〈교무일지(敎務日誌)〉에 의하면 재경 승려와 최범술 등 35명은 8월 21일 태고사에서 회합을 갖고 불교혁신 준비에 대한 토의의 결과로서 '조선불교혁신준비위원회'를 조직하였으며, 8월 22일에는 퇴진한 집행부의 간부로부터 조계종 종무원의 일체 업무에 대한 인수·인계를 함과 동시에 성명서를 발표하였다. (《한국불교총람》에 게재된 이철교의 〈한국불교사연표〉에는 8월 20일 최범술·김법린·유엽 등 건국청년당원 40여 명이 태고사 종무총장 이종욱을 방문하여 종단운영권을 인수하고 전국승려대회 준비위원회를 설립했다고 서술하고 있다).

교단 임시집행부의 성격을 띠고 있던 조선불교혁신준비위원회는 '조선불교혁신회'라는 회명(會名)으로 지칭하기도 하였다. 위원회 내의 실무를 담당한 부서인 참획부(參劃部)에서는 전국승려대회를 소집·개최하여 교정개혁을 이룩하기 위한 그 준비에 착수하였다.

8월 22일에 전국 각 지방으로 승려대회 소집 임무를 띤 특파원을 즉시 파견하고, 8월 23일에는 대회에 제출할 제 안건을 심의·결정하기 위한 참획위원 24명을 선정하였다. 또한 불교계 내외에서의 혁신회의 위상을 담보받기 위한 일환으로 혁신회의 고문 10명을 추대하기도 하였다. 이 회의 주요인물은 이러하다.

위원장은 김법린, 총무위원은 유엽, 오시권(吳時權), 정두석(鄭斗石), 박윤진(朴允進)이었고 참획부 위원장은 김적음(金寂音)이었으며 최범술은 참획부 위원의 한 사람이었다. 고문은 송만공(宋滿空), 송만암(宋蔓庵), 설석우(薛石友), 김구하(金九河), 김경산(金慶山), 백경하(白景霞), 장석상(張石霜), 강도봉(姜道峰), 김상월(金霜月)스님이었다.

조선불교혁신회의 사전 준비하에 1945년 9월 22일~23일, 교단적인 차원의 불교혁신을 기하기 위한 '전국승려대회'가 개최되었다. 당시 그 대회에는 38도선의 문제로 북한지방의 대표는 대부분 참석치 못하고 남한 대표 60여 명만이 참가하였다. 당시 그 대회에서 결정된 주요 사항은 이러하다.

첫째, 불교의 종명(宗名)을 폐지하였다. 일제 말기(1941)의 종명은 '조선불교조계종(朝鮮佛教曹溪宗)'이었는데 이는 일제의 식민지 불교정책에서 나왔다는 인식과 함께 굳이 종명을 쓸 이유가 없다면서 종명 '조계종'을 폐지하고 '조선불교'라는 표현으로 불교계를 지칭하였다.

둘째, 일제가 식민통치의 일환으로 제정·시행한 '사찰령(寺刹令)'

과 '조선불교조계종총본산태고사법' 및 '31본말사법'을 폐지시켰다. 그리고 각 도에 교무원을 설치하여 교구제를 실시하였으며 조선불교 교헌을 제정하고 총무원(집행부)·교정심의기관(입법부)·교정감찰기관(감찰부)을 설치함과 동시에 그 간부를 선출하였다. 그리하여 조선불교 교정(敎正:종정)으로는 박한영(朴漢永), 총무원장에는 김법린, 총무부장 최범술, 교무부장 유엽, 사회부장 박윤진, 중앙감찰원장 박영희(朴暎熙)스님 등을 선출하였다.[61]

셋째, 기타 사항으로 혜화전문학교 문제, 전국 불교재단 통합의 건, 모범총림 창설의 건, 광복사업 협조의 건 등을 토의하였다. 이 중 해방직전에 폐교된 혜화전문학교는 복교시키기로 하고 학장으로 허영호를 결정하였다.

해방된 교계의 과제로 친일세력의 숙청은 당연한 것이었기 때문에 조선불교 조계종의 종무총장을 역임한 이종욱에게 부일(附日)을 이유로 3년 간 승권정지 처분을 내렸으며, 일제시대에 일본경찰과 통모하여 사명대사비를 파괴하고 주지직을 남용한 해인사 주지 변설호(卞雪醐)와 백채성(白采成)에게 징계처분을 하였다.

그 해 9월 15일에는 1933년경 최범술이 앞장 서서 설립한 명성학교는 서울 종로구 관수동 화광교원(和光敎園)으로 이전하였다. 한편 같은 해 12월 28일에는 해방 후 불교계의 재건을 위하여 활동하다 보수파에게 피살된 봉은사 주지 일초 홍태욱(洪泰旭)스님 사건에 연루된 김태흡(金泰洽:大隱스님)·김기중(金基重)·김석우(金錫宇) 등이 구속되어 다음 해(1946) 8월 21일 서울지방법원에서 각각 징역 8년을 언도받았다.

해방 직후 이러한 교단내부의 개혁세력 외에 교단 밖의 혁신단체들이 여럿 있었다. 그 가운데는 불교청년당(총무부장 白碩基)·혁명불

---

61) 이철교,〈한국불교사연표〉《한국불교총람》, p.1357. 1993, 대한불교진흥원.

교도동맹(朴奉石·趙明基 등 20여 명이 중앙위원이었다)·조선불교혁신회(李鍾益이 주도)·불교여성총동맹 등이 있었다.

이 중 봉은사를 중심으로 이법운(李法雲: 이종익)이 주도해 결성한 조선불교혁신회는 처음에는 불교중앙청년동맹이라는 명칭으로 조직되어 장충단 일본사찰 박문사(博文寺)를 회관으로 청년운동을 전개하였다. 그런데 그 해(1945) 12월경에 총무원 총무부장 최범술은 박문사를 광복군의 숙사로 한다면서 군인을 데리고 와서 위협하며 기한부로 나가라고 하여 이종익은 부득이 간판을 떼 가지고 당시 서사헌정(西四軒町)에 있는 적산 일련종 묘법사(妙法寺: 현 동국대 사범대 자리)로 옮겨갔다.

8·15해방 직후 총무원의 총무부장으로 교단 내의 실력자가 된 최범술은 이듬해(1946) 3월 교단의 기관지인 《신생(新生)》 창간호(1946. 3)에 〈기미운동(己未運動)과 독립선언서〉라는 글을 발표하였고, 《신생》 제3호(p.9. 1946. 7)에는 〈고 만해선생의 대기를 당하야〉라는 제목의 글을 게재하였다. 이는 해방 전해인 1944년 6월 29일(음력 5월 9일) 심우장에서 입적한 만해 한용운의 대상을 맞이하여 최범술이 추모의 심정을 짤막하게 쓴 글이다.

이어 최범술은 총무부장으로서 교단 기관지 《신생》 제4집(1946. 10)과 《불교》(1947. 1) 신년호에 〈국난에 즈음(際)하야 전국 동포에게〉라는 제목으로 글을 발표하였다. 이는 해방 직후의 혼란기에 새로이 나라를 재건하는 데 따른 전 민족의 협조를 구하는 내용이다.

1947년 최범술은 한국의 전후처리를 위해 열린 미소공동위원회(1946. 3. 20 구성)에 불교계 대표로 피임되었으며,[62] 같은 해에 해인사 주지로 선임되었다. 그는 또 국민대학을 창설하고 이사장에 취임하

---

62) 《한국불교인명사전》, pp.306~307.

였다.[63] 같은 해 7월에 최범술은 《불교》지에 〈부처님께서 나신 거룩한 날을 맞이하야〉라는 제목의 글을 기고하였다. 이어 《불교》 1948년 1월호에 〈신년초심(新年初心)〉이라는 글을 발표하였다.

유엔에서는 1947년 11월 14일 한국총선안을 가결하고 이듬해 2월 26일에는 접근 가능지역(남한)에서만 선거실시를 결의하였다. 그리하여 1948년 5월 10일 유엔 감시하에 첫 국회의원 선거를 실시하였다. 이 선거에 최범술은 무소속으로 사천·삼천포 선거구에 출마하여 당선되었다.[64]

1948년 12월 26일, 교단의 간부가 교체되었다. 즉 중앙총무원장(제2대)에 박원찬(朴圓讚), 총무부장 손계조(孫啓照), 교무부장 곽서순(郭西淳), 재무부장에 구연운(具蓮耘)이 선출되었다. 이로써 최범술은 총무원 총무부장을 사임하게 된다.

1949년 1월 20일, 총무원에서는 최범술을 비롯하여 김법린·권상로·박윤진 등 모두 12명을 교정위원으로 위촉하였다. 같은 해 9월 29일, 유엽·한보순(韓普淳)·장도환(張道煥)·서인수(徐仁壽)·이덕진(李德進) 등이 40여 명의 청년을 이끌고 총무원을 습격하여 총무원장 박원찬을 감금하고 사직을 강요하였다. 이러한 사태 중에 현직 국회의원이자 해인사 주지인 최범술이 허영호(동래출신의 국회의원)와 총무원에 나타나 박원찬의 사직서(유엽이 대신 쓰고 박원찬의 도장을 강제로 찍은 것)를 받았다. 또한 최범술의 지휘로 회계담당자를 시켜 거래하던 조흥은행 관훈동지점과 서울금융조합 종로지점에 가서 예금주 박원찬의 명의를 최범술 명의로 변경하였다.[65] 당시 예금액은 1천 수백만 원이었다. 그리고 금고 열쇠도 최범술의 손에 들어갔다.

---

63) 위와 같음.
64) 이철교, 〈한국불교사연표〉.
65) 《佛敎新報》 1949. 10. 15.

이러한 사실은《불교신보(佛敎新報)》1949년 10월 15일자에 수록된 기사내용이다. 이는 조선불교의 종권이 박원찬측에 넘어간 것에 불만을 품은 전임 총무원 간부인 유엽·장도환·최범술 등이 종단운영권을 탈취하기 위해 벌인 불교계의 쿠데타로 이해된다. 자세한 당시의 사정은 알 수 없지만 이 불미스러운 사건 후 총무원장 박원찬은 그 해 10월에 전 각황사 대지 매각 소비의 책임을 물어 해임되고 후임(제3대)에 김구하(金九河)가 취임하였다. 그리고 전 해 9월말 총무원 습격사건을 일으킨 최범술 외 5명의 승적을 1950년 5월에 삭탈하였다.[66]

1950년 6월 25일, 한국전쟁이 발발해 3일 뒤 서울이 함락되었다. 이때 북한군을 따라 남하한 김해진(金海鎭)에 의해 조선불교 총무원이 점령되었다.

6·25전쟁시 유성갑(柳聖甲)·허영호·정준모(鄭駿謨)·백석기(白碩基)·양외득(楊外得)·박봉석(朴奉石)·박윤진(朴允進)·최말도(崔末道)·천하룡(千河龍)·장도환 등 불교계 인사들이 납북되었다.

최범술은 6·25전쟁 중인 1951년에 해인중고등학교를, 1952년에 해인(海印)대학을 설립하여 이사장 및 학장에 취임하였다.[67]

해인대학은 해인사의 소유 재산을 기반으로 하여 재단법인을 구성해 성립하였다. 최범술은 일제시대인 1936년 5월에 해인사 법무가 되었고, 해방 후인 1949년에는 해인사 주지로 취임하여 1952년까지 재직하였다.[68] 최범술은 해인사와 이처럼 깊은 인연이 있었으므로 해인사 재산을 바탕으로 해인대학을 설립하여 초대학장에 취임하였다. 하지만 그가 학장에 재직하는 중 해인대학은 여러 가지 불상사로 수

---

66) 이철교,〈한국불교사연표〉, 위의 책, p.1361.
67) 이정,《한국불교인명사전》p.307. 1993, 불교시대사.
68) 이지관,《해인사지》, p.952.

년간에 걸쳐 당국의 수사를 받았다. 일제시대 만당의 같은 당원이었던 이용조(李龍祚)와 최범술은 격렬하게 투쟁하였다. 이 분규로 최범술이 학장직에서 물러나고 이용조가 학장과 재단이사장에 취임하였다. 분쟁은 1956년 7월 5일 해인재단의 이사 정기영이 당시 학장 겸 재단이사장인 이용조의 비리를 수사해 달라는 진정으로 인하여 사법문제로 발전하였다.[69]

1954년 5월 21일, 이승만 대통령의 〈대처승(帶妻僧)은 사찰에서 물러나라〉는 제목의 제1차 불교정화유시로 비구·대처승들간의 투쟁이 시작되었다. 1970년 대처승들이 태고종을 만들어 분종할 때까지 16년 간이나 계속된 불교정화운동은 불교계에 많은 분규와 불상사를 불러왔다.

불교정화운동이 시작되자 1941년 결혼한 최범술도 대처승으로 비구측의 정화대상이 되었다. 그런데 최범술은 이런 불리한 처지에도 불구하고 부산시 중구 신창동 1번지에 위치한 대지 972평에 당시 시가 3억원에 헤아리는 대각사(大覺寺) 땅을 대처승측 주지 조병구로부터 최범술이 관장하는 다솔사에 매도한 양 이전 등기를 하였다.[70]

부산 대각사는 1877년 일본불교 진종(眞宗) 동본원사(東本願寺)에서 조선으로 진출할 때 맨 처음 부산에 지은 일본사찰 조선별원(朝鮮別院)이다. 일설에는 일왕 대정(大正)의 탄생을 축하한다는 뜻에서 지은 건물이라고도 한다. 어쨌든 동본원사의 조선별원은 창건 이래 조선을 침략하는 일제의 정보수집과 조선인 친일화 등에 활용되었고 식민통치 기간에는 조선인의 황민화(皇民化)와 일본불교의 전파 기지로 사용되었다. 해방 후 조선별원은 조선불교 경남교무원이 되었다. 그리고 절 이름을 대각사(大覺寺)라고 명명하였다.

---

69) 《조선일보》 1956. 7. 6.
70) 《대한불교》 1면. 1969. 4. 20.

부산 대각사가 본격적인 분규에 휩싸인 것은 1959년 4월 10일 당시 백여 세대의 피난민을 수용하고 있던 대각사가 수용인들이 저지른 실화(失火)로 말미암아 소실됨을 계기로 해서였다.[71]

최범술은 당시 그의 제자이며 다솔사 주지인 이원구와 합작해 다솔사 앞으로 등기되어 있는 대각사 재산을 사들인 것처럼 공증서를 만들고 다시 다솔사 주지가 박동출(朴同出)로 바뀌자 최범술은 박동출과 같이 대구고법에 문제된 대각사 재산을 최범술의 재산이 틀림없다는 인낙조서까지 받았다. 그러다가 최범술의 조카 K씨의 조작으로 대각사 재산은 일시 재벌 설경동(薛卿東)에게 넘어갔으나 최범술은 법정소송으로 대각사를 개인재산으로 만들었다. 이렇게 대각사가 분규와 소송에 휩싸여 분란을 빚자 조계종 총무원에서는 1964년 8월 26일 김경우(金鏡牛)스님을 대각사 주지로 발령하여 대각사 재산환수투쟁에 앞장서게 했다. 경우스님이 대각사 주지로 부임하던 날도 소동이 벌어졌다. 대각사의 분쟁은 그만큼 악화되어 있었다.

대각사를 둘러싼 법정 싸움은 무려 14년 간 계속되었다. 최범술과 조계종단측의 김경우스님 양측이 동원한 변호사가 무려 2백 명이었고 소송 종류도 40가지를 헤아릴 정도로 복잡하였다. 조계종단측에서는 청담스님을 비롯하여 전 종단이 대각사 재산환수 법정투쟁에 참여하였다.

일본 황실과 깊은 관련이 있는 일본불교 진종 동본원사의 조선별원이었던 대각사는 1954년 9월 10일 정부로부터 조계종 경남종무원에 불하하였다. 그러나 대각사는 실질적으로 대처승들이 실권을 행사하고 있었고, 비구측이 인수한 것은 1956년 9월 18일이었다. 부산지방법원 집달리는 이때 비구측의 명도집행으로 추석을 앞두고 대처

---

71) 《대한불교》 1면. 1964. 11. 22.

승 가족과 피난민 수십 명이 대각사에 쫓겨나 길거리에서 통곡하는 상황이 벌어졌다[72]고 하였다.

이 대각사를 두고 대처승측의 강자인 최범술과 조계종측의 김경우스님은 장장 14년 간에 걸친 법정싸움을 벌였는데 1969년 3월 대구 고등법원은 대각사의 재산이 대한불교 조계종단의 것임을 확인, 판결하였다. 그리하여 같은 해 4월 4일 당시 대각사 주지인 경우스님이 불교문화연구원인 화쟁교원 명의로 부산지방법원에 등기를 마침으로써 끝을 맺었다.[73] 이로써 대각사를 두고 벌인 법정싸움에 최범술은 패하고 말았다.

1960년 4·19혁명 후 민주당 정권하에서 실시된 그 해 7월 29일의 민·참의원선거에 최범술은 참의원으로 출마하였으나 낙선하였다.

참의원 낙선 후 최범술은 대각사의 재산을 두고 조계종측의 김경우스님과 법정싸움을 전개하는 한편 원효교학(元曉敎學)과 다도(茶道)의 진흥에도 힘썼다.[74] 해방 후 한국다도사(韓國茶道史)에 있어서 최범술은 해남 대흥사(大興寺)의 응송(應松) 박영희(朴暎熙)와 함께 우리나라에서 쌍벽을 이루는 대표적인 다인(茶人)이었다. 효당(曉堂) 최범술은 다솔사를 중심으로 한 진주를 무대로 차(茶)의 보급과 차문화 운동을 전개하였다.

효당은 차를 소개하고 이에 대한 강연이나 《독서신문》을 비롯한 여러 신문·잡지에 차에 관한 글을 발표하여 1960년대 이후 한국의 차문화 진작에 크게 기여하였다.[75] 최범술은 1917년 다솔사에 출가한 이래 다솔사 주위에 산재해 있는 차나무와 다실(多室) 등에 영향을

---

72) 《동아일보》 1956. 9. 21.
73) 《대한불교》 1면. 1969. 4. 20.
74) 이정, 《한국불교인명사전》, p.307. 1993, 불교시대사.
75) 金雲學, 《한국의 茶文化》, pp.78~80. 1981, 현암사.

받아 일찍부터 차를 마시며 차에 대한 관심을 가졌다. 하지만 1922년 도쿄에 유학하여 1933년 봄 귀국할 때까지 일본에서 11년 동안 체류했기 때문에 효당의 다풍(茶風)을 일본식이라고 비평하는 사람들도 일부 있다. 그러나 귀국 후 불교청년총동맹 집행위원장, 명성학교 교장, 해인사 법무, 주지 등을 역임하면서 지속적으로 차에 관심을 갖고 오랫동안 차를 마셨을 뿐만 아니라 우리의 전통차를 보급하는 데 앞장서 왔다. 그는 다솔사의 만여 평의 차밭에서 100여 통의 차를 생산하고 '반야로(般若露)'란 이름을 붙여 보급하였다. 그리고 그가 쓴 《한국의 다도(茶道)》(1973, 보련각)란 차에 관한 저술이 있어 그의 다도와 사상을 알 수 있다.

　김운학(金雲學)이 쓴 《한국의 다문화(茶文化)》(1981, 玄岩社)라는 책에서는 응송 박영희를 차의 전수자(傳受者)로, 효당 최범술을 '차의 전개자'라 하여 한국 차문화사(茶文化史)의 중요한 다인(茶人)이라 지칭하고 있다.

　최범술은 1967년경 채정복(蔡貞福)과 재혼하였다. 그는 1969년 국민훈장 무궁화장을 서훈받았고, 1977년경에는 다솔사를 떠났다. 그는 1936년 무렵에는 청정 비구로서 또한 해인사의 법무라는 소임을 맡은 승려로서 당시 해인사의 대처승 20여 명의 도첩을 박탈하기도 하였지만, 1954년 비구·대처승의 정화운동 이래 대처승으로서 비구승들과 오랜 분규 끝에 1977년경에는 그 자신이 오히려 정화대상이 되어 오랫동안 주석하던 다솔사를 떠날 수밖에 없는 처지가 되고 말았다.

　최범술은 1979년 7월 10일, 세수 76세로 입적하였다. 입적 후 그의 부도를 다솔사에 세웠다. 그는 1986년 일제하의 3·1운동과 만당 참여 등의 독립유공자로서 대통령표창을 받았으며 1990년에는 건국훈장 애족장을 추서받았다.[76]

생전에 최범술의 학문적 관심은 원효·의천(義天)·초의(草衣)·만해 등에 많았으며 〈원효성사반야심경복원소(元曉聖師般若心經復元疏)〉·〈십문화쟁론복원을 위한 모집자료〉·〈해인사사간장경누판목록〉·〈해인사와 3·1운동〉 등의 논문과 〈육시행원예참문(六時行願禮懺文)〉의 강의초록인 《사람은 어떻게 살아야 하나》(1974, 보련각)와 《한국의 다도》(1973, 보련각)라는 저서가 있다. 그리고 미완의 회고록으로는 《국제신보》에 연재한 〈청춘은 아름다와라〉(《국제신보》, 1975. 1. 25~4. 5)가 있다. 최범술의 제자로는 혜진(慧珍, 金汶坨)스님과 혜언(慧彦, 李元九)스님이 있다.

참 고 문 헌

李 政, 《한국불교인명사전》, 1993, 불교시대사.
李智冠, 《海印寺誌》, 1992, 가산문고.
최범술 회고록, 〈청춘은 아름다와라〉, 《국제신보》, 1975. 1. 25~4. 5.
《金剛杵》 제15호~제26호(1928~1943).
최범술, 《한국의 다도》, 1973, 보련각.
최범술, 《사람은 어떻게 살아야 하나》, 1974, 보련각.
金雲學, 《한국의 茶文化》, 1981, 현암사.
《독립유공자공훈록》 제8권, 1994, 국가보훈처.
《불교》

---

76) 국가보훈처, 《대한민국독립유공인물록》, p.513. 1997.

제3장
승려로 항일에 앞장선 김법린

1. 득도와 독립운동

　김법린[1]은 스님으로 출발하여 불교학자, 독립운동가, 정치가, 교육자로 승속간에 다양한 경력을 가졌다. 김법린이 태어날 당시의 조선은 개화기의 혼란과 외세, 특히 일제의 침략 야욕의 노골적인 압박으로 나라 전체가 혼돈과 궁핍에 휩싸여 있었고, 그러한 사정은 김법린의 집안도 예외가 아니었다.

　김법린은 집안의 가난을 덜기 위해 4년제 신령공립보통학교를 1912년 졸업하고 13세의 어린 나이에 불문에 귀의하였다. 그는 영천 은해사로 출가하여 양휘허(楊揮虛)스님을 은사로 모시고 득도하였다. 그는 은사에게 한문을 1년 간 배운 뒤 범어사 명정(明正)학교 보습과(補習科)에서 수학·졸업하고, 1917년 범어사 강원에서 사교과(四敎科)를 수료하였다. 그는 곧 경성의 휘문고보(徽文高普)에 진학하여 다니다가 불교계의 권유로 1918년 불교중앙학림에 편입하였다. 중앙학

---

1) 김법린(金法麟, 1899~1964) : 호는 범산(梵山), 필명은 철아(鐵啞). 경북 영천군 신령면 퇴산리에서 아버지 김정택(金玎宅)과 어머니 김아기(金岳伊) 사이의 장남으로 태어남. 불교·정치·교육계의 거성으로 일제시대 때 동진출가해서 항일운동에 앞장섰으며, 해방 후에는 혼란한 불교계를 재건하는 데 총무원장직을 맡아 불교정립에 노력했다.

림 재학시 학교의 경영문제로 학생들을 대표해서 김대용·신상완 등과 함께 수차에 걸쳐 전문학교로 승격시켜 줄 것을 학교 당국과 30본산 주지들에게 요구하기도 했다.[2]

3·1운동이 일어나기 한 해 전 늦가을 한용운은 자택에서 월간지 《유심(惟心)》을 창간·발행하였다. 한용운의 유심사에는 김법린·김상헌·신상완 등의 불교계 청년승려들이 드나들며 잡지 일을 거들었고 또 그들은 만해의 지도를 받았다.

꽃샘바람이 스산한 1919년 2월 28일 밤 계동(桂洞) 한용운의 자택 유심사에는 불교계의 청년 학생이자 젊은 승려들인 김법린·김상헌·백성욱·김규현(金圭鉉)·오택언·정병헌·신상완·김봉신(金奉信)·김대용·박민오 등 10명이 모여들어 다음 날 3·1독립만세운동이 일어날 것이며 1만여 장의 독립선언서를 경성과 지방에 배부하라는 한용운의 말을 들었다. 김법린을 비롯한 청년승려들은 신명을 바쳐 조국독립 투쟁에 앞장설 것을 맹세하고 유심사를 물러 나왔다. 이들은 사태가 시급함을 느끼고 인사동 범어사 불교중앙포교당에서 긴급회의를 가졌다. 이 회의에서 불교계의 스님과 신도들을 만세시위에 동원하고 지방에 내려가 의거를 주도하기로 결정했다. 김법린과 김상헌은 동래 범어사를 맡았다.

김법린은 동래로 가기 앞서 경성 동북지역에 독립선언서를 살포하고 각처의 사찰과 포교당에 '3·1운동은 민족광명의 지름길'임을 역설하였다. 그는 정오께 탑골공원에 달려갔다. 이때 탑골공원에는 비밀지시를 받고 달려온 중등학교 이상 각급학교 학생들 수천 명이 엄숙하게 독립선언식을 기다리고 있었다. 하오 2시에 팔각정 중앙단상에 10여 년 만에 태극기가 모습을 나타내자 군중의 흥분은 절정에 달했다. 독립선언서가 낭독되고 "대한독립만세!"의 우렁찬 함성이 이

---

2) 위와 같음.

땅에 메아리쳤다.

　김법린은 불교도 시위행렬의 선두에 서서 이들을 인도했다. 그는 이튿날에도 경성 곳곳에 독립선언서를 살포했다. 그는 이날 밤 김상헌과 함께 경부선 열차를 탔다. 두 사람은 농민과 노동자로 변장하여 일경의 삼엄한 경계를 피했다. 둘이는 3일 하오 경남 양산군 물금역에 내렸다. 이들은 양산군과 동래군의 경계인 고당재를 넘어 4일 범어사의 산내 암자인 청련암(靑蓮庵)에 도착했다. 이어 범어사로 간 김법린과 김상헌은 오성월·이담해·김경산 등 그 곳의 지도적인 스님들에게 경성의 3·1운동에 관해 상세히 설명해 주었다.

　범어사 스님들은 이미 2월 하순 한용운이 다녀갔기 때문에 잘 알고 있었다. 김법린은 범어사의 중견승려인 유석규(劉碩規)스님을 만나 동래의 의거방안을 모색하였다. 그 결과 3월 18일(음력 2월 17일) 동래읍 장날에 의거를 결행토록 합의를 보았다. 주동 인물인 김봉환(金奉煥)·김영규(金永奎)·차상명(車相明)(이상 불교전문강원생)·김상기(金相琦, 지방학림 학생)·김한기(金漢琦, 명정학교 학생) 등 5명은 17일 저녁에 개최된 명정학교와 지방학림의 졸업생을 위한 송별연 자리에 모인 40여 명에게 교대로 의거의 목적과 방법 등을 열렬하게 이야기하여 즉석에서 절대적인 지지와 호응을 받았다. 그리고 그 자리에서 내일의 거사에 참가할 것을 다짐했다. 이에 앞서 독립선언서와 격문 등은 당시 지방학림 3년생인 허영호(許永鎬)에 의하여 1천 장이 준비되었고 태극기도 이미 준비해 두었다. 마침내 범어사의 독립의거는 18, 19 이틀 간 불타올랐다. 이때 범어사 3·1만세 의거로 33명이 옥고를 치렀다.

　김법린은 동래 범어사 의거를 주도한 뒤 곧 경성으로 돌아왔다. 그는 신상완·백성욱 등과 접촉하면서 해인사·범어사 등 전국 각지의 사찰을 중심으로 일어난 불교계의 항일운동과 정세를 종합·분석하며 대책을 의논했다. 또 이들은 해외 독립지사와 연락하여 불교계의 항일투쟁을 적극적으로 추진할 방안을 모색했다.

그런데 이 무렵 경기도 경찰부에서는 각 지방 사찰에서 일어난 항일의거의 주모자를 체포하기 위해 혈안이 되었다. 김법린과 그 동지들도 언제 체포될지 모를 위험을 절실히 느끼고 있었다. 그러던 중 김법린 등은 상해에 임시정부가 수립되었다는 소식을 듣고 상해로 갈 것을 결정하였다.

김법린·신상완·백성욱·김대용 네 사람은 얼마의 경비를 마련하여 경성을 떠났다. 이들 일행은 만주 안동현(安東縣)에 도착하여 이륭양행(怡隆洋行)으로 갔다. 당시 이륭양행은 아일랜드 사람인 쇼가 경영하는 무역상점으로 상해임정의 국내 통신연락과 군자금모집의 거점 역할을 하는 곳이었다. 김법린 일행은 쇼의 도움으로 상해 프랑스 조계(租界)에 있는 임정을 방문하고 요인들을 만났다.

김법린 일행은 미국에서 독립운동을 하다 돌아온 안창호의 열화같은 애국강연도 듣고 북만주의 독립투사 이동휘(李東輝)의 격려도 받았다. 그들은 임정에서 발간하는 《독립신문》도 보았다. 그리고 임정 요인들을 만나 조국 독립을 위해 일할 수 있는 기회를 달라고 호소하여 마침내 임시정부 국내파견원이 되어 김대용과 함께 5월 중순 귀국했다. 신상완과 백성욱은 상해에 남아 이들을 지원키로 했다. 귀국한 김법린은 동지 김상호(金尙昊)·김상헌·박민오·김봉신 등에게 상해에서 보고 느낀 것을 소상히 알려 주었다.

김법린은 해외에서 활약하는 독립투사들의 장거를 국내의 지사들에게 알려야 할 사명감을 느껴 비밀신문인 《혁신공보》를 발행, 국내와 국외의 독립운동 상황을 제보키로 하였다. 국내에선 김봉신과 박문오가 신문을 발행키로 하고 김법린은 압록강을 건너 만주 안동현으로 갔다.

김법린과 김대용은 만주의 동광상점 지하실에서 중국의《독립신문》에 게재된 소식과 새로 일어나는 독립지사들의 소식을 당시 그 곳에서 발행하는《압강일보》에 화학약품을 사용하여 등재하였다. 두 사람은 교대로 매일 아침 새벽동이 트기 전, 수집한 정보를 갖고 통나무배를 몰아 압록강을 건너 신의주까지 갔다. 그리고 그것을 우체통에 넣고 안동현으로 되돌아오는 일을 되풀이했다. 김상호·김상헌 등은 국내에 들어온《압강일보》를 물에 넣어 글자를 판독한 뒤 등사판으로《혁신공보(革新公報)》를 발행하여 국내 각처에 배부했다.

그 해 6월 중순 김법린은 갑신정변에서 한일합방까지(1884~1910)의 사료를 수집하라는 상해임정의 밀명을 띠고 경성으로 잠입하였다. 그리고 계동에 은거하면서 사료를 수집하고 또《황성신문》·《대한매일신보》등의 신문과 기타 자료 등의 초사(抄寫)를 마친 후 그것을 싸 짊어지고 삼베두건을 쓰고서 전형적인 평안도 일꾼 차림으로 무사히 국외로 빠져나갔다.[3]

이후 김법린은 임정으로부터 독립운동자금 조달과 의용승군을 조직하라는 임무를 받고 다시 국내로 귀국하였다.

김법린과 신상완 등은 백성욱·백초월·이종욱 등과 협의, 승려의 단결을 도모하는 선언서와 의용승군을 조직하여 상해임정과 연락을 취하려는 계획을 추진했다. 그러나 이 일은 오래지 않아 종로경찰서에 탐지되어 상징적인 '불교선언서(혹은 의용승군선언서)'를 남긴 채 무산되었다.[4] 그러나 1919년 11월 15일, 대한승려연합회가 발표한 불교선언서가 상해에서 발행된 임시정부의 기관지《독립신문》(1920. 3. 1)에 게재되었다. 이 불교선언서에 나타난 정신이 당시 한국불교가 나아갈 길이요, 스님들이 열망하는 정신적 지표였다.

---

3) 김법린,〈3·1운동과 불교〉《新天地》1권 2호, 1946. 3. 1.
4)〈不逞僧侶검거의 건〉, 고등경찰문서 12574호, 1920년 6월 5일.

불교선언서(佛敎宣言書)

　한토(韓土)의 수천 승려는 삼천만 동포 및 세계에 대하야 절대로 한토에 재(在)한 일본의 통치를 배척하고 대한민국의 독립을 주장함을 자(玆)에 선언하노라.
　평등과 자비는 불법(佛法)의 종지(宗旨)니 무릇 차(此)에 위반하는 자는 불법의 적이라. 그러하거늘 일본은 표면 불법(佛法)을 숭(崇)한다 칭하면서 전 세기의 유물인 침략주의, 군국주의에 탐닉하야 자조 무명(無名)의 사(師)를 기(起)하야 인류의 평화를 요란(擾亂)하며 한갓 그 강폭함만 시(恃)하고 교화(敎化)의 은(恩)을 수(受)한 인국(隣國)을 침(侵)하야 그 국(國)을 멸(滅)하며 그 자유를 탈(奪)하며 그 민(民)을 학(虐)하야 이천만 생령(生靈)의 원성(寃聲)이 오오(嗷嗷 : 여럿이 걱정하고 걱정함)하며 특히 금년 3월 1일 이래로 대한민국은 극히 평화로운 수단으로 극히 정당한 요구를 규호(叫號)할세 일본은 도로혀 더욱 포학(暴虐)을 사행(肆行 : 방자하게 행함)하야 수만의 무고(無辜)한 남녀를 학살(虐殺)하니 일본의 죄악이 사(斯)에 극(極)한지라. 아등(我等)은 이미 더 침묵하고 더 방관(傍觀)할 수 없도다.
　일즉 전 민족대표 33인이 독립선언을 발표할세 아불도(我佛徒) 중에서도 한용운, 백용성 양 승려 차(此)에 참가하였고 그 후에도 아불도 중에서 신(身)과 재(財)를 헌(獻)하야 독립운동에 분주한 자 다(多)하거니와 일본은 일향(一向) 전과(前過)를 참회하는 양(樣)이 무(無)할 뿐더러 혹은 경관을 증가하고 군대를 증파하야 더욱 억압정책을 취하고 일변 부정한 수단으로 적자배(賊子輩)를 구사(驅使)하야 일일(一日)이라도 그 악과 이천만 생령의 고뇌를 더 길게 하려 하니 이제 아등은 더 인견(忍見)할 수 업도다. 불의가 의(義)를 압(壓)하고 창생(蒼生)이 도탄(塗炭)에 고(苦)할 때에 검(劍)을 장(仗)하고 기(起)함은 아역대(我歷代) 고조(古祖) 제덕(諸德)의 유풍(遺風)이라. 하물며 신(身)이 대한의 국민으로 생(生)한 아등(我等)이리오.
　원컨대 불법이 한토에 입(入)한지 우금(于今) 이천 년에 이조에 지(至)하야 다소의 압박을 수(受)함이 유(有)하였다 하더라도 기타의 역대 국가는 모다 차(此)를 옹호하야 그 발달의 융융(隆隆)함이 세계 불교사상에 관절(冠絕)하였나니 피(彼) 일본인을 불타의 자비 중에 인도한 자도 실로 아(我) 대한불교라. 임진왜란 기타 위급의 시에 여러 조사(祖師)와 불도가 몸을 희생하야 국가를 옹호함은 역사에 소저(昭著)한 바이어니와 이는 다만 국민으로 국가에 대한 의무를 진(盡)할 뿐이라. 국가와 불교와의 깊고 오랜 인연을 인함이니라. 일본이 강폭(強暴)하고 위휼(詭譎)한 수단으로써 한국을 합병한 이후로 한국의 역사와 민족적 전통 및 문화를 전혀 무시하고 각 방면에 대하야 일본문화정책 및 압박정책으로써 한족(韓族)을 전멸하려 할세 아불교도 그 독수(毒手)의 희생이 되여 강제의 일본문화와 가혹한 법령의 속박하에 이천 년래 한토의 국가의 보호로 누리던 자유를 실(失)하고 미기(未幾)에 특유한 아 역대조사의 유풍(遺風)이 연멸(湮滅)하야 영광 있던 대한불교는 절멸(絕滅)의 참경(慘境)에 함(陷)하려 하도다.

이에 아등은 기(起)하였노라. 대한의 국민으로서 대한 국가의 자유와 독립을 완성하기 위하야 2천년 영광스러운 역사를 가진 대한불교를 일본화(日本化)와 절멸(絕滅)에 구하기 위하야 아 7천의 대한 승니(僧尼)는 결속하고 기(起)하였노니 시사보국(矢死報國)의 이 발원(發願)과 중의경생(重義輕生)의 이 의기(義氣)를 뉘 막으며 무엇이 막으리오. 한번 결속하고 분기(奮起)한 아등은 대원(大願)을 성취하기까지 오직 전진하고 혈전(血戰)할 뿐인저.

대한민국 원년(元年) 11월 15일
대한승려연합회 대표자 吳卍光 李法印 金鷲山 姜楓潭 崔鯨波
朴法林 安湖山 吳東一 池擎山 鄭雲峯 裵相祐 金東昊[5]

2. 고심 끝에 프랑스유학[6]

김법린은 일경의 체포령이 내리자 다시 상해로 망명하였다. 상해

---

5) 《독립신문》(상해판) 7면. 1920. 3. 1 ; 한국불교근현대사자료집 Ⅱ 《신문으로 본 한국불교근현대사》 上, pp.860~861. 1999, 선우도량.
6) 〈항일 앞장선 불교지도가 범산 김법린〉 《부산의 선각자》 (71)~(72).

에 도착한 김법린은 만주에 가서 독립운동을 할 것인지 미국에 유학하여 훗날을 기약할 것인지 진로에 관해 심각한 고민에 빠졌다. 몇 달 심사숙고 끝에 공부를 계속하기로 작정했다.

1920년 봄 그는 남경(南京)대학에 입학하여 영어와 중국어를 배웠다. 그는 영어에 어느 정도 자신이 생기자 미국유학을 결심했다. 당시 상해에는 미국과 독일에 유학가는 학생들이 많아 김법린도 기대에 부풀어 있었다. 그러나 제1차세계대전(1914~1918)의 전승국 미국은 이민 희망자가 계속 늘어나자 이민법을 제정하여 엄격한 규제를 실시했다. 김법린은 어쩔 수 없이 미국유학을 포기해야만 했다.

이 무렵 중국에서는 왕조명(王兆銘 : 뒷날 일본 괴뢰정권의 주석이 됐으나 당시엔 국민당의 쟁쟁한 지도자였다)이 중심이 된 유법검학회(留法儉學會)라는 장학단체가 있었다. 이 단체에서는 유능한 중국 청년들을 프랑스에 유학을 보내고 있었는데 김법린도 임시정부의 주선으로 유법검학회를 통해 프랑스에 유학을 가게 되었다. 그는 어느 중국인 집에 킨 파링(KIN FA-LING)으로 가입적하여 여권을 발급받았다.

김법린은 1920년말 상선을 타고 프랑스로 떠났다. 그의 품속에는 동지 김상호(金尙昊)가 전국의 사찰을 돌며 마련해 준 약간의 돈과 불어사전 한 권이 들어 있었다. 그는 싱가폴해협과 인도양을 거쳐 40여 일 만에 프랑스의 마르세유에 도착했으며 기차를 타고 며칠 뒤 파리에 도착했다. 그는 언어가 통하지 않아 고생을 많이 했다. 그는 간신히 어느 부호집 청소부로 들어가 궂은 일을 도맡아 하면서 틈이 나면 인근 유치원으로 달려가 어린이들을 붙잡고 불어를 배웠다. 그는 그날 배운 불어를 밤늦도록 되풀이하며 익혔다. 어떤 땐 코피를 쏟았으며 실성한 사람처럼 불어를 중얼거렸다. 그래도 모르는 것이 있으면 이튿날 다시 물어 반드시 확인했다.

그는 불어를 체계적으로 배우기 위해 프랑스 북부의 플래르시로 갔다. 그리고 그 곳의 시립고등학교에 입학했다. 23세의 청년 김법린은 그 학교에서 나이 어린 학생들에게 온갖 수모를 당했다. 어느 날 학생들은 동양에서 온 왜소한 김법린을 놀렸다. 그는 참다못해 씨름을 하자고 제안했다. 김법린은 덩치 큰 프랑스 학생들을 차례로 거꾸러뜨렸다. 그 이후로 학생들은 그를 더 이상 괴롭히지 않았고, 김법린은 이들과 자연스럽게 어울리면서 불어를 쉽게 배울 수 있었다. 그의 불어 실력은 빠르게 늘었다. 그는 이듬해 7월 파리대학교 부설 외국인학교로 옮겨 공부를 계속했다. 이 무렵 그는 파리에 살고 있는 동포 27명을 규합하여 한인(韓人)친목회를 조직했다.

그는 프랑스에 온 지 3년 만에 뼈를 깎는 노력 끝에 불어를 유창하게 구사할 수가 있게 됐다. 그가 꿈에 그리던 파리대학교 문학부(세칭 소르본대학) 철학과에 입학한 것은 1923년 11월이다. 김법린은 무척 기뻤으나 학비 조달 때문에 걱정이 앞섰다. 그는 일자리를 찾아 파리시내를 헤매다가 블로뉴공원 인근에 있는 위생병원에 일자리를 구했다. 그는 이 병원에서 환자를 들것에 싣고 이 병동에서 저 병동으로 옮기는 일을 했다. 그는 열심히 일하여 곧 병원측의 신임을 얻어 오전근무만 하고 대학에 다닐 수 있었다.

그는 밤을 새워 공부했다. 당시 파리대학의 졸업은 무척 어려웠다. 전공학과 과목 중 4개 과목을 2년 내에 수료하면 졸업을 할 수 있었는데, 4개 과목을 선택하여 필기시험에 합격해야 구술시험에 2번 응시할 수 있었다. 그때 파리대학 문학부 철학과에서는 〈일반철학 및 논리학〉·〈고대철학사〉·〈중세철학사〉·〈근세철학사〉·〈심리학〉·〈윤리학〉·〈사회학〉·〈미학〉·〈과학철학〉을 강의하고 있었다. 그는 난생 처음 대하는 서양철학의 기초공부를 일 년 간 부지런히 공부했다.

그는 여름방학이 되자 이듬해 봄고사에 응시할 준비를 했다. 그는 혼신의 노력을 쏟은 끝에 1925년 3월 심리학의 필기시험과 구술시험에 합격했다. 이에 자신감을 얻은 그는 하기고사 때 일반철학 및 논리학 과목에 응시했으나 필기시험에서 고배를 마셨다. 그는 다시 분발하여 이듬해 봄엔 사회학·윤리학을, 여름엔 일반철학 및 논리학·과학철학 과목에 응시하여 수료증을 얻었다. 그는 무서운 노력으로 4개 과목을 이수하면 졸업할 수 있는데도 5개 과목을 이수했던 것이다. 그는 3년 만에 파리대학 문학부를 졸업하고 파리 인근의 지방은행에 다니며 파리대학 대학원에 진학하여 근세철학을 연구했다.

3. 제1회 반제국주의동맹대회 참가[7]

그가 대학원에 진학한 4개월 뒤 벨기에의 수도 브뤼셀에서 제1회 세계반제국주의동맹대회가 열렸다. 브뤼셀의 에그먼 궁전에서 제1회 피압박민족 반제국주의동맹대회가 열린 것은 1927년 2월 5일이었다. 반제국주의동맹은 2년 전에 조직된 것으로 독일 베를린에 본부를 두고 있었다. 이 동맹은 1926년 8월 독일 베를린에서 제1회 대회를 갖기로 했으나 강대국의 방해로 한 해 연기되어 브뤼셀에서 열리게 된 것이다.

파리대학 대학원에 재학중이던 김법린은 독일유학생 이의경(李儀景)·이극로(李克魯)·황우일(黃祐日)과 신문기자 허헌(許憲)과 함께 조선대표로 참석했다. 이 대회에는 인도의 네루, 아프리카의 셍고르, 일본의 가다야마 등 21개국의 대표 147명이 모였다. 예비회의가 열린 첫날 이집트·인도·중국·조선·월남·아프리카·중미 대표의 연설이 있었다.

김법린은 유창한 불어로 일제의 만행을 규탄하고 조선독립의 필요성을 역설했다. 그의 논리정연하고 당당한 웅변은 망국의 통한을 같

---

7) 앞과 같음.

이하는 각국 대표들에게 큰 감명을 주었다. 김법린을 위시한 조선대 표들은 본회의(2. 10~14일)가 열리자 ① 일제는 하관조약(下關條約)에 보장된 조선의 독립을 즉각 실현할 것 ② 총독정치를 즉시 중지할 것 ③ 상해임시정부를 승인할 것 등을 의안으로 제출했다.

하관조약(일명 馬關條約)은 1895년 4월 청국과 일본이 체결한 것이 다. 당시 동학농민전쟁을 평정한다는 구실로 조선에 출병했던 청일 양국은 청일전쟁 끝에 청국이 패했다. 이 결과 청일 양국은 '조선이 완전한 자주독립국임을 확인한다'는 하관조약을 체결했다. 이후 일본 은 하관조약을 무시하고 조선을 독차지했다.

김법린을 비롯한 조선대표들의 제안은 약소민족대표들의 공감을 얻었으나 의장단은 중국·인도·이집트 문제만을 취급하려 하였다. 김법린은 조선 문제를 정식 의제로 상정할 것을 강력히 주장했다. 이 요구가 관철돼 정식 의제 상정을 위한 표결을 하게 되었다.

조선대표들은 치열한 막후 공작을 벌였으나 투표 결과 3표가 모자 라 부결되었다. 이 대회는 2월 14일 마지막 회의에서 아시아의 문제 를 연구하기 위해 아시아민족회를 열고 위원 4명을 선정했다. 김법린 은 중국·인도·시리아 대표와 함께 아시아민족회 위원으로 선출되 었다. 이 사실은 당시 《동아일보》 1927년 3월 23일자 기사로 국내에 보도되었다.

김법린은 대회가 끝나자 프랑스로 돌아갔다. 8개월 뒤 브뤼셀에서 다시 반제동맹(反帝同盟) 제1회 중앙집행위원회 회의가 열렸다. 김법 린은 이 회의에 참석, '조선이 일제의 노예상태에 있음'을 폭로하고 조선의 독립을 위한 반제동맹의 지원을 호소했다.

얼마 후 김법린은 조선불교 중앙교단으로부터 '귀국하여 불교계를 위해 일해 달라'는 편지를 받았다. 그리고 서한 속에는 여비 6천원이 동봉돼 있었다. 함께 3·1운동을 하고 그가 상해를 떠나 프랑스로 유학을 갈 때도 경비를 보태 주었던 동지 김상호는 김법린의 반제동맹에서의 활동이《동아일보》에 보도되자 전국의 사찰을 돌며 여비를 마련해 김법린에게 보내 주었던 것이다. 이에 김법린은 프랑스에서 공부를 계속하고 싶었지만 불교계의 요청을 따르기로 하였다.

4. 귀국, 그리고 조선불교계 활동

김법린은 곧 귀국길에 올랐다. 그는 프랑스를 떠나 네덜란드 헤이그로 갔다. 그 곳에서 이준 열사의 묘소를 참배하고 조선의 독립을 위해 일생을 바칠 것을 엄숙히 맹세했다. 네덜란드에서 기차를 타고 시베리아를 거쳐 1928년 1월 14일, 마침내 그리던 고국에 돌아왔다.[8] 조국을 떠난 지 8년만의 일이었다.

김법린이 고학으로 파리대학을 졸업하고 문학사(文學士) 학위를 가지고 귀국하자 경남의 대본산 동래 범어사에서는 그 절의 명정학교와 강원출신인 김법린을 초청하여 1928년 2월 14일 하오 3시 범어사 불교강원에서 강연회를 개최하였다. 그는 여러 스님들의 환대 속에 귀국 후의 첫 사자후를 토하여 청중들로부터 많은 감동과 갈채를 받았다.[9]

김법린은 당시 불교계의 기관지였던《불교》사에 입사하여 학술부(學術部)를 담당하였다. 이 무렵 독일에서 귀국한 백성욱은 논설부에, 일본유학에서 돌아온 김태흡(金泰洽)은 학술부에, 그외 유엽(柳葉)·이용우(李用雨) 등도 함께 불교사에 입사하였다.[10]

김법린은《불교》지에〈근대철학의 비조(鼻祖) 르네, 데카르트〉[11]를

---

8) 위와 같음.
9)《불교》제145호, p.43. 1928. 3. 1.
10)《불교》제46·47합호, p.98. 1928. 5. 1.
11)《불교》제46·47합호, pp.15~19 ; 제48호, pp.12~19.

철아(鐵啞)라는 필명으로 두 번에 걸쳐 게재하였다. 이어 〈구미학계와 불전(佛典)의 연구〉[12]·〈12인연에 대하야〉[13]·〈읽헴의 종교론〉[14]·〈민중본위적 불교운동의 제창〉[15] 등을 역시 철아라는 필명으로《불교》지에 발표하였다. 그는 조선불교계에 서구 근대철학을 정력적으로 소개하기 시작하였다. 이처럼《불교》지와《일광》 등에 저술을 발표하는 한편 강연 활동도 활발하게 펼쳤다.

그는 귀국한 그 해(1928) 9월 16일 각황교당에서 〈인도철학사상에 대한 불교의 지위〉란 제목으로 강연을 하였고,[16] 다음 해(1929) 7월 21일에는 각황사 법회에서 〈불교윤회관에 대하야〉라는 제목으로 설법을 하였다.[17]

1929년 12월 4일 오후 7시반, 중앙불교학우회가 주최하고 중외일보사(中外日報社) 학예부가 후원한 학술대강연회가 경운동 천도교기념관에서 개최되어 대성황을 이루었다. 이 강연회에서 김법린은 〈개인의식과 사회의식의 차이〉란 연제로 강연을 하였다. 강연회에는 김법린을 비롯하여 서춘(徐椿)·이인(李仁)·이선근(李瑄根)도 강연을 하였다.[18]

김법린은 계속하여《불교》지에 〈회고와 전망〉[19]·〈유식20론(唯識二十論)의 연구〉[20]·〈정교분립(政敎分立)에 대하야〉[21]·〈블란서의 불

---

12)《불교》제49호, pp.14~23. 1928. 7. 1.
13)《불교》제50호, pp.11~21. 1928. 9. 1.
14)《불교》제52호, pp.21~26. 1928. 10. 1.
15)《一光》제2호.
16)《불교》제53호, p.86. 1928. 11. 1.
17)《불교》제63호, p.76. 1929. 7. 1.
18)《불교》제67호, p.71. 1930. 1. 1.
19)《불교》제79호, pp.8~15. 1931. 1. 1.
20)《불교》제96호, pp.18~27. 1932. 1. 1 ;《불교》제99호, 1932. 9. 1까지 4회에 걸쳐 연재.
21)《불교》제100호, pp.16~22. 1932. 10. 1.

교학〉[22]·〈종헌의 철저실행문제〉[23]·〈불교의 농촌진출에 대하야〉[24]·〈통제교정의 확립문제〉[25]·〈영혼과 육체〉[26] 등을 저술·게재하였다.

김법린은 불교전문학교에서 강의를 하는 한편 독일에서 귀국한 백성욱 및 조선불교청년회의 젊은 승려들과 힘을 모아 1929년 1월초 '조선불교선교양종승려대회'를 개최하는 데 크게 일조하였다. 이때 김법린은 승려대회를 발기했다는 이유로 경기도 경찰서에 피검되어 2주 간 고문을 받는 수난을 당하기도 하였다.

김법린은 1929년 2월 일본 고오베의 마쯔에이 보육전문학교를 나온 신여성 박덕순(朴德順)을 만나 결혼을 하였다. 박덕순은 기독교인이었으나 김법린과 결혼하면서 불교로 개종하였고 여성불교 모임인 마야부인회 초대 회장을 맡기도 하였으며 슬하에 5남4녀를 두었다.[27]

5. 만당과 조선불교청년총동맹

김법린은 제2회 반제국동맹세계대회의 초청장을 받고 참석하려 했으나 일경의 저지로 출국하지 못하였다.

1929년 4월 도쿄에서 이용조(李龍祚)가 학업을 마치고 귀국하자 김법린은 조학유·김상호·이용조 등과 더불어 불교계현실에 대한 비판을 하였다. 그리고 이들과 교류하면서 많은 토론 끝에 불교계의 모순과 불교청년운동의 부진을 극복하기 위해 '순교(殉敎)' 정신을 가진 동지들을 포섭해 '비밀결사'를 조직하기로 합의하였다. 그리하여

---

22) 《불교》 제100호, pp.64~70.
23) 《불교》 제101·102합호, pp.2~6. 1932. 12. 1.
24) 《불교》 제103호, pp.19~23. 1933. 1. 1.
25) 《불교》 제105호, pp.16~20. 1933. 3. 1.
26) 《불교》 제107호, pp.17~22. 1933. 6. 1 ; 《불교》 제108호, pp.19~24. 1933. 7. 1에 연재(벨크손 著, 김법린 번역).
27) 〈범산김법린선생〉《대중불교》, p.33. 1922년 6월호.

1930년 5월경 조학유·김상호·이용조와 1차 결사를 하고 조은택 등 4명을 영입한 2차 결사, 그리고 박영희·박윤진·강유문·박근섭·한성훈·김해윤 등의 불교전문학교 학생들을 포섭한 3차 결사가 있었다.[28]

만당은 일본에 유학하고 있는 조선불교계의 청년승려들을 규합하고자 일본지부 조직이란 사명을 띠고 동경으로 건너가 만당 동경지부를 조직하였다.

동경지부의 당원은 최범술·허영호·장도환 등이었고 지부장은 김법린이었다.[29] 그는 만당 동경지부장으로 일하면서 구택대학에서 범어와 인도철학을 공부하였고, 1932년 3월 일본에서 귀국해서 월간지 《불교》의 주간으로 취임하였다.

1932년 12월 11일, 총동맹에 소속된 '재경청년법려(在京靑年法侶)들이 교정 전반의 조사연구와 지도혁신을 위한 목적으로 상설기관인 교정연구회의 발기회를 교무원에서 개최하였다. 이 회의에서 준비위원 5명을 선출하였는데 김법린도 준비위원의 한 사람으로 선정되었다.[30]

1933년 2월 20일 오후 4시, 중앙교무원에서 교정연구회(敎政硏究會) 창립대회가 개최되었다. 이 대회에서 김법린은 회장에 선출되었고, 총무부장에 강재호, 조사부장에 장도환(張道煥), 연구부장에 허영호(許永鎬)가 선출되었다.[31]

1932년 가을부터 만당에도 문제가 생겨 침체하기 시작하였다. 당원간에 의견충돌이 생기고 만당의 첫 결사 당원이었던 김상호가 만당의 결의를 무시하고 교무원 이사로 진출하였다. 거기에 총동맹의 2

---

28) 이용조, 〈내가 아는 만자당사건〉《대한불교》 55호, 1964. 8. 30.
29) 위와 같음.
30) 〈교계소식〉, '조선불교敎政연구회 발기회록'《불교》 제104호, p.62. 1933.
31) 《불교》 제106호, p.56. 1933. 4. 1.

대 중앙집행위원장이었던 허영호의 입장을 옹호하던 김법린은 교무원 이사들과 갈등을 일으켰고 그 여파로 1933년 7월경 《불교》지가 폐간되었다. 그리고 1933년 중순 최범술의 제안으로 만당이 해체되었다. 《불교》지가 폐간되면서 그 주필로 있던 김법린은 실직하고 최범술이 주지로 있는 사천 다솔사로 내려갔다.

김법린은 다솔사강원과 광명학원에서 강의를 하였고 1935년 다솔사강원과 해인사강원이 합병되자 해인사강원에서 강의를 하였다.

만당이 1938년 일제에 노출되자 김법린·최범술·장도환 등이 일경에게 검거되어 고난을 당하였다. 그러나 증거불충분으로 다행히 기소되지 않고 마무리되었다.

후일 김범부는 김법린에 대해 이렇게 회고하였다.

> 돌이켜 보면 범산(김법린의 호)의 평생은 투지로 애달아 있었다. 그는 파리대학에서 르 로와 교수한테 벨그송을 배운 수재 철학도였지만 프랑스유학은 오히려 광복운동에 그 목적이 있었을 것이다. …… 특히 불교운동은 교권 운동으로서가 아니라 그것은 독립운동의 일부분이었다. 내가 범산을 안 것도 그 무렵 한용운 씨가 운영하는 《불교》지의 주간으로 있을 때부터이다. 그 뒤 그와는 여형약제(如兄若第)한 사이가 되었고, 한때는 동거도 했으며 비록 감옥은 다를지라도 같은 시기에 옥살이도 했다. 그러니까 일제 말기 왜경이 한창 과민할 때 범산과 나는 사천 다솔사에서 그 곳 주지이며 동지인 최범술과 더불어 학원을 경영하고 있었다. 범산은 역시 원장(다솔강원)으로 있으면서 틈틈이 불경과 한국역사를 교수하며 조국정신을 고취하기에 진력하였다. 우리 셋은 비록 도원결의를 한 것은 아닐지라도 형제나 진배 없었고 또 세상 사람들이 그리 불렀다. '범산'은 호요, '범술'은 아명이며, '범부'는 내 자(字)이건만 우연하게도 무슨 돌림자를 쓴 것처럼 일치된 것은 사실이다.
> 프랑스 계통의 유수한 철학자요, 어학에도 수개 국어에 능통하며 또 불교교학에 대해서도 웬만한 견해를 겸비한 범산이건만 다만 저술이 없음은 여간 유감스러운 일이 아니다.[32]

6. 조선어학회사건

일제는 1929년 벽두 원산에서 발생한 노동자 파업을 4개월 만에 겨우 진압하고는 3·1운동 이래 가면적으로 실시해 온 이른바 문화정치의 허울을 벗어 던졌다. 이러한 상황 속에서 일제에 말살돼 가는 민족문화를 수호하려는 국학진흥운동이 활발히 벌어졌다. 전국 곳곳에서 조선어보급과 문맹퇴치운동이 전개되었다. 우리말을 지키려는 운동이 거세게 일어나자 조선어연구회(1921년 발족)는 조선어 사전을 편찬키로 했다.

수표동 회관에서 각계 인사 107명이 발기하여 조선어사전편찬회가 조직된 것은 1929년 10월 31일이다. 이날 발기대회에서 준비위원 32명을 뽑고 이들 가운데에서 집행위원 5명을 선정했다.

김법린은 방정환(方定煥)·이시목(李時穆)·이우식(李祐植)·최현배·이희승(李熙昇)·이극로(李克魯)·이광수 등과 함께 조선어사전편찬회 준비위원이 되었다. 김법린은 프랑스에 유학할 때 한동안 불어를 잘 몰라 온갖 시련을 겪은 경험이 있기 때문에 우리글과 말의 소중함을 뼈저리게 느끼고 있었다. 그는 일제의 탄압으로 잊혀져 가는 '민족혼'을 갈고 닦는 일의 일환으로 조선어사전편찬에 노력을 쏟았다. 당시의 일을 한글학자 이희승은 이렇게 회고한 바 있다.

> 조선어사전편찬회는 맞춤법 통일·표준어 사정·외래어 표기법을 먼저 제정키로 했어요. 김법린은 프랑스어와 불교용어 심의와 자문을 맡았어요.
> 김법린은 이극로의 권유로 조선어사전편찬에 관계했고, 이극로는 독일 유학을 마치고(1929) 4월에 조선어연구회에 가입했었지요. 김법린과 이극로는 반제동맹대회(1927)에 같이 조선대표로 참가하여 친밀한 사이였지.[33]

---

32) 《대한일보》 1968. 3. 18.

김법린은 가족을 이끌고 최범술이 주지로 있는 경남 사천군 다솔사로 내려가 있을 때 그 곳 불교전문강원에서 학인들에게 강의를 하면서 민족사상을 고취시켰다.

"조선 사람이 조선말을 모르면 조선 사람으로서 자각을 잃어버리게 된다."

"우리 민족은 4천 년의 긴 역사와 문화를 가지고 있다. 그대들은 이를 명심하여 조선 불교진흥에 힘쓰라."

1935년 다솔사강원과 해인사강원이 합병되자 김법린은 해인사 불교전문강원에서 1년2개월을 봉직하다 동래 범어사 전문강원으로 옮겼고, 1937년 1월에는 범어사 불교전문강원의 학감 겸 강사로 취임하였다.

김법린은 1938년 만당사건으로 진주경찰서에 피검되어 3개월 간 수감생활을 하며 고초를 겪었다. 그런데 1942년 10월 1일, 조선어학회사건이 터졌다. 함남 홍원(洪原)경찰서는 홍원에서 함흥으로 통학하는 영생(永生)여학교 여학생들이 주고받는 말에서 꼬투리를 잡았다. 여학생들의 대화 속에 '무궁화·독립' 등의 말이 있었기 때문이다.

홍원경찰서 형사는 한 여학생의 일기장을 들춰 이 여학생을 문초했다. 그 결과 한때 영생여학교에 재직했던 정태진(丁泰鎭)에게서 조선독립에 대한 영향을 받은 것이 드러났다. 그 무렵 정태진은 조선어학회에서《조선어사전》을 편찬하는 일을 맡고 있었다. 홍원경찰서는 조선어학회를 독립운동단체라 단정하고, 1942년 10월 19일 김법린을 잡아갔다.

이를 전후하여 최현배·이희승·이윤재 등 33명이 홍원경찰서로 붙잡혀 갔다. 이들은 홍원경찰서에서 매질·물고문·공전(空戰 : 손을

---

33) 〈항일 앞장선 불교지도자 범산김법린〉《부산의 선각자》(73).

허리 뒤에 묶고 목총을 끼운 뒤 높은 곳에 매달아 빙빙 돌리는 것) 등 일경의 악랄한 고문을 받았다. 김법린은 매일 형사들에게 불려나가 심문을 당했다.

그들은 김법린에게 "당신이 프랑스 파리대학에 유학할 때 반제동맹에 참석한 목적이 무엇인가?" "다솔사·해인사·범어사의 불교전문강원에서 학인들에게 민족의식을 고취했다면서……." "조선어학회는 왜 가입했느냐?" 등등을 추궁하며 괴롭혔다. 그렇게 1년 동안 온갖 고문과 심문을 받은 김법린은 1943년 9월 18일 최현배·이희승·이우식 등 16명과 함께 함흥지방법원 검사국에 기소되었다. 함흥에서 예심을 받던 이들 중 이윤재와 한징(韓澄)이 옥사했다.

장지연(張志淵)·정열모(鄭烈模)는 면소로 석방되고 나머지 12명은 본심에 회부돼 9차의 공판을 받았다. 김법린은 김도연(金度演)·김양수(金良洙)·이우식·이인(李仁)·이중화(李重華)·장현식(張鉉植)과 함께 1945년 1월 18일 각각 징역 2년·집행유예 3년을 선고받고 출옥했다.[34] 김법린은 조선어학회사건으로 2년3개월 간 수감생활을 하면서 일제측으로부터 혹독한 탄압을 받았다.

출옥한 김법린은 범어사에서 요양을 하며 일제의 패망이 멀지 않았음을 예감하고 있었다. 마침내 김법린은 출옥 7개월 뒤 일제의 36년 간에 걸친 무단적 식민통치가 끝나고 우리 민족이 광복되는 커다란 감격을 맛보았다.

7. 광복 후의 눈부신 활동

1945년 8월 15일, 가슴 벅찬 조국의 광복을 맞이하였다. 김법린은 8월 18일 급히 상경하여 조선불교혁신준비위원회를 조직하였다. 8월

---

34) 앞의 글, 《부산의 선각자》(75).

20일, 김법린은 최범술·유엽(柳葉) 등 건국청년당원 40여 명과 함께 조선불교 조계종 총본사인 태고사로 가서 종무총장 이종욱(李鍾郁)으로부터 종단운영권을 인수하였다.

김법린은 9월 22~23일 태고사에서 전국승려대회를 개최하였다. 여기서 박한영스님을 광복 후 첫 교정으로 추대하고 김법린은 중앙총무원장에, 최범술은 총무부장에 선출되었다.

김법린은 총무원장으로서 불교계 재건에 힘쓰는 한편 혼란한 해방 공간에서 나라를 위해 신탁통치반대 국민총동원위원회(위원장 권동진)의 중앙위원에 선출되었고(1945. 12. 29), 이어 임정이 주도하는 비상국민회의 최고정무위원에 선출되었다(1946. 2. 1). 계속하여 민주의원(1946. 2. 14)·입법의원(1946. 12. 6)을 역임하였다.

그리고 일제의 잔재를 뿌리뽑기 위해 일제 때 제정된 각종 악법의 철폐와 제도의 혁신을 기하였다. 먼저 사찰령의 철폐를 위해 1946년 7월 22일과 8월 27일 두 차례에 걸쳐 미군정장관 하지를 만나 사찰령폐지를 요구하였다. 그러나 불교계의 이 요구는 받아들여지지 않았다. 이에 1947년 3월 3일 총무원장이자 입법의원의 의원을 겸직하고 있던 김법린 외 19명은 사찰령·사찰령시행규칙·포교규칙·사원규칙의 폐지를 요구하였다.

총무원장 김법린은 사찰의 토지재산을 기반으로 하여 불교육영재단인 재단법인 불교중앙교원을 설립하여 이사장에 취임하였다.

정부 수립 후인 1948년 9월, 김법린은 대한민국 정부의 감찰위원으로 취임했다. 불의와 타협할 줄 모르는 대쪽 같은 성격의 김법린은 건국 초기의 행정부 기강을 바로 잡으려고 노력했다. 또 그는 광복 후 재조직된 조선불교청년회의 회장이 되었고, 그 해 12월에는 총무원장직을 사임하였다.

1949년 1월 20일, 김법린은 조선불교 중앙총무원의 교정위원 12명

중 한 분으로 위촉되었다. 서릿발 같은 기개와 여러 분야에 해박한 지식을 가진 김법린은 1949년 4월 고등고시위원을 겸직하였다. 이처럼 불교계와 행정부에서 1인 다역을 맡아 활동하고 있을 때 1950년 비극의 6·25전쟁이 일어났다.

그는 임시수도 부산 동대신동에 거처를 마련하고 감찰위원회(현 부산시청)에 출근하며 어렵게 살았다. 그러자 주위에서는 그가 프랑스유학을 했으니 이 곳에서 고생하지 말고 주불대사(駐佛大使)로 갈 것을 권하였다. 당시는 프랑스어를 유창하게 구사할 수 있는 인재가 드물었던 시대였으므로 그가 원한다면 주불대사로 갈 수 있었다. 그러나 그는 '모든 국민들이 전쟁으로 고생하고 있는데 혼자만 편하게 지낼 수 없고 해방된 조국에서 살고 있다는 사실만으로도 행복하다'면서 단호하게 거부했다.

김법린은 1952년 2월 고시위원장이 되었고 8개월 뒤 제3대 문교부장관에 취임하였다. 그는 전시하에 놓여 있는 교육문제를 해결하고자 '전시문교(戰時文敎)·건국문교·독립문교'를 교육행정의 지표로 내세웠다. 그는 문교부장관 재임중인 1953년 1월 유네스코 한국위원회 초대 위원장이 되었고 같은 해 4월에는 동국대학교의 명예교수가 되었다.

김법린이 6개월 정도 장관에 재직하고 있을 때인 1953년 4월 한글파동이 발생했다. 한글파동은 이승만 대통령이 구철자법을 쓰자는 고집을 부려 일어난 것이다. 이에 학계와 일반 국민들은 연로한 대통령의 옹고집에 격렬하게 반대하였다. 대통령의 완고함과 국민들의 열화 같은 반대 여론 사이에서 괴로워하던 김법린은 국어심의위원회를 만들어 중재에 노력하였다. 그러나 이대통령이 한글 간소화를 강행하려 하자 그는 재직 1년 4개월 만인 1954년 1월 문교부장관직을 사임하였다.

그는 1954년 5월 20일 실시된 제3대 민의원선거에 경남 동래에서 출마하여 당선되어 국회 문교위원장이 되었다. 이어 한불문화협회장(55. 4), 국사편찬위원(55. 6), 자유당 원내 총무(56. 6)를 역임하였고, 1958년 6월에는 서울신문 사장에 취임하였다. 같은 해 11월에는 유네스코 제10차 파리총회 한국수석대표로 참석하였으며, 1959년 1월에는 초대 원자력 원장이 되었다.

환속한 전직 승려이자 제헌국회의원과 사회부장관을 역임한 전진한(錢鎭漢)은 김법린과 죽마고우였다. 전진한은 김법린에 관해 다음과 같이 회고한 적이 있다.

해방이 되자 범산(김법린)은 불교 총무원장의 직책을 맡는다. 불교계를 대표하여 각 방면에서 눈부신 활동을 했으며, 나는 청년운동을 벌여 공산당과 싸울 때 태고사를 본거로 하여 밥도 얻어 먹고 잠도 자면서 범산의 비호 아래 활동했었다. 그 후로 나는 이박사(이승만)와 틀려서 야당을 했고, 범산은 자유당을 했지만 인간 범산과 나와의 우정은 변함없었으며, 우리는 항상 나라 걱정을 함께 하였던 것이다. 그때 범산은 나의 야당생활을 가리켜 "당신은 꾀가 많다"고 하면서 범산 자신이 자유당에 머무는 것은 그 당당한 세력에 연연해서가 아니라 이박사가 자기를 알아 주는 지인의 정을 못 이겨 떠나지 못하는 것이라고 하였다……

그 동안 수많은 정객과 인사들을 대해 보았지만, 범산 같은 분은 또 찾을 수가 없을 것이다.

범산은 첫째로 공정무사했다. 무엇이든 하는 일만 보고 나가지 자기의 입장이나 설자리는 생각하지 않았다. 나는 늘 내가 '설자리'를 노리고 있는데 반해서 범산은 항상 자기를 떠나 일을 해나갔고 그의 식견과 이론은 항상 자기에서 초연한 것이었다.

범산이 정계를 떠나 학교로 갈 때 나는 한사코 말렸으나, 정치보다 학교로 가겠다는 범산을 어찌할 수가 없었다. 그 후 나는 국민의당 통합을 싸고 어려운 일에 부딪혔을 때마다 범산의 힘을 아쉬워했던 것이다.

둘째로 범산은 솔직하고 담백한 사람이었다. 나는 솔직히 말해서, 정계에서나 어디서나 속마음을 털어놓고 얘기할 수 있는 사람은 범산밖에 없었던 것이다.
  셋째로 범산은 후덕한 사람이요, 총명한 분이었다. 무릇 사람이란 그 인품을 훌륭하다고 들어오다가 직접 그 사람을 접하게 되면 인품이 깎여지면 깎여졌지 더 훌륭하게는 느껴지지 않는 게 당례이나, 범산만은 그 분을 직접 가까이 하면 할수록 그의 높은 덕을 더욱더 우러르게 하였다.[35]

  김법린은 1963년 7월 30일, 불교중앙학림의 후신인 동국대학교에 총장으로 부임하였다. 그는 남은 정열을 불태우듯 동국대학교의 발전을 위해 쉬지 않고 일하였다. 학교의 재정확충을 위해 '사찰임야개발계획'을 세웠고 학생들의 소리에 귀기울이고자 '가이던스 센터'를 개설하였다. 7개 국어를 자유자재로 구사하는 김법린은 학생들의 어학실력 향상을 위해 '외국어연구원'을 신설하였고, 불교문화재를 보호하고 발굴 연구하기 위해 '대학박물관'을 개설하였다. 또한 현대인의 정신 건강을 참선으로 유지하고 불타의 지혜를 기르자며 '대학선원'을 최초로 창설하였다. 이 밖에도 학사증축계획·기숙사 건립 등 김법린은 정열적으로 동국대를 위해 헌신적으로 노력하였다.
  총장 취임 후 많은 업적을 쌓아나가던 김법린은 취임 8개월 만인 1964년 3월 14일 밤 9시 50분 심장마비로 급서하였다. 그의 장례는 동국대학장으로 많은 사람의 애도 속에 3월 18일 우이동 장지에서 불교계·학계·정계 등 여러 분야의 많은 이들이 지켜보는 가운데 치러졌다.[36] 정부에서는 1995년 김법린이 일제의 식민통치 기간에 3·1운동, 만당, 조선어학회사건 등으로 지속적인 조국독립운동을 한 공적을 기리어 건국훈장 독립장을 추서하였다.[37]

---

35) 〈범산김법린선생〉《대중불교》, p.35. 1992년 6월호.
36) 〈범산김법린동대총장서거〉《대한불교》 제49호, 8면. 1964. 4. 1.
37) 국가보훈처, 〈김법린공적조서〉, 1995. 7.

제4장
박영희스님의 항일투쟁

1. 운명적인 해후, 황준성과의 만남

응송(應松) 박영희(朴暎熙, 1893~1990)스님이 항일투쟁에 뛰어든 것은 청소년시절인 1908년경이다. 그의 출생년도는 자료에 따라 조금씩 다른데, 한말에 작성된 민적부(民籍簿)에 의하면 개국(朝鮮開國) 502년(明治 26년)으로 기재되어 있다. 서기로 환산하면 1893년이다. 그의 출생일은 해방 후 작성된 호적부에도 역시 1893년 1월 1일로 되어 있으나, 이정(李政)이 편찬한 《불교인명사전》(1993년, 불교시대사)에는 1892년 1월 1일로 수록되어 있다.

민적부의 기록에 의하면 응송스님은 전라남도 완도군 내면 죽청리 836번지에서 아버지 박치준(朴致俊)과 어머니 박수업(朴受業)의 둘째아들로 태어났다. 그의 본관은 밀양박씨였고 어머니는 함양(咸陽)박씨였다. 그런데 해방 후 작성된 호적부에는 그의 어머니 이름이 박수엽(朴受葉)으로 기재되어 있다. 이는 옮겨 적는 과정에서 바뀐 것으로 보인다(박영희의 호적은 1975년 6월 28일 멸실 우려로 재작성됨). 민적부에 기록된 응송스님의 이름은 포길(包吉)이다.

응송스님은 어린시절 남해의 섬지방인 완도의 향교(鄕校) 명륜당에서 한학(漢學)을 배웠다. 그때는 '철글'이라 하여 겨울과 봄 5~6개월 동안 공부를 하였는데 그는 명륜당에서《명심보감》과《사서(四書)》를 배웠다. 이 곳에서 2년 가량 공부하던 중 그는 완도로 유배온 대한제국군 참령(參領) 황준성(黃俊聖)을 만난다. 그 해후는 구한말시대, 머나먼 남해안의 섬지방에 살던 열여섯 살 시골 소년의 일생을 바꾸어 놓은 운명적인 만남이었다.

유형지에 온 무관 황준성은 완도의 명륜당에서 소일 삼아 학생들에게 글을 가르쳤다. 황준성은 글을 가르치면서 일본인의 횡포와 멸망해 가고 있는 혼란한 나라 이야기를 하면서 곧잘 비분강개하였다. 밤이면 장탄식을 하면서 풍전등화와 같은 조국을 걱정하는 망국의 신하 황준성에게 박포길(응송스님의 첫 호적명)은 깊이 매료되었다. 그리하여 그는 스승 황준성을 따라 독립투쟁의 길에 들어서게 된다. 응송스님이 항일운동을 시작한 전후사를 이해하려면 당시의 의병활동과 대한제국군의 해산 및 황준성에 대해 알아볼 필요가 있다.

2. 대한제국군의 해산과 황준성

을미사변(1895) 이후 도처에서 봉기했던 유림(儒林) 중심의 의병들은 1907년 8월 1일 해산당한 대한제국의 군대가 합류함으로써 새로운 전기를 맞게 된다.

군대해산조칙(1907. 7. 31)이 내려진 다음 날, 도수연습(徒手鍊習 : 맨손훈련, 즉 무장해제)이 훈련원에서 있을 것이란 거짓 명령에 맨몸으로 훈련원에 모인 조선왕조의 마지막 군인들을 일군 장교와 함께 나타난 군부협판(軍部協辦) 한진창(韓鎭昌)이 은급(恩給)이란 명목으로 약간의 지폐를 나누어 주고는 그 자리에서 군모와 견장·패검(佩劍) 등을 빼앗고 강제 해산시켰다. 이때 이들의 주위에는 이미 일군 보병과 기병이 총검을 겨누며 포위하고 있었다. 어이없이 졸지에 강제 해산당한 한국군들은 은급으로 받은 지폐를 내동댕이치며 통곡하고 몸부림을 쳤다.

한편 시위(侍衛) 제1연대 제1대대장 박승환(朴勝煥)은 7월 31일 일본군 사령부로 모이라는 명령을 받고도 칭병하고 불참하였다. 그는 다음 날 치욕의 군대해산명령이 떨어진 것을 듣고 격분하여 의자를 부수며 통곡한 후 권총으로 자결하였다. 그의 비통한 죽음이 해산당한 군인들에게 알려지자 그들은 봉쇄한 무기고를 파괴해 무장을 하고는 일본군과 교전을 시작하였다. 그러나 그들의 항전은 미리 용의주도하게 대비하고 있던 일본군의 반격으로 중과부적으로 2백여 명의 사상자를 내는 참극으로 끝났다. 이후 군인들은 각처의 의병들과 합류하여 무장투쟁을 벌였고, 원주진위대(原州鎭衛隊)·강화진위대 등의 지방 군인들도 봉기하였다.

황준성(黃俊聖 : 1867~1910, 異名 俊性)은 전북 진안(鎭安) 사람으로 1907년 군대해산 당시 대한제국군 참령(參領)으로 있으면서 일제의 군대해산에 반대하여 항쟁하다가 체포되었다.

1908년 1월 28일에 소위 '내란' 혐의로 유형 10년을 언도받고 전남 완도로 유배되었다. 이 유배 중 황준성은 완도 향교 명륜당에서 아이들에게 글을 가르쳤고, 응송스님은 열여섯 살의 소년으로 그를 만났던 것이다.

3. 소년의병이 되다

박포길은 황준성의 제자 중에는 숙성한 편에 속하여 곧잘 스승과 대화를 나누었다고 후일 회고하고 있다.

"포길아! 내 나라는 내가 지켜야 하는 것이다. 가만히 있는다고 해서 누군가가 내 나라를 찾아 주는 것은 아니야. 답답하구나. 무관이 앉아서 글이나 읽고 있어야 하다니……."

스승 황준성의 독립의식은 포길에게도 커다란 영향을 주었다. 그 무렵 전남 각지에서 의병이 봉기하고 있었다. 황준성은 몰래 해남 등지로 드나들며 의병들을 만나곤 하였는데 포길이는 그것을 눈치채고 자기도 스승을 따라 의병이 되겠다고 간청하였다.

스승은 어린 제자의 갸륵한 뜻을 받아들였다. 국가보훈처에서 편찬한 《독립유공자공훈록》에 의하면 황준성의 독립투쟁에 대하여 이렇게 기록하고 있다.

> 전남 완도에 유배중에 전남 각지에서 의병이 봉기함을 듣고 탈출하였다. 그리하여 강성택(姜成宅) 의병장의 부하 수십 명과 함께 각각 총기로 무장하고 고금(古今)·청산(靑山)·여호(麗湖)의 여러 섬과 해남군(海南郡) 화이면(花二面)의 각 부락에서 활동하였다.
> 1909년 7월 완도군(莞島郡) 북종면(北從面) 이진리(梨津里)에서 의병장 추기엽(秋琪燁) 등을 부장으로 삼았다. 그는 의병진을 총과 창검으로 무장하게 하고 친일 일진회(一進會) 회원 박원재(朴元在)와 일본 헌병의 밀정인 진태진(陳泰鎭)을 총살하였다. 대둔사(大屯寺 = 大興寺)·미황사(美黃寺)를 중심으로 활동하던 중 일수비대의 야습을 받고 패전하여 피신하여 있다가 1909년 12월 7일 피체되었다(《독립유공자공훈록》 제8권, p.550).

응송스님이 소년의병이 되어 활동하던 당시의 상황을 1984년에 여성지(《여성백과》 1984년 7월호) 인터뷰 기사(노수민, 살아 있는 의병 응송스님)에서 대략 다음과 같이 회고하고 있다.

즉 1908년 음력 5월 중순 어느 날 밤 황준성과 박포길은 명륜당을 빠져나가 완도 북평면 어느 집 마당에서 출사식(出師式)을 가졌다. 그 날 밤 황준성 대장은 작전계획을 세우기를 무기와 훈련이 부족한 의병이 일본군을 상대로 싸우기에는 산악전이 유리하다고 결정하였다.

작전상 조건이 가장 유리한 대흥사(大興寺 : 전남 해남 소재) 심적암(深寂庵)을 그 본부로 정하였다. 해남 읍호리의 이씨 집에서는 백미 두 섬과 소 한 마리를 내놓으며 의병의 사기를 돋우기도 하였다.

5월 21일, 심적암에서 모든 준비를 끝내고 일본수비대에 선전포고를 하였다. 의병 30명으로 보초를 세우는 등 황준성 대장은 일본헌병수비대의 기습에 대비해 만반의 준비를 갖추었다. 선전포고를 받은 일본수비대는 병법에 밝은 무관 출신 황준성이 대장이라는 점을 감안하여 대흥사로 정찰대만 파견하고 공격은 가하지 않았다. 일군측에서 아무런 반격의 기미를 보이지 않자 22일 새벽녘 보초들은 '이상 없음'을 황대장에게 보고했고 황대장은 보초를 철수시켜 취침하도록 명했다.

취침 후 30분도 되지 않아 별안간 심적암 남쪽에서 총성이 나더니 탄환이 빗발치듯 쏟아졌다. 역습·포위당한 것이다. 심적암은 순식간에 탄연(彈煙) 속에 휩싸이고 아비규환의 수라장이 되고 말았다.

박포길은 황준성 대장을 모시고 그의 호신병과 함께 그 곳을 탈출하여 백미와 소를 내어놓았던 해남 읍호리 이씨댁으로 피신하였다. 황준성은 사태수습책을 의논하면서 이렇게 말하였다.

"내가 군대 해산 때 자결이라도 했어야 할 터인데 공연한 망상으로 이렇게 되고 말았으니 저승에 가서 선배들의 영전을 무슨 낯으로 대하겠는가? 나로 인해 많은 사람들이 고통당하는 것을 원치 않으니 나는 자수할 것이다."

응송스님은 의병장 황준성이 '자수할 것'이라고 회고했으나 앞에서 보았듯이 그는 자수한 것이 아니라 피신 중 일본군에게 체포되었다.

체포된 황준성은 1910년 2월 20일 광주지방재판소 목포지부에서 소위 폭동 및 모살(謀殺)로 교수형을 받아 장렬하게 순국하였다. 정부에서는 고인의 공훈을 기리어 1986년에 건국훈장 독립장을 추서하였다(국가보훈처,《독립유공자공훈록》제8권, p.550).

황준성의 죽음에 대해 《불교신문》 1989년 3월 1일자의 3·1절 70주년 특별취재 기사에서는 '전사'라고 기록하고 있다. 엄밀한 의미에서 황준성은 일본인들에 의해 사형이 집행되었으므로 '순국'이라 표현하는 것이 더 정확하다. 항일무장투쟁 끝에 최후를 맞았으므로 넓은 의미에서는 '전사'라고도 할 수 있으나 정확한 사실의 표현은 아니다.

황준성은 피신중 호신병에게는 먼 시골로 잠적하여 농부가 되라고 하였고 응송스님(박포길)에게는 입산하여 승려가 되라고 하였다. 포길이는 대장 황준성과 생사를 같이하겠다고 하였지만 황준성은 이를 만류하였다. 젊은이들의 희생을 막고 홀로 모든 책임을 지고 죽기를 각오한 끝에 내린 고심참담한 결정이었을 것이다.

죽음을 예감하며 초연하게 생의 마지막을 기다리는 의병장 황준성과 호신병, 그리고 소년의병 포길이는 이승에서의 영원한 헤어짐이 될 작별의 정을 나누고 각기 피신의 길을 나섰다.

포길은 일본군의 눈을 피해 걸어서 강진 외가댁으로 갔다. 그는 1년 가량 숨어다니면서 이름을 박학규(朴鶴珪)로 바꾸었다. 소년 포길에게 있어 청소년시절의 이 경험은 그에게 조국과 민족의 자주독립에 대해 지울 수 없는 강렬한 의식을 심어 주었고 그러한 정신적 각인은 훗날 3·1운동과 만주에서의 항일투쟁·만당사건 등으로 이어졌다.

4. 대흥사에서 입산출가

비록 비극으로 끝나긴 했지만 소년의 몸으로 의병항쟁에 뛰어들었던 어린 의병 포길이는 박학규라는 또 하나의 이름으로 강진 등지를 떠돌며 피신생활을 하다가 다시 해남으로 돌아왔다. 그리고 곧 불교에 입문하여 대흥사의 사미승이 되었다. 강진 외가 쪽에서 1년 가량 떠돌았다는 그 자신의 회고가 정확하다면 1910년 겨울 무렵 해남 어딘가로 왔을 것이며, 아마 완도에는 발도 들여놓지 못했을 것이다. 설혹 고향집에 들렀을지라도 그것은 일본관헌의 눈을 피한 잠행이었을 것이다.

이 사건 이후 그는 포길이라는 이름을 버렸고, 의병 출신의 청년 박학규로 변신하여 승려가 되었고, 해남 대흥사의 사미승 시절 이래 박영희(朴暎熙)라는 또 다른 이름을 쓰기 전까지 박학규라는 성명으로 살았다.

응송스님은 1908~1909년의 의병투쟁을 회고하면서 그 자신을 '심적암사건의 주모자'라고 지칭하고 있으나 아마 그것은 과장된 표현으로 여겨진다. 명륜당의 어린 학생에 지나지 않은 실패한 소년의병 하나가 일본관헌들에게 그렇게 놀라운 '불령선인(不逞鮮人)'은 아니었을 것이고, 또 당시도 일제가 조선을 합병하기 전이었으므로 조직적이고 계속적인 의병 추적도 어려운 상황이었을 것이다.

어쨌든 그는 별다른 제약 없이 완도와 지적간인 해남에서 승려가 될 수 있었고 초기 입문과정도 무사히 치를 수 있었다. 그리고 그 후 심적암사건으로 일본관헌에게 괴로움을 당했다는 어떤 후일담도 없는 것으로 보아 그의 첫 항일투쟁은 그 자신에게 있어서는 새로운 세상에 눈뜨게 하는 '경천동지'할 커다란 일이었겠지만 세인과 일제관헌들 사이에는 어린 연루자로서 쉽게 잊혀진 존재가 되었을 것이다.

1908~1909년의 황준성 의병투쟁은 후일 《완도군지(莞島郡誌)》(p.258. 1977. 6. 30) · 《전라남도지(全羅南道誌)》(제1권, p.115. 1982. 11. 5) · 《명치백년사총서(明治百年史叢書)》(金正明, 1권, p.84) · 국가보훈처의 《독립운동사》(1권, p.645)와 《독립운동사자료집》(별집, 1권, p.795, pp.920~925) 등에 자세히 수록되어 당시의 항일투쟁을 잘 보여 주고 있다. 그런데 황준성의 무장투쟁에 참여한 응송스님의 행적은 그의 독립공적을 기록한《독립유공자공훈록》(국가보훈처, 제6권, pp.625~626)에는 단 한 줄도 기록되지 않아 아쉬운 감이 있다.

　박학규는 행자생활을 마치고 1913년 1월 15일 대흥사에서 정서호 스님을 은사로 사미계를 받았다. 2년 가량 행자로 있으면서 기초교육을 받고 정식 승려가 된 것이다. 박학규는 행자와 사미승 시절, 대흥사에서 세운 대흥학교에 다녔다. 속가 제자 박동춘(朴東春)이 지니고 있는 응송스님의 유품 중에는 대흥학교 4학년 때 받은 우등증(優等証)이 남아 있다. 이 학교는 초등과정이었던 것으로 보이는데 그는 1914년(大正 3년) 6월 29일, 대흥학교장 임서룡(林瑞龍)으로부터 우등상장(우등증)과 함께 공책·연필·백로지 등을 받았다고 우등증에 기록되어 있다.

　이 우등증의 기록을 바탕으로 역산하면 박학규는 1910년 가을이나 겨울 무렵 대흥사의 행자가 되었고 그 다음 해(1911)부터 곧장 이 대흥학교에 입학하여 공부하였음이 확실하다. 그는 행자시절 절간의 기본법도를 배우는 한편 초등과정을 이수하였던 것이다. 더구나 완도의 명륜당에서《명심보감》과《사서(四書)》를 배운 그에게 있어서 대흥학교의 수업내용은 별로 어렵지 않았을 것이다.

　그는 대흥학교를 졸업하고 불교전문교육을 받았는데 앞에서 언급한 제자 박동춘이 쓴 응송스님의 출판되지 않은《자서전》초록에 의하면 그는 대흥사 강원에서 사교과(四敎科)를 수료했다고 기록하고 있다. 현존하는 그의 유품 속에는 당시 강원에서 기신론(起信論)을 수료한 증서가 있다. 교사는 허원응(許圓應)이고 수여 날짜는 1915년 (大正 4년) 8월 5일이며 끝에는 해남군 대흥사 강숙원(海南郡大興寺講塾院)이라 쓰여 있다. 대흥학교의 우등증이나 '기신론 수료증서'는 모두 한지에 붓글씨로 쓰여 있어 요즘의 인쇄된 상장보다는 훨씬 고졸한 느낌을 주고 있다. 우등증서에는 '대흥학교의 인'이란 사각형의 큼직한 도장이 찍혀 있고 기신론 수료증서에는 허원응스님의 사인(私印)이 찍혀 있다.

우리나라에서 승려가 경전과 불교논문을 공부하는 것을 이력(履歷)을 본다고 한다. 요즘에는 흔히 강원공부라고도 하는데 그 과정은 사미과(沙彌科)에서 아침·저녁 예불문(朝夕誦呪)·《사미율의》·《반야심경》·《예참》·《초발심자경문》·《치문경훈》을 1~2년 동안 배우고 그 다음 사집과(四集科)에서는 《서장(書狀)》·《도서(都序)》·《선요(禪要)》·《절요(節要)》를 2개년 동안, 이어서 사교과(四敎科)에서는 《능엄경》·《기신론》·《금강경》·《원각경》 등을, 그리고 대교과(大敎科)에서는 《화엄경》·《선문염송》·《경덕전등록》을 공부한다.

박학규가 1915년에 《기신론》을 수료한 것으로 보아 그는 행자 때 대흥학교에 다니면서 사미과와 사집과에 해당하는 과정을 이수하였고 대흥학교를 졸업하고는 사교과에 속한 제반 불교학을 공부하였던 것이다. 그 즈음 젊은 승려들에게도 신교육을 시켜야 한다는 교육사조가 조선불교계에 풍미했다. 각 사찰의 재정 형편이 닿는 대로 사찰 공비(公費) 학생을 선발해 서울로 유학을 시켰다.

대흥사에서는 3명을 선발하기로 하였는데 응송스님이 첫번째로 선정되었다. 스님은 대흥사 주지 백취운(白翠雲)스님에게 '공부 잘해서 장래 불교 발전에 많은 공헌을 하겠다'는 서약을 하고 곧 서울로 출발하였다. 당시는 교통수단이 발달하지 못해 도보와 기차·인력거 등을 이용해 서울 친구의 하숙집으로 찾아갔고 곧장 불교중앙학림의 학생이 되었다.

응송스님은 중앙학림 재학중 3·1운동에 참여함으로써 그의 생애에 있어서 두번째로 우리나라의 독립투쟁에 투신하게 된다. 따라서 응송스님의 이력 중 중앙학림에 진학하는 것은 황준성을 만난 후 최대의 변화를 맞는 계기가 된다.

그가 중앙학림에 다닌 것을 증빙하는 자료는 몇 가지가 있다. 그 첫번째는 본인의 구술자료가 있고, 문건으로는 1917년 3월 31일자로 된 사립 불교중앙학림(학장 金九河)의 포증서(褒證書)가 있다. 이 표창장은 중앙학림 제2회 예과(豫科) 수업 전부가 우등이기에 포상(褒賞)한다는 내용이 기록되어 있다. 이 상장은 꽃무늬 테두리와 큼직한 사각형의 도장이 두 군데나 찍혀 있어 제법 상장다운 형식을 취하고 있다. 그러나 테두리만 인쇄된 꽃무늬일 뿐 내용은 역시 붓글씨로 쓰여 있다.

그리고《조선불교총보》제3호(1917. 5)에 의하면 응송스님은 1917년 3월 26일에 거행한 수업식(修業式) 본과 제2회 진급생 명단에 박학규(朴鶴珪)라는 이름으로 기재되어 있다. 또 후일(1928) 중앙학림의 후신이자 불교전문학원의 전신이었던 중앙불교전수학교에 다시 입학하는데 그 학적부에 그가 불교중앙학림에서 수학했다는 사실이 입학 전의 학력난에 기록되어 있다.

5. 3·1운동에 앞장 서다

응송스님(박학규)은 1919년 한용운의 권유로 3·1운동에 참여해 만해(卍海)의 밀명을 민족대표들에게 전달하는 연락책을 맡았고 파고다공원의 만세시위에도 앞장섰다.

1919년 3월 1일, 파고다공원 육각정에서는 독립지사들이 독립선언문을 낭독하고 독립만세를 소리 높이 외쳤다. 운집했던 군중과 학생들은 만세를 외치며 종로를 거쳐 광화문 네거리에 이르렀다. 여기서 4개조로 나뉘어 1조는 총독부, 2조는 서대문, 3조는 정동 미영사관 앞, 4조는 남대문 쪽으로 행진을 했다.

　응송스님은 3조의 선두로 행진하다가 정동 대법원 앞에 이르러 중지를 깨물어 허리에 둘렀던 하얀 명주수건에 '대한독립만세'라는 혈서를 썼다. 손에 든 것이 아무것도 없어 혈서로 즉석 플래카드를 만든 것이다. 동료 중 누군가 대나무를 구해 그것을 맸다. 생전의 응송스님 왼쪽 중지는 손톱 부근이 약간 구부러져 휘어 있었는데 그것은 그때 혈서를 쓴 흔적이 남은 것이라고 한다.

　시위 군중이 점점 불어나자 일본기마헌병이 출동하였고, 응송스님의 혈서 플래카드도 왜병에게 빼앗겼다. 시위 군중은 일본인이 경영하는 상점들을 때려부수었고, 왜경은 총을 쏘아대기 시작하였다. 여기저기 선두에 섰던 사람들이 부상을 당해 쓰러졌다. 응송스님도 부상을 당했는데 배화여자전문학교의 어떤 여학생으로부터 치료를 받았다. 서울 시위를 끝낸 중앙학림 학생들(모두 스님들이었음)은 곧장 독립선언서를 나눠 가지고 지방으로 내려갔다. 김법린·김상헌스님은 부산 범어사, 오택언스님은 통도사, 김봉신스님은 해인사, 김대용스님은 동화사, 그리고 응송스님은 전남 대흥사로 가서 만세시위를 주도했다.

　응송스님은 출신 본사인 대흥사로 내려가는 길에 광주에 들러 최한영(崔漢泳)을 만나 서울의 거사 소식을 전하고 광주에서도 만세운동을 일으킬 것을 권했다. 해남 대흥사에 도착해서는 그 곳의 승려 정재성(鄭在成)·정흥창(鄭興昌)·김재선(金在善) 등에게 해남지역의 거사를 준비토록 했다. 해남장날을 기하여 만세시위가 일어난 것을 확인한 스님은 다시 고향인 완도로 들어갔다. 왜경의 눈을 피해 지방유지 오석균(吳錫均)에게 독립선언문과 국기를 전달한 스님은 섬에서 나와 구례 화엄사에 도착했다. 이 곳에서 같은 중앙학림 학생인 화엄사 출신 정병헌(鄭秉憲, 1937년경 화엄사 주지를 역임함)스님을 만나서 구례장날을 이용하여 거사를 하도록 마련해 놓고 서울로 되돌아왔다.

그러나 서울은 이미 안전한 곳이 아니었다. 3·1만세사건을 수사한 왜경은 스님을 소요사건 혐의자로 지목하여 전국에 수배령을 내려놓았다. 서울에 올라온 그는 개운사(開運寺)에 있는 박한영(朴漢永, 당시 중앙학림의 교원)스님을 찾아뵙고 그간의 경과를 보고 드리려는 순간 왜경이 들이닥쳤다. 워낙 사태가 위급하자 응송스님은 책을 쌓아 놓은 다락에 숨었다. 왜경은 박한영스님을 닥달하다가 다락까지 뒤졌다.

응송스님은 마침 다락 속에 있던 장삼 속에 숨었다. 스님은 위급한 상황에서 관세음보살을 마음 속으로 열심히 불렀다. 관세음보살의 돌보심 탓이었던지 그들은 장삼 속은 뒤지지 않고 다락을 나갔다 (《불교신문》, 1989. 3. 1).

왜경을 보내고 대문을 잠근 박한영스님은 "학규야, 십 년 감수했지. 어서 멀리 가거라" 하고 말씀하시면서 이마에 맺힌 땀을 닦았다. 일본순사들이 다락을 뒤지는 동안 응송스님보다도 박한영스님이 더 가슴을 조였을 것을 생각하니 몹시 송구스럽더라고 응송스님은 후일 회고하였다.

6. 만주 신흥무관학교 입학

응송스님은 박한영스님의 비호로 겨우 체포를 모면했지만 더 이상 숨어 있기 힘들다는 것을 느꼈다. 그 무렵 만주에 독립군을 양성하는 무관학교가 개설되었다는 소식을 듣고, 또한 백초월스님이 경비를 조달하여 불교계의 청년승려들을 독립군으로 양성하는 무관학교로 보낸다는 소식을 들었다.

이철교가 작성한 〈한국불교사연표〉(《한국불교총람》, p.1357. 1993,

대한불교진흥원)에 의하면 1919년 7월, '대흥사의 박영희·해인사의 박달준(朴達俊)·김봉률(金奉律)·강재호(姜在浩) 등 11인은 만주로 건너가 서로군정서(西路軍政署)와 신흥무관학교(新興武官學校)에 입학하였다'고 기록하고 있다.

여기서 말하는 서로군정서는 남만주 지역에 있던 독립운동단체이다. 1919년 3·1운동 직후인 그 해 4월, 한족회(韓族會)와 함께 조직된 군정부(軍政府)가 임시정부의 통할하에 들어간 이후, 이름을 고쳐 서로군정서라 하였다. 서로군정서의 독판(督辦)은 이상룡(李相龍), 부독판 여준(呂準), 정무청장 이탁, 군정청장 양규열, 참모장 김동삼 등이었다.

신흥무관학교는 경학사(耕學社)에서 세운 신흥강습소(新興講習所)가 그 시발이다. 한일합병이 되면서 일제의 감시가 심해 활발한 활동을 할 수 없게 되자 이시영·이동녕·이상룡 등 신민회(新民會) 간부들이 중심이 되어 만주 요령성(遼寧省) 유하현(柳河縣)에 민단적 성격을 띤 자치단체인 경학사를 조직했다.

경학사는 1910년 만주에서 조직된 최초의 독립운동단체로 초대 사장에는 이상룡이 임명되었고, 신흥강습소를 설립해 만주로 온 애국청년들을 대상으로 교육을 실시하였다. 신흥강습소는 1911년 4월 유하현 삼원포 추가가(柳河縣 三源浦 鄒家街)에 설립되었다. 신흥강습소는 1913년 5월에 통화현 합니하(通化縣 哈泥河)로 옮기면서 신흥학교로 개칭했다. 3·1운동 직후인 1919년 6월[1] 신흥학교의 교명에 '무관'이란 이름이 붙으면서 전투 실전에 대비한 특수훈련반 1개월, 하사관

---

1) 신흥학교가 신흥무관학교로 개편된 시기는 1919년 6월(이철교, 〈한국불교사연표〉, p.1337)설과 1920년 5월(《한국근현대사사전》 p.201. 1990, 가람기획 ; 강용권, 《죽은 자의 숨결, 산 자의 발길—만주항일유적지 답사》 下, p.135. 1996, 장산)이란 설이 있다. 여기서는 전자를 따랐다.

반 3개월, 장교반 6개월의 과정을 만들고 장교와 병사들을 배출하였다. 교육은 매일 14시간 훈련을 실시하였는데 학과 1할, 교련 2할, 민족정신 5할, 건설 2할의 비율이었다. 이 학교의 졸업생은 후에 신흥학우단을 조직, 만주 지방의 무장독립전쟁에서 적지 않은 활약을 하였다.

이처럼 신흥무관학교를 중심으로 한 만주지역의 독립투쟁이 가열되자 일제는 1920년 경신대토벌을 강행하였다. 이에 신흥무관학교는 1920년 10월에 자발적으로 폐교하고 3백여 명의 사관생들이 교성대를 편성하여 이청천(본명은 池靑天 : 1888~1950)의 인솔하에 7년 간 정든 합니하를 떠났다.

신흥무관학교의 교장은 이시영, 교성대장(敎成隊長) 지청천, 교관 오광선·이범석·윤경천 등이었는데 1920년 10월(혹은 8월) 폐교할 때까지 졸업생 2천여 명을 배출하였다.

1992년 5월 15일부터 그 해 12월 19일까지 218일 간 만주 동북 3성(흑룡강성·길림성·요녕성)의 54개 시와 현, 7천5백km의 거리를 자전거로 달리며 만주의 항일유적지를 답사한 연변역사연구소 연구원 강용권 씨는 신흥무관학교에 대하여 다음과 같이 기록하였다.

고산자 신흥무관학교터를 찾아서

10여 년 간 꾸려오던 통하현 합니하 신흥학교는 1919년 6월에 신흥무관학교로 확충·발전했다. 유하현 고산자(孤山子)에 새 교사를 짓고 수만 평의 연병장도 마련했다. 이청천, 이범석 등 군사교육을 받은 교관들도 새로 임명됐다(《독립운동사》 제5권, p.294).

교장 여준, 교감 윤기섭을 비롯한 신흥학교의 지도자가 고산자로 옮겨왔으나 사실상 1919년 6월 이후부터는 신흥무관학교의 본부가 고산자에, 그리고 분교는 통하현 합니하와 7도구에 세워졌다.[2]

응송스님과 박달준·김봉률·강재호 등의 불교계 청년승려들은 3일 동안 중국어 몇 마디와 출국방법·목적지까지 가는 기간의 연락망과 암호 등을 배운 후 출발하였다. 경성에서 신의주까지 기차로 간 응송스님 일행은 압록강을 건너 며칠 간 허허벌판을 걸어 만주 땅 개원(開原)에 도착했다. 그러나 그 곳 역시 안전한 곳이 아니었다.

이미 호시탐탐 만주 대륙 침략을 꿈꾸고 있던 일본은 그 곳에 일본영사관 헌병주재소(혹은 경찰주재소)를 설치하여 의심스러운 한국인 여행자를 무조건 잡아들여 심문을 했다.

응송스님 일행은 일제측에 연행되어 6일 간 조사와 고문을 받았다. 심한 고문이 계속되자 응송스님은 자백을 결심했다. 그런데 그때 누군가가 '절대 안 돼' 하며 귓속말로 속삭였다. 스님은 다시 관세음보살을 염(念)하며 끝내 입을 다물었다. 그리하여 구속된 지 엿새만에 겨우 풀려난 일행은 천신만고 끝에 무사히 신흥무관학교에 도착하였다.

만주 항일유적지를 자전거로 직접 답사한 강용권 씨의 기록에 의하면 신흥무관학교가 있었던 통하현 합니하를 찾으려면 길림성 통화현 광화향 광화촌 제7촌민소조(吉林省 通化縣 光華鄉 光華村 第七村民小組)로 가야 된다고 서술하였다.

중화민국 시기부터 그 곳 지명은 수차 변하였는데 강용권 씨는 신흥무관학교가 있었던 곳에 대하여 다음과 같이 기록하였다.

> 민국 시기에는 신안보(新安堡)로, 그 후에는 서집장(西集場)으로 불렸다. 만주국 시기에는 신안둔(新安屯) 8구(八區)라 불렸고 광복이 되자 신안촌(新安村)으로 불리게 됐다. 1947년 해방전쟁 시기 중국 인민해방군 모부 도광화 사장(杜光華 師長)이 이 곳에서 희생된 후로 현재까지 도광화 열사를 추모하여 광화향이라 명명되고 있다. 광화향에는 광화촌과

---

2) 강용권,《죽은 자의 숨결 산 자의 발길 — 만주항일유적지 답사》下, pp.164~165. 1996, 장산.

동심촌(同心村)이 있다. 신흥무관학교는 현재의 광화촌 제7촌민소조 자리에 세워졌었다.[3]

《재발굴―한국독립운동사》에서는 신흥무관학교가 있었던 위치에 대하여 다음과 같이 묘사하고 있다.

부민단의 본부가 있는 합니하는 동남쪽에 태산준령인 고뢰산(高磊山)이 30리 거리에 솟아 있고 북쪽에 청하자(淸河子)의 심산유곡, 서남쪽에 요가동의 장산밀림, 그리고 푸른 훈강(과저강)이 굽이쳐 흐르는 곳으로, 말하자면 신비경의 풍치지명이며 난공불락의 요지라고도 말할 수 있는 곳이다.[4]

신흥무관학교가 자리잡고 있었던 광화촌 7조는 광화향 소재지로부터 합니하를 따라 남쪽으로 5리 가량 가서 25호의 조선족이 살고 있는 외딴 마을이다. 이 학교의 주위에는 고산준령으로 둘러싸인 분지에 남북 10리나 되는 평원이 있고 그 남쪽 끝에 논밭보다 약 30m 정도 높게 덩실한 언덕을 이루고 있다. 언덕 위엔 20정보 가량 되는 구릉을 이루어 마치 합니하 '평원'을 연상케 하고 있는데, 그 곳은 영락없는 군사적 요새로서 남·동·북 세 면으로 합니하가 감돌아 흘러 마치 성벽 아래의 해자와도 같았다.

응송스님은 천연요새의 합니하 신흥무관학교 장교반에 입교하여 30일 간의 훈련을 마치고 장교로 임명받았다. 그리고 그의 구술을 바탕으로 쓰여진 여성지(《여성백과》 1984년 7월호, 노수민 취재, 〈살아 있는 의병 응송스님〉)의 기사에 의하면 응송스님은 장교로 임관될 당시 '중앙학림과 중앙강습소를 다닌 학력을 인정받았다'는 구절이 있다.

---

3) 강용권, 앞의 책(下), p.137.
4) 한국일보사 편, 《재발굴―한국독립운동사》 p.97. 1987.

그런데 당시 신흥무관학교는 앞에서 서술했듯이 특별반 1개월, 하사관 3개월, 장교반 6개월의 세 가지 교육과정이 있었다. 따라서 위의 기사가 사실이라면 응송스님은 1개월을 훈련받고 장교가 되었으므로 '장교반'이 아니라 1개월 과정의 '특수반'에서 공부한 후 장교로 임관된 것으로 생각된다.

장교로 임관된 응송스님은 그 곳에서 박반장으로 불렸다. 신흥무관학교 졸업 후 얼마 되지 않아 응송스님은 전투에 참가하게 되는데 이에 관한 응송스님 자신의 회고도 두 가지로 엇갈리고 있다. 첫째는 앞에서 거론한 여성지에서는 일본군과 싸웠다고 술회하고 있으나 《불교신문》에서는 일본군의 사주를 받은 마적과의 전투라고 회고하고 있다.

전투 상대가 일본군인지 아니면 마적인지 현재로서는 판단하기 어렵지만 이 전투에서 응송스님은 머리에 총탄을 맞고 쓰러졌다. 적은 피투성이가 된 응송스님이 죽은 줄 알고 그냥 가버렸다. 1919년 8월 하순경 일어난 이 전투에서 응송스님이 소속된 독립군의 부상자가 8명인데 적군의 사상자는 10여 명이었다. 적이 물러간 후 동지들에 의해 구출된 응송스님은 40여 일 간 치료를 받고 건강을 회복하였다. 그러나 이때 당한 부상으로 후일 오랫동안 두통에 시달려야 했다.

응송스님은 그 곳에서 무장투쟁을 하다가 1920년 4월경에 귀국하였다.[5]

7. 귀국과 그 후의 행적

응송스님이 3·1운동과 만주 신흥무관학교에서 훈련을 받고 항일

---

5) 미발표《응송스님의 자서전》에 의하면 스님은 1920년 9월 말경에 귀국하였다고 기록하고 있다.

투쟁을 전개할 무렵 그의 나이는 28세경이었다. 그런데 귀국 후의 행적에 대해서는 문헌에 따라 기록이 엇갈리고 있다.

《불교신문》 1989년 3월 1일자의 응송스님 관련기사와 이를 바탕으로 쓰여진 것으로 보이는 이정(李政)의 《한국불교인명사전》(1993, 불교시대사) 응송스님 항목에는 다음과 같이 기록되어 있다.

> 만주에서 6개월 동안 무장독립투쟁을 한 스님은 1920년 4월 본국으로 몰래 잠입, 3년여를 금강산 등에 은거하면서 승려들의 반일(反日)독립정신을 일깨웠다.

그런데 《여성백과》(1984년 7월호)의 응송스님 관련기사에서는 귀국 사유와 귀국 후의 행적에 대해 다음과 같이 밝히고 있다.

> 만주에서 (응송)스님은 박반장으로 불렸으며 학생들을 선동하는 주모자로 주목되기까지 하여 만주에서도 피신을 할 수밖에 없었다. …… 두 사람(응송스님과 그의 부인)은 1920년 4월 간소한 결혼식을 가졌다. …… 결혼하자 즉시 완도로 내려가 스님의 부모님을 찾아뵙고 인사를 올렸다.

《불교신문》과 《여성백과》의 기록이 이렇듯 상반되게 기록되어 있다. 《불교신문》에서는 응송스님은 귀국 후 '3년여를 금강산 등에 은거하면서 승려들의 반일독립정신을 일깨웠다'고 윤색되어 있는데 《여성백과》에서는 귀국 후 결혼하여 완도로 내려갔다고 기록되어 있다.

《여성백과》의 기록과 더불어 그가 쓴 미발표《자서전》에 의하면 응송스님은 귀국 후 1920년 9월 말경 대흥사에서 설립한 사립 장춘보통학교(長春普通學校)에서 아이들을 가르쳤다. 따라서 응송스님이 귀국 후 '3년 간 금강산 등지에서 은거하며 승려들에게 반일독립정신을 일깨웠다'는 것은 윤색된 구절이라 하지 않을 수 없다.

1975년 재작성된 '박영희(朴暎熙)의 호적부'에 의하면 그는 1923년 4월 10일 이부숭(李富崇)과 혼인신고를 한 것으로 기록되어 있다(응송 박영희스님의 부인 이부숭은 1966년 4월 10일 사망한 것으로 호적부에 기록되어 있음). 이들의 혼인신고는 실제 결혼일보다 3년 늦게 되어 있으나 일제시대에는 출생과 혼인 등의 호적 기재가 실제 상황보다 늦는 것이 다반사였으므로 그들의 실제 결혼 날짜와 상이한 것은 충분히 있을 수 있는 일이라 생각된다.

하지만 그보다는 귀국 사유에 대해 풀리지 않는 궁금증이 있다. 《여성백과》(1984. 7)에서는 '학생들을 선동한 주모자'로 지목되어 '피신'해야 할 상황이라고 하였다. 그런데 미발표 응송스님의 《자서전》에서는 '신흥무관학교의 지속적 운영이 어려워 학생들이 하나둘씩 흩어지기 시작했다'고 기록하고 있다.

'신흥무관학교는 1920년 8월(혹은 10월)에 일제의 경신대토벌을 감행하여 자진 폐교하였다'는 강용권 씨의 기록(앞의 책, 하권, p.136)으로 보건대 당시 신흥무관학교는 내부적으로는 학교운영의 형편이 어려웠고 외부적으로는 일제의 토벌 등으로 경영이 매우 어려웠던 것으로 추정된다.

다만 응송스님은 신흥무관학교 내에서 '학생들을 선동한 주모자'로 지목되었을 뿐 아니라 '피신'까지 해야 할 '모종의 일'이 있었던 것으로 추정되나 그 실상이 무엇인지 현재로서는 알 수 없다. 사유가 무엇이든 응송스님은 1920년 봄 무렵 귀국한 것이 사실인 것으로 이해된다.

8. 완도에서 10여년 간 교직생활

완도로 돌아온 응송스님은 섬 동쪽에 있는 완도군 금일면의 소학교로, 부인 이부숭은 섬 서쪽에 있는 정돌학원의 교사로 부임하였다.

그 무렵 해남 대흥사의 백취운(白翠雲 : 1912~1917년에 대흥사 주지 역임)스님이 "기껏 공부를 가르쳐 놓으니 왜 밖에서 딴 일만 하고 다니느냐?"면서 대흥사로 돌아올 것을 명하였다. 이에 응송스님과 그 부인은 대흥사의 부속학교인 장춘보통학교로 옮겨 교편을 잡았다. 응송스님은 미발표 자서전에서 교직에 종사하던 시절에 대하여 다음과 같이 회고하였다.

 1920년 9월 30일자로 나는 대흥사 사립교인 장춘보통학교에서 어린 아이들을 가르쳤고, 1922년 10월 13일쯤 완도군 금일면(金日面)에 소재한 한 사립학교에서 훈도했으며, 1925년 4월경 소안면 사립학교에서 1년여 훈도했다. 1926년 1월 4일 다시 대흥사로 돌아와 장춘학교에서 학생을 가르쳤으니 15년쯤 교편생활을 하게 되었다.

그는 15년 간 교직에 몸담았다고 하였으나 1928년 서울의 불교전수학교에 입학하였으므로 실제 교직에는 8년 간 종사했던 것으로 보인다. 응송스님이 입학한 불교전수학교에 대해서 이해하려면 당시 불교계의 교육사업을 살펴볼 필요가 있다.

1915년에 설립된 중앙학림은 3·1운동으로 인하여 휴교상태에 있었다. 이렇게 되자 도제(徒弟) 양성을 부르짖는 불교계에서는 1925년 11월 10일 전문학교급의 학교를 개교하였다. 즉 조선불교 중앙교무원은 경성부 숭일동(京城府 崇一洞) 1번지, 예전의 중앙학림 자리의 토지 3,614평과 건물 19동(棟)을 총독부로부터 1만4천276원에 불하받아 학교의 개교를 준비하였다.[6]

불교전수학교의 건축은 1927년에 완료되었고 1928년 3월 13일 총독부의 허가를 얻어 4월 13일 개학식을 거행하였으며 강의는 그 해

---

6) 《佛敎》제19호, p.54. 1926. 1. 1.

5월 1일부터 시작되었다. 교장은 전남 백양사의 주지를 역임한 송종헌(宋宗憲)스님이었으며, 정원은 50명이었고, 수업과목은 불교 외에 문학·철학·법제·경제 등이었다.

1928년 5월 1일, 강의가 시작된 불교전수학교에는 교장 외에 전임교수가 2명, 촉탁 강사 6명, 직원 2명, 학생 31명이었다. 응송스님은 1919년 봄 중앙학림을 수료하였는데 비슷한 학력 수준의 불교전수학교에 다시 입학한 것은 매우 드문 일이다. 응송스님이 입학한 불교전수학교가 총독부로부터 전문학교로 승격·인가된 것은 1930년 4월이다.

응송스님이 30대 중반(37세경)의 나이에 새삼스레 경성의 불교전문학교에 입학한 것은 면학 욕심과 더불어 남해 바닷가의 궁벽한 학교와 산사에 파묻혀 사는 은둔자의 삶에서 탈출하려는 의도도 있었을 것이다. 그리고 중앙학림 시절의 옛 도반과 3·1운동에 함께 참여한 옛 동지며 친구들을 만나고도 싶었을 것이다.

불교전수학교는 1930년 4월초 전문학교로 승격되면서 4월 21일 첫 입학생을 모집하였는데 전수학교 재학생들은 편입시험을 거쳐 편입되었다.

9. 만당과 응송스님

응송스님이 학제 변경에 따라 불교전문학교 3학년생이 된 1930년 5월 불교계에서는 비밀결사 만당(卍黨)이 조직되었다. 만해 한용운을 상징적인 당수로 추대하였던 만당은 1930년대 불교계 최대의 항일비밀결사였다.

《불교신문》 1989년 3월 1일자에 게재된 응송스님 관련기사에서는 응송스님이 만당 결성을 주도한 것으로 되어 있다. 그러나 이용조

(李龍祚)의 〈내가 아는 만(卍)자당〉(《대한불교》, 1964. 8. 30)에 의하면 응송스님은 제3단계에서 만당 회원으로 포섭되었다고 기록하고 있다. 이용조의 만당 결성에 관한 기록은 다음과 같다.

여사한 정세하에 합법운동으로 소기의 실과(實果)를 거두기는 지난한 환경에 놓여 있었다. 그래서 우리 4인(이용조·조학유·김상호·김법린)은 여러 차례 상의 끝에 순교정신을 가진 동지들을 규합하여 비밀결사를 조직하기로 합의를 보았다.

1930년 5월경에 우선 4인이 불전(佛前)에 서맹(誓盟)하고 결사를 한 후 2차로 조은택(趙殷澤)·박창두(朴昌斗)·강재호(姜在浩)·최봉수(崔鳳守) 제씨를 포섭하였으며 다음 불전(佛專) 재학중인 박영희(朴暎熙)·박윤진(朴允進)·김유문(金裕文 : 姜裕文의 誤記임 — 필자 주)·박근섭(朴根燮)·한성훈(韓性勳)·김해윤(金海潤) 제씨도 입당시켜 주비리(柱秘裡)에 창당 선서(宣誓)를 하고 당명을 만당이라 했으며[7]

이용조의 이 기록에 의하면 만당은 1930년 5월경 조학유·김상호·김법린·이용조 등 4인의 1차 결사가 있었고, 조은택·박창두·강재호·최봉수 등을 포섭한 2차 결사, 박영희(응송스님)를 비롯한 박윤진·강유문·박근섭·한성훈·김해윤 등의 불교전문학교 학생들을 포섭한 3차의 결사가 있었던 것이다.

그런데 이용조의 기록보다 25년 뒤인 1989년 3월 1일자《불교신문》의 응송스님(박영희) 구술기사에 의하면 그는 만당의 결성에 대하여 이렇게 말하고 있다.

아마 내가 중전(中專 : 중앙불교전문학교) 3학년 때라고 생각되는데 어느 날 만해스님이 학교로 나를 찾아오셨어. 그리고 비밀결사를 조직할 것이니 인물을 물색하라고 지시했지. 그래서 옛날 함께 운동했던 최

---

7) 이용조, 〈내가 아는 卍字黨 사건〉《대한불교》, 1964. 8. 30.

범술·이용조·강재호·박근섭을 만나 탑골 근처에서 막걸리 한 잔씩 마시고 결사불변(決死不變)의 맹세를 했지. 그 뒤 점차 동지를 규합했는데 30~40명을 확보했지.[8]

이용조와 박영희 두 사람의 회고 중에서 필자는 이용조의 회고가 더욱 신빙성이 있다고 판단된다. 왜냐하면 박영희의 회고는 그 전후 사정에 문제점이 발견되기 때문이다.

박영희가 만당 결성시 함께 도모했다는 최범술은 1930년 5월 당시 도쿄의 대정(大正)대학에 재학중이었고 최범술이 귀국한 것은 1933년 봄이기 때문에 박영희의 위 회고는 신뢰하기가 힘들다. 또한 박영희는 한용운의 지시로 만당을 결성하였다고 회고하였지만 그 점은 더욱 신뢰하기 어렵다. 후일 만당이 노출되어 그 당원들이 일제에 피체되었을 당시 불교청년들은 만당의 당수를 이미 입적한 조학유라고 진술하여 한용운에게 피해를 주지 않았다. 만당 당원들이 한용운을 당수로 여겼지만 상징적이었고 실질적인 당수가 아니었다. 중앙불전 회계주임이던 조학유는 1932년 12월 23일(음력 11월 26일) 오전 5시 혜화동 자택에서 입적하였다.[9] 따라서 1938년 일제에 노출되어 만당 당원들이 피체될 당시 조학유는 일제의 심문을 피할 수 있었다. 만당 당원들은 6차례나 검거되어 갖은 고문을 당하였다. 하지만 만약 한용운에 의하여 만당이 결성되었고 만당의 당수가 한용운이었다면 일제 측의 가혹한 심문에 한용운이 당수였다는 사실이 밝혀졌을 것이다. 이런 전후 사정으로 볼 때 응송스님이 만당을 결성할 때 처음부터 주도하였다는 것은 신뢰할 수 없다.

1933년 중순, 만당의 당원들이 모인 회합에서 일부 당원의 반대가

---

8) 〈조선민중은 노예의 삶을 거부했다〉《불교신문》, 1989. 3. 1.
9) 《불교》 제103호, p.108. 1933. 1. 1.

있었지만 결국 만당은 해체되었다.

최범술은 그 자신의 회고록 〈청춘은 아름다와라〉(《국제신보》 1975. 1. 25~4. 5)에서 '재정비된 만당'이란 표현을 하였지만 사실은 다솔사에 과거 만당의 당원들이 자주 모여든 상황을 말해 주는 것으로 이해된다. 1933년 불교계 중앙무대에서 낙향한 전일의 만당 당원이었던 김법린·허영호 등은 최범술이 주지로 있던 경남 사천 다솔사(多率寺)로 내려와 있었다. 김법린은 최범술이 창설한 다솔사강원·광명학원 등에서 강사로 활동하였고 그 다솔사강원에는 한용운을 비롯한 다수의 인사가 모여드는 일종의 '집합처' 역할을 하였다.

응송스님은 1931년 봄 불교전문학교를 졸업하였다. 졸업 후 해남과 완도에서 교직과 승려생활을 병행한 것으로 보이는데 이 무렵의 확실한 경력은 알려진 바 없다.

1936년 8월 20일 응송스님은 당시 조선불교계 31본사 중 한 곳이었던 해남 대흥사의 주지로 선출되었고 1937년 1월 23일에는 총독부의 인가까지 받았다.

응송스님이 대흥사 주지로 선출된 것은 당시 대흥사의 전임 주지였던 임인월(林印月)스님과 감선월(甘船月)스님의 지지가 있었기 때문으로 이해된다. 중앙불교전문학교 당시 응송스님의 학적부에 의하면 그의 원적(原籍)은 전남 해남군 삼산군 구림리 799번지로 되어 있고 현주소는 전남 해남군 대흥사로 되어 있다. 그리고 그의 취학 보증인으로는 당시 대흥사 주지였던 임인월(林印月)과 전 주지였던 감선월(甘船月, 1925년경 대흥사 주지 역임)스님 두 분이었다.

응송스님의 중앙불전의 취학 보증인이었던 인월과 선월스님은 1936년 응송스님이 본사인 대흥사의 주지가 되는 데도 다대한 힘이 돼 주었던 것으로 이해된다. 응송스님이 대흥사 주지로 취임한 다음 해인 1938년 8월 김법린·장도환·박근섭 등의 만당 당원들이 검거되어 진주경찰서에 수감되었다. 이어서 최범술도 경남도 경찰부에 체포 수감되었다. 당원 정모씨의 밀고로 검거선풍이 시작되자 응송스님도 전남도 경찰부에 연행되어 고등과에서 취조를 받았다. 만당에 연루되어 응송스님이 체포된 이 사건에 관해 응송스님은 '숱한 고문을 받았으나 끝내 입을 다물고 40여 일 만에 풀려났다'는 《불교신문》(1989. 3. 1)의 기사가 있는가 하면 '차대접과 생과자, 내의까지 대접 받으며 고문 대신 음숭한 대접을 받고 풀려났다'(《여성백과》, 1984. 7)는 상반된 기록이 남아 있다.

응송스님은 대흥사 주지가 된 것은 만당의 자금을 조달하기 위해서였다고 훗날 회고하고 있다. 《불교신문》 1989년 3월 1일자의 기사는 다음과 같다.

> 중전(中專)을 졸업한 (응송)스님은 대흥사 주지로 취임, 만당의 자금 조달책을 맡았다. 스님은 호남지방의 사찰인 장흥 보림사 주지 이화중(李化仲), 영암 도갑사 주지 고인봉(高仁峰), 나주 불회사(佛會寺) 주지 김병연(金秉淵), 화엄사의 정홍창·정재성 등에게 비밀자금을 모금, 만당의 재정에 충당했다.[10]

《여성백과》 1984년 7월호 노수민이 〈살아 있는 의병 응송스님〉이라는 제목으로 취재한 기사에는 이렇게 말하고 있다.

> 1937년(1938년 誤記 — 필자 주) 당원 정모씨의 밀고로 만당의 내용이 발각되어 당원들 검거에 일본경찰은 혈안이 되었다. 하동 쌍계사, 합천 해인사, 해남 대흥사가 발칵 뒤집히는 소동이 벌어졌다. 세 절의 주지는 모두 만당의 군자금을 마련하기 위해 주지 자리를 맡은 것이었다.[11]

---

10) 홍사성, 3·1절 70주년 특별취재 〈조선민중은 노예의 삶을 거부했다〉《불교신문》, 불기 2533년(서기 1989년) 3월 1일.
11) 노수민, 〈살아 있는 의병 응송스님〉《여성백과》 1984년 7월호, p.137.

응송스님이 만당의 자금을 조달하기 위해 대흥사 주지가 되었다는 위의 《불교신문》(1989. 3. 1)과 《여성백과》(1984. 7)의 기사는 납득하기 어렵다. 왜냐하면 앞에서 서술했듯이 만당은 1933년 봄에 해체되었는데 해산된 비밀단체인 만당에 자금을 조달하였다는 것은 납득할 수 없다. 더구나 《여성백과》의 기사에서는 '하동 쌍계사, 합천 해인사, 해남 대흥사 세 절의 주지는 모두 만당의 군자금을 마련하기 위해 주지 자리를 맡은 것'이라 서술하고 있으나 이는 부합되지 않는다.

1937년 당시 하동 쌍계사의 주지는 장도환(張道煥)[12]이었고, 대흥사 주지는 응송 박영희스님이었으며, 합천 해인사의 주지는 변설호(卞雪湖)였다. 이 중 장도환과 박영희는 만당의 당원이었으나 해인사 주지 변설호는 당원이 아닐 뿐만 아니라 일제 말에 '해인사사건'을 일으킨 친일승려였다.

1937년 해인사는 주지 선출 문제로 내분이 일어나 제8대 주지인 이고경(李古鏡)스님이 1936년 사임한 이래 진통을 겪다가 기회주의자인 친일승려 변설호가 어부지리로 해인사 주지에 선출되었다. 변설호는 1938년 4월 25일 총독부의 취임인가를 받았다.

따라서 1938년 만당이 일제에 노출되어 검거선풍이 불 때 해인사 주지는 친일승려 변설호였다. 이런 상황인데 응송스님이 쌍계사·해인사·대흥사 주지가 만당의 군자금을 마련하기 위해 주지 자리를 맡았다는 《여성백과》 1984년 7월호 기사는 사리에 부합되지 않는다. 더구나 변설호는 일본인 합천 경찰서장인 죽포(竹浦)와 통모하여 해인사 홍제암에 있는 Z사명대사의 비석을 파괴하는 데 앞장 선 친일 민족반역자이다(1943년). 이런 악덕 친일승려가 만당의 자금을 마련하기 위해 해인사 주지가 되었을 리가 없다.

지금까지 살펴본 바에 의하면 응송 박영희스님이 만당의 자금을

---

12) 《불교시보》 제19호, 10면. 1937. 2. 1.

마련하기 위해 대흥사 주지가 되었다는 것은 다분히 윤색되었음을 알 수 있다. 더구나 중일전쟁(1937. 7. 7) 이후 총독이 임명하는 31본사의 하나인 대흥사 주지직을 1945년 광복될 때까지 유지했다는 것은 비록 타의라 하더라도 일본군의 승리를 기원하는 '국위선양무운장구기원제'를 올리고 국방헌금·위문대 따위의 친일행위를 하지 않을 수 없는 상황이었다.

실제 중일전쟁이 일어난 지 두 달째인 1937년 8월 31일 당시 응송스님이 주지로 있던 대흥사에서는 그 해 7월 25일과 8월 1일 2회에 걸쳐 '국위선양무운장구기원법요'를 거행하였다.[13]

일제는 1939년 11월 20일 제령 제19호로 조선민사령을 개정하여 1940년 2월 11일부터 8월 11일까지 6개월 간 창씨개명을 실시했다(후일 기한을 연장하여 2년 간 실시함). 이때 조선불교계도 일제의 창씨개명정책에 적극 호응하였다. 당시 31본사의 친일승려들도 창씨개명에 동참하였는데 1940년 6월에는 봉은사 주지 강성인(姜性仁)을 위시하여 13명이 창씨개명을 하였고,[14] 같은 해 9월에는 용주사 주지 강대련(姜大蓮)을 비롯하여 역시 13명이 창씨개명을 하였다.[15]

전남 대흥사 주지 박영희(朴暎熙)는 이들보다 조금 늦게 아카다 겐유(赫田元雄)로 창씨개명을 하였는데 구례 화엄사, 김룡사(주지 郭其琮), 범어사(주지 宋九海) 주지와 함께 창씨개명을 한 사실이《불교시보》제65호(1940. 12. 15)에〈각 본사 주지화상의 창씨개명 보고〉기사 가운데 게재되어 있다.

따라서 응송 박영희스님은 1937년 1월, 일제하 31본사의 하나인 해남 대흥사 주지가 됨으로써 자의는 아니었겠지만 친일행적을 남길

---

13)《불교》신제7집, 1937년 10월호.
14)《불교》신제24집, p.26. 1940. 6. 1.
15)《불교》신제26집, p.33. 1940. 9. 1.

수밖에 없는 처지였다. 따라서 굳이 분별한다면 박영희스님은 경중은 있겠지만 '선항일 후친일'에 해당한다.

10. 해방과 만년

1945년 8월 15일 해방된 후 그 해 9월 22·23일 개최된 전국승려대회에서 응송스님은 중앙감찰원장에 선출되었다. 이철교의 〈한국불교사연표〉(《한국불교총람》 p.1357. 1993, 대한불교진흥원)에 의하면 1946년 1월 6일, 조선불교중앙총무원(총무원장 김법린)과 중앙감찰원이 구 동본원사(東本願寺 : 남산동 3가 33)로 이전할 때 중앙감찰원장이 김잉석(金芿石)으로 되어 있는 것으로 보아 응송스님은 1946년 1월 6일 이전에 감찰원장을 사퇴한 것으로 추정된다.

응송스님은 1945년 9월 다시 개교한 혜화전문학교에서 인명학(因明學)을 강의하였다. 혜화전문학교는 1946년 9월 20일 동국대학으로 승격되었다.

응송스님은 해방 후에도 대흥사 주지를 계속 역임하였는데 1954년 불교정화운동이 시작되면서 대흥사는 분규에 휩싸인다. 결혼해서 부인이 있는 대처승이란 명목으로 정화의 대상이 되어 대흥사는 오래도록 분쟁에 휘말려 있었다. 그래서 대흥사 동구에 백화사(白化寺)란 작은 절을 지어 놓고 기거하면서 비구승측과 대립하였다.

한편 그는 백화사에서 차향에 잠겨 한국의 차문화(茶文化)를 진작시키는 데 진력하였다. 그 무렵 박동춘(朴東春)이라는 제자가 응송스님께 불전강독을 들으며 스님께 차(茶) 만드는 법을 전수받았다. 제자 박동춘은 1985년 스승의 저서 《동다정통고(東茶正統考)》를 세상에 펴냈다. 이로써 응송스님은 한말 《동다송(東茶頌)》으로 유명한 다인(茶人) 초의선사의 유풍을 잇게 되었고 그 맥은 제자 박동춘에게 전해졌다.

  만년에는 전남 광주시 서구 쌍촌동의 극락암에서 노년을 보내다가 1990년 2월 6일 세수 99세, 법랍 81세로 입적하였다. 정부에서는 스님의 독립운동에 대한 공적을 인정하여 1977년 대통령표창을 하였고 1990년에는 건국훈장 애족장을 추서하였다. 스님은 입적 후 대전국립묘지에 안장되었다.

제3부

건국훈장을 받은 불교계 독립유공자

제1장
불교계 독립유공자 현황

　광복이 되고 정부가 수립된 후 총무처에서는 1949년부터 1976년까지 6차례 독립유공자를 포상하였고, 1977년부터는 국가보훈처에서 포상을 실시하였다.
　1997년 국가보훈처에서 발행한 《대한민국독립유공인물록》에는 1949년부터 1997년까지 정부에서 서훈 및 표창을 받은 순국선열 및 애국지사 8,326명과 외국인 포상자 40명을 포함해서 총 8,366명의 독립유공자가 수록되어 있다.
　순국선열과 애국지사에 대한 서훈(敍勳) 및 표창(表彰)의 종류는 다음과 같다.

건 국 훈 장					건국포장	대통령표창
1등급	2등급	3등급	4등급	5등급		
대한민국장	대통령장	독립장	애국장	애족장		

　1997년 연말까지 총 8,326명의 순국선열 및 애국지사 가운데 불교계 인물로 건국훈장에 서훈되거나 표창을 받은 사람은 모두 36명이다. 이 중 건국훈장 1등급인 대한민국장에 서훈된 분은 한용운스님이고, 2등급인 대통령장에 서훈된 분은 백용성스님이다. 3등급인 독립

장에는 조선민족 대동단에서 중요 인사로 활동하다가 일경에게 체포되어 징역 5년형을 받고 서대문형무소에서 옥고를 치르던 중 1921년 4월 옥중 순국한 정남용(鄭南用)스님, 상해임정 연통부를 지휘하던 월정사의 이종욱스님, 만당과 조선어학회사건으로 옥고를 치른 김법린, 그리고 임정 내무차장을 역임한 김성숙 등이다.

4등급인 애국장에 서훈된 분은 송세호·이시열(운허스님)·김상헌·김명규·백초월·김봉화·박무·신상완스님이고 5등급인 애족장에 서훈 받은 분은 김영규·박영희·차상명·김상기·김용식·김한기·최범술·이순재·오택언·허영호·김문옥·박달준·이기윤·김연일·방동화·김기수·김상언·이만직·김봉률이다.

대통령표창을 받은 분은 3·1운동에 참여한 박정국·지용준·강완수 세 분이다.

운동계열별로 살펴보면 전체 36명 중 3·1운동 관계자가 16명으로 가장 많고, 그 다음 국내항일에 10명, 임정 관련자가 3명, 청년외교단 1명, 애국계몽운동 1명, 대동단 1명, 군자금모집 1명, 만주 방면 1명, 의병 1명, 철원애국단 1명 등의 분포를 보이고 있다.

연도별 서훈현황을 보면 1962년에 2명, 1963년에 4명, 1977년에 5명, 1982년에 1명, 1983년에 2명, 1986년에 4명, 1990년에 4명, 1992년에 3명, 1993년에 1명, 1995년에 9명, 1996년에 1명 등이 서훈 내지 표창을 받았다.

대한민국 정부 수립 후 1999년까지 불교계 인물로 항일독립운동을 한 공적이 인정되어 정부로부터 건국훈장이나 표창을 받은 분을 표로 제시하면 다음과 같다.

〈서훈받은 불교계의 독립유공자 명단〉 가운데 훈격(勳格) 및 서훈연도(敍勳年度)가 이중 혹은 삼중으로 기록되어 있는 것은 훈격 조정으로 당초 훈격보다 상위훈격으로 서훈된 사항이다.

또한 이 표에는 유공자명, 서훈훈격 및 연도, 운동계열, 출신지, 개인별 공적내용이 수록된 《독립유공자공훈록》(국가보훈처발행)의 해당 권별 및 면수 등 유공자의 기본사항을 수록하였다. 1996년도에 서훈된 김봉률스님은 아직 공훈록이 발간되지 않아 《독립유공자공훈록》에 수록되어 있지 않다.

서훈받은 불교계 독립유공자 명단

1999년 10월 1일 작성

번호	유공자명	서 훈		운동계열	출 신 지	공 훈 록	
		훈 격	연도			권	면
1	韓龍雲	대한민국장	62	3·1운동	충남 홍성	2	413
2	白龍城	대 통 령 장	62	3·1운동	전북 장수	2	373
3	宋世浩	대통령표창 애 국 장	63 91	청년외교단	경북 선산	5	626
4	李時說	대통령표창 애 국 장	63 91	애국계몽운동	평북 정주	1	196
5	鄭南用	독 립 장	63	대동단	강원 고성	7	636
6	金祥憲	대통령표창 건 국 포 장 애 국 장	63 80 90	철원 애국단	경남 양산	5	493
7	金永奎	대통령표창 애 족 장	77 90	3·1운동	경남 동래	3	633
8	朴暎熙	대통령표창 애 족 장	77 90	국내항일	전남 완도	6	625
9	李鍾郁	독 립 장	77	임정	강원 평창	5	745
10	車相明	대통령표창 애 족 장	77 90	3·1운동	경남 동래	3	771
11	金明奎	건 국 포 장 애 국 장	77 90	군자금 모집	경남 밀양	8	137
12	金星淑	독 립 장	82	임정	평북 철산	5	498

번호	유공자명	서훈 훈격	서훈 연도	운동계열	출신지	공훈록 권	공훈록 면
13	金相琦	대통령표창 애족장	83 90	3·1운동	경남 양산	3	627
14	金用植	대통령표창 애족장	83 90	3·1운동	경기 여주	2	447
15	金漢琦	대통령표창 애족장	86 90	3·1운동	경남 동래	8	368
16	白初月	건국포장 애국장	86 90	국내항일	경남 진주	8	405
17	崔凡述	대통령표창 애족장	86 90	3·1운동	경남 사천	8	534
18	李淳載	대통령표창 애족장	86 90	3·1운동	경기 양주	8	469
19	吳澤彦	애족장	90	3·1운동	경남 양산	9	267
20	許永鎬	애족장	90	3·1운동	경남 동래	9	524
21	金文玉	애족장	90	3·1운동	경북 대구	9	61
22	朴達俊	애족장	90	국내항일	경남 거창	9	163
23	朴楨國	대통령표창	92	3·1운동	경남 부산	10	150
24	池龍俊	대통령표창	92	3·1운동	경남 양산	10	352
25	李起胤	애족장	92	3·1운동	경북 청도	10	245
26	金連日	애족장	93	국내항일	경북 영일	11	62
27	金奉和	애국장	95	국내항일	제주 좌면	12	253
28	房東華	애족장	95	국내항일	제주 좌면	12	695
29	金基洙	애족장	95	국내항일	제주 좌면	12	167
30	金商彦	애족장	95	국내항일	제주면 외도리	12	264
31	金法麟	독립장	95	국내항일	경남 동래	12	230
32	姜完洙	대통령표창	95	3·1운동	경기 양주	12	39
33	朴無	애국장	95	만주방면	평북 영변	12	686
34	李晩稙	애족장	95	의병	충남 홍산	13	236
35	申尙玩	애국장	95	임정	경기 수원	12	771
36	金奉律	애족장	96	국내항일	경남 합천		

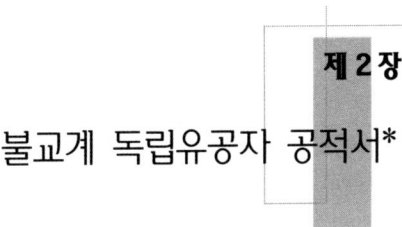

제 2 장
불교계 독립유공자 공적서*

포은 선생 비를 찾아서

석양에 주장자를 멈추고 충신의 비를 조문하니
절개 높은 대장부, 목숨 바칠 때였소.
군주도 나라도 없는 우리가
세상에 산다는 것 슬프지 아니한가.

斜陽停杖弔忠碑
高節男兒死戰時
無君無國如吾輩
生長人間可不悲

이 시는 한암중원(漢岩重遠)선사께서 일제하인 1925년 포은 정몽주의 비를 찾아 망국의 비애를 읊은 시이다. 이 시는 한용운을 비롯한 항일투쟁에 나선 스님들의 정신적 지표가 되었다.

---

* 여기에 수록된 〈불교계의 독립유공자공적서〉는 국가보훈처에서 발행한 《독립유공자공훈록》에서 영인한 것이고 미처 공훈록에 실리지 않은 분은 필자가 국가보훈처를 직접 방문하여 공적조서를 복사한 것이다. 게재된 공훈록의 권수와 면은 앞의 〈서훈받은 불교계의 독립유공자명단〉을 참조할 것.

1. 한용운(韓龍雲 : 1879~1944, 號 : 萬海, 俗名 : 奉玩)

민족대표 33인 중의 한 사람으로 충청남도 홍성(洪城) 출신이며 불교인이다.

처음에는 1894년(고종 31)의 동학혁명에 가담하였으나 실패로 끝나자, 1896년(건양 1) 설악산의 오세암으로 들어갔다. 한때 만주 간도성(萬州間島省) 등을 다니며 광복운동을 하다가, 1905년(광무 9)에 인제의 백담사에서 승려가 되었다.

그 후 출가 입산하여 백담사에 오는 애국지사에게 조국 없는 백성의 비애와 앞날의 광복운동에 대한 방책을 설득시켰다.

1910년 일제가 강제로 우리나라의 주권을 박탈하자, 중국으로 건너가 독립군 군관학교(軍官學校)를 방문하여 격려하고, 만주와 시베리아 등지로 유랑하다가 1913년 귀국하여 불교학원(佛教學院)에서 교편생활을 하였다. 이해 범어사에 들어가《불교대전(佛教大典)》을 저술하고, 대승불교의 반야사상에 입각하여 종래의 무능한 불교를 개혁하고, 불교의 현실참여를 주장하였다.

1916년에는 서울의 계동에서 월간지《유심(惟心)》을 발간하여 민중계몽운동에 앞장서는 데 힘썼고, 계속 서울에 머물면서 문화계몽운동을 전개하였다.

조국의 독립과 민족광복의 기운이 고조되고 있던 1919년 2월 24일, 손병희(孫秉熙)·권동진(權東鎭)·오세창(吳世昌) 등과 만나 독립운동에 대한 협의를 한 최린(崔麟)으로부터 독립운동에 대한 계획을 듣고, 또 최남선(崔南善)이 기초한 독립선언서와 기타 문서의 초안을 검토하고, 이 계획에 적극 참여하기로 결심하였다. 이에 해인사 승려인 백용성(白龍城)에게 이 계획을 알려, 불교도로서 적극 참여하도록 권유하여 승낙을 받고 민족대표로 서명할 인장을 위임받았다.

그는 최남선이 독립선언서를 기초할 때 독립간청서 또는 독립청원서로 명명하려 했으나, 독립선언서로 표제할 것을 강력히 주장하고, 여기에 공약삼장(公約三章)을 첨가하여 더욱 그 결의와 의미를 강하게 하였다.

27일에는 다시 최린을 방문하여 스스로 민족대표자로 서명 날인하고, 백용성으로부터 위임받은 도장으로 서명·날인하여 주었다. 이튿날인 28일에는 재동 손병희의 집에서 다른 민족대표들과 회합하여, 다음 날 거행될 독립선언의 제반 준비사항에 대한 최종 협의를 하였다.

3월 1일 오후 2시 그가 인사동의 태화관에 모인 민족대표를 대표하여 인사말을 함으로써 독립선언식을 끝내고 만세삼창을 외친 뒤, 출동한 일본경찰에 의해 체포되었으며, 1920년 경성복심법원에서 소위 보안법과 출판법위반 혐의로 3년형을 선고받고 서대문 형무소에서 옥고를 치렀다.

출옥 후에도 계속 조국의 독립을 위하여 노력하였다. 1926년에는 시집《님의 침묵》을 발간하여 저항문학에 힘썼고, 1927년에는 신간회(新幹會)에 가입, 중앙집행위원으로 경성지회장(京城支會長)을 겸임했다.

1931년 조선불교청년회(朝鮮佛敎靑年會)를 조선불교청년동맹(朝鮮佛敎靑年同盟)으로 개칭, 불교를 통한 청년운동을 강화하고, 같은 해 월간지《불교》를 인수하여 많은 논문을 발표하였으며 불교의 대중화와 항일독립 투쟁사상 고취에 힘썼다.

정부에서는 그의 공훈을 기리어 1962년에 건국훈장 대한민국장을 추서하였다.

2. 백용성(白龍城 : 1864～1940, 俗名 : 相奎, 법명 : 震鍾)

민족대표 33인의 한 사람으로 전라북도 남원 출신이며, 불교인이다.

16세에 해인사에 입산하여 수도한 후, 전국의 사찰을 돌며 심신을 수련하였다. 국권침탈 후에는 불법(佛法)에 의해 민족을 구해야 한다는 강한 신념으로 포교와 민중계몽운동에 힘썼다.

1919년 2월 27일에는 한용운에게 3·1독립만세운동의 계획을 듣고 이에 찬동하여 자기의 인장을 위탁, 불교측의 민족대표로서 서명 날인하게 하였다.

3월 1일 오후 2시경 인사동의 태화관(泰華館)에 손병희(孫秉熙) 등의 민족대표와 함께 참석하여 독립선언서를 회람하고 만세삼창을 외친 뒤, 일본경찰에 의하여 경시청총감부(警視廳總監部)에 구금되었다가, 1920년 경성복심법원에서 소위 보안법과 출판법위반 혐의로 1년 6개월을 선고받고 옥고를 치렀다.

출옥 후에는 불교종단의 정화를 위하여 노력하던 중, 대처승을 인정하는 일본정부 내무대신 앞으로 건의서를 제출하기도 하였다.

정부에서는 그의 공을 기리어 1962년에 건국훈장 대통령장을 추서하였다.

3. 송세호(宋世浩 : 1893~1970, 號 : 白波, 異名 : 元植, 士英, 世淨)

경상북도 선산(善山) 사람으로 서울 종로로 전적하여 거주하였다.

일찍이 상해로 망명, 1919년 3·1독립운동이 일어나자 대한민국임시정부 수립에 참여하였다. 동년 4월 13일 임시정부 의정원 강원도 대표의원에 선출되어 의정활동을 하는 한편 임정 재무부 재무위원에 임명되었다. 그는 본래 강원도 오대산 월정사 스님으로 임시정부의 군자금을 조달하기 위하여 승려 복장으로 검색을 피해 자주 국내를 내왕하였다.

또한 동년 5월에는 조용주(趙鏞周)·연병호(延秉昊) 등과 대한민국외교청년단을 조직하고 동지규합, 자금확보, 임시정부 지원 등의 목적을 수행하였으며, 상해지부장에 선출되어 활동하였다. 또한 대동단(大同團)의 전협(全協)과 연락하고 서울에 와서 의친왕 이강공(義親王 李剛公)을 상해로 탈출시켜 임시정부에 참여시킬 계획을 추진하였다.

그는 1919년 11월 선발대로 정남용(鄭南用)과 같이 평양으로 출발하였는데 의친왕의 행방불명을 보고받은 일경이 총동원하여 기차 등을 수색한 결과 안동에서 일행이 체포되었다. 이때 그도 동지들과 함께 체포되었으며, 1920년 6월 29일 경성지방법원에서 징역 3년형을 받고 옥고를 치르다가, 옥중에서 병을 얻어 1922년 12월에 병보석으로 가출옥하였다.

그는 출옥 후에도 한용운을 쫓아 불교를 통한 자주독립정신의 고취에 전념하였다. 1926년 6월 낙원동에서 다시 일경에 체포되었다가 방면되기도 하였다.

국내에서의 활동이 어렵게 된 그는 1931년 6월 다시 상해로 건너가 연초공장을 경영하면서 크게 성장하여 임시정부에 군자금을 제공하였다고 한다. 광복 후 귀국하지 못하고 상해에 잔류하였다가 고국 땅을 밟지 못하고 중국 땅에서 타계하였다.

정부에서는 그의 공을 기리기 위하여 1963년에 대통령표창을 수여하였다.

4. 이시열(李時說 : 1892~1980, 李學洙, 號 : 耘虛)

평안북도 정주군(定州郡) 고안(高安)면 안흥(安興)리에서 태어났다. 호는 운허(耘虛)이다. 1909년 안희제(安熙濟)·이원식(李元植)·윤세복(尹世復)·남형우(南亨祐)·김동삼(金東三)·배천택(裵天澤) 등 80여 명의 동지들과 함께 신민회 계열의 국권회복을 위한 비밀청년단체인 대동청년당(大東靑年黨)을 조직하여 지하에서 독립운동을 했다. 1910년 8월 일제가 한국을 병탄하여 나라가 망하자, 1911년 5월 윤세복·이원식 등과 함께 만주로 망명하여 봉천성(奉天省) 환인현(桓仁縣)에 동창학교(東昌學校)를 설립하고 교사가 되어 동포들에게 독립사상을 고취하고 교육구국운동에 종사했다. 1919년 3·1운동 후 서간도에서 부민단(扶民團)을 확대 개편하여 한족회(韓族會)를 창립하는 데 중요한 역할을 했으며, 그 기관지인《한족신보(韓族新報)》의 주필로 활동했다. 한족회와 신흥무관학교(新興武官學校)를 토대로 서간도의 독립군 단체인 서로군정서(西路軍政署)를 창립할 때 이에 참가하여 적극 활동했다. 이듬해인 1920년부터는 독립운동을 위한 교포신문인《효월신문(曉月新聞)》의 사장으로 활동하기도 하였다.

1920년 2월 현정경(玄正卿)·현익철(玄益哲)·장명환(張明煥)·김관성(金觀聲) 등 40여 명의 동지들과 함께 독립군 단체인 광한단(光韓團, 일명 義興團)을 조직하고 그 단장에 선임되었다. 광한단은 국내에 들어와서 군자금을 모집하고 일제 식민지통치기관을 파괴하는 등 무장투쟁을 전개했다.

1929년 3월에는 만주의 3대 독립군 단체인 정의부(正義府)·참의부(參議府)·신민부(新民府)가 통합하여 국민부(國民府)를 조직할 때 이에 간부로 참여했으며, 국민부의 정치조직으로 1931년에 조선혁명당(朝鮮革命黨)이 조직되자 그 중앙집행위원 겸 교육부장을 맡았고, 또한 조선혁명당의 군사조직인 조선혁명군(朝鮮革命軍)의 간부로서도 활동했다. 일제의 만주침략 후인 1932년 2월에는 조선혁명군이 양세봉(梁世奉)의 지휘하에 만주인 의용군 이춘윤(李春潤) 등과 합작하여 한중연합군(韓中聯合軍)을 편성, 3월의 신빈(新賓) 전투에 참전하였다.

1933년 3월 11일 조선혁명군 사령관이 지휘하는 한·중연합군의 흥경성(興京城) 점령에 참전하고 저항하는 일본군을 대파했다. 1933

년 8월에는 조선혁명군이 일본군 대부대와 조우하여 대혈전을 벌인 동창대(東昌臺) 전투에 참전하여 싸우다가 전사했다.

정부는 그의 공훈을 기리어 1963년에 대통령표창을 추서하였다.

5. 정남용(鄭南用 : 1896~1921, 이명 : 必成·洪宇植)

강원도 고성(高城) 사람이다.

고성의 건봉사(乾鳳寺) 승려 출신인 그는 1914년 이후 서울로 올라와 휘문의숙(徽文義塾)과 중앙불교포교당(中央佛敎布敎堂)에서 수업을 쌓았다.

3·1독립운동 직후 전협(全協)·최익환(崔益煥) 등이 주도·조직한 대동단(大同團)에 가입, 활동했다. 대동단은 독립달성을 위해 조선민족 대단결을 표방하고 서울에서 결성된 독립운동단체로서, 사회 각층의 인사들을 단원으로 포섭하여 전국적인 조직을 계획하고 주로 독립정신을 고취하는 선전활동을 전개했다.

그는 1919년 5월 동단의 최익환이 피체된 이후 그 후임으로 선전활동을 주관하면서 동단 발행의 〈선언서(宣言書)〉와 〈임시규칙(臨時規則)〉 등 각종 문서의 인쇄 및 배포의 책임을 맡았다.

당시 대동단은 사회 각층 중 진신(縉紳)·유림(儒林)·상공(商工)·청년(靑年) 등 4개 단(團)을 중심으로 단원 포섭에 나섰는데, 그 가운데 청년단을 정남용이 주관했다. 그리하여 송세호(宋世浩)·나창헌(羅昌憲) 등을 가입시키는 등 조직확대에도 많은 힘을 쏟았다.

한편, 대동단은 앞서 최익환 등의 피체로 조직의 일부가 노출되었고, 또 기관지 《대동신보(大同新報)》 등의 발행을 통해 세상에 알려져 대동단에 대한 일경의 포위망이 그만큼 압축되자, 전협·정남용 등 대동단의 주도 인사들은 대동단 본부를 상해(上海)로 이전할 것을 계획하였고, 그 제1단계로 총재 김가진(金嘉鎭)을 동년 10월 10일에 먼저 상해로 망명케 했다. 이어 의친왕(義親王)을 대동단의 수령으로 추대하고 상해망명을 추진했다.

그리하여 동년 11월 9일 정남용은 이을규(李乙奎)와 함께 의친왕을 수행하여 서울을 출발해서 만주 안동(安東)까지 갔으나, 이 사실을 탐지한 일경의 추격을 받아 11월 11일 만주 안동역에서 피체되었다.

이로 인하여 대동단 본부의 상해 이전 계획이 무산됨은 물론, 동단의 조직도 파괴되었다.

그는 이 일로 경성지방법원에서 징역 5년형을 언도받고, 서대문형무소에서 옥고를 치르던 중 잔악한 고문의 여독으로 1921년 4월 18일 옥중 순국했다.

정부에서는 고인의 공훈을 기리어 1963년에 건국훈장 독립장을 추서하였다.

6. 김상헌(金祥憲 : 1893~1945, 이명 : 裵達翁, 金達)

경남 양산(梁山) 사람이다.

1918년 불교학교인 중앙학림 학생으로 민족사상 고취 및 불교연구를 목적으로 한 유심회(唯心會)를 조직하여 신상완(申尙玩)을 회장으로 추대하고 김법린(金法麟)·정병헌(鄭秉憲) 등과 함께 활동하였다. 동년 11월 한용운(韓龍雲)의 지도를 받아 민족운동 단체로 발전되었다. 1919년 2월말에 한용운의 지시로 상경하여 독립선언문 살포 등 3·1운동에 참여하고 피신하였다.

동년 8월 군자금모집 사명을 띠고 다시 서울에 돌아와 철원애국단(鐵原愛國團)을 조직하고 함경남도 등지에서 군자금을 모집하여 임시정부 노동총판인 안창호에게 송금하였다. 또한 한국지도를 구입하여 독립운동에 활용할 수 있도록 상해로 보냈다.

이러한 활동이 일경에 탐지되어 1920년 5월 체포되었으며, 1921년 3월 경성복심법원에서 징역 3년형이 확정되어 옥고를 치렀다.

정부에서는 그의 공훈을 기리기 위하여 1980년에 건국포장을 추서하였다.

7. 김영규(金永奎 : 1898~1952)

부산(釜山) 사람이다.

1919년 3월 18일의 범어사(梵魚寺) 학생독립만세운동을 계획하였다. 서울에서의 거국적인 3·1독립만세운동이 계획되던 2월 하순경, 불교계의 민족대표인 한용운이 이 곳에 내려와서 주지 오성월(吳星月) 및 이담해(李湛海)·오이산(吳梨山) 등을 만나 독립만세운동에 대하여 의논하고 상경하였다.

당시 범어사 승려이던 김영규는 이들과 만나 서울의 독립만세운동 계획에 대하여 전해 듣고, 사찰 내에 있던 국민학교 과정의 명정학교(明正學校)와 중등학교 과정인 지방학림(地方學林) 학생들을 중심으로 3월 18일의 동래읍(東萊邑) 장날을 이용하여 독립만세운동을 전개하기로 결의하고 태극기와 독립선언서를 등사하는 등 사전준비를 진행하였다.

3월 17일 오후, 범어사 경내에서는 40여 명의 학생들이 모인 가운데 명정학교와 지방학림 학생들의 졸업생 송별회가 벌어졌는데, 그는 이 자리에서 축사를 한 후 이들에게 이튿날로 계획된 독립만세운동에 적극 참여할 것을 권유하고 독립만세를 선창하였다. 마침 3월 13일의 동래장날에 동래고보(東萊高普) 학생들의 만세운동이 있은 직후라서 학생들의 사기는 충천하였다.

그는 40여 명의 학생들과 함께 야음을 틈타 선리(仙里) 뒷산과 동래향교 뒷산을 넘어, 이튿날 새벽 1시경 동래읍 복천동(福泉洞)에 있는 불교포교당에 도착하였다. 그러나 여기에서 날이 새기를 기다리던 그는 밀고를 받아 이 곳을 기습한 20여 명의 일본 군경에 의해 체포되었으며, 이 해 5월 20일 대구(大邱)복심법원에서 소위 보안법 위반 혐의로 2년형이 확정되어 옥고를 치렀다.

정부에서는 그의 공을 기리어 1977년에 대통령표창을 추서하였다.

8. 박영희(朴暎熙 : 1893～1990, 법명 : 응송, 이명 : 포길, 학규)

전남 완도(莞島) 사람이다.

1930년 5월에 김법린・조은택(趙殷澤)・강재호(姜在浩) 등과 함께 당시의 불교지도자 한용운을 중심으로 조직된 항일비밀결사 만당(卍黨)에 참여하였다.

당시 승려들은 종교를 통하여 어두운 현실을 타파하려 했는데 이러한 이념이 발전하여 만당을 조직하게 되었다.

만당은 일제의 식민정책을 배척하였고 총독정치의 맹점을 척결하고자 했으며, 한용운을 비밀당수로 추대하였다. 그리고 경남 사천군의 다솔사(多率寺)를 근거로 하여 국내뿐 아니라 일본 동경에까지 지부를 조직하면서 항일민족운동을 전개하였다. 또한 표면단체로서 불교청년동맹을 조직하여 각지에서 청년운동을 펼치기도 하였다. 그리하여 1932년 봄에는 당세의 확장을 통해 80여 명의 당원을 확보하였다.

그런데 1938년말 일제의 삼엄한 사찰로 인하여 만당의 조직이 발각되었고, 여섯 차례의 검거를 통해 만당의 전 당원은 일경에 피체되었다. 그도 전남 해남에서 활동하던 중 제4차 검거 때 일경에 피체되어 혹독한 고문을 당하였다.

정부에서는 그의 공을 인정하여 1977년에 대통령표창을 수여하였다.

9. 이종욱(李鍾郁 : 1884~1969, 號 : 智庵)

강원도 평창(平昌) 사람이다.

일찍이 불교에 귀의하여 강원도 월정사(月精寺)에서 승려로 있었다.

1919년 3·1독립만세 시위운동에 가담하여 활동하였으며, 4월 2일에는 인천(仁川) 만국공원(萬國公園)에서 비밀리에 각 종교계 대표들과 독립지사들이 모여 국민대회를 열었는데 그는 이때 불교계의 대표로 참석하였으며, 이들은 이승만(李承晩)을 집정관으로 하는 한성임시정부(漢城臨時政府)를 수립하였다.

그는 동년 4월초 상해로 건너가 상해임시정부에 참여하였으며, 대한적십자회 조직에 참여한 뒤 임시정부 국내특파원으로 서울에 파견되었다. 그는 안재홍(安在鴻)·송세호(宋世浩)·연병호(延秉昊) 등과 청년외교단을 조직하고 군자금모집 등의 활동을 벌였으며, 이들의 건의서를 임정 국무총리 안창호(安昌浩)에게 전달하기도 하였다.

또한 동년 9월 서울에 다시 특파된 그는 10월 10일에 대동단(大同團) 단장인 김가진을 서울 관수동(觀水洞) 박봉구(朴奉九)의 집에서 만나 김가진을 농민으로 가장시키고 김가진의 아들 의한(毅漢)과 함께 탈출하는 데 성공하여 10월 30일 상해(上海)에 도착하였다. 김가진은 광무황제(光武皇帝)의 둘째 아들인 의친왕 이강(李堈)을 상해임시정부에 참여하도록 하기 위해 상해로 망명시키기 위한 임무를 띠고 선발대로 먼저 상해에 도착했던 것이다. 그러나 의친왕의 탈출계획은 실패로 돌아갔다.

1919년 12월 29일 그는 임시정부 내무부 참사(參事)에 임명되었으며, 1920년 3월 19일에는 임시의정원 강원도의원에 선출되었다. 이듬해 3월 26일 그는 전국에 연통제(聯通制)를 조직·실시하기 위한 내무부 특파원에 임명되어 다시 국내에 파견되었다.

그러나 그는 1920년 6월 29일 청년외교단 운동으로 대구지방법원의 궐석판결에서 징역 3년형을 언도받았다. 그 뒤 일경에 체포되어 옥고를 치렀다고 하나 기록은 발견되지 않았으며, 출옥 후에는 오대산(五台山) 월정사에 은거하면서 송세호와 함께 독립운동을 지원, 지하에서 활동하였다고 한다.

그러나 1945년 7월 23일에는 이종린(李鍾麟)·안정식(安貞植)·정인익(鄭寅翼)·학전헌(鶴田憲) 등과 국민동지회(國民同志會) 조직에 참여한 일도 있다.

정부에서는 그의 공적을 인정하여 1977년에 건국훈장 국민장을 추서하였다.

10. 차상명(車相明 : 1895~1945)

부산 사람이다.

1919년 3월 18일의 범어사(梵魚寺) 학생독립만세운동을 계획하였다. 서울에서의 거족적인 3·1독립만세운동이 계획되던 2월 하순경, 불교계의 민족대표인 한용운이 이 곳에 내려와서 주지 오성월(吳星月) 및 이담해(李湛海)·오이산(吳梨山) 등을 만나 독립만세운동에 대하여 의논하고 상경하였다.

당시 범어사 승려이던 그는 이들과 만나 서울의 독립만세운동 계획에 대하여 전해 듣고, 사찰 내에 있던 국민학교 과정의 명정학교(明正學校)와 중등학교 과정의 지방학림(地方學林) 학생들을 중심으로 3월 18일의 동래읍 장날을 이용하여 독립만세운동을 전개하기로 결의하고 태극기와 독립선언서를 등사하는 등 사전준비를 진행하였다.

3월 17일 오후, 범어사 경내에서는 40여 명의 학생들이 모인 가운데 명정학교와 지방학림 학생들의 졸업생 송별회가 벌어졌는데, 그는 이 자리에 모인 학생들에게 이튿날로 계획된 독립만세운동에 적극 참여할 것을 권고하고, 승려인 김영규(金永奎)의 선창으로 독립만세를 외쳤다. 마침 지난 3월 13일의 동래장날에 동래고보(東萊高普) 학생들의 만세운동이 있은 직후라서 학생들의 사기는 충천하였다.

그는 40여 명의 학생들과 함께 야음을 이용하여 선리(仙里) 뒷산과 동래향교 뒷산을 넘어, 이튿날 새벽 1시경 동래읍 복천동(福泉洞)에 있는 불교포교당에 도착하였다. 그러나 여기에서 날이 새기를 기다리던 그는 밀고를 받아 이 곳을 기습한 20여 명의 일본 군경에 의해 체포되었으며, 이해 4월 17일 부산지방법원에서 소위 보안법위반 혐의로 2년형을 받고 옥고를 치렀다.

정부에서는 그의 공을 기리어 1977년에 대통령표창을 추서하였다.

11. 김명규(金明奎 : 1895~1977, 號 : 野隱)

경남 밀양(密陽) 사람이다.

1912년 밀양공립보통학교를 졸업하고 1919년 4월 17일 동래고보(東萊高普) 독립만세운동을 주동하던 동래고보 전(全) 학생이 모여 시위행진을 하던 중 피체되어 부산지방법원에서 징역 6월형, 집행유예 3년형을 받았다.

1920년 12월 28일 서울에서 동지 황상규(黃尙奎)의 밀명을 받고 길림무관학교(吉林武官學校) 설립기금의 조달을 위하여 신의주(新義州)에서 파견된 동지 김노봉(金魯鳳)과 함께 창녕(昌寧)의 부호 하경석(河慶錫)의 집에 잠입하여 군자금 3천원을 요구하여 150원을 모금한 뒤 서울의 동지 황상규에 전달 도중 피체되어 부산지방법원에서 7년형을 언도받고 부산형무소에서 옥고를 치렀다.

1927년에는 창녕 유림지서(柳林支署) 갑비(甲斐) 부장 살해사건에 연루되어 10여 년 간 도피생활을 하였다고 한다.

정부에서는 고인의 공훈을 기리어 1977년에 건국포장을 추서하였다.

12. 김성숙(金星淑 : 1898~1969, 號 : 雲巖, 이명 : 昌淑, 星巖, 成淑)

평안북도 철산군(鐵山郡) 서림면(西林面) 강암동(江岩洞)에서 출생하고 출가하여 승려가 된 후 경기도 고양군으로 전적하였다.

1919년 3월 경기도 남양주군 진접면 봉선사의 승려로 있을 때 같은 승려인 이순재(李淳載)·김석로(金錫魯)·강완수(姜完洙) 등과 함께 비밀리에 독립문서를 만들어 일반 대중에게 살포하려는 계획을 세웠다. 이에 조선독립군 임시사무소라는 명의로 동료들과 함께 격문을 만들었다.

이 격문의 취지는 파리강화회의에서 12개국이 독립국이 될 것을 결정하였으므로 조선도 이 기회를 놓치지 말고 열심히 독립운동을 하면 그 목적을 달성할 수 있다는 것으로서 그들은 약 200매 정도를 작성하여 인근 동리에 살포하였다. 그는 이 독립문서의 살포사건으로 동지들과 함께 일경(日警)에 체포되어 1919년 9월 11일 고등법원에서 징역 6월형을 받고 옥고를 치렀다.

출옥한 그는 봉선사로 잠시 되돌아갔으나 곧 전국 각지를 돌아다니며 독립정신을 고취하였다. 그는 1920년에 일제가 문화정치(文化政治)를 표방하는 계기를 이용하여 조직된 합법적 단체인 무산자동맹(無産者同盟) 노동공제회(勞動共濟會)에 참석하였다. 그는 노동공제회에서 충북 괴산에서 일어난 소작쟁의(小作爭議)의 진상을 서울의 본회 및 각 지방의 지회(支會)에 알리는 등 적극적 항일민족운동을 전개하였다.

　국내에서 조국광복운동에 전력을 다하던 그는 1923년에는 불교유학생으로 중국의 북경으로 건너갔으며, 여기서 3·1독립운동이 일어나던 해에 결성된 조선의열단에 가맹하였다. 조선총독 등 일제의 고관(高官)·친일파 거두·매국노 등을 암살대상으로 하고, 조선총독부·동양척식회사(東洋拓殖會社)·경찰서·매일신보사 등 일제 중요 기관을 파괴대상으로 삼은 조선의열단에서 그는 승려 신분을 벗어나 선전부장(宣傳部長)으로서 활동하였다.

　중국 북경에서 광동(廣東) 지역으로 옮겨간 그는 1928년에 중국 전역의 한국인 청년들을 모아 재중국조선청년총연맹(在中國朝鮮靑年總聯盟)을 조직하였다. 여기에서 그는 한국인 청년들에게 조국광복을 위한 항일운동을 전개할 것을 강력히 주장하였다. 북경·광동 등지를 다니며 무력적인 행동만이 조국광복을 위한 항일투쟁이라며 적극적인 항일투쟁을 전개하였다.

　한편 1937년 북경교외의 노구교(蘆溝橋)에서 중·일 양군이 충돌하는 이른바 노구교사건이 발생하게 되었을 때, 그는 현정경(玄正卿)·박건웅(朴建雄) 등과 함께 조선민족해방동맹(朝鮮民族解放同盟)을 결성하였다. 같은 해 7월에는 조선민족해방동맹을 비롯한 좌익진영의 조선민족혁명당(朝鮮民族革命黨)·조선민족투쟁동맹(朝鮮民族鬪爭同盟)·조선혁명자동맹(朝鮮革命者同盟)을 연결하여 조선민족전선연맹(朝鮮民族戰線聯盟)을 조직하고 선전부장으로 활동하였다. 이듬해 광복진영(光復陣營)의 9개 단체는 광복군에 편입되고, 그가 참여하였던 민족전선(民族戰線)의 네 단체는 조선민족의용대(朝鮮民族義勇隊)를 조성하였는데 그는 조선민족의용대의 간부로 활동하던 중 1942년 임시정부의 내무차장(內務次長)이 되었다.

　이듬해 2월에는 박찬익(朴贊翊)·최동오(崔東旿)·유림(柳林)과 함께 임시정부 외무부의 외교연구위원회(外交硏究委員會) 위원으로 임명되어 임시정부의 대열강외교활동(對列强外交活動) 및 외교 전반에 관한 문제를 연구하였다.

한편 1943년 4월부터 임시정부 내에는 새로 대한민국 잠행관제(暫行官制)가 실시됨과 동시에 행정부의 한 부처로 선전부가 설치되었다. 이 선전부에는 총무, 편집, 발행의 3과(課)와 함께 선전위원회가 설치되어 대한민국에 관한 일체의 선전사업과 각종 선전지도를 총괄하여 행하도록 하였다. 이에 그는 조소앙(趙素昻)·신익희(申翼熙) 등 14명과 함께 선전계획의 수립, 선전진행 방침에 관한 사항 등을 의결하는 선전위원으로 임명되었다.

임시정부의 국무위원으로 활동하던 그는 1945년 8월 15일 일제의 연합군에 대한 무조건 항복으로 같은 해 11월 5일 다른 임정요인(臨政要人)들과 중경(重慶)의 임시정부 청사를 철수하여 상해로 향하였다. 12월 1일에는 같은 임시정부 요인이었던 홍진(洪震)·조성환(曺成煥)·신익희·조소앙 등 13명과 이계현(李啓賢)·서상열(徐相烈) 외 9명을 포함한 23명이 상해를 출발 군산(群山) 비행장에 도착하였고 이튿날인 2일에는 서울로 들어왔다.

광복 후에는 혁신정당을 조직하여 정치인으로 활동하다가 1969년에 별세하였다.

정부에서는 그의 공훈을 기리기 위하여 1982년에 건국훈장 국민장을 추서하였다.

13. 김상기(金相琦 : 1894~1953)

경상남도 양산(梁山) 사람이다.

1919년 3월 18일 범어사 학생독립만세운동을 계획하였다. 당시 범어사에는 국민학교 과정의 명정학교(明正學校)와 중등학교 과정의 지방학림(地方學林)이 있었는데, 그는 지방학림 학생이었다.

서울에서의 거족적인 3·1독립만세운동이 계획되고 있던 2월 하순경, 불교계의 민족대표인 한용운이 이 곳에 내려와서, 주지 오성월(吳星月) 및 이담해(李湛海)·오이산(吳梨山) 등을 만나 서울의 독립만세운동에 대하여 상의하고 상경하였다. 그 후 김상기는 이들과 만나 서울의 독립만세운동 계획에 대하여 전해 듣고 범어사에서도 학생을 중심으로 3월 18일의 동래읍 장날을 이용하여 독립만세운동을 전개하기로 결의하고, 허영호(許永鎬) 등이 태극기와 독립선언서를 등사하였다.

3월 17일 오후, 범어사 경내에서는 40여 명의 학생들이 모인 가운데 명정학교와 지방학림 학생들의 졸업생 송별회가 벌어졌는데, 이 때 승려인 김영규(金永奎)는 축사를 한 후 이들에게 이튿날로 계획된 독립만세운동에 참여할 것을 권고하였다. 마침 지난 3월 13일의 동래장날에 동래고보(東萊高普) 학생들의 만세운동이 있은 직후라서 학생들의 사기는 충천하였다. 그는 여기서 김영규의 선창으로 40여 명의 학생들과 함께 독립만세를 외친 뒤, 야음을 틈타 동래읍으로 향하였다.

범어사를 출발한 그는 일제에 발각되지 않기 위하여 대로를 피하고 선리(仙里) 뒷산과 동래향교 뒷산을 넘어, 이튿날 새벽 1시경 동래읍 복천동(福泉洞)에 있는 불교포교당에 도착하였다. 그러나 여기서 날이 새기를 기다리던 그는 밀고를 받아 이 곳을 기습한 20여 명의 일본 군경에 의해 체포되었으며, 이해 5월 20일 대구(大邱)복심법원에서 소위 보안법위반 혐의로 1년형을 받고 옥고를 치렀다.

정부에서는 그의 공을 기리어 1983년에 대통령표창을 추서하였다.

14. 김용식(金用植 : 1885~1981, 이명 : 仁瓚)

경기도 여주(驪州) 사람이다.

1919년 4월 3일 북내면 천송리(北內面 川松里) 일대의 독립만세시위를 주동하였다.

그는 신륵사(神勒寺)의 승려로서, 3월 1일 이후 전국적으로 독립만세시위가 전개되고 있음을 알고, 권중순(權重純)·조규선(曺圭善)·조석영(曺錫永)·조근수(趙根洙) 등과 협의한 후 이 곳에서도 독립만세시위를 전개하기로 하였다.

이에 4월 3일 천송리 주민 수십 명을 모아 독립만세를 외치면서 여주읍내를 향하여 행진하던 중, 도중에서 많은 군중이 가세하여 시위군중은 2백여 명으로 늘어났다.

그는 한강가에 이르자, 시위군중의 선두에 서서 태극기를 휘두르며 독립만세를 선창하는 등, 독립만세시위를 주동하다가 체포되었으며, 이해 7월 26일 고등법원에서 소위 협박·보안법위반 혐의로 2년형을 선고받고 옥고를 치렀다.

정부에서는 그의 공을 기리어 1983년에 대통령표창을 추서하였다.

15. 김한기(金漢琦 : 1897~1982, 이명 : 末鍾)

부산 동래 사람이다.

1919년 3월 17일 부산의 범어사에서 차상명(車相明) 등과 같이 독립만세시위를 계획하고 그날 밤 같은 장소에서 독립만세시위를 하다가 피체되었다.

그리하여 4월 17일 부산지방법원에서 징역 1년형을 언도받아 공소하였으나 5월 20일 대구복심법원에서 징역 1년형이 확정되어 옥고를 치렀다.

정부에서는 고인의 공훈을 기리어 1986년에 대통령표창을 추서하였다.

16. 백초월(白初月 : 1878~1944, 이명 : 義洙·寅山·義浩)

경남 진주(晋州) 사람이다.

1919년 4월 승려의 신분으로 한국민단본부(韓國民團本部)라는 비밀단체를 경성중앙학교(京城中央學校) 내에 조직하고 그 단체의 단장이 되어 대한민국임시정부(大韓民國臨時政府) 및 독립군을 지원하기 위한 군자금을 모집하였으며, 같은 해 7월에는 비밀출판물로 《혁신공보(革新公報)》를 간행하여 국민들의 독립의식을 고취시켰다.

1919년 8월 전남 천은사(泉隱寺)의 주지인 하룡하(河龍河)로부터 군자금으로 200원을 받고 동년 10월 7일에 다시 300원을 모금하고 만주 길림성(吉林省)에 있는 독립군에 11명과 대한민국임시정부에 6명을 각각 선발하여 그들에게 여비를 주어 군자금을 전달하도록 하였다.

1919년 11월 25일 단군(檀君)의 건국기념일을 기하여 시위계획을 세워 종로 삼청동(三淸洞)에 태극기와 단군기념이라는 깃발을 내걸고, 대한민국임시정부 성립에 관한 축하문과 선언서 및 포고문 등을 인쇄하여 배포하였다.

1919년 12월 임시정부를 위한 군자금모집 활동을 하다 피체되었으며, 일본경찰의 가혹한 고문으로 인하여 반미친 상태의 폐인이 되어 서울 마포(麻浦)의 어느 포교실에서 지내기도 하였다.

그 후 1920년 2월 25일 일본유학생들이 3·1독립선언 1주년을 맞이하여 일본의회에 독립청원을 하기 위해 활동할 때 동경으로 건너가 활동하던 중 피체되어 1920년 3월 9일 서울로 이송, 경성지방법원

검사국에 송치되었다.

　1920년 4월 6일 대한민국임시정부에 가담하여 활동하다가 귀국한 승려 신상완(申尙玩)과 같이 승려들을 규합하여 의용승군(義勇僧軍)을 조직하고 군자금을 모집하는 활동을 벌이다가 종로경찰서에 피체되었다.

　1938년 봉천행(奉天行) 화물차에 '대한독립만세(大韓獨立萬歲)'라는 낙서를 한 사건으로 연좌되어 피체됨으로 징역 3년형을 언도받고 청주(淸州)형무소에서 옥고를 치르다가 가혹한 고문으로 인하여 옥중 순국하였다.

　정부에서는 고인의 공훈을 기리어 1986년에 건국포장을 추서하였다.

17. 최범술(崔凡述 : 1904~1979)

　경남 사천(泗川) 사람이다.

　1919년 3·1독립운동이 일어나자 해인사 지방학림(地方學林)에 재학하면서 서울에 유학중인 최원형(崔垣亨)으로부터 독립선언서를 받아 가지고 동지들과 함께 만여 매를 인쇄하여 합천(陜川)·의령(宜寧)·진주(晋州)·사천(泗川) 일대를 책임 맡아 배포하면서 해인사를 중심으로 한 만세시위를 주동하였다.

　1931년 3월 한용운이 불교계의 비밀결사인 만당(卍黨)을 조직하자 이에 가입하여 활동하다가 피체되어 징역 6월형을 받았으며 그 후에도 수차례에 걸쳐서 피검되어 투옥되었다.

　1942년 7월 김법린(金法麟) 등과 해인사·다솔사(多率寺) 등에서 수강생들에게 한글을 가르쳤고, 조선어학회운동으로 홍원(洪原)경찰서에 수감되어 옥고를 치렀다.

　정부에서는 고인의 공훈을 기리어 1986년에 대통령표창을 추서하였다.

18. 이순재(李淳載 : 1894~1944, 이명 : 芳男)

경기 양주(楊州) 사람이다.

1919년 3월 29일 양주군 진접면 부평리(富坪里) 봉선사 승려로서 김석로(金錫魯)·김성암(金星岩) 등과 같이 독립만세시위를 계획하고 그 준비로서 독립시위에 대한 격문 200여 매를 조선독립단 임시사무소 명의로 인쇄하여 인근 각 동민에게 배포하다가 일경에게 피체되었다.

동년 5월 19일 경성지방법원에서 소위 출판법위반으로 징역 1년 6월형을 받아 동년 7월 10일 경성복심법원에 공소하였으나 기각되었다.

그리하여 동년 9월 11일 고등법원에 상고하였으나 또 기각되어 옥고를 치렀다.

정부에서는 고인의 공훈을 기리어 1986년에 대통령표창을 추서하였다.

19. 오택언(吳澤彦 : 1897~1970)

경남 양산(梁山) 사람이다.

1919년 당시 양산군 하북면 지산리 출신 승려로 서울 중앙학림(中央學林) 학생이었다.

그는 1919년 2월 29일 서울에서 민족대표의 한 사람인 한용운으로부터 독립선언문 3,000매를 받아 3월 1일 탑골공원에서 시민에게 배포한 후 군중을 규합하여 만세시위운동을 전개하였다. 이날 밤에도 학생동지들과 같이 청진동 일대의 주민들에게 독립선언문 200여 매를 배포하였으며 3월 7일 일경에 피체되었다.

그리하여 같은 해 11월 6일 경성지방법원에서 징역 8월형을 언도받아 공소를 제기하였으나 1920년 2월 27일 경성복심법원에서 기각되어 1년여의 옥고를 치렀다.

정부에서는 고인의 공훈을 기리어 1990년에 건국훈장 애족장을 추서하였다.

20. 허영호(許永鎬 : 1900～납북)

경남 동래(東萊) 사람이다.

1919년 동래읍내에 거주하고 있었으며 범어사 학생의거에 참여하였다.

그는 민족대표 33인의 한 사람인 한용운의 지시를 받아 김법린(金法麟)·김한기(金漢琦) 등의 동지들과 함께 독립만세시위를 계획하고 독립선언서 1천 매를 준비하였다.

1919년 3월 17일 밤 이미 준비된 태극기 1천 매와 격문 및 독립선언서를 숨겨 가지고 동래읍 장터에서 대기하고 있다가 졸업생 송별회를 마치고 이 곳으로 행진해 오던 학생 40여 명과 합세하여 독립만세를 고창하였다. 그리고 3월 18일 아침이 되자 독립사상을 고취하는 격문 수백 매를 작성하여 군중에게 미리 배부하고 오후 5시경 학생과 주민 수십 명을 규합하여 독립만세시위를 주동하다가 일경에 피체되었다. 그 후 4월 26일 부산지방법원에서 소위 보안법위반으로 징역 2년형을 언도받고 옥고를 치렀다.

정부에서는 그의 공훈을 기리어 1990년에 건국훈장 애족장을 수여하였다.

21. 김문옥(金文玉 : 1898～1955)

경북 대구(大邱) 사람이다.

1919년 달성군 공산면 도학동(達城郡 公山面 道鶴洞)에 있는 동화사(桐華寺) 부속의 지방학림(地方學林) 학생으로 있던 중 권청학(權淸學)과 함께 윤학조(尹學祚)에게서 민족독립을 위해 학생들이 궐기해 줄 것을 권유받았다. 이에 따라 3월 28일 심검당(尋劍堂)에 모인 학생들에게 발의하고 학생들의 찬성을 얻어 의거일을 3월 30일로 약정하고 비밀리에 태극기를 만들면서 준비했다.

3월 29일 9명의 학생들은 준비물을 감추어 대구로 향하였고 그는 거사 당일 가지고 온 백포(白布)로 큰 태극기를 만들어 장대에 달아들고 학생들과 더불어 남문(南門)장터로 잠입하였다. 오후 2시가 되자 대구 남문장터에 모인 3천여 명의 군중 앞에서 태극기를 높이 들고 독립만세를 고창하자 군중은 여기에 호응하여 학생들을 선두로 장터를 누비면서 만세시위를 벌였고 이때 그와 함께 9명의 주동자가 모두 일경에 피체되었다. 그는 이 해 4월 12일 대구지방법원에서 소위 보안법위반으로 징역 10월형을 언도받고 그 해 5월 19일 대구복심법원과 7월 3일 고등법원에서 항고 기각되어 1년여의 옥고를 치렀다.

정부에서는 고인의 공훈을 기리어 1990년에 건국훈장 애족장을 추서하였다.

22. 박달준(朴達俊 : 1894~1965)

경남 거창(居昌) 사람이다.

1919년 3월 31일 경남 합천 해인사 승려로서 학생대표 김봉신(金奉信)과 독립선언서 1만여 매를 살포하며 다수의 군중과 더불어 선언식을 거행한 후 만세시위를 하였고, 같은 해 4월 16일에는 결사대 제3대 책임자로서 해인사 입구에서 1만여 군중과 함께 대대적인 독립만세시위운동을 전개한 후 간도(間島)로 망명하였다.

1919년 11월부터 1920년 8월까지 서간도 유하현(柳河縣)에서 신흥무관학교(新興武官學校)를 수료하고 제1군정서지구(軍政署地區) 경비대에 편입되어 활동하였다.

1920년 9월경 해인사에서 동지들과 모임을 갖고 각지의 사찰에서 독립운동자금을 모집하여 간도의 한족회(韓族會)로 송부하며 독립운동 원조를 계속할 것을 협의하였다.

그는 1921년 3월 4일 경북 문경군 김룡사(金龍寺)·대승사(大乘寺) 등에서 김봉율(金奉律) 등과 함께 군자금을 모집하다가 일경에 피체되었다.

그리하여 1921년 5월 25일 경성지방법원에서 소위 제령(制令) 제7호 위반으로 징역 1년형을 언도받고 옥고를 치렀다.

정부에서는 고인의 공훈을 기리어 1990년에 건국훈장 애족장을 추서하였다.

23. 박정국(朴楨國 : 1897~1972)

1919. 3. 17~3. 19 부산 동래군에 있는 범어사에서 여러 동지들과 함께 동래장날을 이용하여 독립만세시위운동을 일으킬 것을 결의하고 독립사상을 고취하는 격문을 작성, 시위군중에게 배포한 뒤 동래장터 남문 부근에서 대한독립만세를 고창하며 시위행진하다 피체되어 징역 6월을 받은 공적이 인정되므로 대통령표창에 해당하는 분으로 사료됨.

24. 지용준(池龍俊 : 1894~1971)

1919. 3. 17~3. 19 부산 동래군에 있는 범어사에서 여러 동지들과

함께 동래장날을 이용하여 독립만세시위운동을 일으킬 것을 결의하고 독립사상을 고취하는 격문을 작성, 시위군중에게 배포한 뒤 동래 장터 남문 부근에서 대한독립만세를 고창하며 시위행진하다 피체되어 징역 6월을 받은 공적이 인정되므로 대통령표창에 해당하는 분으로 사료됨.

25. 이기윤(李起胤 : 1898～1938, 이명 : 用石)

경북 청도(淸道) 사람이다.

1919년 3월 30일 달성군(達城郡) 공산면(公山面) 도학동(道鶴洞)의 동화사(桐華寺) 지방학림(地方學林)에서 이성근(李成根)·김문옥(金文玉)·이보식(李普湜)·김종만(金鍾萬)·박창호(朴昌鎬)·김윤섭(金潤燮)·허선일(許善一)·권청학(權淸學) 등과 함께 독립만세시위운동을 계획하고, 태극기를 제작하여 준비하였다. 그는 장터에 모인 3,000여 명의 시위군중에게 미리 준비한 태극기 등을 배부하고, 시위군중과 함께 태극기를 높이 들고 독립만세를 고창하며 시위를 벌이다가 동지들과 함께 피체되었다.

이 해 4월 12일 대구지방법원에서 소위 보안법위반으로 징역 10월형을 언도받고 공소를 제기하여 5월 19일 대구복심법원에서 원판결이 부분 취소되었으나 그래서 다시 상고하였지만 7월 3일 고등법원에서 상고가 기각되어 10월형의 옥고를 치렀다.

정부에서는 고인의 공훈을 기리어 1992년에 건국훈장 애족장을 추서하였다.

26. 김연일(金連日 : 1871～1940)

김연일은 경북 영일군 출신으로서 승려로 제주도 좌면(左面) 법정사(法井寺)에 거주하며 항상 신도들에게 반일사상을 고취하여 오다가 1918년 9월 19일 법정사에 참집(參集)한 교도 30명에 대해 "왜노는 우리 조선을 병탄했을 뿐 아니라 병탄 후에는 관리는 물론 상인 등에 이르기까지 우리 동포를 학대하고 있다. 곧 불무황제(佛務皇帝)가 출연해 국권회복을 도울 것이다. 우선적으로 제주도에 거주하는 일본인 관리를 살해하고 상인을 섬 밖으로 쫓아내지 않으면 안 된다"고 하였다. 이어 10월 5일 교도 33명을 소집하여 스스로 불무황제라 칭하고 전에 선언한 목적을 수행할 것을 말한 후 도대장 이하 군직을 명하고 대오를 편성, 각면 이장에 격문을 배포, 이민(里民)을 이끌고 군을 따를 것을 명하였다. 또 스스로 법정사에 머무르며 군중을 지휘하여 전선을 절단하고 주재소를 습격, 파괴, 소각하며 소원(所員)을 해하고 혹은 행로의 일본인을 포박 구타하여 상해를 가하는 등 2일 간에 걸쳐 이민 약 400명을 강징(强徵), 폭동을 일으켰다. 그 후 그는 소요, 보안법위반으로 징역 5년을 받고(형기개시일이 1920. 4. 5로 기록됨) 옥고를 치렀다. 이에 건국훈장 애족장에 해당하는 분으로 사료됨.

27. 김봉화(金奉和 : 1882~1919)

1918년 10월 5일, 제주 남제주에서 법정사 주지 김연일, 강창규, 방동화스님 등이 주도한 무력항쟁에 참여하여 활동하다가 피체되어 징역 2년을 받고 옥고를 치르던 중 순국한 공적이 인정되므로 건국훈장 애국장에 해당하는 분으로 판단됨.

28. 방동화(房東華 : 1887~1970)

1918년 10월 5일, 제주도 남제주의 법정사에서 김연일, 강창규스님 등과 항일무력시위를 주도하여 활동하다가 피체되어 징역 6년을 받은 공적이 인정되므로 건국훈장 애족장에 해당하는 분으로 판단됨.

29. 김기수(金基洙 : 1888~1975)

1918년 10월 5일, 제주도 남제주의 법정사에서 김연일, 강창규, 방동화스님 등이 주도한 항일무력시위에 참가하여 활동하다가 피체되어 징역 1년을 받은 공적이 인정되므로 건국훈장 애족장에 해당하는 분으로 판단됨.

30. 김상언(金商彦 : 1873~1965)

1918년 10월 5일, 제주도 남제주의 법정사에서 김연일, 강창규, 방동화스님 등과 항일무력시위를 주도하여 활동하다가 피체되어 징역 6년을 받은 공적이 인정되므로 건국훈장 애족장에 해당하는 분으로 판단됨.

31. 김법린(金法麟 : 1899~1964)

1919년 3월 18일, 당시 서울에서 한용운에게 독립선언서를 받아 부산 동래 범어사에서 만세운동을 주도한 후 상해로 망명하였으며 1920년 다시 서울에 돌아와 독립운동을 위한 의용승군(義勇僧軍)이라는 비밀결사를 결성하려고 자금조달 및 유력승려 모집, 선언서, 의용승군헌제(義勇僧軍憲制) 작성 등에 참가하였다가 피체되기도 했으며, 그 후 프랑스에 유학, 피압박민족대회 위원으로 활약하는 등 활동하다가 1928년에 돌아와 이듬해 조선어학회 조선어사전 편찬회의 사업 준비위원으로 활약하였고, 1930년에는 한용운의 영향 아래 만당(卍

黨)을 조직하여 일본 동경지부 책임자로 활동하였으며 1942년에는 조선어학회사건으로 피체되어 옥고를 치르는 등 지속적으로 활동한 공적이 인정되므로 건국훈장 독립장에 해당하는 분으로 판단됨.

32. 강완수(姜完洙 : 1919년 당시 24세)

1919년 3월 29일, 경기도 양주군 진접면 부평리 봉선사에서 이순재, 김석노, 김성암이 독립만세시위를 계획하고 비밀리에 선언문을 만들자 이것을 각 민가에 배포하는 등 활동하다가 피체되어 징역 8월을 받은 공적이 인정되므로 대통령표창에 해당하는 분으로 판단됨.

33. 박 무(朴無 : ?~1921)

평북 영변에 있는 오봉사의 주지로 있으면서 독립당과의 연락을 통하여 절 안에 교통기관을 두고 활동하다가 1921년 1월 17일 운산 북진경찰서 수사대의 습격을 받았으나 칼로 일경을 베고 총기를 탈취하던 중 총에 맞아 순국한 공적이 인정되므로 건국훈장 애국장에 해당하는 분으로 판단됨.

34. 이만직(李晚稙 : ?~?)

1906년 4월에 충남 홍산에서 민종식 의진(義陣)의 소모관(召募官)으로 활동하던 중 홍주성이 함락되자 동년 9월에 민종식을 필두로 곽한일, 박윤식, 김덕진, 황영수, 정회규, 박창노 등과 함께 다시 거사하기로 하였으나 일진회원에게 정보가 알려져 뜻을 이루지 못하였다. 1916년에 다시 이용규를 중심으로 윤병일과 함께 거사하기로 하고 군자금을 모금하던 중 피체되어 전남 지도(智島)로 1년 간 유배된 공적이 인정되므로 건국훈장 애족장에 해당하는 분으로 판단됨.

35. 신상완(申尙玩 : 1891〜1951, 이명 : 李春谷・金子萬・金裕元)

경기도 수원(水原) 사람이다.

불교 승려 출신으로 불교계 학교인 중앙학림(中央學林)의 학생대표로 활동하면서 김법린 등과 함께 유심회(唯心會)를 조직하고 회장으로 선출되어 민족의식과 불교대중화를 위해 진력하였다.

1919년 3·1운동 당시 서울 계동에 소재한 만해 한용운의 집에 수명의 학생들과 함께 모여 한용운으로부터 민족대표 33인이 서명한 독립선언서를 전달받고, 유심회 회원인 박민오(朴玟梧) 등을 소집하여 3·1운동에 적극 참여할 것을 지시한 뒤 3월 1일을 기해 독립선언서를 배포하는 등 불교계의 만세시위운동을 주도하였다.

그 뒤 일경의 체포를 피해 유심회 회원인 김상헌(金祥憲)과 함께 중국 상해로 망명하여 대한민국임시정부에 투신하면서 내무국장 안창호와 밀접한 관계를 맺는 한편, 승려들의 비밀결사인 승려의용군(僧侶義勇軍)의 조직을 주도하였다.

1919년 8월경 귀국 후 대한민국임시정부 내무부 강원도 특파원으로 임명되는 한편, 임시정부 특파원 이성춘으로부터 동년 10월 3일을 기해 대한민국임시정부 성립을 축하하는 제2의 독립시위운동을 실행하라는 인쇄물을 교부받았다. 이에 따라 9월 중순경 강원도 철원의 신환균(申桓均), 원주의 감리교회 목사 조윤여(趙潤如), 춘천의 유한익(劉漢翼) 등을 방문, 제2 독립시위계획을 설명하고 동조를 구하였다. 그리고 대한독립애국단(大韓獨立愛國團) 강원도단(江原道團)의 서무국장 강대려(姜大呂)를 만나 대한민국임시정부 성립 축하시위 계획을 전달하여 동년 10월 철원지역을 중심으로 시위운동을 전개하는 데 일정한 역할을 하였다.

그 후 다시 상해로 건너온 뒤 11월 14일 여운형과 동행하여 도일(渡日)하였으며, 1920년 2월 서울로 돌아와 함남 안변(安邊)의 석왕사(釋王寺) 승려 김태흡(金太洽)·강청월(姜淸月) 등으로부터 군자금을 모집하고 임시정부 노동부 총판 안창호에게 송금하였다. 4월에는 강원도 고성(高城)의 건봉사(乾鳳寺) 승려 정인목(鄭仁牧) 등으로부터 군자금모집 활동을 전개하다가 1920년 봄 소위 철원애국단(鐵原愛國團)사건에 연루되어 피체되었다.

1920년 12월 23일 경성지방법원에서 소위 보안법 및 정치범죄처벌령 등의 위반으로 징역 5년을 받고 공소하였으나 1921년 3월 14일 경성복심법원에서 기각, 형이 확정되어 옥고를 치렀다.

정부에서는 고인의 공훈을 기리어 1995년 건국훈장 애국장을 추서하였다.

36. 김봉률(金奉律 : 1897～1949)

1919년 3월, 경남 합천의 해인사를 중심으로 학생 동지들과 함께 독립선언서 1만여 장을 인쇄한 후 지역을 분담하여 경남·북 각지에 선언서를 배포하여 독립만세시위운동의 확산에 기여하였으며, 그 후 만주로 건너가 봉천성 유하현의 신흥무관학교를 졸업하고 국내로 돌아와 문경군 김룡사 등지에서 군자금모집 활동을 전개하다가 피체되어 징역 1년을 받은 공적이 인정되므로 건국훈장 애족장에 해당하는 분으로 판단됨.

임혜봉(林慧峰)

1947년 경북 영주 출생.
안동교육대학을 졸업하고 일반학교와 농아학교의 교사생활을 하면서 글밭·말씀·안동수필동인회 동인으로서 문학수업을 하다가 입산 출가했다.
승려가 되어서는 〈연합불교신문〉 편집국장을 역임했다.
주요저서로는 《친일불교론》(상하, 1993, 민족사), 《윤회의 실상》, 《사랑하며 영원을 살며》, 《불교사 100장면》, 《그 누가 큰 꿈을 깨었나(종정열전 1)》, 《천고에 자취를 감춘 학처럼(종정열전 2)》 등이 있다.

일제하 불교계의 항일운동

2001년 6월 10일   초판 인쇄
2001년 6월 15일   초판 발행
저　자 • 임혜봉
발행자 • 윤재승
발행처 • 민족사

등록 제1-149. 1980. 5. 9.
서울 종로구 청진동 208-1
전화 (02) 732-2403~4, 722-7679
팩스 (02) 739-7565
E-mail minjoksa@chollian.net

값 15,000원   ISBN 89-7009-374-5   03220